品牌英雄

◉唐仁承 著

上海遠東出版社

图书在版编目（CIP）数据

品牌英雄 / 唐仁承著. --上海：上海远东出版社，2022
ISBN 978-7-5476-1846-2

Ⅰ.①品… Ⅱ.①唐… Ⅲ.①企业管理—品牌战略—研究—中国 Ⅳ.①F279.23

中国版本图书馆 CIP 数据核字(2022)第 163981 号

责任编辑 陈占宏
封面设计 徐羽情

品牌英雄

唐仁承 著

出 版 上海远東出版社
(201101 上海市闵行区号景路 159 弄 C 座)
发 行 上海人民出版社发行中心
印 刷 昆山市亭林印刷有限公司
开 本 890×1240 1/32
印 张 16
字 数 373,000
版 次 2022 年 9 月第 1 版
印 次 2022 年 9 月第 1 次印刷
ISBN 978-7-5476-1846-2/F·700
定 价 68.00 元

献给培育我的上海轻工业

序　言

祝贺《品牌英雄》问世。这本书不仅是一篇篇品牌英雄的汇集，更是一曲曲品牌英雄的赞歌，而整个写作过程前前后后居然跨度 10 年，体现的是一种真诚的坚持和执着的追求。

由《品牌透视》《品牌智慧》《品牌英雄》组成的品牌三部曲，是上海轻工行业建设“四个品牌”的一个生动写照，是上海都市产业昂首迈步新时代的一个五彩缩影。

上海，是中国近现代工业的发祥地之一。如果从 1864 年的正广和算起，上海轻工业已经走过了 150 多个春秋。历经风雨沧桑，几度沉浮，终见彩虹，铸就辉煌。随着上海解放、中华人民共和国成立，上海轻工业如久旱逢甘霖、枯木逢春，获得了新生。改革开放的大潮冲去了诸多束缚和禁锢，更是让上海轻工业获得了腾飞的双翼，呈现出百花齐放、群英争艳的喜人局面。

据统计，截止 2021 年底，上海轻工业规模以上企业达 2 100 余家，工业总产值 5 100 多亿元，其规模约占全市工业的七分之一，具有相当重要的地位。而由老凤祥、光明食品领衔的一大批知名品牌，早已成为上海都市产业的杰出代表和都市形象的亮丽名片。

为了生动描述上海轻工业品牌发展的史实，作者唐仁承先生费心了。10 年间，他不辞烈日和风雨，行程上万公里，陆陆续续走访了上百位知名品牌的企业家，与他们促膝谈心，真诚交流，取得了大量第一手的宝贵资料。然后，进行消化提炼，以轻快的文字，生动的笔触，真实的描述，力求把一篇篇品牌实战、一位位品牌英雄，化为能对社会有所启示、有所借鉴、有所仿效的宝贵精神食粮。他是为历史而工作，为时代而写作，认真用心，不肯敷衍。

唐仁承也是我的好友，长期在上海轻工系统工作，先后在基层企业、局机关和企业集团供职。在认真做好本职工作的同时，他又是一位少见的“不安分人士”，一位难得的“多栖人物”。很年轻的时候，他就在业余时间从事广告策划和广告理论研究，提出了很多独到见解，写成了大学教材和理论专著。担任国有大型企业经营者之后，又亲力亲为从事品牌实践，并不断总结升华，提出理论见解。退休之后，他受聘担任《上海轻工业》杂志主编，不辞辛劳，不端架子，虚心向企业和企业家们求教。甚至在他七十高龄时还应聘担任企业顾问，提出许多真知灼见，为品牌建设助力。正是上海轻工业这块土壤的培育，让他不断吸取养分，也不断奉献智慧。

细读《品牌英雄》这本书，我体会有三个特点。一是兼顾了多侧面，既有百年老字号，又有改革开放以来的新生代；既有行业翘楚，也有专业精英；既有一线品牌，也有为品牌服务的幕后英雄。二是作为品牌建设案例，力求真实准确，同时又不乏文采，力求生动有趣，每篇的篇幅也不太长，比较容易阅读。三是不停留在事实和白描，而是做了必要和合适的经验提炼和思想升华，因而让典型变得可复制、可推广，这对于众多企业和品牌都会有所启迪和借鉴，因而也就有了普遍意义。

上海是海，是海纳百川的海，是击楫扬帆的海，是通达五洲的海，是奋发有为的海。在习近平新时代中国特色社会主义理论的指引下，上海正在全力建设社会主义现代化国际大都市，正在大步发展和壮大“上海服务”“上海制造”“上海购物”“上海文化”四大品牌。

上海都市产业在新时代所喷涌而出的成千上万品牌的壮美实践，是必定要出理论、出精华、出光采的。在无数精彩个性汇聚的潮流中，是必定有规律性的东西在其中。

最近召开的中共上海市第十二次代表大会上再次提出："上海是一座光荣的城市。抚今追昔，这里诞生了中国共产党，孕育了伟大建党精神，演绎了波澜壮阔的革命、建设、改革实践。放眼世界，当代中国正进行着人类历史上最伟大的现代化。在这当中，上海依然肩负着当好排头兵和先行者的光荣使命。这是一场新的跨越，更是一次新的出征。我们要责无旁贷地肩负起时代使命，满怀豪情，奋发有为，做出属于我们这一代人的新业绩，努力为这座光荣的城市增添新的荣光!"

品牌建设早已成为国之大计。习近平总书记说："一个有希望的民族，不能没有英雄；一个有前途的国家，不能没有先锋。"我们将不负时代，不辱使命，无愧中华，为涌现更多品牌英雄、更多品牌先锋而奋斗不息，同时也为之充满激情地击鼓鸣号、摇旗呐喊。

我们热诚希望有更多的有识之士来研究品牌、推进品牌、升华品牌，让中国自主品牌事业在新时代更加发扬光大。

是为序。

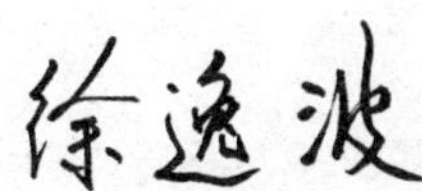

2022 年 7 月 15 日

（作者系上海市商业联合会会长

曾任上海轻工控股（集团）公司总裁、

上海市政协副主席）

前　言

2010年，是我人生经历中的重要一年。这年红五月过后，我退休了。承蒙上海市轻工业协会的信任，聘请我担任《上海轻工业》杂志的主编，从而迈入了人生新阶段。

在办完必要的交接手续之后，我正式走马上任。这是一份公开发行的杂志，有对内和对外的刊号。在一番调研和思考之后，我提出了办刊新方针："轻工业窗口，企业家朋友，新生活向导。"力求把杂志办得生动、实在、时尚、有趣。

上海市轻工业协会当时主持日常工作的常务副会长提出，每期似有一些重头文章，让读者对轻工业品牌有一个深度了解。

我觉得这个意见太重要了。于是在各位协会领导的带领下，开始了对品牌企业的重点采访，并且自己动笔，形成一篇篇封面故事。不知不觉间，这项工作竟然持续了十年有余。在此期间，我采访了将近一百位知名企业家，为他们的事迹所深深感动。

因为曾经在企业和企业集团总经理与董事长岗位上工作过20年，因而对于企业家们各自的经历、体验与得失有着较深的理解，生发了强烈的共鸣，在深受教育和鼓舞的同时，也有了更多的感悟和收获。

一

我亲眼见到在改革开放和建设国际化大都市的大潮中，真真切切就有这样一大批能人志士坚持不懈，开拓和创新，实干和升华。正是因为有了他们，才有了轻工业的传承、创新、发展和巨变，才有了品牌的振兴、复活或者新生。

百年老店老凤祥曾一度濒临亏损边缘，而临危受命的石力华，从改革入手，坚持20余年不动摇，日积月累，一步一个脚印，终成中国珠宝业的第一品牌，且在世界奢侈品排行榜上占得一席之地。新生品牌晨光只有短短20多年历史，却细织网络，从小到大，成为年营收百亿元的大型企业集团。弯道超车的上工申贝曾经一度徘徊，之后敏锐捕捉国际产业结构调整的机遇，果断出手，接二连三收购国际知名企业，一跃而登上缝制设备的巅峰。主张大众英雄、精品英雄、智能英雄"三个英雄"的英雄金笔，追赶潮流，促进书笔金笔升级换代，为英雄平添了时代风采。家喻户晓的大白兔奶糖，破除"兔子尾巴长不了"的魔咒，实现了一代又一代的新跨越。

一度休眠的品牌遇到了识珠的贵人和倾力相助。传统的品牌跳出往昔窠臼，放开手脚大步迈进，焕发青春。更有一大批新生的企业，雨后春笋，茁壮成长，蓬勃向上。新时代的画卷上，留下了众多品牌的创新奇迹。

二

随着采访的深入和累积，品牌不再是没有温度的符号，而是有激情、有向往、有血有肉的生命。没有人为的命令，却一样让人们有了天生的使命感。它们为着满足需求而来，它们奔着解决痛点而去。人们的喜怒哀乐，变成了昂扬的号角；人间的酸甜苦辣，变成了变奏的鼓点。

林清轩，为解决"口罩红""酒精手"而不懈努力。自然堂，为征战宇宙的英雄们无水清洁而科学攻坚。野莱，取自天然，开启真的会洗脸的奥秘。毕加索，让不爱使用钢笔的人们爱上钢笔。

人民群众对于美好生活的追求，转化成品牌永无止境的冲锋和攻坚。以人民为上，以人民为本，是品牌跳动的脉博、激荡的热情。

三

品牌是一条河。在品牌长河中，每个品牌都有自己独特的历史坐标、历史角色和历史定位。我努力去寻找每个品牌成功的密码。

永久，曾经的“不吃草小毛驴”，在新时代的新角色、新追求又是什么？

像双鹿这样一度休眠的品牌，忽而重获新生，究竟是偶然还是必然，转折的枢纽又是什么？

从零到一，又从一到百，那么多迅速崛起的新品牌，爆红的火种在哪里？

敦煌古筝这样原本阳春白雪般高傲的品牌产品，怎么会深入民间、频掀热潮、广为流传？

四

品牌之河的浪涛并不怜悯任何人。溺水失落者各有各的教训，踏波前行者各有各的门道。尽管各有不同，却有一条是共同的，这就是，只要是从自身实际出发，顺应潮流而动，因时因地因人而制宜，总会获得降波伏流的重器，赢取到达彼岸的胜利。

老凤祥坚决不做电商，坚持体验营销，取得了发展；林清轩积极发展电商，甚至掌舵人也上场直播，弄得风生水起。如此迥异的策略，却各有各的成功，全因从实际出发，走了一条符合自身特点的规律之路。自行车中的凤凰以外销为主，而永久坚持做“国民车”，一个向外，一个向内，各自也取得大的发展，全是因为从实际出发，把内因和外因揉和，浑然一体。同样立志于白色家电，双鹿上菱是形成终端产品的，而海立专注于心脏部件压缩机，产品不同，经营模式和注力重点完全不同，也分别取得成功。实事求是，求真务实，是成功的密钥。凡是不从实际出发，生搬硬套，生吞硬剥的，无一不是碰得头破血流。

五

站在历史的高度去思考，会让人们对品牌的理解比以往更为清晰。

我体会，品牌总是作为一个过程而展开的，无论结果如何，都一样提供了印迹和借鉴。不以出身论英雄，不以成败谈品牌。经验与教训，顺畅与挫折，具有同样重要的意义。正是不怕困难险阻，不怕血洒沙场，才有了壮美画卷，才有了丰硕成果。

书写品牌案例，不在于罗列事实，罗列数据，首先在于努力探寻品牌成功背后的内在逻辑，而这需要反复咀嚼消化，反复思考深化。如果只是徒有其表，既无益于启示，也无益于复制。其次当然在于准确到位，既不夸大，也不缩小，文如其品。而这也须反复揣摩领会，既把握个性特色，也把握尺度分寸。再次力求生动，案例不应该是工作总结，而是尽可能用文学的语言和故事的方式，去捕捉有趣的镜头，编织丰满的故事。不必寻求冗长，而应力求精炼，窥一斑而知全豹，从滴水而见太阳，通过几个侧面而领略精华。

笔尖上细细一粒球珠，不乏科技创新和管理严谨。小小一滴墨水，凝聚着聪明智慧和不尽爱心。家居似乎没有什么故事，却因为人文精神的传承和光大，而变得奇巧贴心，魅力无穷。上海这个地方，也会出品手工编织的高级丝毯，有人居然用指尖跳舞而专注坚持半个世纪。晨光做到这么大，不是畅谈什么生意宝典，而是全力主张“伙伴天下”。过程，如此出乎意料之外；而结果，却又往往绽放在情理之中。

“一个有希望的民族，不能没有英雄。一个有前途的国家，不能没有先锋”。在习近平新时代中国特色社会主义理论指引下，上海乃至江浙地区的品牌每日每时每刻都在演绎精彩的活剧。

它们是真正的英雄，品牌的英雄。不论大小，不论南北，不论行业。虽然各有不同，或是行业魁首，或是隐形冠军，或是幕后英雄，一样精彩，一样伟大。

如果全中国各行业，都有了这样创品牌、立品牌、强品牌的思想和作为，还怕中国不早日强大起来。

2022 年 5 月 18 日

目　录

第一编

老当益壮：「老字号」焕发青春

永久的追求

记永久自行车近10年新发展

每个品牌都有自己的追求。

国内自行车行业的王者，永久的追求又是什么？

在永久自行车有限公司总部，我们见到了一幅大标语：“永久世代传，中国国民车。”

中国国民车，这就是永久的追求。

不守旧，但求创新

中国国民车，由来已久。

“不吃草的小毛驴”“健美壮实的小伙子”，这是自行车风行的20世纪，人们对于永久自行车的美誉。载重、牢靠、经久耐用，乃是那个年代永久自行车的三大特色。

进入绿色出行健康生活的新时代，永久又是什么模样？

“永久C”的诞生，是一次突破。以“自行车与生活方式相结合”为目标，拆解了100辆老式自行车，把原来自行车上大家觉得累赘的东西，统统拿掉，把老永久“二八大杠”的样式改成线条更简洁、更符合人体工程学的结构，并且按照时装设计的色谱来重新调漆，而车把手、坐垫、工具包、附件包等又恰如其分地采用了复古皮制装备。“永久C”系列颠覆了沉重老旧的记忆，以创新勾起了“情感回潮”。

功能各异的童车，是又一次突破。永久瞄准了蓬勃而起的少年儿童需求，把产品性能安全作为第一要素，在坚持稳定性高、强度好、符合各年龄阶段少年儿童的结构设计标准的同时，注重款型与颜色的合理搭配，研发并产销了一系列新车型。这里既有12、14、16吋学骑车，也有18、20、22吋学生车；既有两轮车，还有三轮车、扭扭车、平衡滑步车、溜娃车、伞推车、滑板车、公路滑板车、婴儿推车，等等。每年都有数百种新品推出，为学生和潮童们带来符合时代潮流的精品坐骑及优质玩具。

电动车，是再一次突破。2016年1月，永久电动车重磅出击，先后在上海以及华东、华北各地召开20余场新车发布会，集中展示推广新潮、时尚、炫酷以及环保节能的各类电动车产品。经过持续创新研发，今日永久电动车已经包括新国标锂电车、国标简易款、豪华款、电动三轮车、电动平衡车、智能电踏车等近百种款式。2020年5月19日，永久荣获国家一级电摩生产资质。

自行车的材质优化和智能化程度也有很大发展。以车架为例，就分别有碳纤维、镁铝合金、铝合金、高碳钢等，使得车身更加轻盈，也更加时尚。

今日永久，是全系列的自行车家族，包括自行车、童车、电动车三大品类、上千种型号，有了高端山地车、超酷公路车、轻巧折叠车、时尚通勤车、城市轻便车、时尚旅行车等一系列精品车型。2020年，销售出货量达到450万辆，在国内品牌自行车中，内销量占据第一。2021年1月至7月，再次打破销量历史纪录，全线增势领跑，国内销量近300万辆，同比增长5%，其中童车增长5.1%，自行车增长15%，电动自行车增长126%，电动三轮车增长30%。

新时代的永久，继承了传统，创新了形象，丰富了理念，壮大了阵容。从“传统永久”走向“年轻永久”“时尚永久”“百变永久”。

不跟风，但求亲民

风吹即过。纵如台风，够大够强，也肆虐不了几天。唯有潮流，才能源远流长，源源不绝。永久追求趋势，主张首创，同时又头脑冷静，决不盲目跟风。

共享单车，曾经是永久的首创。2008 年为了方便城市公共交通的“最后一公里”，永久积极争取政府的理解和支持，在国内率先引入公共自行车租赁系统，建立起政府购买服务并监管、企业投资项目运营的模式。首先在浦东张江地区启动，接着又在上海闵行区突破，先后设立 5 000 个租车点，提供 20 000 余辆可供周转的智能自行车，每周租借次数达到 400 万车次，建立了科学有效的管理体系。取得经验之后，又稳步推向周边一些城市。期间，永久先后获取 40 多项专利，其中发明专利就有 20 项，蓝牙开锁、电子停车位、智能加速等技术在业界均为首创。永久共享车还先后获得法国有关基金和中国国家住建部颁发的奖项。

但是，当共享单车刮起一哄而上的大风，成百万辆、成千万辆狂热发展时，永久没有卷进去。它们仍旧有序发展，扎实前行。一哄而上，必然是一哄而散。当成堆成堆的共享单车被当作废铁装上大卡车回炉炼铁时，永久很庆幸：没有因为头脑发热而吃大亏。永久要的是趋势，而不是风头。

永久把自己定位为中国国民车，就是要跟上中国国民的骑行需求，跟上中国国民的审美需求，跟上中国国民的购买能力。永久车，不能让人望尘莫及，望而生畏，敬而远之。

“好用，实用，高性价比”，这是永久的经营宗旨。永久自行车的主营产品，售价一般在400多元到500元之间；而以学生为对象的带有变速的山地车，售价分两档，500元至600元是一档，600元至700元是另一档。永久自行车就是要让普通百姓“看得上，用得顺，买得起”。

无论是熟知永久的怀旧族，还是日新月异的追酷族，一样爱护着永久。永久以领先的创新力、完善的生产线、合理的性价比、宽泛的价位段赢得了公众。

不清高，但求先声

“酒香也怕巷子深”，市场不会拱手相迎。永久每每都会以新的作为去拓宽市场新生面。

永久合理区分线上线下的产品分类，为线上线下创造良好的经营环境。

2011年，永久开创行业先河，率先入驻电子商务平台，并在淘宝商城有了自己的官方旗舰店，长久以来一直保持行业领先地位。今日永久，电商店铺达到400余家，员工上千人，电商销售量占到永久内销比重的70%以上。

与此同时，永久也切实加强线下销售。至2020年，永久已经在全国31个省、区及直辖市开设近4 000家永久旗舰店、专卖店和形象店、加盟店，以高端大气的设计理念，打造体验式销售模式。永久坚持从专业角度，精心设计，精准布局，让专卖店整体升华。简而不凡的设计理念，质优价实的品牌宣传，细致入微的购车指导，不厌其烦的贴心服务，让客户感受到永久的温暖和关爱。

每年，永久如约亮相于国内三大自行车展会：中国国际自行车展览会、中国北方国际自行车电动车展览会、中国浙江国际自行车新能源电动车展会，以时尚的展台、大气的布局、新颖的展品，吸引注目，集聚人气。

永久运用多媒体宣传推广自己的品牌，致力于让越来越多的年轻消费者了解永久，认识永久，追求永久。从央视一套黄金档天气预报广告登录，到家喻户晓的《梦立方》《中国达人秀》《妈妈咪呀》《中国梦之声》等大型综艺节目冠名，从黑龙江电视台《中国车视》栏目、春运期间高铁报《青年时视》，再到重金投入永久独门舞步《骑车舞》广告、剧集《深夜食堂》，以及频频亮相于电视连续剧《大江大河》《我的体育老师》《遇见幸福》《爱的迫降》等，热诚地召唤着无数观众和车迷。

永久建立了微信公众平台，给了大众更多了解和认识永久的机会。永久微博的更新建设，更是为大众提供了与永久深入交流的平台。永久还开设了自己的主题咖啡馆，以永久自行车和零部件作为装饰件，用永久品牌符号的经典元素，营造一种小众、健康、环保的生活方式，让公众久久回味。

每年"双十一"是大众的节日，也是永久的节日。2015 年的这一天，永久销出 3 万辆，而山地车占了 80%。而 2019 年这一天，更是达到了历史新高，销量较上年增长 31%，数量增长 50%。

"磨刀不误砍柴工"，精心编织的市场营销网络让永久自行车坐实坐稳了国内品牌自行车的销量王座。

不封闭，但求广传

"行者无疆""车行天下"，是永久的口号。自行车是用来骑的，而不是用来炫耀的。

于是，由永久主导的各种骑行活动由此启幕。骑行，既是巡演，又是检验，更是示范。

这里有：溯溪而上50公里的夏日清凉之行，极限挑战300公里的深圳之行，协力完成河源100公里的骑行，滴水湖畔的蓝丝带公益骑行，洪泽湖边的嘉年华快乐骑行，等等。

2015年，第一家“永久骑行俱乐部”成立了。至今这样的俱乐部已经有了500多家，遍布全国各地。光是2019年这一年，永久的骑行活动和赛事参与就达到上万次，骑行总里程达到惊人的29万公里。

一路欢歌，一路繁花。从中原郑州到七彩云南；从山西太行到古都洛阳；从成都平原到西藏拉萨；从世界屋脊又到东海之滨……一路风雨兼程，一路展示风貌，永久的矫健英姿深深印刻在祖国大地的天南地北，也深深印刻在千万公众的心坎和脑海之中。

永久骑行俱乐部进行了系统化、规范化建设，实行实名制注册，拥有统一的队旗和装备。在稳步发展的基础上，不断组建新的骑行团队，定期开展主题活动，参加大型活动和各类赛事。俱乐部已然成为永久骑友们共同的体验、互相交流的大家庭，拥有的会员已经多达数十万人之众。

在完善俱乐部之余，永久还对优秀的俱乐部和个人的骑行活动给予支持。

“车行天下”，让公众深入了解永久，也让永久深化融入人心。

不孤傲，但求共享

今日永久，是以品牌为主导的社会协作的产物，是相互依存、一荣俱荣的产业链和供应链的结晶。

永久集研发和销售于一体，产业基地分布在国内各个自行车产业带。永久确定总体发展规划和年度实施计划，产品设计开发一旦确定出样，经过总部认证和认可，才可投入批量生产。永久向各地派出品估代表，对各加工单位实行必要的监管，并实行末位淘汰制。凡是产品不受欢迎，或是心怀二心的，经提醒在半年内仍不改过者，则结束合作，不再签约。

永久对合作各方，既守市场法则，又重友情联谊。时刻不忘方方面面合作伙伴的成绩和贡献，开展以凝心聚力为目标的多种联谊活动。

永久每年度的营销精英峰会精彩纷呈，分别在天津、三亚、厦门、无锡、镇江等地盛大举行。各路伙伴齐聚一堂，回顾以往，收获成果，展望未来，举杯同庆。

永久经常结合国际参展和行业考察，组织国际观光联谊活动。2013 年金秋 10 月，永久邀请年度优秀经销商、各生产基地代表、优秀营销人员，登上皇家加勒比"海洋水手"号豪华邮轮，展开为期一周的上海至韩国之旅。2015 年 8 月，由永久优秀合作伙伴组成的精英团队前往德国的博登湖，观摩第 24 届欧洲自行车贸易博览会。为期 10 天的欧亚之旅，既是学习和体验，又是联谊和激励。2016 年的夏威夷之行，2018 年的冲绳之行，2019 年的泰国和美国之行等，都是酬劳英雄、分享成功、坚定合作、情系永久、砥砺前行的放飞和团聚。

不止步，但求传承

永久，80 多年的老品牌，从 1940 年至今，依然活跃，依然年轻，得益于一代又一代永久人的坚持和传承。

虽然永久的资本构成在变化，永久的经营模式在变化，永久的运作方式在变化，但是永久的精神、永久的传统、永久的技艺，代代相传，并且发扬光大。

永久有明确的人才战略。颜奕鸣董事长专门指出，公司要精心培育“行业领军、关键岗位、专业创新、青年后备”四方面的人才，使一批学习型、创效型、价值型人才脱颖而出。

公司为新进员工安排的入职培训，不但采用座谈和授课等方式，而且还让富有工作经验的老员工或部门主管在工作岗位上进行面对面的实际操作指导，以便尽快融入企业，具有实际工作技能。

而对于在职员工，则量身定制一整套完善的培训方案和计划。既有讲座、案例讨论、多媒体演绎等多种形式，集思广益，互相启发，增进才干；也有户外拓展训练，增进彼此间的熟悉和信任，感受团队的力量；还有专业技能和管理才能的对口进修，以提高职业素养。营销部门也会定期举办综合考试，强化客户接待流程和沟通技巧，刷新品牌认知。公司鼓励员工深入了解企业，增进对于品牌价值的理解和自觉。

人才战略的最终目的是，更好地提供每个员工的成长空间和施展才能的机会，勇于进取，合作无间，从而推进永久事业的整体发展。

在《永久 80 年》的纪念册中，我们见到了永久誓词：“追求价值是我们的工作起点，创造价值是我们人生的动力，实现价值是我们恒久的追求。”

是的，永久的追求，是自身的追求，更是社会的追求，人民的追求，历史的追求。

正是有了这种清醒而恒久的追求，永久将永葆青春，永葆活力，事业长青！

致敬 80 年

从 1940 年到 2020 年，永久度过了 80 年历程。作为行业标杆，永久不断焕发品牌新形象。继与腾讯合作 TGA，2020 年 7 月，永久又携手网易 NeXT，推出联名山地车。经典永久蓝与金色灿星交相辉映，为永久强势赋能。

百年凤祥再呈祥

记老凤祥近20年新发展

创建于1848年的老凤祥，今年174岁。跨越三个世纪的经典，几多辉煌。而最近20年的持续优质高速发展，更令世人为之瞩目。

2020年，老凤祥的营业收入达到517.22亿元，利润总额达到27.94亿元，比20年前的2001年分别增长62.77倍和264倍，年复合增长率达到24.34%和34.11%，连续20年保持了高位增长。

今日老凤祥，已是国内外独一无二集研发、设计、生产与销售于一体、拥有珠宝首饰完整产业链、多元产品线的现代企业。产品类别涵盖黄金、白银、铂金、钻石、翡翠、珍珠、金镶玉、有色宝石、珐琅、红珊瑚等饰品，以及K金眼镜、钟表、工艺旅游纪念品等众多门类。

今日老凤祥，已是凝聚大批工艺美术大师、融合经典与时尚、传承与弘扬海派技艺的产业平台。坚持“传承为本，创新为魂”，不但有效实现了国有资产保值增值，而且倍增活力，倍添精彩，引领潮流，荣誉等身。

今日老凤祥，早就由一个濒临困境的区域性品牌，成长为中国珠宝首饰行业第一品牌，并且在国际奢侈品领域占得一席之地。2021年在德勤“全球规模最大100家奢侈品公司”排行榜上名列第15位。以“国潮、国风、国韵”的民族特色和国际时尚，成为美的倡导者、创造者、传播者和奉献者。

老凤祥健康、高速、优质发展，奥妙何在？

董事长石力华把这一切归结于"三敢"：敢想、敢做、敢突破。正是在中国特色社会主义理论的指引下，老凤祥勇于改革，精于传承，敢于创新，把握战略方向不动摇，谱写了一曲又一曲华彩乐章。

勇于改革不止步

石力华董事长深情地告诉我们："这些年来，老凤祥敢于也善于抓住每一次改革的机遇，每一次改革都没错过。"正是不断深化改革，成为老凤祥持续发展的原生动力。

1998 年，作为上市公司的中国第一铅笔股份有限公司收购了老凤祥。2001 年，石力华在第一铅笔总经理任上兼任了老凤祥总经理。

当时的老凤祥正处于亏损边缘，销售额 7.1 亿元，账面利润 584 万元，实际未分配利润亏损 1 300 万元。经过调研发现，老凤祥经营困难，表面上看是市场竞争激烈、遭遇国际同行和本土后起之秀的冲击，但是究其本质，还是僵化的经营机制和盲目短视的经营手段制约了企业的生存和发展。只有从改革入手，刮骨疗伤，才能够重振雄风。

2001 年起，老凤祥通过关停并转、分流安置、银楼调整等一系列举措，多管齐下，进行改革，分流了约三分之一员工，老凤祥银楼也从销售 90%以上其他品牌改为专营自己的产品。在改革的推动下，仅仅 3 年时间，企业面貌为之改观。2004 年，老凤祥营业收入达到 22.3 亿元，利润总额达到 5 000 多万元。

2003年，老凤祥又向全员持股“下刀”。这种持股方法如果运行不当，无异于新的“大锅饭”；再加上之前效益不好，职工纷纷要求退股；而退出的股权又没人接盘。在上海轻工控股（集团）公司的支持和指导下，通过收购员工退股，实施企业经营者和技术骨干持股，共持有公司20%左右的股份。股权结构的改变，有效增强了经营者的积极性和创造性，为企业发展注入动力。

随着体制改革，老凤祥主管机构由轻工控股改为黄浦区国资委。2008年老凤祥又不失时机地进行了资产重组。尤其是充分发挥品牌效应，大规模扩张营销体系，新增自营加工制造企业，大幅度调整产品结构。2009年，老凤祥的营业收入首次突破100亿元，利润总额接近3亿元，发展速度远远超过行业整体水平。

与此同时，老凤祥又在干部考核机制上大胆突破。对综合指标超额完成的经营者，实行累进提成办法，可以分别提取10%、20%、30%，上不封顶。经营者的积极性进一步高涨。

2018年传来“双百”试点的消息，当时石力华正在海外考察市场，接到电话之后，毫不犹豫地连夜布置加班，第二天就上报了申请报告。经过积极争取，成为上海市7家率先试点企业中唯一一家区属企业。“双百试点”围绕解决历史遗留问题、股权多元化、完善市场化经营机制和激励约束机制等方面，进行了大胆改革探索。

正是不断深化改革，让老凤祥充满了活力，充满了动力。

精于传承不忘本

老凤祥人尊重历史，尊重传统，尊重诞生于1848年的170多年的深厚文化底蕴和技艺传承，始终抓住不放，发扬光大。这是老凤祥持续发展的历史渊源。

中国珠宝首饰行业，数得上的百年老店不多。老凤祥一路发展从区域性品牌走向全国，成为中国驰名商标、中国名牌，入围中国500强企业。

老凤祥的成功是因为把握住了三个重要环节：核心技艺的继承、品牌形象的年轻化，以及技艺队伍的壮大。

金银细工制作技艺是老凤祥的特色手工技艺，先后被列入上海市和国家级的非物质文化遗产保护名录，具有"精、准、美"的独特风格，有的薄如蝉翼，有的细如发丝，结构到位，造型优美，神态逼真。如今这一技艺在传承中大放异彩，涌现了大批优秀作品。尤其由第五代传人、中国工艺美术大师张心一领衔设计，由第六代、第七代传人通力合作，完成了一系列经典作品。其中整套"御用镶宝金餐具"，器形繁多、规整隽秀、制作精湛，共计38头，总重16 180克，尽显皇家风范与中国传统手工技艺的博大精深。

在品牌形象时尚化和年轻化方面，老凤祥做了大量工作，通过新的产品结构、新的销售方法、新的消费理念去吸引年轻消费者。过去在中国市场，老凤祥的主要顾客是50岁以上的中老年。通过品牌年轻化的一系列举措，2015年通过第三方调查机构的专业调查，在年轻一代消费者群体中知晓和喜欢老凤祥的已经占到23%，而到了2018年又进一步上升到35%。

人才队伍建设是保证品牌技艺传承的必要基础。老凤祥实施了人才培养的"凤翔计划"，旨在培育一大批名师巧匠，如同雏凤啼鸣，孕育成长。今日老凤祥，技术人员已经占到员工队伍的20%，分别来自欧美知名珠宝学院、国内著名高校艺术专业，以及一线员工的培养提高。老凤祥一线设计师的平均年龄是30岁。从事蜡雕、起版、镶嵌、玉雕等技艺的工匠，大都是拥有大学本科以上学历的“80后”。老凤祥拥有国家级工艺美术大师8名、市级工艺美术大师16名、各类中高级人才200余名，拥有的中高级人才数量位居国内同行业第一。

在产业链的发展中，老凤祥十分注重产品生产能力的建设。2014年投资3 000万元，在广东省东莞市建立了黄金饰品加工基地。花园式厂房达7 000平方米，拥有行业最先进的生产设备和资深技术、运营和管理团队，年加工黄金饰品能力100吨，年开发新产品4 000余款，是省级“高新技术企业”。2017年又在东莞建成珠宝镶嵌产品现代化智能化加工基地，集研发设计、生产加工、产品展示、物流配送于一体，年生产能力可达80万～100万件。既拥有大批优秀技术工人，又拥有国内一流自动化生产线。这两大生产基地的健康发展，有力地提升了老凤祥的核心竞争力，保证了老凤祥银楼百分之百销售自己的产品。

敢于创新不守成

不满足于现状，不止步于已有成绩，坚持不断创新，不断拓展新领域，这是老凤祥持续发展的不尽源泉。

石力华董事长告诉我们：这些年来老凤祥每年的产品更新率达到25%。正是创新，让老凤祥充满了青春活力，洋溢着时代感和时尚感。

老凤祥的产品门类不断拓展，从黄金产品“一枝独秀”，发展到八大类产品“八仙过海”，又进一步形成更为丰富的多元化产品线，覆盖了珠宝首饰行业的所有品种。近日，老凤祥产品又从首饰向服饰延伸，开发了胸针系列产品，未来还将进一步延伸拓展。老凤祥产品门类的总体发展思路是：在继续提升黄金饰品总量的同时，其他饰品门类以更快的速度发展，从而逐步提高钻石、彩宝等非黄金饰品占比，以适应年轻一代对于饰品材质多元化的追求。

在老凤祥，产品创新和经营模式创新是同步的。从珠宝首饰的特性出发，老凤祥不盲目跟风去发展电商和网上销售，而是注重品质至上的结果营销、实体店的体验营销、意见领袖的导向营销，以及大师坐堂私人定制等特种营销。老凤祥坚持以自营连锁银楼为“纲”，以特许专卖、合作经营、区域经销为“网”，以形象专柜为“点”，以“五位一体”的立体营销模式整体推进在全国市场的发展。现在，老凤祥的经销网点近5 000家，整体营销活动有板有眼、有声有色。

老凤祥大胆走出国门，进军海外。在美国纽约、加拿大温哥华、澳大利亚悉尼，以及中国香港等顶级商圈先后开设了近20家门店。有人以为海外拓展不值得。但是，石力华董事长认为，这是形成国际化品牌必须走出的重要一步。光是在纽约流光溢彩的第五大道上开出门店，与世界各国一流品牌比肩而立，就是最好的立体展示，比做任何广告都更有说服力。

在资源开发方面，老凤祥也屡屡创新。2002年10月，上海黄金交易所成立，老凤祥一口气就申请了3个交易席位。一开始，很多人并不理解。但是，之后将近20年的实践证明，这一大胆举措是完全必要的。且不说这些席位本身的价值已上升到数千万元，实现了资产保值增值；而且从老凤祥的黄金用量来看，也是意义非凡。最近几年，老凤祥每年生产用金超过100吨，占到上海黄金交易所首饰用金出库量的16%以上。如果没有这些交易席位，如何能及时而又准确地把控黄金市场的价格波动，又如何能及时而又合理地完成黄金采购和交易，从而实现企业利润的最大化。

坚定战略不折腾

把握战略方向和战略方针，不朝秦暮楚，不颠三倒四，而是认准一个方向不动摇，这是老凤祥持续发展的根本保证。

石力华董事长告诉我们：企业发展和品牌建设，始终要把战略思路、战略目标想清楚。方向一旦定下来，就要一个声音，齐心协力去做。战略目标务必做到家喻户晓，深入人心。具体目标是阶段性的，而愿景规划是长期性的。每个年度每个重大动作，都要服从总体战略。规划品牌战略，思路要清晰，眼光要长远，短期 10 年，中期 30 年，长期 100 年。

一个企业的经营班子会更新，掌舵人也会更替，但是，长期战略不可以因为人事变更而屡屡变动。这是企业的大忌，也是一些企业走不远走不长的病根。

过往一个较长时期，老凤祥的战略定位是："有华人的地方，就有老凤祥。"正是这个定位引领老凤祥走过了将近 20 年，从区域性品牌变成全国性品牌，并进而走向一些海外华人集聚的市场。

进入新的历史时期，老凤祥的战略目标进一步演化为："有消费者的地方，就有老凤祥。"这个目标既有继承性，又有开拓性，并将引领老凤祥成为国际化、全球化品牌。

在"十四五"规划里，老凤祥确定的目标是到 2025 年，营业收入达到 1 000 亿元，比 2020 年增长近一倍，按年递增 15%；利润总额也要实现同步增长。

有人怀疑这样的目标是否偏高了一点，石力华董事长认为，这是势在必行，也是切实可行。

一是不进则退。各大品牌已纷纷提出宏大的发展目标和行动计划，雄心勃勃。二是责任在肩。国家"十四五"规划对行业提出1万亿元的目标。老凤祥，作为龙头企业，市占率从目前的8%提升到10%，应是理所当然，那就是1 000亿元。三是水涨船高。随着全面小康社会的建设，消费意欲和购买力的提升，人民群众对于珠宝首饰等贵重消费品的需求也必定进一步增加。与此同时，国际化战略也要进一步展开。

2021年前三季度的进程正在有力证明这一点。老凤祥的营业收入达到创纪录的497亿元，利润总额也冲破25亿元。

"凤鸣中华，金凤呈祥"，人们欣喜地看到，前进路上，老凤祥活力四溅，青春焕发，规划着明天，创造着未来，正展翅飞向一个又一个新高点，用心描绘一幅又一幅精美画卷。

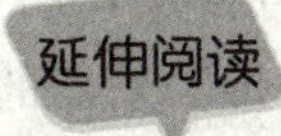

德勤排名榜

2021年12月5日，德勤（Deloitte）公布2021全球100大奢侈品公司排行榜，中国9家企业上榜。老凤祥位列第15位，较上年上升1位，排名超过蒂芙尼、普拉达、施华洛世奇等国际著名品牌。

天籁之音“敦煌”来

今日“敦煌”已是中国首屈一指的民族乐器品牌，以民乐“三大件”古筝、二胡、琵琶而名闻中外。2021年，制造“敦煌”乐器的上海民族乐器一厂的营业额达到3.04亿元，实现利润达到9 055万元。经营业绩遥遥领先于同行业。

这些年来，“敦煌”先后获得了“全国轻工业卓越绩效先进企业”“全国用户满意产品”“中国轻工业百强企业”“上海轻工振兴奖”等一系列荣誉。这些荣誉是褒奖，是鞭策，更是对“敦煌”近20年来扎根社会、立足民间、传播文化、枝繁叶茂的见证和肯定。

可是，有谁会想到，20多年前，制造和经营“敦煌”乐器的上海民族乐器一厂却是另一番景象。

无路：有路

20多年前的1998年12月，王国振从上海钢琴公司“空降”到上海民族乐器一厂担任厂长。那时民族乐器市场并不理想。

改革开放初期，因为西洋乐器像潮水一般涌入中国，民族乐器经历了一段相当艰难的时期。明明是乐器厂，却做过家具，做过玩具。乐器大师不做乐器，却做起了相框。面对这种情况，有关领导明确提出要顶住压力，“留根保苗”“借庙躲雨”。上海民族乐器一厂咬着牙坚持了下来，可是处境并不妙。

作为刚上任的厂长，王国振一查账本，“吓了一跳”：乐器销售利润只有 9 万元，全厂仅靠收房租勉力维持。南京路上的店面出租和莘松路沿街厂房出租，一年的租金收入 200 余万元，帮助全厂度过艰难时光。

面对当时的生存情况，民族乐器市场该如何经营？路在哪里？摆在王国振面前的是一系列问题。

1999 年新年伊始，中国的中央民族乐团首次在维也纳金色大厅演出并获得成功。中央领导为中央民族乐团题词并发去贺信。王国振敏锐地觉察到这是一个触发点，学习民族乐器的热潮即将来到。王国振说：“民族乐器传播的是中华文化。‘敦煌’品牌的核心就是文化。文化是克敌制胜的法宝。文化是一个金饭碗。我们绝不能视而不见，捧着金饭碗去讨饭吃。”他提出了“三个扩张”的发展战略，即“敦煌”牌要在教育市场、文化市场和销售市场三个市场上扩张，形成三个拳头，通过技术进步，实现企业全面提高。

王国振豪情满仗地说：“我要让每一个新生儿听到的音乐是‘敦煌’雅乐的祥和之音，让‘敦煌’雅乐遍及华夏大地。”

突破：机遇

发展民族乐器从何入手呢？王国振对民族乐器并不熟悉，用他自己的话说，是个彻头彻尾的“门外汉”。但他认定民族乐器是中国的国粹，这其中必定有值得发现和创造的价值。

他把许多时间用在调研上，他接触了很多乐器老师，从中寻找突破口。某次他与上海古筝专业老师交流时，悦耳动听的古筝雅韵一下子抓住了他的耳朵。他又听老师介绍，学习古筝半年就可以演奏乐曲。这可是一种好听又好看、容易学习入门的好乐器，并且又有很多老师在为推广普及古筝而努力。王国振决定把突破口选在古筝上。

1999年初的一次干部会议上，王国振提出："企业要走得远，发展得好，就必须打文化牌，发掘产品中蕴含的深层文化底蕴，弘扬民族文化，而古筝不失为企业发展文化战略的一个突破口。古筝是最有前途的一个产品，要抽调厂里的人力物力重点发展。"他说，现在钢琴热盛行，并且供不应求，而古筝就是中国式钢琴，今后一定会像钢琴一样流行起来。他立志要把"敦煌"古筝打造成为中国的"斯坦威"。

王国振的决定很快付诸实施。当时古筝年销量仅6 000台，产能严重不足。对此，企业立即启动了在河南兰考办新厂的计划。2000年8月新厂开张，一批优秀员工充实到古筝生产第一线，古筝生产实现了倍增。

不出王国振所料，古筝很快在全国出现了学习热潮，而"敦煌"抢得了先机。一晃19年过去了，如今"敦煌"古筝的年产量已经达到8万多台，是当年的十多倍，并且占据国内专业市场的90%以上。

王国振并没有为此沾沾自喜。他认为古筝的音质音色和结构外形还有提升的空间。于是，每年都安排乐器改进改良和创新的项目。从细微的改变做起，让古筝品质得到有效提升。日积月累，量变就能走向质变。

近年来，"敦煌"还先后将漆艺、木雕以及名家书法、绘画等中国的非遗文化和工艺嫁接到古筝上，提升了古筝的文化价值和附加价值，投入市场后反响很好。2016年开发的"五行"系列和"四君子"系列古筝，深受市场欢迎。

文化：营销

当初，在市场竞争中，有人向王国振提出，为了市场主动，"敦煌"不妨降价竞争。王国振却以为，"敦煌"不仅不能降价，还要适当提价。过去民族乐器制作大多以家庭作坊式的小企业为主，入门的门槛很低。低价竞争的结果，必然是粗制滥造严重。"敦煌"打文化牌，就要从高起点再出发。王国振说：我们的定位很明确，"敦煌"不是一般的消费品，而是文化产品，因此必须是精品优品。同时，要以文化传播来推进营销。

2001 年 9 月 29 日，就在国庆节的前两天，上海民族乐器一厂与上海东方广播电台在上海鲁迅公园联合举办了一场"千筝和鸣——花好月圆"中秋文艺晚会。身着印有"敦煌乐器"上衣的上千名演奏者，奏响了上千台"敦煌"古筝，这一盛大场面震惊了无数的观众和游客。此举不仅创下了又一项吉尼斯世界纪录，而且有效推广了"敦煌"牌民族乐器："敦煌"乐器非同一般！

这是"敦煌"面向社会的一次精彩亮相。此后，"敦煌"乐器每年都有面向社会的各类盛大活动，每一次都是那么震撼人心。"敦煌"还参与协办了近百项全国性及地区性的民族器乐比赛，冠名开展了"敦煌国乐""敦煌之夜""敦煌之声"等各类音乐会，为众多的民乐爱好者提供了丰富多样的展示平台。2017 年 8 月，上海民族乐器一厂联合主办了"盛世华筝"首届澳门国际古筝音乐节。开幕式上，2 500 台"敦煌"古筝同场演奏《渔舟晚唱》《七子之歌》，成功创造了又一项基尼斯世界纪录。

这些活动告诉社会大众：民族乐器魅力无穷。民族音乐是高雅的，又是大众的。"敦煌"就是民族乐器和民族音乐的全力推广者。

正业：专业

在文化营销中一发不可收的“敦煌”，在2005年又做出了一个惊人之举：王国振力排众议，从上海音乐学院招聘了优秀毕业生，成立了“敦煌新语”乐队。这在当时引起业界一片哗然。

是不是有点不务正业？王国振说：这正是专业之举。这支乐队可算是一支音乐轻骑兵，其承担的使命可不轻。王国振要让这支乐队奏响“敦煌”雅韵，实施他的文化传播和品牌发展的重大战略。

十几年过去了，如今这支乐队已经升级为“上海馨忆民族室内乐团”，在国内外演出达400余场。乐团的足迹遍及国内20多个城市，还出访了美国、德国、法国、比利时、西班牙、捷克、新加坡、日本、韩国等10余个国家，登上了“布拉格之春”国际音乐节、乌兹别克斯坦“东方之韵”国际音乐节等国际大型舞台。这支乐队对“敦煌”民乐的宣传推广超越了行业、地区和国家的界限，成为“敦煌”精神和“敦煌”品牌的美丽使者。

就在组建乐队的第二年，2006年王国振又有一个创举：上海民族乐器一厂建立了“敦煌艺术学校”。通过“进社区、进学校、进家庭、出国门”的方式，推广民乐文化，扩大“敦煌”品牌的影响力。“敦煌艺术学校”先后在全国各地以及新加坡、日本和美国等国家设立了一百多个敦煌音乐教室，普及中国民族乐器和民族音乐。十多年后的今天，民乐的教育和培训已是一片火热，而“敦煌”早已抢得先机。2016年“敦煌艺术学校”又与民乐新秀合作，举办了“敦煌国乐”古筝名家研修班、“遇见敦煌”主题活动等，在民乐师资的教育培训方面开展了新的探索。

民族：国际

"民族的就是世界的"！王国振一再强调，不光要让中国人喜爱自己的民族乐器和民族音乐，也要让越来越多的外国人了解中国乐器，欣赏中国民乐。为此，"敦煌"几乎抓住了每一次"与世界对话"的机会。

2008 年北京奥运会期间，上海民族乐器一厂代表上海市参加"中国故事"文化展览。在"祥云小屋"内向世界展示中国丝竹之美。王国振还亲自当起了解说员，为参观者介绍每一件民族乐器的来历和制作过程。参观者中有许多外国政要、运动员及记者，他们为精彩的乐器和讲解所折服，表示了浓厚的兴趣，并将中国民族乐器视为十大中国元素之一。在这届奥运会的闭幕式上，"敦煌"又一次亮相：由 64 位姑娘手持"敦煌"电声二胡，演奏了一曲《北京，北京，我爱你》。乐声响彻"鸟巢"，也响彻了中外嘉宾的心田。

2010 年上海世博会期间，上海民族乐器一厂成为世博会宝钢大舞台"中国元素"乐坊传习区的承办单位，并参加了"上海活动周"非遗展示活动，成功地将民族乐器制作技艺搬上世博舞台，让世界见识了中国传统器乐文化的博大精深。

2014 年"亚洲相互协作与信任措施会议第四次峰会"在上海召开，受上海市非物质文化遗产保护中心的邀请，上海民族乐器一厂再次组织乐器演奏、制作方面的人员赴上海世博中心，为参加峰会的各国领导以及媒体等进行了为期 3 天的上海民族乐器制作技艺展演，再度展示了中国传统器乐文化的风采。

这十多年来，王国振带领上海民族乐器一厂走出国门，远赴欧美和亚太地区进行乐器展览和文化交流活动。他们持续参加过德国法兰克福乐器展、美国乐器大展等国际性展览；在中国与印尼建交60周年之际参加“印尼中国周”活动；赴泰国宋卡王子大学普吉孔子学院进行文化交流；在英国伦敦参加“伦敦设计节”；赴意大利米兰参加“从上海到米兰”“魅力上海”城市形象推广活动，等等。为庆贺新加坡华乐团建团十周年和二十周年，“敦煌”先后两次赴新加坡举办乐器大展和民乐演出，分别受到时任总统和总理的接见和颁奖。“敦煌”还与德国汉堡孔子学院达成合作协议，开展更多的音乐文化交流活动。

“让世界回响炎黄子孙的钟鼓琴瑟之声，让‘敦煌’雅乐永驻五洲四海蓝色天空”。这正是王国振致力追求的一个梦。在这里，民族乐器大放异彩，“敦煌”要将中华文化传遍世界。

大师：大师

无论是文化营销，还是营销文化，都是靠人来完成的。因此，“敦煌”非常重视员工队伍的建设。

在上海民族乐器一厂里，无论销售业绩如何高速增长，非常受尊敬的依然是徐振高、高占春、张建平这样的乐器制作大师。在这里，设有一批国家有关部门认定或颁布的国家级技能大师工作室。

在“敦煌”，大师可不是吹出来的，而是干出来的，是通过实打实的比赛比出来的。在这里，每年都有好几次“敦煌杯”乐器制作大赛，至今已累计举办了一百多次。而评委即检验匠师们水准的裁判，不是普通人，而是中国一流的民乐演奏家。

二胡制作大师张建平曾经创造过连续九次获得二胡制作前三甲的纪录。在考核高级技师时，张建平的一篇论文《简论二胡琴码的合理使用》引起众多评委的高度关注。

由制作大师制造高端民族乐器，由演奏大师使用、评判和鉴别高端民族乐器，这真是大师惜大师，英雄惜英雄，演绎了一段又一段乐坛佳话。

著名二胡演奏家闵惠芬、马晓晖等都用过张建平制作的琴，而张建平对她们也是知根知底。"闵惠芬晚年的时候力量小了，所以给她做琴要'松'一点，但声音不能散；而给马晓晖的琴，要给她一点张力。"

而演奏家们也对制作大师们了如指掌。"敦煌"曾经邀请闵惠芬、吴之珉、唐春贵等名家到厂里来盲评二胡。6 把二胡放在一起，让他们轮流拉琴，结果每把琴的制作者都被猜对了。"琴就像人一样，不同的人、不同的琴，有不同的性格。"张建平制作的二胡音色甜美，上下把位通透，尤其受到欢迎。

王国振经常对自己的员工说：你们不要小看自己，你们不是一般的工人，你们是艺人。在国外，一些好的乐器制作师，其社会地位是很高的。他不是工人的概念，而是文化人，是艺人，是匠师，是受尊敬的高端人才。光是意识到这一点还不够，还必须用文化人、艺人和匠师的要求来改造自己、打造自己，品行、修养、技能要全面提升。

"敦煌"从 2005 年起先后引进了 60 多位大学生，作为新鲜血液充实到企业的方方面面，对提升员工队伍整体水准起了很好作用。厂里还特意招聘一批设计专业的大学生和研究生，专门从事产品外观设计，力求把传统和时尚、中国和外国、东方和西方的多种艺术元素结合起来，形成有独特优势和设计理念的产品。比如结合莎士比亚与汤显祖四百周年诞辰而设计制作的古筝就很有特色，受到市场的欢迎。

“敦煌”还经常组织员工去听音乐会，听民乐讲座，提高音乐素养。2012 年，“敦煌”和上海城市剧院共建了国粹民乐演艺基地，每个月都会在那里举办一场音乐会。台上是演奏民乐的名家，台下是制作民族乐器的能工巧匠。台上台下互动共鸣，别有一番气象。

在“敦煌”，制作工匠还要定期接受乐器美学、机械识图、音乐常识、工艺制作等理论方面的进修。

除此之外，“敦煌”还与上海群益职业技术学校共同培养了 50 多名民族乐器修造专业学生，一边学习文化知识，一边学习乐器制造技术。王国振说：“这是未来一支新生的队伍。”

传承：发展

“敦煌”的经济效益和品牌影响力上去了，但是，王国振并不满足。他认为不但要把自己的企业做好，而且有责任和义务去承担传承、弘扬、发展中国器乐文化的重任。

2011 年 5 月，由上海民族乐器一厂保护与传承的“民族乐器制作技艺（上海民族乐器制作技艺）”项目成功入选第三批国家级非物质文化遗产保护名录。

2015 年 8 月 21 日，由上海文广局主管，由上海民族乐器一厂编写的《上海民族乐器制作技艺》由上海人民出版社出版发行，成为上海市国家级非物质文化遗产名录项目丛书之一。

2016 年，上海民族乐器一厂与上海电视台艺术人文频道联合拍摄制作的大型纪录片《中国乐器》，先后在 CCTV 音乐频道以及上海电视台艺术人文频道、上海教育电视台、广东广播电视台现代教育频道等电视媒体播映，并由上海音乐出版社出版发行。2017年3月在全国"两会"期间，上海东方电视台也播映了这部纪录片，平均每天的收看人数竟达到255万人次。平均收视率在各省市卫视同时段位列前三。在收视人群中，高学历的年轻观众居然占到67.8%，这可是一个相当惊人的高占比。这预示着"敦煌"民乐在年轻人中的巨大影响，也预示着"敦煌"民乐未来持续发展的巨大潜力。

也是2016年，上海电视台艺术人文频道开播了《纵横经典敦煌国乐》。这档新颖的视听节目，邀请了众多的民乐名家，共话中国民乐，既讲历史，又讲现实，还讲未来。通过一段段生动有趣的故事，向观众普及推广中国传统而又时尚的器乐文化，受到了社会各界的广泛关注。而决策投资拍摄这档节目的正是王国振。

除此之外，"敦煌"还编辑出书，有反映古筝文化的《筝艺》，反映二胡文化的《弓弦南北》，反映琵琶文化的《图说琵琶》，还有古筝、琵琶、二胡、笛箫的使用手册，等等。

王国振说，我们每年都要动脑筋，创造新的形式，注入新的内容，来进一步实施文化营销的策略，为传承和提升中国优秀的民族文化作出贡献。

成功：台阶

这些年来"敦煌"取得了一系列成功，可是王国振并不自满，仍保持清醒的头脑。

"只有持续创新，才能持续发展"。王国振是这样说的，也是这样做的。

王国振说：民族乐器是中华传统文化的组成部分，但是我们不能仅仅限于关注这个行业，还得有世界眼光、全球坐标。每年我们都会参加一些国际的乐展，一方面是宣传中华文化，另一方面是为了观测和把握世界乐器的发展趋势和潮流。

这些年来，“敦煌”一方面每年会推出几十款具有时代特色和文化价值的新产品，形成仿古版、时尚版、纪念版等系列化产品；另一方面，在乐器外观设计上，嫁接了竹刻留青、珐琅、漆画、贝雕、木雕等传统经典工艺和元素，让民族乐器实现华丽转身。

这时候，“敦煌”就不再是简单的演奏产品，而是地地道道的文化产品了。由于受到消费者欢迎，其附加价值也大为不同。甚至变成收藏艺术品。为世博会特制的琵琶，当年售价是 2 万元，而今出价 20 万元也不一定能买到。既有优秀声学品质又兼备精美工艺的乐器越来越受到收藏界的青睐。

2014 年 4 月，由著名导演王潮歌执导、中央民族乐团演出的大型民族乐剧《印象・国乐》在上海文化广场隆重上演。演奏家手中的仿敦煌壁画乐器，便是由上海民族乐器一厂新近研发制作的。全套乐器共有 60 余款 80 余件，件件都是精品珍品。这批古韵悠长的仿古乐器在舞台上大放异彩。

2016 年 10 月，王国振又别出心裁，一改过去新产品发布会的形式，为客户和观众献上一台精彩的“敦煌之夜——泱泱国风”音乐会。来自中央民族乐团的著名演奏家赵聪、唐峰、魏育茹等运用“敦煌”新品乐器，为大家献上精彩表演。这种生动实在的产品推广，不仅展现了“敦煌”乐器的美妙，而且表现了“敦煌”人的自信和自豪。

王国振一再强调，企业家必须有世界眼光、全球坐标，始终保持清醒头脑，善于寻找自己的差距，把每一次的成功都看作是一个新的台阶。企业的使命就是从一个台阶登上另一个台阶，不断攀登新的高峰。

延伸阅读

上海民族乐器一厂：成功转制，连获殊荣

2021年8月，上海民族乐器一厂有限公司揭牌成立庆典大会隆重举行。2021年11月，上海民族乐器一厂有限公司总经理王国振接连荣获《中国工业报社》颁发的"2021工业企业文化建设创新杰出人物"称号、中国音乐学院颁发的"古筝艺术特殊贡献奖"。

九十梅林仍青春

上海梅林，自1930年创立，到2020年已经度过整整九十个春秋。饱经风霜，阅尽炎凉，披荆斩棘，一往无前，始终保持着青春活力，创下一个又一个令人瞩目的业绩。今日上海梅林，早已是家喻户晓的一流名牌，雄踞国产肉类罐头NO. 1的宝座，深得海内外千万家庭的欢心和喜爱。

2020，九十华诞，身为国内外知名罐藏食品制造商的上海梅林，又勇敢迎战疫情和市场变局，逆势增长，谱写了新的创纪录的业绩篇章。

上半年，上海梅林圆满实现了营业收入和归母净利润“双过半”，分别有较大幅度同比增长。下半年继续保持了良好势头。

青春又时尚

上海梅林的活力和成就，来自于持续不懈的创新和拓展。梅林人善于观察市场，把握人心所向，从中找准创新和改革的方向。

总经理张晴峰先生说出了他的感受：在很多食品展会上，上海梅林的展位常常成为热点，里里外外挤满了争购人群。这本是一件盛事，可是细心的经营者却观察到，人群里老年人占了多数。为什么很少年轻顾客？这让张晴峰敏锐觉察到，品牌如何避免老化、用户如何避免断层，已经成为当务之急。公司急需在巩固传统客户的同时，转而高度关注当代年轻人的需求特点和审美倾向，创新研发，调整产品构成。

正是在这样的认知和感悟下，“猪大萌”系列诞生了，受到了年轻人，乃至幼小儿童的喜欢。“猪大萌”是个卡通形象，它是一只精致的粉红色小花猪，正巧与午餐肉的色泽相一致；它是一只来自“自家牧场、有故事的猪猪”，留着两只圆圆的大鼻孔，萌得可爱。“猪大萌”不仅形象逗趣，内容也逐步拓展，成了一个系列。不仅有经典午餐肉，还有减盐的清淡味午餐肉、芝士午餐肉、火腿午餐肉等，中西合璧，时尚创新，尽可以各取所爱。在外包装上，“猪大萌”系列产品生动体现产品卖点，提炼个性化的特色，以赢得年轻人的文化呼应与心理共鸣。规格容量也很特别，有一种 198 克罐装，既适合一人用餐，也适合母幼两人餐、情侣双人餐，平添几分情爱。罐头上方还紧扣一个红色塑盖，内有一柄塑料调羹，便于食用，体贴温馨。

新的产品何止于此。2019 年炎夏，上海梅林向市场适时推出了“富汤倒火”系列新产品。其中的“富汤”是银耳莲子汤，“倒火”是百合绿豆汤，清凉消暑又滋补，突显了对社会公众的关爱。与此同时，炖鸡汤、美味午餐肉、红焖牛肉、红糖红枣红豆汤等等一批新品也相继上市。还有更多的新产品正处于研发或中试阶段。新产品的成批开发，适合了不同层次消费者的需求，同时也提升了上海梅林的市场竞争力。

“罐头好吃盖难开”的情况，也有了进一步改进。马口铁材质的易拉盖变成了铝质拉盖，开启更为轻便。人们于细微处见识了上海梅林的一片亲情。

优选又严谨

那么多人喜欢午餐肉、吃过午餐肉，可是，又有多少人清楚知道，上海梅林午餐肉是怎样制成的，又是选用了什么样的猪肉呢。

“二号肉和四号肉”，张晴峰总经理告诉我们。

这是什么肉？二号肉就是猪的前腿肉，四号肉就是猪的后腿肉。哇！这都是猪肉的精华，满是栗子肉。难怪上海梅林午餐肉那么好吃，那么受欢迎。

不光是选材好，更重要的是，工艺技术先进，质量品控严谨，管理高效有序。

从公司的实景视频，人们可以清晰见到，上海梅林在上海和绵阳的两个制造基地，经过一次次的技术改造，已经做到环境一流、设施齐整、工艺先进、工位整洁、工序流畅，实现了全方位的连续化和自动化生产，适应了优质、高效、多品种、多规格生产的要求。

我们见到，光是绵阳生产基地就有空罐生产线 3 条，分别可以生产圆形、方形等多种规格，年产空罐制造能力达到 1 亿套。生产流水线由空罐成形、全自动高频焊接、组合式分罐、自动堆垛等一系列先进装备组成，相互衔接，一气呵成，既标准又高效。

实罐制造从源头抓起，实行严格的原辅材料入厂验收。具备周全的工艺文件，执行严格的配方管控和工艺操作规程管控，确保品质达标。在封口和杀菌诸环节，切实加强在线检测力度，确保万无一失。

包装生产线上，以“技防”取代“人防”，配备有 X 光异物检测机、封罐检测仪等一道道自动在线检测装置，就好比一双双“火眼金睛"，能够及时并精准地检测出各种异物和罐装密封度，防止恶性杂质事故和封罐差错，把好最后一道关。

公司先后通过了 ISO9001 质量体系、ISO22000 食品安全体系，及 HACCP 体系等认证，质量安全体系运行有效，实践着"安全重于泰山""声誉重于泰山""责任重于泰山"的社会承诺，为市场提供"美味、营养、安全、便捷"的美食盛宴。

应变又创新

您吃过猪肉午餐肉，可是，您是否吃过鸡肉午餐肉？如果没有，不妨到上海梅林来尝一尝，那真是"别有一番滋味在心头"。

张晴峰总经理告诉我们，这种鸡肉午餐肉新产品是被国际市场"逼"出来的。

事情是这样的：因非洲猪瘟在东南亚地区的负面舆情影响，2019 年 5 月起菲律宾等一批东南亚国家严令禁止中国猪肉制品进口。城门失火，殃及鱼池。尽管上海梅林的肉类罐头在东南亚享有很高信誉，拥有很大市占率，尽管上海梅林在当地客商协助下与政府当局做了多次沟通，可是菲律宾农业部迫于舆论压力，迟迟不愿开放中国猪肉制品进口。就这样，上海梅林主打出口产品肉类罐头，在东南亚这一重要出口市场遭遇了重大挫折。

但是，上海梅林人并没有为此一蹶不振。一方面积极拓展内销市场，出口不足内销补，推进"两重一沉"的策略，尽量弥补因出口受挫而遭受的损失；另一方面针对国际市场的变化，一手抓环节疏通，一手抓新的替代产品研发。鸡肉午餐肉由此应运而生。

鸡肉午餐肉既保持了猪肉午餐肉的风味特色，又有自己的个性特点，圆形的罐身和外包装标贴也酷似猪肉午餐肉，延续了市场的认知度和美誉度，同时也绕过了当地有关猪肉制品进口的禁令。

鸡肉午餐肉在短短半年内就研发成功，并于2020年5月通过了商标注册。紧接着，2020年6月第一批10个货柜发往马尼拉。市场试水，一炮打响，反响良好，取得成功。之后，客户又追加进货，在当地市场，已经逐步形成取代猪肉午餐肉的趋势。

与此同时，上海梅林又在印尼市场开放中国肉制品之后，第一个取得印尼政府签发的午餐肉罐头进口配额批文。2020年上半年第一批配额顺利发运完毕，并顺利通过各项检验检疫，于6月到期日之前全部安全入关。

与此同时，新加坡市场也取得良好进展。2020年2月新加坡政府下发订单，要求各超市确保民生安全，保证食品及生活必需品供应充足，罐头食品也在其采购订单之内。上海梅林不失时机取得午餐肉订单，上半年销量同比增长140%。下半年开始，又在当地市场展开大规模的促销活动。

人们高兴地看到，上海梅林传统出口主销市场一个又一个胜利回归。

灵敏又果断

上海梅林的猪肉原料主要采购自国际市场。诸如北美的加拿大、欧洲的德国和西班牙，以及南美的巴西等。这些大供应商均具有国际资质，获得国际认证，提供安全可靠优质的罐藏食品原料。

猪肉价格的高低在很大程度上决定着企业的成本和毛利。然而，国际行情犹如大洋浪涛，波动起伏。上海梅林是随行就市、善于捕捉商机的知风鸟，多年来一直把猪肉采购作为降本增效的重要工作，由总经理直接负责。

他们密切关注行情，灵敏把控变动，抓住价格波幅，适时采购和超前储备。在原料价格高升时，适当减少原料采购，合理调整罐头成品价格，取得市场的认可。而在原料价格下跌时，又不失时机，大批量采购原料，冷藏保存，逐步投放生产，获取成本优势。

自 2018 年下半年以来，上海梅林先后多次在国际市场上适时出手，屡屡购得相对低价的优质原料。尤其在 2020 年四五月间，新冠肺炎疫情出现一波高潮，各国经济萎缩，供应商们急于脱手，国际市场猪肉行情一路下跌。上海梅林再次集中调度资金，及时出手，以较低价格超前购进大宗优质原料猪肉，为满足生产需求、促成降本增效，奠定了扎实基础。

调整又融合

上海梅林一向以拓展国际市场为专长，是上海食品行业出口创汇的大户；近年来，对内销市场也做足功夫，有了迅猛增长。中央提出：形成以国内大循环为主体，国内国际两个循环相互促进的发展新格局。上海梅林正在努力实践、积极推进内外双修、双促进、双发展的新战略，在国内市场异常活跃，取得一个又一个新突破。

最近两年，上海梅林重点抓了内销市场的"两重一沉"，取得显著成效。"两重"是指对重点市场重点经销商的重点管理，对核心单品重点单品的重点投入；"一沉"是指渠道管理工作下沉，帮助一级经销商开发空白区域和空白渠道，增加区域发展的持续性和生命力。

疫情期间，国内消费渠道发生转移，餐饮市场基本停滞，家庭消费成为主角。上海梅林不失时机调整营销策略，加强对终端市场和电商渠道的拓展与投入，加强各业务流程和环节的梳理与管控，促进家庭消费。同时，加强对重点产品的维护，尤其是对火锅午餐肉实行单品考核，并组织多次大型促销活动，为餐饮重启之后的重新布局抢占先机。

2020年恰逢上海梅林90周年庆，上海梅林为增强品牌曝光度和提高品牌声誉，重点打造了自己的微信公众号，重在内容营销，先后推出“梅林小厨”“梅林春秋”“防疫保供”等多系列微文，通过不同板块介绍和展示梅林品牌的历史与发展，扩展梅林的传播力和促销力。

与此同时，上海梅林又专注于营销模式的创新。五六月间，积极参与了上海市的“五五购物节”活动，利用自身品牌优势，发展多模式多渠道多元化的合作模式，助力销售，促成上海梅林与和米堂的异业合作，在和米堂全国线下门店售卖“午餐肉章鱼烧”。又在上海打浦桥日月光商场开展快闪活动，内容包括章鱼烧现场展示、用梅林午餐肉及旗下多种产品制作网红单品、门店试吃、猪大萌礼盒销售、IP形象衍生品展示、现场互动游戏等。还运用网红直播带货、抖音直播、交通广播等多种网络新形式，提升产品销量，在年轻群体中扩展上海梅林品牌的渗透力和影响力。

下半年还对上海108个住宅社区进行广告投放。媒体安装于社区门口的门禁处，以平面海报形式展示品牌广告，100%触达社区内众多业主。

上海梅林还广泛开展一系列公益活动以扩大品牌及新产品的社会影响。5月到8月举办“猪猪有‘画’说”儿童绘画大赛，深化猪大萌在儿童中的印象，并在8月底公布获奖结果。10月，优秀作品将直通在宝龙美术馆举办的“小手大爱”公益画展，艺术作品设计衍生品也将在现场义卖。12月，人气奖作品将在宋庆龄基金会慈善晚宴展出并义卖。

正名又改制

由于旧体制的遗留问题，上海梅林身为梅林商标的创立者，却要长年面对纠缠不清、令人烦恼的梅林商标难题。

为了区分，上海梅林曾在梅林商标下面加了B2，形成复合商标。可是这还不够，于是又在复合商标边加了一个含有公司全称和创办日期的椭圆形标识，标识鲜明，干净利落，严格区分，以正视听。在此基础上，公司实行VI识别系统的升级和培训。以面对面的方式，实现对公司内部的培训；以点对点的方式，实现对经销商的培训；以微信公众号，实现对消费者的普及，并已经取得初步成效。

为了维护"上海梅林"的品牌声誉，公司在开拓市场的同时，不断增大自主产能。目前品牌产品95%以上由自己的工厂制造，品控到线，品控在手。即使极小部分的外加工，也严格按照配方和工艺流程操作，严格管控和验收，确保品质和口味不走样。

为了进一步协调罐装食品的制造、研发和营销，近两年上海梅林的管理体制做了重大改革。上海和绵阳的两家有限公司是制造基地，是生产成本中心；销售分公司是销售中心；而在这3家实体之上的经营管理平台是研发中心和利润中心。这样的架构有利于统筹规划、协调产能、调度资金、加快研发、强化品牌、搞活市场。

每年经营管理平台与下属企业签订绩效管理协议书，定期召开经济活动分析会议，结合内控巡检工作，检查经营目标落实和完成情况，并且实行年终绩效考核与经营管理者薪酬挂钩，确保年度经营目标圆满完成。

平台和工厂各有分工，各尽其责，上下齐心，协同发展，促成了研发和制造双飞跃，降本与增效两突破。这才有了成批成批新产品和新品种的问世，才有了降本增效、营收和利润双创纪录。

九十华诞的上海梅林，因为一代代梅林人的传承和创新，而始终保持了青春年华。今日上海梅林，风华正茂，英姿勃发，胸有蓝图，自如翱翔。人们祝愿上海梅林，青春常驻，稳步向前，再创辉煌！

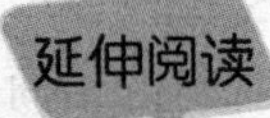

上海梅林：市领导到公司调研

2021 年 9 月 21 日上午，中共上海市委常委、常务副市长陈寅到上海梅林调研。他详细听取了公司改革发展、经营管理及未来展望等方面的工作汇报，对近年来在品牌创新发展中的成绩予以肯定，并提出了今后发展的要求。

今日上海牌　手表更妖娆

虽然早已秋冬，仍有拂面春风。上海牌手表走向社会，近期又有了一连串行动。2019 年 8 月 28 日，上海表业有限公司新老股东签署了股权转让协议，复星旗下豫园股份及其全资子公司上海汉辰表业集团有限公司收购了上海表业 55%的股份，杨浦商贸收购了 20%的股份，完成了上海表业公司多年来一直探求的顶层设计改变的夙愿。接着，又在上海的两条商业老街淮海路和南京路的第一百货，分别开了专卖店，设立了专柜。与此同时，今日头条几乎每天不停，展示和推介上海牌手表各种新款式。上海牌手表的频频亮相，自然引起社会广泛关注。

是的，上海牌手表，中国第一块细马手表，自 1955 年诞生以来，已经足足走过了 65 年历程。曾经以"质高、量大、面广"而雄踞中国手表市场半壁江山的上海牌手表，深受中国老百姓的信任，也深受老一辈共和国领袖们的喜爱，敬爱的周恩来总理就常年佩戴上海牌手表。

虽然在国门打开之后，一度受到电子表和进口名牌手表的冲击，但是，真金岂能长久蒙尘。近几年，上海牌手表重新找回渐渐淡去的光彩，力图再造"中国第一表"的时代辉煌。新一代上海手表人正传承上海制造的光荣传统和海派文化精华，积极推进"品牌经典化、产品时尚化、营销创新化"战略，从技术、管理、体制诸多方面同时下手，推进改革创新，成就一番崭新事业。

名表成网红

在上海表业有限公司（以下简称“上海表业”），我们采访了公司总经理董国璋先生。一见面，董总就兴奋地告诉笔者：2019 年上海牌手表又取得了新进步。营业收入达到 1.1 亿元，利润总额 0.1 亿元，手表加机芯产量 30 万只，经济收益也比较理想，比上年有了一定幅度的提升。不仅如此，产品组成结构也发生重大变化：成表与机芯的比例从五年前的 3 比 7，变成 6 比 4，也就是说，自主品牌的成表比例大幅上升，而作为配套出售的机芯比例显著下降，手表的附加值明显增强，经济效益明显提高。上海牌手表不再以“量”取胜，而是以“质”取胜。据统计，目前平均每块手表的零售价达到 1 500 元，而最贵的一块竟达到惊人的 26 万元！

更为可喜的是，上海牌手表成了新时代的网红。不仅中老年情有所寄，而且更多的年轻人也来追逐各种新款。电视直销，成为上海牌陀飞轮手表销售的一个主要渠道，保持了稳定增长。其中新款立面陀飞轮手表 2019 年的销售率竟达到 110%，供不应求。电商平台，无论天猫，还是京东，都超额完成了全年销售指标。2019 年“双 11”这一天，上海牌手表实现网上销售 1 600 余万元，比上一年“双 11”猛增 47%。

线下实体店也做精做好体验营销。2018 年国庆期间，上海牌手表全国第一家线上线下联合旗舰店在上海黄浦区江西中路盛大开业，线上线下联动互补，形成了新零售载体。

售前售后服务也相应配套，紧紧跟上。近两年来，公司市场部逐步完善了客户档案和服务档案，对客户报修力争做到及时处理，对服务情况进行控制，对每起服务都有记录，让服务从被动走向主动。

上海市委提出打响"上海服务""上海制造""上海购物""上海文化"这4张名片之后，上海表业更是以此为契机，努力打造上海手表这张时代名片。已经初步建立以微信、论坛、电视视频、展会展示、新闻软文五方面为主的品牌宣传方式。以"追忆情怀""时尚艺术""经典永恒""精湛技艺"等内容，讲好"上海故事"，努力打造钟表行业的上海名片。

正是持续不懈的努力，上海牌手表相继获得了"国产钟表知名品牌""中华老字号""上海轻工卓越品牌"等一系列荣誉称号。

2018年11月，在纪念中国改革开放40周年之际，上海牌手表参加了"上海工业改革开放40周年成果展"，展示了自己的一系列发展成果，以及品质、创新、营销三大核心竞争力。

2018年12月，上海表业又受邀参加"壮阔东方潮，奋进新时代"庆祝改革开放40周年主题宣传活动。上海牌手表的英姿在纽约时代广场纳斯达克大屏幕上作了连续滚动宣传。

技术攻一流

喜人的业绩，重振的声誉，是以技术和品质为依托的。今日上海牌手表，已经今非昔比，令人刮目相看。

董总说，创新是一个企业的灵魂。传承上海牌手表光荣传统和海派文化精华，瞄准国际一流水准，经过持续不断的技术攻关和技术创新，现在上海表业已经拥有20项产品专利，12项专有技术，研发并批量生产了多针、露摆、计时码表和陀飞轮4大产品系列、80多种新产品、近700种不同款式的中高端机械表及机芯。上海牌手表不仅在国内广受欢迎，而且销往亚洲、欧洲和北美洲，在国际上受到好评，被美誉为“中国名表”。

新时代的上海牌手表好在哪里、妙在何处，董总如数家珍般向我们逐一介绍了近几年上市热销的一系列新产品。

陀飞轮表，代表了机械表制造工艺的最高水平，被誉为“表中之王”，由瑞士钟表大师路易·宝玑先生于 1795 年发明，迄今已有 220 多年历史。最初的发明是为了校正地心引力对钟表机件造成的误差，这在当时无疑是一种非常巧妙的构思，而在当代，陀飞轮又被视为顶级手表的标志。上海表业不仅早已攻下这一尖端，而且有着自己独到的理解和构想，在陀飞轮上实现了有所创新、有所发展。

早在 2005 年，上海牌陀飞轮手表首次亮相于瑞士巴塞尔钟表展。瑞士的行家们既为中国上海钟表业的创新而感到震惊，又为上海钟表业的紧逼而感到压力巨大。

而今上海表业，更是在手表创新乃至陀飞轮手表创新方面，屡试高招，精品迭出。

“立体旋转陀飞轮”。这是一种新型陀飞轮旋转机构。手表里的擒纵调速系统围绕两个相互垂直的旋转轴在转动，内轴每 1 分钟旋转 1 圈，二轴每 8 分钟转动 1 圈，简直是一幕精彩的机械舞蹈。富有立体感不说，还走时相当精准，可以极大地满足众多表友及收藏家对于手表视觉上的审美需求，同时又体现了当代手表设计、零件加工和装配工艺的高水平。

“轨道式双陀飞轮”。是在一块手表里，同时拥有两组摆轮和擒纵系统，相互之间通过差速器齿轮来协调。在运行时，除了双陀飞轮自转之外，整个面盘也会每小时公转 1 圈。双陀飞轮平衡了地心引力造成各方位的机械性误差，达到动力输出的均衡性和稳定性，提升了手表报时的精准度。双陀飞轮华丽的旋转姿态，更加超级迷人，让有意者爱不释手。

"倾角陀飞轮"。这比一般的陀飞轮又有了差异和变化。陀飞轮不再是水平的或是垂直的，而是呈现出一定的倾斜度，给人以别样的感觉。倾角旋转，姿态更美，走时也精准，体现了高超的技术水准和工艺难度，也体现了手表的稀缺性，因此也博得市场欢迎。

"天轮机械手表"。采用了最新立体机械及自由空间的设计理念，在钟表机构及结构布局上颠覆了普通机械钟表的布局排列。将一直线排列的擒纵轮、擒纵叉和摆轮游丝等零部件，以摆轮游丝组件为中心置放在手表表面之上，动力输出之后，立即呈现出立体机械运动之美。这款表成为上海牌手表升级换代的标志性产品之一。

众多新产品设计独到，技艺高超，款式新颖，娇美惹人，怎会不掀起线上线下一浪又一浪的热捧。

管理重精益

精益求精，历来是上海牌手表的光荣传统。当产品结构向国际一流水准看齐时，对管理水平也提出了更高要求。

陀飞轮表是手表中的高档产品，可是刚开始时存在质量标准不完备、验收方法不齐全等问题。上海表业及时进行了整改。品质部门根据行业标准，与陀飞轮成品表装配单位进行多次沟通、商讨，制订了陀飞轮手表验收质量指标和验收方法，编制了成品表验收卡片，完善并实行了严格的品质验收制度，为把好质量关提供了有效的检测依据。

随着一批又一批新产品的研制和投产，上海表业又重点做好完善图纸系列、按图纸验收的工作。生产部门和技术部门联手，针对存在问题，采取了改进和调整工装、规范生产工艺、完善检验规程等多种方法，保证了“按图加工、按图装配、按图验收”的严格执行。

生产现场管理，是“管理的最后一公里”，决定着手表的功败垂成。上海表业严格执行相关的规章制度，落实岗位责任制，强化生产现场特别是装配点的规范操作，并指定专人抽查监督，以保证机芯生产的高质量。

为了达到大品牌应有的质量水准，上海表业坚持以工程质量来保证工作质量，在更新技术装备方面做了大量工作。比如模具加工原来是靠经验靠手艺，现在采用线切割，而且是中走丝的线切割，模具精度误差小于 0.01 毫米。又如手表机芯内的多种夹板，属于关键性零件，过去采用一般机床加工，现在采用了“数控加工中心”智能加工，极大地提高了精密度，保证了手表的运行可靠性和走时精准性。近两年来，上海表业新添置设备 21 台（套），维修和保养滚齿机、自动车及其他专业设备 10 余台，适应了高品质生产的要求。

上海表业特别倡导劳模精神，营造“学技术，钻技术，提技能”的良好氛围，把技术工人培训落到实处。通过上下联动，争取行业协会和有关技术学校的支持，帮助装配工人提高技能，构筑自我升值的快速通道。在 2018 年度上海钟表行业手表装配技能比武大赛中，上海表业选送的 3 位职工分别获得了冠军、季军和优胜奖。

为了进一步增强检验人员的责任感，以及发现质量问题的主动性和敏感性，上海表业又分别进行了针对性培训。对零部件验收人员着重进行规范检验操作的再培训，摒弃凭经验、按习惯的操作陋习；对成品验收人员着重进行原理性和结构性培训，仔细剖析各种成表和机芯的特点和要点，避免因不熟知手表特性而造成的错漏检和误判。

由于多种措施齐下，精益求精抓管理，上海牌手表的品质得到可靠保证。2018 年，生产部门完成近 26 万只手表，其中，产品表一次合格率达到 90.75%，关键零部件验收合格率平均达到92.4%。2019 年，手表品质在此基础上又有了进一步提高。

重组破迷局

前些年，上海表业由于在第一次改制中，投资各方的发展理念不尽相同而束缚了进一步发展的手脚。第二次改制重组迫在眉睫。但是，又因为原有股权过于复杂而令一些有意投资者望而却步。如何完善股权结构、统一发展理念，成了一个迫切需要解决的问题。

董总说：我们找了 7 年，谈了 7 年。功夫不负有心人，终于在 2018 年找到了新的战略合作伙伴——复星集团旗下豫园股份下属企业上海汉辰表业集团有限公司和杨浦商贸（集团）有限公司。

在市、区各级领导的关心和支持下，经过 17 个月的商谈，相关各方达成了一致意见，齐心合力要把上海牌手表做精、做专、做强。

2019 年 8 月 28 日，上海表业有限公司举行了引进新的战略投资者的签字仪式。上海汉辰表业有限公司、上海杨浦商贸（集团）有限公司、飞亚达（集团）股份有限公司成为上海表业的新股东，分别持有 55%、20%和 25%股权。原有股东以转让股权的方式退出股东会。

至此，上海表业有限公司顺利完成了第二次资产重组。这标志着上海钟表制造业最有影响力的企业实现了混合所有制改造，产权更加清晰，职责更加明确，理念更加坚定，为进一步发展手表事业奠定了坚实基石。

董总告诉笔者，复星集团下属的上海汉辰表业集团有限公司是一家相当有实力、有雄心的企业。它们真心实意要把上海表业搞上去，把中国表业搞上去。

果不其然，在入股上海表业不久之后，上海汉辰表业集团有限公司又收购了天津海鸥表业65%的股份。至此，中国最早最强的两家自主品牌手表企业都纳入了汉辰表业麾下。昔日的竞争对手，如今成为同门兄弟，南北呼应，携手共进，为发展中国表业而团结奋斗。

是啊，有希望！上海表业有希望！中国表业有希望！在全面建成小康社会的新时代进军号角声中，我们见到了众志成城，见到了英姿勃发，见到了硕果累累，见到了勇往直前。

（原载《上海轻工业》2020年第1期）

延伸阅读

上海牌手表：登上巴黎埃菲尔铁塔

2021年7月20—21日，上海牌手表亮相于巴黎埃菲尔铁塔，这里正举办上海时尚消费佳品巴黎展“时尚·上海”全球发布会。同时展出的还有佰草集、百雀羚、光明等10个上海时尚品牌。

志存高远　弯道超车

张敏领军"上工申贝"海外并购经营的事迹

张敏，很忙，很忙。

身为跨国经营的上工申贝（集团）股份有限公司（以下简称"上工申贝"）董事长兼首席执行官，常人每天上一天班，他呢，每天上两天班。早上九点不到，浦东新区世纪大道1500号东方大厦的公司总部已见他的身影；下午三点，比上海时差七个小时的上工欧洲及德国子公司开始上班，张敏又拨响了直通欧洲的电话……

跨国兼并收购，很难；

跨国经营管理，更难；

跨国经营管理并取得优异成绩，更是难上加难。

然而，张敏和上工申贝的团队却是志存高远，迎难而上，历经数年，弯道超车，终于取得了丰硕的战绩。

今日的上工申贝，正是通过成功的海外并购、成功的跨国经营，占领了国际高端缝制设备的技术高峰，成为国内缝制设备行业的老大。

张敏，不觉得忙，也不觉得累。

他和他的团队以严细缜密的思考，大胆创新的手法，务实细腻的操作，微笑着迎接每一天新的挑战，新的进展，新的收获。

空降申贝　两年变样

23年前的1991年，年仅30的张敏已经是上海海立（集团）股份有限公司的总经理助理，负责经营管理一家专业制造冰箱压缩机的中意合资企业——上海扎努西电气机械有限公司。他的经营管理理念和才干，得到了各方投资者的赏识。

那时，意大利“伊莱克斯”总部正筹划将分布在中国天津、上海两地的扎努西公司合并成一个中国总部，而这个中国总部CEO的最佳人选，选中了张敏。意大利老板恳切地找张敏谈话，并许下高薪聘用的承诺。

而慧眼独具的上海轻工控股（集团）公司的主要领导也看中了张敏。主张让张敏去挑更重的担子。组织决定让张敏到上海申贝办公机械有限公司出任总经理一职。这是一家国企，是一家与海立集团平级的大企业。

政治荣誉高于经济待遇，搞好搞活国企的责任感战胜了外方高薪聘用的诱惑，张敏听从组织安排，空降到申贝公司任职。

经过一个多月的调研，张敏很快发现，这里的基础很好，但同时也有很浓的“小富即安”思想。当时，申贝公司手里有两张王牌，一是富士施乐复印机，二是宝利来立拍得照相机，小日子蛮好过。但安中有危，忽略了自主开发与市场开发。

对此，张敏果断实施“三个集中”，集中公司的资金和土地资源，集中办成几件大事。一是对新沪玻璃厂进行光学玻璃的技术改造。二是建起了“办公超市”，将实体店与网店相结合，促进办公设备销售。三是与富士胶卷合作，组织彩色胶卷的分切加工。

经过两年多努力，申贝公司得到了进一步发展，现金流充沛，管理上等级，经济效益喜人。

把握方向　推进事业

2004年，上工股份有限公司（以下简称“上工股份”）在发展道路上遇到了很大困难。

轻工控股的领导又一次想到了张敏。决定把轻工30%股权和申贝公司90%股权注入上工，新的公司取名上工申贝（集团）股份有限公司，由张敏出任党委书记、董事长。

上任伊始，张敏和他的团队首先是在前任领导工作的基础上，完成了原定的上工申贝B股定向增发，共募集到4 000万美元资金。其中二分之一用于还债，二分之一用于收购兼并工作。

同时，他又积极推进已经颇有进展的收购工业缝制技术领域的全球领导者之一——德国杜克普爱华股份有限公司（以下简称“DA公司”）的工作。

但这时却出现了不同意见。甚至有人主张把募集到的资金用到盈利较好的分切彩卷与相纸项目。

为此，张敏和他的团队再次对产业前景作了冷静的分析。大家认为，胶卷相机被数码相机取代，已是大势所趋；而工业缝制设备作为公司主业，无论是服装、箱包、皮鞋等传统加工领域，还是汽车内饰加工领域，以及航空航天用新材料领域，都对缝制设备提出新的要求，产业前景远大。

德国DA公司是一家拥有150年历史的顶级缝制设备制造企业。它在服装特种缝纫机和自动缝制单元以及工业类中厚料缝纫机领域的产品技术，处于世界领先地位，在欧美市场拥有众多高端客户。技术研发上的核心竞争力，是国内同行企业高不可攀的。一次收购的成功，将可使上工申贝获得进一步适应市场需求的新动力。

这是一家好公司，又是一家暂时有困难的公司。由于经营方针上的问题，这家公司已经连续亏损四年。

有些人认为，上工股份本身是亏损企业，DA公司又是亏损企业，由亏损企业收购亏损企业，负负能得正吗？

而张敏与他的团队却认为，DA公司研发能力强，技术领先，质量过硬，之所以亏损，是因为没有把握好服务对象——服装和箱包制造业从西方转移到东方尤其是中国的大趋势。

同时，通过前期调查，张敏又发现，DA公司的亏损还由于产业布局不恰当。DA在德国的公司用人多达五百余人，人工成本很高。生产“小而全”，从零件加工、机壳加工到整机装配全过程，样样自己来。无论是产品类型，还是生产工序，都缺乏合理分工，甚至用高端成本去生产低端产品，如何会不亏损。

如果能够成功地并购DA公司，再经过产业布局合理调整，就可使上工申贝占据技术高地，不仅可以摆脱与民企在低端市场的成本竞争，还可以进入海内外高端市场，这是一次不可多得的发展新机遇。

张敏和他的团队的决定是：坚持以缝制设备制造业为主业，并购DA公司，占据技术、产品和市场的高端阵地。

落实额度　承债收购

跨国并购，对上工申贝是“新媳妇上轿——头一回”，新鲜得很。

2004年10月29日上工申贝与对方签下并购协议。收购DA公司94.98%股权，原大股东提出要价是800万欧元（相当于8 000

万元人民币)；而维持企业正常营运，又需要 900 万欧元（相当于 9 000万元人民币）的信贷额度。同时，收购方还要承接 DA 公司 2 700万欧元的债务，在今后十年内每年以 300 万欧元偿还。这是一项"承债式收购"。难度不可谓不大。

按合同规定，收购资金与信贷额度须在 3 个月内到位。

资金与额度从何而来？

上工申贝作为投资方、母公司可以为银行作担保，可是因为是亏损企业，所出具的担保书，海外银行不认可。

于是，张敏与 DA 公司一起，相继走访了 4 家德国银行。可是，尽管做了很好的 PPT，开展了精彩的路演。而对方的答复都是"谢谢！"没钱！

再出面找国内的中资银行出具担保，某大银行一口回绝。中国工商银行的分行赞同，但飞到北京，一看财务报表，又婉言谢绝了。

经过几番折腾，一无所成，而三个月的期限已经到了，仍不知钱在何方？

张敏只得回过头，再与 DA 公司的股东谈判。对方因为急于脱手套现，同时也看到上工申贝确有诚意，于是同意资金到位再延期一个月。之后，又延期三个月。

在此期间，张敏又出马四处奔波。最后找到上海银行国际业务部有关人员。他们听说这是一项战略性的跨国产业投资，表示了理解和支持。上工申贝以公司一块地产作实物抵押，上海银行出具保函，西德意志银行（SVB）落实贷款额度。2005 年 5 月终于使贷款问题得到了落实，6 月银行予以兑付，7 月 1 日起 DA 公司正式归属于上工申贝。

三个不变 稳定军心

中国企业收购德国知名企业，很自然，在DA公司的经营管理团队和技术骨干中出现了思想波动。有些员工担心工厂可能会关闭，装备可能会转移，人员可能会解散。

在员工大会上，有人当场提问：新老板对公司的战略方针和战略布局是什么？

在一片疑惑的目光面前，张敏高调宣布了“三个不变”：DA公司作为品牌经营中心和营销管理总部的地位不变，作为研发中心的地位不变，作为高端缝制设备的生产基地不变。

当这“三个不变”通过翻译用德语讲解后，会场立刻响起经久不息的掌声。

张敏在结束语中说道：当上工申贝成为DA公司的股东后，我们就成为了一个团队。中国的市场优势与德国的技术优势，可以结合成一种无敌的力量。让我们中德联手，在国际市场上，击败竞争对手！

掌声再次响起，持续了很久。

这掌声是信心：是对中国老板的信任。

这掌声是决心：是对新的起点的表态。

这掌声是回声：是心与心的对话交流！

中国人是讲信誉的，说到做到！

专业整合 破解亏损

收购之后，张敏按照既定方针，找每个经理谈话，希望他们讲真话，道出DA公司连续多年亏损的真实原因。

DA 公司总部在德国，但在欧洲共有 4 家工厂，几乎全是“小而全”，没有实行必要的专业化分工。其中德国 2 家工厂用人多达 500 余人，工资也最高，大体上是罗马尼亚工厂人工的 10 倍，而捷克工厂的工资大体处于二者之间。可是，德国工厂却从耗用人工最多的零部件做起，每一道工序都由自己来完成，人工成本高，生产效率却不高。由于历史原因，其余工厂也是“小而全的内部一体化生产方式”，这就是 DA 公司连续 4 年出现亏损的主要原因。

张敏首先从全球布局考虑，说服 DA 公司在中国与母公司共同投资，组建一家合资企业，批量生产低成本的标准产品，供应传统市场。通过此举，让欧洲工厂有了调整布局的必要空间。

在欧洲，张敏将 DA 的 4 家工厂视作一个整体，扬长避短，进行专业化分工，每家厂只做生产链的一部分。

罗马尼亚厂的人工成本最低，主要生产旋梭、针杆等关键零部件，供应各厂所需。因为零部件加工专业化、批量化，生产效率也更高了。

捷克厂的人工成本居中，又有雄厚的工业基础，主要负责机壳铸件加工、缝纫机头装配。

德国 2 家厂合并为 1 家厂，主营各类特种机、自动机的总成。成品最后落款是：Made in Germany。

通过专业化分工的布局调整，DA 公司总员工从 1 800 余人减至 1 650 人。而经营管理与研发能力更加集中增强，生产成本大幅度降低，生产效率显著提高，2005 年并购当年就实现了全公司的扭亏为盈。

同时，因为生产周转加快，经营得法，库存品也大幅下降，结果，张敏又取得了一个意外收获：企业现金充盈。原来落实的银行

900 万欧元的信贷额度，几乎没有派上用场，最多时只借用了几十万欧元。

当头一炮打响，提振了企业和员工的信心。

田忌赛马　强者更强

真正让 DA 公司“超车”的，是上工申贝对 DA 公司产品策略的调整。张敏称其为“商业版的田忌赛马”。

DA 公司国际市场上有很强劲的竞争对手。

如何在竞争中取胜？

张敏对 DA 公司的原有产品作了详细分析：服装类的锁眼机、上袖机、开袋机等特种缝纫机和自动缝制单元是“上马”，处于世界领先水平，是最强项；工业类的中厚料机是“中马”，具有相对的优势，可用于汽车安全气囊与座椅面套、家具沙发、制鞋生产等，具有可观的增长潜力；而普通服装平缝机，市场已处于饱和，竞争对手众多，不占优势，是“下马”，不会给公司带来盈利空间。

张敏又对主要竞争对手——日韩等亚洲缝纫设备商进行分析。他们在传统的标准型服装缝纫设备方面有优势，是利润的主要来源，是“上马”；而在服装类的特种机和自动缝制单元方面，弱于 DA 公司，是“中马”；在工业类的中厚料机方面更加弱，属“下马”。

知己又知彼，对策由此而生。张敏以 DA 公司的“下马”与对手的“上马”直接竞争。他要求传统标准服装缝纫机以低于对手一档报价，慢慢将对手的利润空间拉下来。在特种缝纫机和自动缝制单元方面，以 DA 公司的“上马”对付竞争对手的“中马”。在工业类的中厚料机方面，以 DA 公司的“中马”对付竞争对手的“下马"。

竞争的结果，不言而明。DA公司似乎是两胜一负，实际上却是三仗全胜。虽然以"下马"拼"上马"，明显吃亏，但是，却不断拉低了竞争对手在传统标准型缝纫机方面的利润空间。那家主要对手企业至今还处于亏损状态，还没有走出全球金融危机带来的冲击。而DA公司却在竞争中全面提升了市场占有率和利润空间。

产品创新 持续增长

市场优势与持续发展，来源于坚持不懈的技术研发与产品创新。张敏抓创新，目标很明确，瞄准汽车市场，特别是正在急速发展的中国汽车市场，重点提升"中马"——工业类中厚料机的实力。

原先，DA公司的中厚料机，年产3万余台，却有三十个系列品种，外形各异，零部件不能通用，批量小，成本高，周期长，效率低。

从2005年开始，张敏就组织德国团队对中厚料机集中创新研发，重点是研发了M-type系列平台，逐渐将原有几十个中厚料机机型统一到一个系列平台上来。在这个系列平台上，各种机型使用相同的机头外形和通用的基本零部件，只需增减不能通用、各自独特的底座零部件，就可以形成不同的机型，比如平板式、邮桶式、汽缸式等。

到了2010年，这一标准化、系列化、通用化的研发工作，大功告成。3万余台、30个系列品种，外型长得一模一样，是一个娘胎出来的30胞胎，形成相对经济的批量规模。M-type系列平台完成了所有中厚料机的商业化生产。

这一变革，大大降低了DA公司中厚料机的制造成本，毛利率由原先35%大幅提高到60%，一举奠定了DA公司在中厚料机市场的一统天下，“中马”变成了“上马”，变成了加强马。

DA公司原先在汽车行业高端市场的占有率，欧美市场约为50%，亚洲市场几乎为零。而在上工申贝并购及经营开发之后，欧美市场增至90%，亚洲市场变为40%。

2012年，上工申贝延续上年的增长势头，缝制设备类营业收入达10.77亿元，同比增长7.33%；营业利润达9 135万元，同比增长179.4%。DA公司销售收入9 670万欧元，同比增长8%。其中皮革厚料机销售收入同比增长33%，净利润增长50%。

再次出手　收购百福

八年耕耘，DA公司成为了上工申贝的一个支柱，成为了一个盈利大户。

原先欠下的2 700万欧元债务，DA公司每年在盈利额中偿还300万欧元，到2009年，还剩1 800万欧元。经过与债权银行的谈判，削减到1 250万欧元。张敏从上工申贝调出1 250万欧元，代DA公司一次性还清债务；然后，再由DA公司从盈利中每年300万欧元分年偿还上工申贝，年息为1.7%。

从此，对外无债一身轻，发展更见健康。现今，DA公司的年度税前利润已经达到了可观的1 300余万欧元。

银行对DA公司也转变了态度，主动找上门来。因为经营业绩出色，原先，需要股东出面由中国内地银行出具保函，第二年改为只要上工申贝信誉担保，第三年改为只要DA公司信誉担保，无须再由股东出面了。

此时，张敏又把目光瞄准了在欧债危机中困难重重的另一家欧洲龙头企业百福公司。

百福与DA一样，也是一家知名的百年老店，曾经是缝制设备领域的欧洲老大。这两家同时又是对手。百余年来，你一拳我一脚，斗得不亦乐乎。现今，DA重现活力，而百福却在竞争中被打得毫无招架之力，败下阵来。两家在市场上的位置也掉了个头。DA的年度营业额是1亿多欧元，而百福仅3 000余万欧元，大体是三比一。

张敏看到，百福的致命弱点也是小而全，主张"纯德国制造"，连一个普通零部件也要自己制造，成本高企，难以维持。银行作为2 000万欧元的债权人，赶走了原股东，把公司转给信托公司。这实际上是宣告了企业破产。

债权人给百福公司管理层一个任务：找到一家最合适的股东。

而这家股东必须满足以下条件：至少有1 860万欧元投资，其中以1 000万欧元偿还2 000万欧元债务；余下860万欧元中，150万欧元作为流动资金，250万欧元作为裁员费用，460万欧元用于生产经营（230万欧元用于在中国吴江投资新企业，230万欧元用于补充整合调整生产的费用）。

张敏和上工申贝承诺了上述条件，认为还不够，又追加了550万欧元，作为须经董事会批准的发展基金。这样，投资总额达到2 410万欧元。

看到上工申贝成功并购与经营DA公司的实例，又顾及DA与百福的互补，以及上述条件的满足，债权人同意上工申贝以1欧元的代价买下百福公司。

而上工申贝将此项收购列入上市公司定向增发的内容，顺利解决了全部资金到位的难题。

专业分工　优势互补

在高端工业缝纫机领域，DA与百福作为蓝红两军，在市场上打了150年，如今，由于上工申贝的收购，化解了这场百年大战，让昔日对手变成了同一阵营的兄弟。

上工申贝也由于这次收购，取得三大收获。首先是结束了两大品牌长久以来的价格战，将有利于优势互补，资源共享，扩大市场份额，提高经济效益。其次，可获得来自百福的全球顶尖的自动缝纫技术和黏合焊接技术。再次，增强了品牌影响力，有了DA和百福两大品牌支撑，上工申贝在中厚料机、自动缝纫技术等领域的地位，无人能及；产业规模也跃居全球前列。

但是，要真正化干戈为玉帛，把单一优势变成集群优势，还必须巧妙避开同业竞争。

由张敏亲自担任主席的Steering Committee（协调委员会）发挥了积极作用。

首先，调整百福片面追求“Made in Germany”的经营策略，将其零部件生产纳入DA体系中来。在保证品质不变的前提下，充分利用DA在捷克、罗马尼亚的专业工厂，降低其高昂的加工成本。例如捷克工厂每年高端特种机的机壳规模过万台，而百福德国本土工厂的机壳不过千余台，纳入捷克厂后，因为成批量生产，成本可下降20%～30%。将全部机械零件放到罗马尼亚加工，成本也可下降50%左右。而德国百福只做高端特种机的最后加工，从业人员从227人减到167人，仅此一项，每年就可减少薪酬开支280万欧元。而这种有利于降低生产成本的加工转移，也得到了企业工会的支持。

其次，在研发方面，统一调配资源，做必要分工，避免重复开发。通过归纳整理，在厚料机方面，DA偏重于高端市场，主攻欧洲市场的奢侈品与汽车制造业，而百福偏重于中端市场，主攻中国与亚洲市场，与日本对手竞争。同时，DA的高端，百福的中端，上工的低端，又形成了高、中、低搭配，可根据客户的需求特点，推荐不同的方案，赢得更大的市场份额。

再次，在销售方面，进行区域化整合。在亚特兰大的DA美国公司可作为两大品牌产品的营销基地。在中国的DA（上海）和百福香港，也可互相合作，共同开发中国市场。当然，销售渠道保持独立，产品也分档次。

通过有效整合，上工申贝的集群优势更加显著。

三次出手　网罗KSL

而此时的张敏，并不闲着，他又瞄上了新的并购目标。

2013年7月，上工申贝再次出手，以1 850万欧元，收购了一家高科技专业公司KSL。

这是一家创立于1956年的德国家族企业，是目前环球缝制设备行业内唯一一家能够实现三维立体（3D）缝纫的公司，拥有全球领先的特种缝制应用技术和产品。

张敏笑称，KSL是缝制设备行业的“隐形冠军”。

这是因为：KSL能够采用电脑程控和机器人来实现缝制过程自动化。KSL，可以专做客户定制的应用产品，可以为客户提供各种应用技术解决方案。在诸如汽车仪表盘、安全气囊、环保过滤器和飞机制造领域的轻质碳素纤维复合材料结构件等缝制应用技术上占有绝对优势，特别是在机器人缝制工作方面，目前市场上几无竞争对手。

床垫，如果用普通平缝机，需人工周边缝纫，又累、又慢，质量还不稳定。而 KSL 通过设计一套自动化设备，就可以通过机械手自动缝纫，不仅效率高，而且质量好。

环保过滤袋，腰身很长，需两头缝，用一般机器缝制时，很费人工。而 KSL 设计一套自动设备，每秒转速达到 5 000 转，可以顺当解决这个问题。

汽车上的安全气囊，形状怪异，能收能放，缝制难度颇大。而 KSL 可以采用布料不动、机头动的办法，在二维立体空间中完成缝制。

汽车仪表盘，呈弧形，缝制难度也大。而 KSL 可以采用机器人通过扫描与计算，形成工作轨迹，在二维至三维的空间内，完成全部机械动作。

飞机舱门采用的碳素纤维复合材料，有点像纱窗，需要一根一根理齐排列，一层一层编织、粘结、缝纫，KSL 同样可以通过机器人，在三维立体空间内完成这一高难度工作，而这样的飞机舱门，轻质、坚韧、坚硬、耐冲击。空中客车、波音 787 型飞机的舱门就是由 KSL 设备加工制作的。

张敏十分看好 KSL 的发展前景，认为 KSL 拥有的尖端技术今后还可以拓展到风能、航空航天、高铁地铁等领域，这不仅有利于国家经济社会发展，而且有益于国家安全。

果不其然，收购伊始，订单便接踵而来，不断有好消息传到上工申贝总部，并且都是高附加值、高利润的。其中，中国的直升飞机制造企业和大飞机制造企业就先后采购了 3 台 KSL 的缝制设备，销售额 180 万欧元。

不是结束　只是开始

通过先后三次成功的国际并购，以及近 10 年成功的跨国经营，上工申贝实现了缝制设备产业的智能化，攀上国际缝制技术的顶峰，实现了在国际竞争赛道上的弯道超车。产业规模快速扩张，企业营业额成倍增长，实现利润也达到创纪录的过亿元。

更重要的是，这场跨国并购与经营，让中国企业真正进入了与世界一流品牌相抗衡、相匹敌的第一梯队。中国企业拥有了更广阔的国际视野，拥有了全球化资源配置的能力，可以更广泛更有效地参与全球化竞争。企业的目标更加高远，竞争也进入了一个更高层次。

2012 年，上海市领导视察了上工申贝，肯定了张敏团队的工作，并且表示：收购兼并，资本运作，对于老品牌复兴来说，也是一种创新。

成绩和鼓励面前，张敏很清醒。

他告诉笔者：现在就评价这场跨国并购与经营的功过成败，还为时尚早。让我们扎实工作，继续前行。相信历史，必然会作出最公正的评判！

（原载《上海轻工业》2014 年第 2 期）

上工申贝：走向数字化

2021 年 1 月 15 日，在上海市科委的组织下，上工申贝和上海交大共同承担的“个性化服装的工业化定制云平台”项目通过验收。

2021年3月12日，上工申贝下属的上海蝴蝶链衣数字科技有限公司成立。

擦亮"英雄"这张名片

党的十九大吹响了新时代决胜全面建成小康社会的进军号。

十九大之后，上海随即提出，要在新时代发挥上海的功能优势、先发优势、品牌优势、人才优势四大优势，尽快打响"上海服务""上海制造""上海购物""上海文化"这四张上海品牌，亦即四张上海名片。

新时代，新目标，不能不激发起沪上老名牌"英雄"的战略思考。

擦亮"英雄"这张上海制造的名片，是英雄人无愧于时代的神圣使命。

"英雄"再亮相

2015 年，几经风雨的"英雄"走出了谷底。上海英雄金笔厂有限公司当年营业收入比上年猛增了33%。上海英雄（集团）有限公司当年营业收入同比增长 7.31%。自那以来，"英雄"实现了连续三年的两位数增长。经过三年的创新发展，如今展现在我们面前的"英雄"是崭新的"英雄"，是三箭齐发的"英雄"。

"英雄"，是大众的"英雄"。三年来，"英雄"始终不忘为大众服务的初衷，每年都要推出几十种新产品。这些四新产品具有款式新颖、手感舒适、结构超前、书写爽滑等共同的优点，适应了社会需求的发展变化，受到了社会各界的广泛欢迎。其中的英雄 981 型手账笔，以及系列手账文化用品，可以算是其中的佼佼者。

手账，是新时代流行起来的一种新颖的记事工具。尤其是文艺青年、新潮青年，更是人手一册，随身必备。“英雄”敏锐捕捉了这一时代变化，专门为手账精心设计和打造了成套的手账伴侣。首先是手账用笔，色泽采用少女心的粉色系，外观设计是富有金属质感的笔身，采用金属与塑料一次成型的套压技术，手感则更轻柔舒适。用来记录浪漫美好的时刻，那真是再合适不过了。不仅有了笔，还有相匹配的手账本，恰好组成了手账礼盒。好的手账怎么少得了色彩绚烂的彩色墨水呢？于是，手账墨水——英雄 73 系列彩色墨水随之诞生。这墨水瓶，犹如香水瓶般的晶莹剔透，彩色墨水则是清澈透底，全套墨水集齐了 24 种不同色彩，任人挑选。因为是精细的分子结构，所以，书写时不易堵笔，无腐蚀性，流畅顺滑。手账册上难免要抒发情感，涂涂画画，于是，又催生了手账软笔。英雄的 8026 彩色软笔系列，从 12 色到 48 色，不断丰富。这种软笔来自于毛笔，又高于毛笔，去繁就简，不掉毛，不开叉，易上手，无论签名、涂鸦，还是创作，都行。功能和手感，可圈可点，成为手账的标配。

“英雄”，是精品的“英雄”。三年来，“英雄”始终占据着国内自来水笔的高端市场，完成了中央和地方一系列重要会议的精致用笔，还发展了纪念笔、收藏笔、奢华笔等各种高端金笔。从时尚走向奢华，从书写走向收藏，从批量走向定制。

不仅有独创，还开展了与国际知名品牌的合作开发。2016 年，具有 85 年历史的英雄品牌与有 120 年历史的国际时尚品牌施华洛世奇开展了跨界合作，这是英雄迈入时尚领域的第一步。两大品牌携手开发了“英雄 Fancy Collection”产品。首支产品犹如标枪造型，是阳刚与阴柔的完美结合，既时尚，又轻奢华，让人耳目一新。之后，又推出了多种造型款式的时尚笔，阵容不断壮大。2017年，“英雄 Fancy Collection”又与 WENSLl 集团再次跨界合作，打造“礼遇上海”系列，成为精致的上海伴手礼。

以中华传统文化“福、禄、寿、禧、财”为印记的成套英雄收藏笔，集 18K 金笔、传统顶级手工艺和当代先进制造技术为一体，是科技和技艺完美结合的臻品。现在已经完成的有黑檀木雕刻笔身的“福”字金笔和夜光螺片包裹笔身的“禄”字金笔，以和田玉为笔身的“寿”字金笔正在研制中，不久也将上市。其中“禄”笔采用的是濒临失传的古老的大漆点螺工艺，周身散发出奇异的色彩和折光。这套金笔为全球限量发行，每种只有一千支，具有极高的收藏价值。在 2018 年初成功举办的第二届上海国际时尚消费品博览会上，“禄”笔荣获了产品类金奖。

“英雄”，是智能的“英雄”。当今时代是智能四溢的时代。这三年，“英雄”也一脚跨进了智能的大门。2017 年，英雄的第一支智能笔，英雄 D01 电子笔诞生了。这支笔不仅外观简洁时尚，具有优秀的书写功能，还具有人体心率检测、周围环境温度检测、阳光紫外线强度检测和墨水存量实时监控四个功能。这支笔打破了传统钢笔的窠臼，紧跟了时代的节拍，重新定义了笔的概念和范畴，是一次革命性的创新和挑战。

2017 年，在上海举行的中国国际工业博览会上，这支电子笔首次亮相，即获得好评，并荣获“中国工业设计院 CⅠDⅠ研究大奖”的银奖。同时，又被当年在上海举办的两岸企业家高峰会选为会议指定用笔。

虽然这只是第一支电子智能笔，虽然它的功能还不多，虽然还有很大的发展空间，但毕竟在智能化产品的路上迈出了第一步。这是一个开始，一个良好的开始，这标志着英雄不甘寂寞，正在奋发追赶时代的潮流。

所有这些表明，“英雄”一刻也没有忘记，与时代同步，与潮流同行，与大众同乐。同时也表明，“英雄”有无穷的潜力，有可喜的魅力，有惊人的爆发力。一旦醒悟，那就是真英雄，真功夫。

创新是动能

创新是“英雄”的动力之源。在“英雄”这边，创新不是口号，而是实干；创新也不是单拳出击，而是配合默契的组合出拳。

在采访中，上海英雄（集团）有限公司董事长李立力将其归结为观念、技术、营销和管理四个方面的创新。

观念创新。这是首要的创新，最为关键的创新。观念不通，无路可通；观念一通，一通百通。“英雄”，作为从计划经济过来的老国企，最难的就是要从生产导向切切实实地转变到市场导向。这三年，“英雄”企业领导的市场意识、竞争意识、担当意识，以及提质增速的信心有了进一步提升。集团公司和企业两级班子冷静应对国内外竞争对手带来的市场冲击，把握趋势，把握方向，主动对标，修订标准，通过在产品研发、品质提升、服务上位、营销调整等方面的出色工作，赢得主动，拓宽市场。不仅内销上去了，外销也在积极拓展，从而促成了每年两位数的增长。

技术创新。这是持续发展的重要保证。这三年，围绕问题导向，“英雄”连续攻克了工艺、技术、装备和产品研发方面的诸多短板。英雄金笔厂通过吸收国外先进的管理图作业法，精确进行计划管理和工艺革新，高端金笔尖生产突破了瓶颈，达到了月产量 2 万枚以上，适应了市场发展的需求。精细文化用品公司通过技术攻关，完成了 23 系列墨水自动化包装流水线的研制和投产，保证了新产品的加速批量投产。集团通过文创项目，有针对性地添置了数十台套先进设备，进一步提升了相关企业和研究所的生产和检测方面的装备水平。品牌建设最终还是要落实到产品上，而技术创新正有力带动了产品创新，现在英雄的新产品开发年度销售贡献率达到了 12%以上，为持续发展提供了新的经济增量。2017 年在有关厂区“腾笼换鸟”过程中，集团经过多处实地考察，最后选定在嘉兴、海盐建设新的“英雄集团制造业基地”，如今前期工作已经全面展开，这将为“英雄”进一步集聚动能，提升生产技术水平，打下坚实的基础。

营销创新。原先笔类销售主要是通过商业一级站，一级一级批发下去的。而新的方式是线上线下同步开花，纵向横向齐头并进。纵向，推进渠道下沉，实施二三线城市渗透，贴近市场，深入市场，与终端直接见面；横向，着重抓细分市场，分别针对大客户、私人定制、政府采购，以及礼品、藏品、纪念品等，分别采取不同的渠道、不同的方法。在线下积极拓展的同时，电商的销售也相当热闹，如火如荼有序推进，目前英雄在天猫设有旗舰店、专卖店、专营店，在京东设有直营店，在淘宝、亚马逊、唯品会也都开设了销售渠道，更值得一提的是销售收入正以每年两位数的增幅大步发展。

营销创新也可以归纳为五个字：“补、深、细、新、实”。补，就是补齐国内市场的销售空白点，补强地区销售薄弱点，补好售后服务的不足点。深，就是拓展渠道深度，推进渠道下沉，由省会城市、大城市向地县城市和新型城镇延伸，更接地气。细，就是配合产品开发，做好细分市场，让不同的产品在各自合适的渠道内做精做细。新，就是不断开拓新市场新客户，拓宽销售受众面，扩大市场容量。实，就是推进销售公司的实体化建设，优化资源配置，降低销售成本，做大销售市场，提高销售盈利。

管理创新。这是提质增效的必然途径。核心是建设好队伍，建设好机制。这几年“英雄”推行扁平化管理，实施与利益捆绑的激励机制和约束机制，有效地从机制上适应市场，提高效率和效能。正是如此，“英雄”积极推进划小核算单位，构建产供销一体化的不同层次的利润中心的改制工作，在充分调动各层各级积极性的同时，也把产销、质量和降本增效的指标层层分解落实到位，进一步激发了企业的内生动力和巨大活力。同时，“英雄”也积极解决人才短板问题，一方面做好现有岗位的新老衔接工作，另一方面根据企业用人所需，运用线上线下的招聘网络，加强市场化招聘力度，积累岗位用人信息，积蓄人力资本，支撑企业的可持续发展。

时代新使命

历史上，“英雄”曾经两次成功地赶超“派克”。那些动人事迹曾经为多少人所津津乐道，也曾经鼓舞了多少人发愤图强，立志去赶超国际先进水平。作为这两次赶超的成果，“英雄”从此有了100型、200型，以及其他一系列型号的优秀金笔产品。

然而，历史并不是包袱，历史也不是束缚。

新时代赋予“英雄人”新的使命，也引发了一连串的战略思考。

“英雄”的使命，并不仅仅是赶超某一两个国际知名品牌，而是要适应人民日益增长的美好生活需要，要为解决不平衡不充分的发展，做出自己的努力和贡献。在向中国制造2025进军的征途上，英雄要的是工匠精神和AI的融合，要的是先进制造业和现代服务业的融合，要的是书写工具和文化用品的革命性创新。正是在这种思想认识的基础上，英雄有了进一步的发展：

高级定制。"英雄"不仅要抓规模、抓速度，更要抓品质、抓服务。定制服务，这种新的市场形式由此在"英雄"得到了升华发展。2017年中央直属机关举行党代会，选举产生出席党的十九大的代表人选。中直机关党委设计了"为人民服务"字样的会议用笔，找到"英雄"来定制，"英雄"毫不怠慢，高度重视，如期高质量地完成。对会议定制是这样，对私人定制也尽心尽力。无论是高考中榜，还是结婚纪念、祝寿庆生，都可以到"英雄"来定制钢笔或者金笔，挑选笔型，刻上图案和文字。上海日化行业协会有位副会长，结婚已有多年，但没有一件像样的结婚纪念品。他找到了英雄，英雄特地为他精心设计了一套对笔，分别刻上了夫妇俩人的姓名。还设计了一个精致的大红笔盒，上面印有这对夫妇穿西服披婚纱喜盈盈甜蜜蜜的结婚照，并且烫金印制，显得喜气洋洋，富丽堂皇。受益的是一对人，受鼓舞的是一群人。经过口碑相传，"英雄"的私人定制更加活跃。

经典收藏。"英雄"可以作为经典收藏的笔品，能够罗列出一大批。值得一提的是，进入新时代，"英雄"的典藏笔无论在高度和广度上都有了新的发展。"英雄"100型金笔，作为"英雄"中高端代表性作品，在这几年中有了升级换代的新变化。"英雄"玫瑰金100型14K金笔，保留了原先经典包尖金笔尖的款式，但是又大胆创新，在笔身金属部分使用了玫瑰金工艺，满足了人们的时尚需求。“英雄”新帝王100型12K高级金笔，在原100型的基础上做了大胆改进，把包尖笔尖改成小明尖，书写更流畅，使用更气派。为着圆满普罗大众也拥有一支金笔的梦，“英雄”又研发了一种10K的金笔系列，售价相对实惠，性价比较高。就这样，“英雄”100型形成了一个经典家族。

身份象征。今天的时代，身份的象征不再是“一支笔中学生，两支笔大学生，三支笔研究生”。而是需要情调，需要感觉，需要形象。应运而生的H718“英雄”10K高级金笔，就是这样一支怀旧经典之作。体现了一种事业有成、现代慢生活中的老克勒情怀。这支笔的结构有点特别，从里到外都是旋转型设计。笔帽在旋转中打开，笔尖在旋转中伸缩，笔尾在旋转中打开，笔胆在旋转中吸入墨水。这种如意的慢节奏，好比是在沙龙中，边听音乐，边喝咖啡，边把玩笔身，在休憩中尽情享受着生活的悠悠乐趣。

智能书写。未来的“英雄”智能笔应该是什么模样，英雄人有了很多的思考。智能笔，首先是笔，具有笔的基本特征和基本功能；其次，它的智能应该是与笔的功能延伸和发展是密切相关的；再次，笔的智能是与其他产品的智能既有联系又有区别，是不可取代的，是笔中应有的。不能把各种智能功能都放进笔里，那样的话，智能笔就没有自己的特色了，也丧失自己的应有属性了。今后的“英雄”智能笔应该可以上网，有手写真迹的批示和签名；应该可以纠正学生的书写姿势；应该可以有更多的信息化支持的各种功能应用……

前些年，“英雄”就制订了“十三五”规划。十九大之后，“英雄”进一步明确了：“十三五”期间，将要实现高质量有速度的发展。将通过五年的阶段式发展，把英雄集团打造成以产品创新为核心，以渠道掌控为保障，以百年品牌为背书，以资本驱动为一体的国内领先的综合性文化用品企业集团。“十三五”期间英雄要保持每年整体不低于8%（8%～10%）的业绩增长；“十三五”末，英雄牌产品的销售额比“十二五”末翻一番，实现利润和主营业务的同步增长。从“十三五”头两年的实绩来看，这些目标很有可能会超额完成。

2017年的夏天，正值建馆85周年的大英博物馆在全球巡回举办“大英百物展”，旨在通过一百件展品，体现人类几千年文明史的精华。同时，在每一地展出时，都将推荐一件当地最能反映人类发展史进程的标志性展品。当在北京巡回展出时，加入的中国标志性展品就是中国加入世界贸易组织时的一支“英雄”签字笔和一把法锤。因为这支笔代表着中国加入经济全球化，见证了历史新的一页。

是啊，用“英雄”书写历史，用“英雄”描画新时代，“英雄”义无反顾，“英雄”当仁不让。我们坚信“英雄”将不辱使命，搏击风云，永立潮头。“英雄”，这张上海制造的名片，一定会更加精彩，更加靓丽。

延伸阅读

英雄金笔：又有新产品

2021年6月7日，上海英雄（集团）有限公司在上海英雄金笔厂原址“英雄天地”召开2021年新品发布会，推出英雄1921红色主题纪念笔等11款新品。

今日美加净，别样美+净！

春光曼妙，奇趣昂然，2019 年 3 月，三八国际妇女节前后，一套全新的立式泵管“美加净”净白系列牙膏惊艳面市，给人以耳目一新的感受和体验，并迅即成为团购热门。

牙膏本是寻常物，每日相见，早晚相逢，这款牙膏为何能如此出彩？有什么特别之处？

设计精美

这套“美加净”净白系列牙膏的核心理念是将中国传统文化元素与当代消费潮流和谐地统一起来，在“净”的同时附加“美”和“清新”，带来独特的刷牙和护牙新体验，分别有适合女性使用的美人系列和适合男性使用的英雄系列，也可以美女英雄一一对应，组合成一对对佳侣套装。

美人系列以中国古代四大美女命名，膏管上分别印有盛装娇姿的四大美女形象和经典场景，各支牙膏的功效在净白的基本功能之外又各有不同。“西施浣纱”是净白防蛀，“貂蝉拜月”是净白护龈，“昭君出塞”是净白清口气，“贵妃醉酒”是净白舒敏。借用的是古代美女形象，力求迎合的却是当代美女对于洁齿护齿的种种个性诉求。

英雄系列与美女系列一一对应，分别以中国古代四位英雄命名。膏管上是四位英雄的俊美威武形象，而牙膏功效则与美女系列交叉配套。与西施相配的是商圣范蠡，其功效是净白清新口气；与貂蝉相配的是战神吕布，其功效是净白多效；与昭君相配的是呼韩邪单于，其功效是净白护龈；与贵妃相配的是乐神唐明皇，其功效是净白舒敏。

由美女和英雄成双成对组合成的"佳侣净白"套装，两支配对的牙膏既可以让男女双方各自使用，又可以让情侣间交替轮换使用，从专业的角度看，勤换牙膏将更有利于牙齿的保健。

整套牙膏的创意别开生面，与以往牙膏迥然相异。人们赞叹其制作之精美，更赞叹其定位之精准。

妙藏玄机

为着夺人眼球，予人方便，整套牙膏设计，从内到外，别具匠心，处处体现为用户着想的心意。

牙膏管采用的是2.0版的立式管泵，有效克服了以往1.0版进口管泵的机件易疲劳、揿泵失灵、揿压不净、膏体残留等缺陷。这种2.0管泵是高科技新产品，不仅使用寿命长、挤出性能好，而且按照人体工学原理，揿头较宽，刻有粗大横向纹路，便于用大拇指揿压，舒适方便高效。

"佳侣净白"套装的包装盒，采用对拉门结构，可以向两面拉开，好比大幕拉起，中间便是主角亮相：一对精美牙膏。这种拉门不会因用力不当而拉过头，因为内设一种巧妙的倒扣。包装盒四角的4朵三角形角花，是富含中华元素的剪纸蓝花，仔细观看，分别是"沉鱼""落雁""闭月""羞花"4种经典图案。这既是对古代四大美女的赞美，又是对牙膏品质和功效的肯定。其中"羞花"图案内又暗藏了一个“囍”字，很适合作为婚庆礼品。

至于“尽善净美”礼盒，则采用了双层设计。上层是任意 4 支净白系列牙膏的组合，下层是抽屉式设计，抽出后或是一方精美丝巾，或是一簇精美皂花。皂花是由皂片制成玫瑰花，生鲜逼真，分别有大红和粉红两种色泽，每个抽屉内分别盛有 18 朵玫瑰花，其寓意是“青春永驻，仿若 18”。

不过，当您打开礼盒，不会首先见到牙膏，而是见到表层覆盖着的那一页灰白色雾状扉页纸，依稀可以见到纸上印有四大美女的丽姿，每位美女形象边还配有一首小诗，既富含文化气息，又平添了几分古典朦胧美。

礼盒外包装盒和拎袋上有一条曲折舞动、斜贯白底画面的金色飘带，给人带来美感和遐想。但仔细看时，却发现这原来是一个大大的草书“净”字。这既是对这套牙膏核心理念的生动演绎，又是对“美加净”品牌印象的巧妙表达，也赋予品牌以年轻活跃、充满生气的动感。

试水初成

作为出品方，上海美加净日化有限公司董事长王琴女士专门向我们介绍了这套新款牙膏的创意原点。

作为诞生于 1912 年的百年老字号，近年来也遇到了老字号名牌所面临的通病：在时代更迭、消费者年轻化的新形势下，如何解决消费者“断层”的问题。企业专门研究了一些著名老品牌改革更新、焕发青春活力的经验，加深了市场调研，决定从产品力、营销力、渠道力等方面一起发力，让产品贴近市场、切合需求，让更多年轻人知晓老品牌、爱上老品牌。而这套“美加净”净白系列新产品就是一次积极的尝试，一次勇敢的实践，将为老品牌年轻化积累起宝贵的经验。

事实上，这套新产品在线上推出之后，立即得到了上海市老字号协会、第一百货商业中心，还有上海市相关政府部门的充分肯定和大力支持。在团购渠道方面，包括银行、机关、街道和社区在内的众多单位反响很好，踊跃订购。在电商方面，已经在“天猫”旗舰店、京东等十多个平台展开热销。近日，与国内一家电商的合作正在推进之中。该电商拥有很强的资源整合能力和线上运作能力，对重振老字号雄风、实施双品牌多品牌联合运作很有经验。如能合作成功，将使新产品的推广如虎添翼。与“东方明珠”的合作也在紧锣密鼓进行之中，“美加净”泡泡娃品牌系列牙膏将入驻这一每年接待 8 000 万游客的上海地标性建筑，设立专柜，展示形象，扩大影响，成为上海的伴手礼，做活生意。

“美加净”牙膏还将主动出击，围绕“五一”“六一”“七夕”等节日市场和婚庆市场，不断推出新的组合、新的招式，包括跨界的联牌组合，以赢得更多的市场主导权。

不仅如此，美加净正在筹划一件更大意义的实事。在多方协助下，与国内知名电商洽谈合作，为“上海老字号”创建一个崭新的平台。这个平台将具有三个基本功能：一是老字号的展示窗口，二是老字号的内容营销（讲故事），三是老字号的产品销售。不仅具有经济价值，更承担了社会责任，让更多年轻人知晓老字号、爱上老字号。知道老字号好在哪里、新在何处、哪里可以买到老字号的商品，从而为振兴老字号作出一份新贡献。

“愿齿如你，洁净美好。愿你如齿，强健有力”。这既是上海美加净日化有限公司的美好祝愿，也是“美加净”这一知名的口腔护理产品及服务品牌的坚定承诺。祝愿“美加净”在年轻化的道路上扎实前行，更加美净，从“齿”开始，因“齿”精彩！

抗疫抢先机　创新夺主动

美加净日化有限公司产销利润双增长

2020年，以艰难的不确定性启幕，一阵紧似一阵的压力和挑战，考验着意志和韧劲，也催旺着开拓和创新。

面对疫情、贸易战、空前大变局，上海美加净日化有限公司（以下简称“美加净日化”）在上级集团领导下，冷静把控、沉着应对、逆势而上，取得了出色业绩。上半年实现“双过半”。一至八月又进一步提升，营业总收入达到2.57亿元，完成预算进度95.52%，同比增长6%；毛利率同比提升4.6%；净利润达到600余万元，同比成倍增长。尤其出口额更是达到1.76亿元，同比增长26.3%。

骄人业绩，因何而来？王琴董事长为我们一一揭开谜底。

及早布局，把握先机

疫情就是战情。早在疫情之初，公司即已敏锐觉察到这是一次重大战役，须及早准备，及早应对，做到疫情防控有温度，复工复产有进度。

春节之前，公司就通过线上高管会议，布置抗疫和产销。公司组成抗疫工作领导小组，专责从事各项抗疫事宜。春节刚过，年初二公司又召开了视频会议，围绕抗疫和履行外贸订单，全面部署和动员，早开工、早出运，抢占更多市场份额。一切都是那么紧张而有秩序。

清洁环境与严格管控，是复工复产的必要前提。公司对职工食堂、办公楼、电梯、卫生间等公共区域全面进行清洁消毒，对生产区域采用臭氧设备进行全封闭消毒，关闭职工浴室避免交叉感染，为复岗员工提前准备并配备防护用品，细化生产操作人员的健康检测和健康防护措施。

组织员工返沪返岗，是复工复产的坚实基础。公司对所有员工离返沪信息动态、健康状况、居家隔离观察跟踪、复工错峰安排等各项人员管理措施落实到位。协助外地员工解决返沪后居家观察的住宿问题，同时对所有进出人员实行严格的入厂登记、随身码查验、体温检测、分食用餐、活动区域限定等措施。不定期推送疫情防护知识，强化员工个人防护意识，切实做到万无一失。

原材料的及时供应，是复工复产的有力保证。2月份正值疫情高峰期间，各省市相继高速封路，交通受限，物流运输车辆和司运人员进出上海受到很大限制。有的外地原料运到上海路口就被拦了回去；即使进入上海，人员也要隔离14天。公司积极联系政府有关部门，了解运输政策，并通过市府有关部门的鼎力帮助，保证货物及时送达。

协作单位同步协调，是复工复产的重要一环。在有效疏通物流环节之后，供应商提振了信心，安排尽早复工。有的企业人员一时凑不齐，老板就亲自开铲车，帮助装卸货物。

通过种种努力，2月10日，春节后的首个复工日，生产制造部到岗率达到55%，6条生产线有2条率先开工。2月末，到岗率达到93%，产能达到66%。3月下旬，全员到岗，生产线全部满负荷运行。

因为复工早，抢得先机，不仅履约正常，还扩展了影响，感动了境外客商。他们认为，美加净日化靠谱，有诚信，有担当，稳定可靠，投下了信任一票，把更多的订单托付给美加净日化。

面对境外疫情迅猛传播、一些主销区封域封国封市、船运出货班次减少无法按期出运、外汇收款难度加剧等一连串困难，美加净日化又实施了一系列积极有效的应对措施。诸如，参与在线广交会，开通跨国跨境的电商贸易平台，密切关注疫情变化动态，抓紧疫情转机的时间窗口，不失时机地组织发运货品，组织可靠的第三方结收外汇，等等。在海关和进出口商品检验检疫机构的大力支持和帮扶下，解决货品及时出运。通过有效的应对，实现了出口大幅增长和收汇安全平稳。

三新相长，赢取主动

市场无情人有情。竞争成败取决于品质、服务、时效和性价比。公司深深明白这一点，在抗疫和复产中，勇于开拓创新，抓住了三个新。

一是新产品。应对疫情防控，公司及时开发出防疫套餐，形成与牙膏相配套的抑菌口腔喷雾剂、漱口水、泡泡娃抑菌免洗凝露等新产品，因为及时、适用、有效，受到市场的普遍欢迎。根据品牌年轻化总体策略，公司又围绕美加净新品，以4款牙膏为中心，相继开发漱口水、牙刷、牙线、口喷等周边产品，共18个SKU（编码单位），产品系列更为齐全，口腔服务更为全面。公司还围绕线下产品促销，优化市场推广的投入产出，完成一系列促销包装，其中有上海防酸防舒敏倍护、上海茶清新、上海防酸经典等众多品种，以全新面貌投入市场竞争，适应各方面需要。

二是新市场。针对国际市场的调整，美加净日化早在前两年已经布局，恰在今年收取成效。在此次疫情中，增长最大的分别有：苏丹市场增长16.7%，西非市场增长21.1%，委内瑞拉市场增长100%。此外，欧洲市场也有一定增长。针对目标市场消费水平的提升，今年又适时推出美加净轻奢尊享系列Premium，全套产品共4个品种，分别是美白、双重薄荷、抗过敏和竹炭吸附。既延伸了美加净一贯品位，又衍生提升了崭新品质。全套设计既含有竹子茶叶等中国元素，又有明快简约的西方设计风格；既有成套系列的感观，又以红、绿、黑、白四种不同色调加以区别。这套新产品符合现代审美潮流，具有国际一流品味，既增加了适应面，又提高了附加值。

三是新通道。针对国内市场发展新趋势，在不断改进线下网点做好零售终端的同时，积极用好电商平台，顺应潮流，主动参与线上直播。2月，在拼多多平台率先开启直播；5月，参加京东平台"厂长来了"直播，公司领导亲自直播带货。通过公司历史展示、工厂和技术质量展示，吸引线上消费者的关注，加深对美加净品牌牙膏全方位立体认知。直播推广还获得了各平台的认可和资源倾斜。与此同时，在产品线布局方面针对不同平台的各自特点做了必要的区隔。天猫平台着重针对女性顾客，重感性重颜值喜趣味，于是推出美加净净白系列牙膏和美加净"尽善净美"礼盒牙膏，以传统文化和现代精品理念的结合，赢取女性的欢心。京东平台以男性和理性消费者为主，对此就推出一些产品功效突出、较高性价比的产品。拼多多平台的布局以三、四线城市为重心，性价比可能是更多考虑的因素，由此推出相应的产品。尽管品种众多，市场广泛，但因全局在胸，不打乱仗。

百年品牌，夯实底气

台上功夫源于百年根基。美加净日化的前身是由爱国实业家方液仙先生创立于1912年的“中国化学工业社”，是中国第一支自主品牌牙膏——三星牌牙膏的诞生地。百年发展和变革，造就了今日国内外知名的口腔护理用品专业制造商和营销商。公司现任班子既抓传统传承，又抓开拓创新，重在品牌建设，培育核心价值观和核心竞争力。

公司遵循国际化生产标准，致力于管理体系规范化，先后通过了“ISO9001”“ISO14001”“ISO45001”“GMPC”四大国际管理体系认证，公司也是行业内首个通过食品行业“HACCP”危害分析和关键控制点管理体系认证的企业。上述这些管理管体系的认证，对于规范公司内部管理，加强内部风险点的控制，提升产品品质，提升品牌力，提升公司信誉，奠定了良好的基础优势。

公司始终坚持制造良心牙膏，大量采用天然萃取的原料；除极个别特殊用途的牙膏外，公司75%的牙膏产品不加防腐剂。之所以能做到这一点，首先是基于对消费者安全的高度负责，严控配方，严格把关；其次是采用了先进的工艺技术，实现了生产全过程的无菌化；再次是香精和K12等主要原料都是由公司自己调配或自己制造，牙膏品质和牙膏安全从源头抓起，不仅自己用得放心，而且对外供应也赢得用户广泛好评。

公司积极修炼内功，树立“上海制造”的口碑优势，赢得了一批高端客户。在国际化业务中，公司为一些较为高端的市场提供定制化服务，包括与特易购（Tesco）、毛瑞森思（Morrisons）等英国大型超市合作，既跟上了产品升级的发展趋势，又提升了自身的研发水准。公司也关注自主品牌的沉淀和积累，近几年有了较大的进步。比如苏丹市场，公司的 MAXAM 品牌已占据当地 70%～80%的牙膏市场份额。

公司在积极探索营销新模式的同时，也积极参加许多应时应景应需的大型社会性活动。今年以来就先后有：6 月份的"上海制造666"现场活动，以"设计赋能产业，品牌引领消费"，彰显产品的引领性、迭代性、创新性和原创性；7 月份的"美博会"亮点频出，其中"上海防酸牙膏"入选 CBE 好品牌榜单、美加净清新亮白系列闪亮首发、"抓奖品娃娃机"空降现场、天猫及拼多多平台连续 12 小时直播，引起一阵阵热浪；8 月份的第三届上海国际个人护理用品博览会，公司产品以多维度展示，带动买家热情，精准对接多家采购商，并获得与会买家一众好评。

乘胜追击，凝聚后劲

王琴董事长说：今年以来的喜人进展，来之不易，今后的工作仍然丝毫不能松懈。成绩只能说明过去，不能代表未来。百年品牌是座金矿，需要开采和拓展；它不是金山，可以拿来就用，坐享其成。在百年未遇的大变局之中，公司将遵循习主席的教诲："面对未来，我们要逐步形成以国内大循环为主体，国内国际双循环相互促进的新发展格局。"

美加净日化将站在新的高度去规划未来。从发展新格局出发，一方面巩固和提升现有的国际市场，另一方面提振和丰富相对弱小的国内市场，做好内循环为主体这篇大文章。

公司认为，借力电商平台振兴发展，正处于一个十分有利的机遇期，将从细分和区隔入手，形成美加净品牌的目标客户群，在线上和线下、老客户和新客户两边，同时发力，打响双连击，夺取双丰收。

我们看到，一幅更加美丽而精致的美加净画卷已在眼前展开！

万众创新　第一铅笔

大众创业，万众创新，已经成为当下和今后很长一段时期我国社会和经济生活的一大热点、亮点。

上海轻工行业在“中国制造”走向“中国智造”的进程中，更是迫切需要把持万众创新这一克难图强的无穷力量和创新源泉。

近日，有机会拜访中国第一铅笔有限公司（以下简称“第一铅笔”），亲眼看到万众创新在这家已有八十年历史的老厂得到了生龙活现的演绎。正是万众创新，使得这家老企业青春勃发，新招频出，效益可观，独占鳌头。

合理化建议，成为“新常态”

群众性的技术革新，历来是第一铅笔这家老厂的优良传统，而近年来广泛开展的合理化建议活动，又将群众性的创新推向了一个新的高潮。

据不完全统计，仅2012年以来的三年中，公司就收到职工群众的合理化建议500余条，其中光是2014年就有166条，被采纳的有145条，采纳率达到88%。

合理化建议活动，首先得到了公司各级领导的重视。公司领导班子一致认为，开展合理化建议活动是职工发扬主人翁精神、发挥主力军作用的一项重要内容，是企业增强凝聚力、向心力，充分调动广大职工群众积极性、创造性的一个有效载体，是动员职工参与管理，共谋企业发展的一条重要途径。

对合理化建议活动，公司采取了自觉和引导相结合的方针。比如，根据生产经营发展需要，公司定期发布合理化建议征集的相关信息，明确合理化建议的重点方向，便于广大职工围绕企业生产经营、安全生产、基础管理、队伍建设中的重点、难点和焦点问题，以节能降耗、技术创新和技术改造为主攻方向，提出新技术、新工艺、新措施、新方法，使全员参与增强了针对性、科学性和实效性。

职工群众中蕴藏着无穷智慧，他们身处一线岗位，更能发现生产、管理中的问题和缺陷，有针对性地提出建议，想办法加以改进。第一铅笔下属古雷马公司的职工看到生产过程中的冷却用水白白流掉，就提出一项合理化建议，实行冷却水循环回收。这项建议被采纳后，群策群力，安装了一套冷却水循环回收装置，现在每个班次可以节约用水 30 多吨，经年累月，收益相当可观。

原料车间原先生产油漆原料需要人工上下搬运，既费力，又容易产生安全隐患。通过合理化建议，采用气动隔膜泵的技术，通过管道输送原料，并在原料管道上安装了三通阀门，杜绝了原料的浪费，减轻了劳动强度，又避免了安全隐患，真是一举三得。

在合理化建议活动中，公司注重发挥班组和部门的团队作用。一项合理化建议的产生和实施，常常是一个班组或一个团队集思广益、通力合作的结果。班组和部门之间比学赶帮，革新不断。

制芯实验室针对石墨、黏土等优质原材料紧缺、寻找替代品的问题，集思广益，提出了许多合理化建议，加大了对工艺和技术的攻关力度。过去，石墨以山东平度产的为好，可是资源枯竭了，现在，通过工艺攻关，使低含量的石墨达到山东石墨的技术指标，并且实现了 90 石墨代替 92 石墨产、92 石墨代替 94 石墨、球形石墨替代麟状石墨，已成功应用到相当一部分产品中。制造高 B 类铅芯所用的黏土原先用的是江苏溧阳土，但这种黏土同时也是制作高档紫砂壶的材料，国家已经限产，技术人员群策群力大胆改用山东潍坊土，通过工艺改革同样达到原先的质量水平，应用范围也从 B 类铅芯扩大到了 5B 等品种。仅此两项，初步测算每吨原料可以节约 1 000 元左右，大大降低了生产成本。

合理化建议活动中，技术人员发挥了骨干核心作用。技术人员有着较高的专业知识，一旦与生产实践相结合，作用相当可观。近年来在合理化建议中立项并研发成功的"高固体环保型铅笔表面修补漆""木屑代煤"等一批革新项目，先后荣获市、区级的金点子项目的荣誉称号，为企业节能减排、双增双节作出了贡献。

合理化建议并非都是些细小的改进，有相当一部分事关企业的可持续发展，小小建议蕴含重大意义。正是通过这一项项改进、创新，通过对创新精神的一次次肯定和及时的物质鼓励，激发了职工的能动性和创造性，改变了企业的生产技术面貌。

技术中心，发挥创新的核心作用

技术中心在第一铅笔被称为技术革新和跨越发展的引擎和核心。

技术中心肩负着"坚持环保理念，采用新工艺、新材料、新技术"的使命，以追求品质卓越为目标，不断开发出具有国内行业领先水平、符合国际安全标准、具有时代发展要求的文具类产品与先进装备、技术和工艺。

在“重人才、重贡献、重价值”的引领下，技术中心协同各相关车间和部门，取得了一系列实实在在的创新成果。主要有：木板变性优化工艺、卷钢涂层硬度测试用铅笔、高固体环保型铅笔表面修补漆及其工装、新型“防伪油墨”、高性能球磨机、太空出舱书写笔、隧道窑烧芯炉、铅笔自动化包装机、新型电加热油芯炉、2008年北京奥运及2010上海世博会等大型活动特许产品，等等。目前，第一铅笔保持了各类技术专利100多项。2014年公司技术中心还被评为上海市级企业技术中心。

卷钢涂层板是冶金行业的重点产品，效益逐年递增，但困扰该产品的一个难题是如何测试卷钢涂层板的硬度以区分不同的等级。在宝钢等大型企业的牵头下，第一铅笔以技术中心为主，共同研制了一套用于卷钢的测试铅笔，使铅笔成了测试工具，跳出了只是书写的唯一性功能，开拓了铅笔应用新领域。该系列铅笔不同于常规的绘图铅笔，具有超常的硬度和芯尖受力，同时测试数据的离散度极小，硬度规格明确且不重叠。这一笔芯的制作过程中具有很高的技术含量，填补了国内空白，并被纳入了冶金行业的国家标准中。

我国铅笔制造企业每年不合格铅笔约占生产总量的3%～5%，这些铅笔日积月累，成为一笔不小的数字，并且还占用仓库用地，积压资金周转，成为铅笔企业头痛的事情。第一铅笔技术中心通过持续攻关，成功研发出高固体环保型铅笔表面修补漆及工装，可使铅笔木杆的表面缺陷和破损得到有效修复，过去不能有效使用的铅笔白杆从此得到了充分利用，有效提高了木材出笔率，为整个行业的发展解决了难题。该项目还申请了一个发明专利和两个实用新型专利，同时获得了上海市专利新产品、上海市科学技术进步奖三等奖、中国轻工业联合会科学技术进步二等奖、上海市总工会节能减排三等奖等一系列荣誉。

在第一铅笔，按常规每生产一万罗铅笔就产生5吨多木屑，每个月为处理这些木屑垃圾，需要大量的人力物力。而锅炉用煤不仅消耗大量能耗，而且还影响环境。在合理化建议"锅炉燃料木屑代煤"项目立项后，技术中心会同其他部门完成了木屑制粒、机械送粒、恒量燃烧装置等研发设计，并制作了一台样机用于试验，经环保部门的例行检测，烟气的排放完全符合环保要求。进而又与专业公司合作，将一整套以铅笔木屑粒为燃料的智能锅炉扩大应用到生产中，每天可节约锅炉煤5.5～7吨，折合现价约8 000元，每月节约20余万元，同时又成功解决了铅笔制造过程中大量木屑的处理问题，做到了物尽其用，降低了生产成本。

技术会战，组织和发挥综合优势

对于跨部门、跨领域的重大科技创新课题，组织技术会战。这是第一铅笔万众创新的又一特色。

以速生杨取代椴木，就是其中的一个生动实例。

制造铅笔，特别是中高档铅笔，用的是椴木，这是一种宝贵的木材，具有质地细腻、卷削容易、定形稳定等特点。但是，椴木的成材周期长，一株胸径为20厘米左右的适用椴木，其生长周期为20～30年。同时，椴木又不适宜人工成片栽种，它只能夹杂在其他树种中自然成活，具有杂生的特性。在中国，椴木早已成为濒于枯竭的资源。

第一铅笔吸取了行业的经验和教训，经过广泛而深入的调研，以及多种木材的试验，最后确定了一种杨木为备用材料，并立项

“速生杨替代椴木”，组织全公司的会战。在总经理室统筹协调下，技术中心、生产技术部、长城公司、铅笔机械制造公司等各个部门参加了会战。各路技术人员全力配合、相互支持，并且吸收他人之长，走出去，请进来，广泛开展与科研院校、专业设备厂家的合作，加快了项目的落实、推进和突破。在两年多时间的试验中，技术中心负责杨木软化剂配方和蒸缸工艺的试验；设备部门负责软化设备和烘房的设计和制造；生产部门积极配合试验的开展。在共同努力下最终确定杨木软化的配方和工艺路线。成功地为杨木进行了“变性”和“定形”。目前，项目小试、中试先后完成，测定得出各项技术参数、物理性能已经接近椴木的各项指标，并在江苏省泗洪县新建了占地120亩的杨木生产基地进行大试和批量生产。“杨木替代椴木”的技术创新和批量生产，将会改变中国铅笔生产受制于椴木资源稀缺的状况，并为中国铅笔行业可持续发展提供新资源和新保证。

制芯车间的三大技改项目是组织会战的又一重大成果。制芯是该公司独步铅笔行业的核心技术。在新浜厂区的建设中，第一铅笔着力加大对制芯车间的投入改造，进一步巩固了这一优势。一是成功实施行业首创的铅芯隧道窑烧结法技改项目。该项目是公司自行设计、集成创新的烧芯设备，以连续生产替代原先的间歇式生产，不仅具有自动温控、操作方便、维修成本低、铅芯烧结质量稳定等优点，而且操作人员少、能耗大幅降低，产量成倍提升，已成为主力烧芯设备。二是成功实施数控新型电加热油芯炉技改项目。原来使用的燃煤油芯炉存在不环保、油烟影响环境、烊油速度慢等缺陷，为改变这种状况，公司成功研制了电加热油芯炉。该设备采用电加热方式，不仅温度控制精准，油烟明显减少，节能省电，安全可靠，减轻劳动强度，而且油芯受热均匀，有效提高了油芯质量。三是对铅芯生产多种传统设备进行升级换代的技改项目。如以新材料取代传统鹅卵石的球磨机、以新型节能高效的箱式烧芯炉、烘芯炉替代高能耗旧电炉，以液压传动的新设备替代传统的机械式捏炼机、泥浆泵，同时加装先进的除尘装置，以及 100 吨压棒机、200 吨压芯机等设备的改进。

经过系统改造，铅芯的核心技术得到大幅度提升，笔芯质量有了质的飞跃；同时，劳动生产率成倍提高。

集成创新，走上快捷通道

很多技术问题，对一家企业而言，可能是难题，可是，在某些先进企业、某一方面或已有了成熟的解决方案。引进、消化、吸收先进技术，在此基础上进行再创新；或者在总体规划下，引进一个一个单项技术，然后整合成一条龙，博众采长，为我所用，形成综合优势。这是第一铅笔在万众创新中的又一特色。

铅笔成品的包装工序，是个典型的劳动密集型工序，劳动强度大，用工多。为此，公司针对数量最大的两个品种 101 和 6151 展开技术革新，实施包装的自动化。

经过革新，如今展现在我们面前的铅笔包装一条龙生产线，共由十多个工位组成。分别有排列、检缺、打盒、标贴、分装等功能。流水线的起始端，输入的是一枝枝铅笔，到了终端，出来的已经是排列整齐、包装挺刮，并且贴有防伪标签的 12 枝一盒的小包装，以及 12 打一盒的中包装。一旦有缺数，或有杂物混入，机器具有智能化识别功能，会立即自动剔除，或者停机。

这条包装线是典型的"联合国"。线上的每台主机分别来自不同的厂家。通过第一铅笔的总体设计，与合作伙伴一起分工合作与设备集成，一台台单机就组建成了步调一致、配合默契、高效运转的一条自动化流水线。现在全公司已推广了8条，形成了八龙齐舞的生动场景。

近几年，成品车间还先后引进了高速刨杆机、高速打印机、新型热转印机、自动插笔机等一系列先进装备。引进之后，又加上了自己的革新改进，使之更加适用，更加高效，从而改变了生产技术面貌。比如自动插笔机，经过改进能够适应不同杆径的铅笔，适应了多品种生产的要求。铅笔油漆机通过改进，将一次同时油漆4支笔增加到一次油漆6支，在不增加机器和人手的情况下，工效提高了50%。

用好外脑，扩展创新天地

"不求所有，但求所用，用好外脑"的柔性用智理念，是第一铅笔将万众创新从公司内部延伸扩展到社会的一大举措。

近年来，随着市场的拓展及需求的多变，公司逐步感到了光依靠自身设计能力已不能适应。为了加快新产品开发步伐、抢占更大的国内外市场，公司借用外脑和市场资源来补充自身在设计能力方面的不足，通过产学研合作，开发更多的适销产品。

公司与专业设计公司共同对内销市场的产品进行了调研，针对不同年龄层次和用途，确定了五条产品线进行设计尝试，在主题、创意和组合等方面作了探索。在合作的过程中，双方的优势得到了互补和发挥，设计师在互相交流产品设计理念时，设计思路得到了开阔，设计能力也在相互带动下有了改观和提高，给新产品的设计工作带来了一系列的变化。

一是外脑不受固有文具设计模式的限制，可以天马行空，跳出文具设计的框框，设计出更有创意的外观和包装。二是利用专业设计师的能力，创作一些具有故事情节的手绘及原创的图稿用于产品的外观，提升了产品的附加值。三是利用专业设计公司的一些其他优势，企业 CI 和 VI 的设计、新产品的宣传策划以及产品展示方式等也得到了提高。

在充分利用内外资源的情况下，加快了新产品开发及老包装翻新的进度，加大了以三星品牌为平台向大文教产品延伸的步伐，近年来第一铅笔每年有 100 多款新品推向国内外市场。

管理信息化，高效精准

近十年来，在"两头在沪，中间在外"的方针指引下，第一铅笔的产业布局发生了很大变化。一部分生产加工工序向原材料产地集中，一部分生产制造工序向劳动力优势地区转移，管理幅度和管理跨度一下子扩展到数千公里之外。再沿用传统的管理方式和管理手段，显然与之不相适应了。

于是，信息化管理工具，在第一铅笔得到广泛而普遍的应用。

日常办公会议，采用了视屏会议系统，分布在各地的公司与部门可以面对面的交流，检查、汇报和布置工作，都很直接明了。不必再经常舟车劳顿，千里迢迢，往返奔波。大大提高了工作效率，降低了商务成本。

对整体经济运行，运用了 ERP 管理系统，对产供销和物流、资金流实行全面全过程的监控，提高了经济运行的质量和效率。

安全生产一直是铅笔企业管理的难点，通过在整个厂区设置了布点合理、没有盲点的监控系统，对生产、安全实行全覆盖，不仅强化了管理手段，而且对厂区安全提供了保障。在上海总部办公室就可以看到江苏工厂的运行情况。在防汛防台及长假期间，企业领导坐在家中通过视屏就可以巡视厂区各个角落，通过网络指挥抗灾防灾。

车辆管理，过去是个头痛问题。进出频繁，流动分散，节假日更难管理。现在加装了 GPS 系统，在办公室里，就可以掌握每辆车的运行情况和油耗情况，可以有效调度，以及合理用油。

即使职工浴室也实施智能管理，下班时间一到，智能热水电磁阀会自动打开，接通热水，解决了过去管理的老大难问题。

互联网+，促成商业新模式

万众创新，应当是经济工作全过程的创新。第一铅笔的创新活动，很自然地从生产过程延伸到营销过程。

在互联网时代，第一铅笔不再拘泥于传统的营销模式，而是敢于涉足电子商务，先后与知名的电商平台天猫、京东、齐心等建立合作关系。近年来网上销售以每年增长 40%的速度快速发展，成为市场拓展的新亮点。

在推广“神舟七号太空笔”的时候，第一铅笔还与老凤祥有限公司合作，联合开发成套收藏品，通过“东方购物”电视营销，在两个多月的时间里，便实现了 5 000 万元的销售。

公司总经理室深有体会地说：电子商务，传播迅速，营销精准，资金周转快，成效显著，其优势是传统销售模式所不具备的，它不仅丰富了销售方式，更增强了消费者的消费体验，将进一步搞活、搞好。

创新，是环境倒逼，更是企业自觉

万众创新，在第一铅笔，不仅热火朝天，而且持久有效，动力何在?

公司总经理班子回答道：万众创新，既是一种自觉，又是一种倒逼。

这些年来，第一铅笔在发展路上遇到的困难、瓶颈和压力，一个接着一个。

原材料的挑战：铅笔必需的核心材料如木材、石墨、黏土，一个接一个，都发生了资源枯竭、紧缺，急需应对、变更：迫使企业创新，走新的路。

市场的压力，人口红利的减退，产业政策的调整，节能减排的强化，对传统老字号，无疑是一道又一道坎：迫使企业创新，走新的路。

国际品牌的大兵压境，民营企业的奋起勃发，新兴国家的低价竞争，是一个又一个有形而紧逼的压力：迫使企业创新，走新的路。

众多倒逼，形成了一个共识：企业要克难制胜，根本出路是创新。只有创新，才能找到新的航标、新的路向；只有创新，才能凝聚更多力量、开发更新资源；只有创新，才能博取新的市场、新的成效。

正是这种对于创新的自觉，第一铅笔切实加强了对于群众性创新活动的组织领导和正确引导，建立和实行了《科技开发人员激励办法》和《合理化建议和技术改进奖励实施办法》等一系列激励机制，激发了企业创新的活力。

倒逼，催生了自觉；自觉，又催生了创新，激励了创新，鼓动了创新！群众性的创新活动，在第一铅笔形成了良性循环，在激烈异常的内外竞争中，培育了更多更强劲的核心竞争力。

而今，党中央号召“大众创业，万众创新”。这是一面大旗，我们将集聚在这面大旗下，使老品牌不断焕发活力，创造出新的辉煌。

（原载《上海轻工业》2015 年第 4 期）

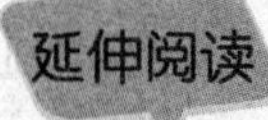

第一铅笔：联名产品荣奖

2020 年 9 月 21 日，由上海市文旅局支持、上海市炫动会展文化传播有限公司主办的“上海礼物——动漫力设计邀请赛”颁奖典礼在上海音乐厅举办。由伽作发起的优秀国漫 IP《凹凸世界》×中华老字号“中国第一铅笔有限公司”跨界联名产品——“ChungHwa×凹凸世界削笔器”伽作设计师系列荣获最具人气奖。

凤凰涅槃看今朝

"凤凰"自行车，人所共知，人见人爱。

知就知在，"凤凰"自行车是民族工业的代表，从源头算起已有一百二十年历史。

爱就爱在，"凤凰"自行车的新颖、靓丽、便捷、时尚、亲民……

然而，美丽的"凤凰"在前十多年的市场经济中，也曾经一度迷茫，一度徘徊，一度沉寂。人们关切"凤凰"的命运和前途，急盼"凤凰"的展翅和高飞。

"凤凰"没有辜负人们的期盼。在向市场机制转型的途中，"凤凰"终于经受住了调整的震荡，度过了迷茫的徘徊，实现了脱胎换骨的改制改造，今天，站在大家面前的又是一只亮灿灿的金凤凰。

在经历了一次又一次的大浪淘沙之后，2016 年，"凤凰"交出了一份靓丽的答卷：整体销量突破 300 万辆，凤凰童车业内领先。

今天的"凤凰"，总部在上海，生产基地布局大江南北，营销网络遍及全国各地，甚至在海外 80 多个国家都有了自己直营或加盟的经销服务网。

2016 年盛夏，出席 G20 峰会的汪洋副总理参观了凤凰自行车展台，高度评价"凤凰涅槃"，谱写了新的篇章。这一年，凤凰自行车荣获中国轻工业联合会颁发的"百年功勋企业"荣誉称号。

令人兴奋，也令人好奇，“凤凰”新篇是如何写就的呢？且听凤凰自行车有限公司总裁王朝阳先生细细道来：

改制改观

2010年对“凤凰”是标志性的一年。这一年，“凤凰”引进了战略合作伙伴——民营企业江苏美乐投资集团（以下简称“美乐投资”），展开了新一轮的体制改革。

在完成增资扩股后，美乐投资在凤凰公司中占49%的股权。而原股东金山开发建设股份有限公司持有51%的股权。

“上海市政府让民营资本参与老品牌的体制改革，绝对是一种智慧和胆量”，王朝阳这样认为。“凤凰”的体制改革之路，造就了“上市体制、民营机制、民族品牌”三位一体的独特优势。

王朝阳说：“上市体制，让企业规范运作、长远规划；民营机制，让经营者放开手脚，创造品牌重生的活力；民族品牌，让‘凤凰’延伸出系列产品，一路受到市场的信任。”数据显示，转制后的6年，“凤凰”的销量、利润始终保持较高速度的增长。

美乐投资为什么会入股“凤凰”？

王朝阳说道：美乐投资原来就有自行车零件的业务，在行业内具有相当地位，美乐投资的自行车车圈、辐条、链条在全球市场占有率很高。但是做零件只能靠性价比去竞争。我们认为今后中国市场主要是靠品牌竞争、渠道竞争。要想进入品牌，那只有往下游走，做整车。而“凤凰”恰好是自行车行业里名声最响的品牌，也是唯一没有改制的企业，进入“凤凰”可以把我们的产业延伸，提升核心竞争力。

也有人好奇地问，在新的“凤凰”中，美乐只占49%的股权，对这样的合作不担心吗？王朝阳笑着说：我相信不管是国营的股份还是私营的股份，我们的目标都是一致的，就是把企业做好。在这个前提下，完全可以求同存异谋发展。

凤凰国有股东也相当开明，作为出资人不干涉具体经营，并且把经营权托付给来自美乐投资的王朝阳总裁。因为他们明白，托付给民营资本去经营"凤凰"，无论是摇头还是点头，都有49%的成本在里面；无论是对是错，都有着对资本负责的担当。因此，改制后不存在"听汇报""下指示"，而是按照现代企业制度、董事会决策与授权、经营层放开手脚，在市场经济的平台上"腾挪跃动"。机制的灵活，使得经营者有了很大的活动空间。

改制带来了新的机制，也为"凤凰"带来了新的发展机遇，最重要的是带来了新的企业文化。

2010年之前的几年，由于经营场地的多次搬迁及体制机制的原因，"凤凰"的研发制造能力受到影响。

而现在，"凤凰"不仅在上海建立营运销售中心，还在丹阳、天津等行业要素中心建设制造中心、检测中心、研发中心。在专业化协作的基础上，本厂重在新品研发，重在高端制造，承担车架、油漆、组装三大工艺，实行整车出厂。

凤凰产品从原来仅是单一的代步自行车，到现在进入到健身休闲自行车，还有了很多的延伸产品。

人员结构和人员素质也发生大的变化，从原来平均年龄超过50岁的老员工，到现在大批的设计人才、销售人才都是年轻人。总体发展有了大的变化，凤凰自行车的年产量恢复到300万辆，凤凰现在是大陆自行车里最大的自主品牌出口企业。

从事经销的潘国联加入"凤凰"已经30余年，从刚步入社会开始工作就一直在“凤凰”，他见证过“凤凰”最为辉煌的时代，也经历过“凤凰”最为困惑的岁月。他坦然介绍说，过去“凤凰”的经营管理，“老国企”属性确实比较明显，决策时不果断不迅速，观念也跟不上，对新晋品牌的涌入不予重视，应对无方。“内忧外患”之下难免落伍。而今通过新一轮改制，观念新了，经营活了，昂首挺胸，再攀高峰。

贴近延伸

“凤凰”的生命在于用户，在于与时俱进、不断提出新要求的广大用户。

“老品牌是一把双刃剑”。坐在简朴的办公室里，凤凰集团总裁王朝阳说，“凤凰”有着百年历史印记，是个价值非凡的品牌富矿，另一方面，老字号囿于体制旧、负担重、技术老的沉疴，普遍面临着创新不足的瓶颈。

如何打破老字号与市场脱轨的魔咒？

王朝阳介绍说：在品牌定位方面，今日“凤凰”自行车致力于产品更加多样化和大众化，满足不同层次的市场需求，力求成为国内最大的自行车品牌供应商，实现“一路相随、一生相伴”的产品承诺，促进人、车、环境的和谐发展，做老百姓买得起、信得过、用得上的好车。

“凤凰”自行车进入了新的发展阶段。以消费者诉求为产品开发基准，将产品与时尚流行相契合，将旗下自行车产品细分为时尚酷系、健康羿系、休闲梦系三大系列产品群，目标受众覆盖时尚酷玩的青少年群体、追求健康的成功人士以及享受生活、追求清新浪漫的城市白领三大人群。品牌风格定位为：休闲、健康、时尚，倡

导“乐享骑行”的骑行文化，用更加精准定位的产品为不同需求的消费者提供理想的自行车产品，

“酷、梦、羿”这三大系列的取名，本身就带有十足的新奇感和时尚感。酷系列，“酷出新花样”，主打年轻、时尚、炫动，深受年轻一族和追车一族的喜爱。羿系列，“羿路骑行”，主推专业、运动、尊贵，是专业单车爱好者的最爱。梦系列，“梦骑行 慢生活”，风格清新、休闲、时尚、复古，随心而行、乐享自由，适合休闲的城市骑行。

一些人以为，在汽车以及电动车作为个人出行主要交通工具的时代，自行车难免受到冷落。但是，王朝阳不这样认为，他说，恰恰是这种情况，预示着一个品牌重生的机遇期。在美国等西方发达国家，自行车代步功能被弱化后，反倒成为时尚、健康生活的代表。中国国内市场数据也表明，近十年来，自行车的销量基本保持在6 000万辆左右，产品结构却已发生根本变化。尤其是2010年以后，强调“玩”出健康的山地车、折叠车、碳纤维新材料车，每年销量都在翻番。“这意味着自行车总量不变，却创造了一个巨大的效益空间。”

是的，自行车市场早就出现行业拐点了，由代步转变为休闲。“凤凰”力求适应这个拐点，抓住休闲带来的机遇，输入休闲、健身、时尚的元素，加速形成核心竞争力。

“凤凰”起源于自行车，曾冠以代步工具，电动车也是代步工具，替代了很大一部分自行车，其实，两者有很大相似性，销售渠道可以共用。做自行车而不做电动车，无疑是一种很大的资源浪费。于是，“凤凰”快速进入电动车，厚积薄发，后来居上。

“凤凰”延伸到了轮椅车。轮椅车其实并不局限于残疾人，还

适用于腿脚不太方便者和老年人。这些人在他们年轻的时候，很多曾经是“凤凰”自行车的粉丝，对“凤凰”有很深的情结。而今有了“凤凰”轮椅车，很符合他们的新需求。

顺着同样的思路延伸，“凤凰”又进入童车。王朝阳知道，童车领域的品牌忠诚度是很低的，“凤凰”之所以进入童车领域，是因为看到买车人常常是“凤凰”曾经影响过的那几代人，如今已是幼儿的爷爷奶奶辈，或者是父母亲，对“凤凰”的情感，会延伸到童车。现实也印证了这种判断，2016 年，“凤凰”就销出近 100 万辆童车。

在材料方面，过往的凤凰产品都是锰钢的，而现在随着车型和功能的更新，已经大量采用碳纤维、镁合金、铝合金、铬钼钢四种材料。今非昔比，“凤凰”车更美观、更轻便、更耐用，也更时尚了。

为了应对代步和休闲不同层面的细分市场，“凤凰”正在优化品牌设计和品牌策略。从 2016 年开始，“凤凰”集中精力进军运动自行车领域，之后的“凤凰”自行车将以“中国风”和“FNIX”两个系列推出新品，前者主打城市休闲骑行，后者则面向运动竞技领域。

重建网络

“凤凰”改变过去以批发为主的旧模式，积极推进以专卖店、店中店和专柜为核心载体的终端经营，形成了以终端专卖为主、批发为辅的新模式，引领“凤凰”国内销售渠道整体提升。

同时，实行“全渠道”经营，即在细分市场细分品种之后，在一个渠道、一个专卖店，多个产品一起经营。

对所有终端还实行标准化的品牌形象、统一规范产品陈列、专业产品导购服务，让消费者近距离感受"凤凰"自行车"新一代选择"的文化魅力。

实施这些举措之后，明显提升了"凤凰"车的回头率和转化率。

浴火重生的"凤凰"，抓住机遇期，在产品结构、产业布局、渠道建设、产品推广等方面全方位出击。

王朝阳说："凤凰"正努力打造健康车行时代的引领者，附加值最高的山地车已占总销量的30%，销售渠道主动铺设到全国二级市场，上千家销售门店在改造升级，网络销售虽只占总量的2%，近年来的销量也一直在翻番。

电子商务以其广阔的市场、快速的流通、低廉的价格而符合时代的要求，"凤凰"在近几年积极引入电子商务作为新型营销平台，形成以上海为核心，天津和丹阳为两大生产基地的模式。并以"凤凰"自行车天猫和京东两大官方旗舰店为核心平台，展示"凤凰""时尚、休闲、健康"的品牌形象。"凤凰"的大部分消费群是年轻人，网络平台既是品牌推广平台，也是新品试销平台，还是吸引年轻消费群体的平台。

为了提高与消费者之间的信任度，及时得到消费者的反馈信息，"凤凰"自行车开通官方微博微信平台，实现与消费者点到点及点到面的沟通。消费者可以通过官方微博微信了解"凤凰"自行车的最新产品及咨询，也可通过这个平台对"凤凰"自行车进行舆情反馈。"凤凰"欢迎来自社会各方面的建议，改进工作，完善服务，提供更好的产品。

环球创新

“凤凰”以环球视野思考自己的发展路径。

计划经济时代，“凤凰”是国家品质的代名词，那时打下的市场基础至今让“凤凰”受益。现在，“凤凰”坚持“走出去”，在80多个国家和地区建立了加盟专卖店或旗舰店。每年投入研发费用近千万元，设计开发适合不同国家和地区的产品，海外市场已占到整体销售的40%。

随着“凤凰”引入新材料、新工艺、新技术，开发新产品，有效巩固和拓展了海外市场。在印尼，“凤凰”的销售连年翻番，成为当地的主流品牌。在巴基斯坦、尼日利亚，“凤凰”的山地车，推动当地自行车产品结构调整。一个有趣的现象是，在印尼，再有实力的经销商，也要先交几十万美元的押金，才有机会获得“凤凰”自行车的经销权。“凤凰”还与当地销售商合作，尝试本土化装配和销售，既加强成本管控，又贴近市场需求，已经显见成效。

“凤凰”自行车和印度的自行车业，原本是海外市场的竞争对手，尤其在传统铁制自行车当道的印度市场。不过，在竞争之余，王朝阳观察发现，近几年印度市场正在发生变化，消费者喜爱的自行车车型与功能，正在朝着时尚、轻盈、健身、休闲的方向走。王朝阳认为时机已到，2014年“凤凰”自行车开始进入印度市场，在经营策略上，以“骑行文化”定位来推广品牌，产品层次比较高，全部是铝合金车架的山地车和公路车，价位也处于印度市场的最高端，单价约300～500美元，是一般车款的3倍至5倍以上。

现在“凤凰”在印度当地已经开始经营自有品牌的通路，专卖店有150家，通路已经建立，销量也持续上升。近年又进一步通过媒体广告、职业车手与车队，来推广“凤凰”品牌。王朝阳相信，在印度市场完整转型之后，将会有更大的空间。现在“凤凰”在印度销售的整车，都是在中国制造再整车进口，关税高达35%，而零件进口则为20%，王朝阳认为，目前当地的组车环境还不够理想，待时机成熟，“凤凰”还将会有进一步的大动作。

“凤凰”的国际市场拓展，积极稳妥，富有成效。在出口规模方面，已经连续多年成为中国自主自行车品牌的领先者。在出口产品结构方面，由过往90%以上是传统车，到如今80%是休闲运动车。“凤凰”用了5年时间完成这个转变。并且树立了中国制造的品质形象。接下来，“凤凰”还将有新的市场目标，这一次又将付出多少艰辛而有效的努力呢？

智能智网

共享单车，是共享经济时代出现的新生事物，有效解决了城市交通最后一公里的问题。

凤凰自行车虽然是120年历史的民族品牌，却没有倚老卖老，而是跟上潮流，主动参与。

王朝阳说，“凤凰”是从两端进入共享单车领域的。上游，我们供应主要零部件；下游，为共享单车开展设计、研发、制造。

回顾“凤凰”近七年来的改制和创新，王朝阳深情地说：“我是江苏丹阳人，在上海待了很多年，在上海就业、创业，作为一个真正想做事业的人，没有不喜欢上海的。我最喜欢上海的一点是人才充足，需要什么人，直接去招，很快能招到，上海对人才有很强的向心力。与其他地方相比，上海的经商环境好，我们受政府的行政干预少。上海做事规范、规矩。”

“最近，我正在重新读罗伯特·卡普兰《战略地图》，我建议做生意图创业的人都去读一读。我已经读了三遍。这本书是讲战略制定，最终实施路线图的。我觉得很有启发，一直在读它。”

“我这个人还是比较守成的。先读完书，再去工作。等工作熟悉了，再开始创业。从纺织业开始，又到其他领域。我懂市场，又懂技术，也有一定的资源积累。所以，创业水到渠成。我曾经做过销售，是英国老品牌 Crosol 在中国区的销售代表。通过这段经历，了解了产品，了解了市场，后来干脆就把 Crosol 的品牌买下来了。”

王朝阳的这些话让我们明白了，今日“凤凰”的成功绝不是一种偶然，这是一种文化和思想、经历和资源的灿烂爆发。

“凤凰”自行车的前身可以追溯到清光绪二十三年间，那家于 1897 年创设的我国最早的车行——同昌车行。其间历经了从经销、组装到自主研发制造的发展过程。悠长的历史、丰满的历程，让“凤凰”自行车有了与众不同的底蕴和气质。

王朝阳说，庆贺凤凰 120 年，不安排什么庆典，而是两项颇具社会意义、与民互动的大活动。五月是“高峰论坛”，邀请各方人士纵论老字号品牌文化、共享经济、创新发展、匠心精神。九月，在“上海旅游节”期间举办“上海骑行节”，还将有“环上海自行车联赛”。最好的庆贺，就是给后人留下值得回味的东西。

王朝阳曾经说过“品牌的生命和魅力就在于引领时尚”。是的，今天的“凤凰”，正处于一个前所未有的新时代，意气风发，创造着新的时尚，新的辉煌！

（原载《上海轻工业》2017 年第 3 期）

凤凰自行车：全健康自行车

以大众出行健康为企业追求，全力开发"全健康自行车"，以生产过程健康、生产环境健康、骑行过程健康的全流程健康的标准，打造真正意义上的全健康自行车，使产品具有自清自净、抗菌防霉的功能。

大白兔的跨越

曲指一算，1959 年诞生的大白兔奶糖已经 63 岁了。

曾经有人质疑过，“兔子尾巴长不了”。而今大白兔早已成为上海国际大都市的一张靓丽名片。大白兔东蹦西跳，快闪巡展，不时兴起一波波热潮。中华第一街的南京路步行街上，隔三差五，就会见到大白兔，生动可爱，活跃在许多店面和橱窗，被认定是上海著名的伴手礼。

糖果世界里，大白兔为什么活力常在，越活越青春?

且听董事长吴坚先生娓娓道来：

不变本色

“大白兔活力 60 余年，因为本色不变”。的确如此，大白兔一贯注重产品质量，始终采用真材实料，精细制造。吴董笑着说：“没有质量，就没有生命力。”

从 1959 年诞生以来，大白兔凝聚了几代人的心血。至今还是坚持初创时期的老配方。奶糖奶糖，自然离不开奶。大白兔一直采用优质牛奶、奶粉以及奶油等作为主要原料。目前采用的是进口新西兰恒天然奶粉。国内曾经爆发的三聚氰氨事件，对奶制品行业打击甚大，大白兔也一度受到过冲击。这一反面典型警示企业，绝对不能以次充好，滥竽充数，而是要脚踏实地，诚实经商，注重内在质量。

大白兔的加工工艺，始终不走样。糖浆搅拌保持在35～45分钟。通过充分的柔和搅拌，不仅可以将其中水分打光，不易烊化，还可以增加奶糖弹性，更加糯软可口，从奶香中滋长出温柔的甜。

过去有句顺口溜："七粒大白兔等于一杯牛奶。"现在依然如此。奶味浓郁，糖度适中，口感醇厚，弹性十足。正是这些基本特点，让大白兔保持了人们对她的好感度、记忆度和传播力。大白兔是上海人的情怀，各地人的向往。来到上海，总要买一袋大白兔去品尝品尝。南京路几乎成了大白兔的展示长廊。

任何品牌，怕就怕在变味，难也难在不变味。60余年而不变，难能可贵。

不忘前辈

"大白兔的成功是几代人的心血"，吴董感慨地说。1959年的创立者，是那个时代的创新者，让大白兔独树一帜。之后，又经过了历代经营者、设计者、制造者的不断创新，让大白兔绵绵流长。

吴董特别提到已故的冠生园集团有限公司前总经理翁懋先生。他说，翁总是一位有思想的战略型经营者，承上启下有担当，敢于开创新局面。

翁总提炼了企业精神，把冠生园三个字诠释为："品上冠，业求生，人兴园。"这短短九个字，是力争上游与脚踏实地的统一，是做好当下与放眼长远的融合，是苦练内功与敢于竞争的相长。正是科学的阐述，让全体员工明白了事业长青、永续经营的真谛。

在翁总的主持下，公司确立了市场机制，在历史上首次成立了市场部，将把握市场和引领市场作为企业的第一要务。公司向社会广招优秀人才，与复旦大学、清华大学、交通大学等一批顶尖大学合作，定向培养经营人才，通过市场磨炼，打造了一支能打胜仗的队伍。现在，大白兔在全国各地建立了 20 多个销售中心，形成一万多个销售网点，与 60 多个国家和地区的 100 多家经销商建立了长期业务关系。

在翁总的主持下，公司首创了企业技术中心。将原工业微生物研究所改造成为公司技术中心。通过翻建科研大楼，在全球招聘技术开发人员，壮大技术开发和产品开发的实力，现在已经成为上海的市级技术中心。大白兔申请的 4 项发明专利早就被受理，通过 3 年公示期，正式授权，成为国内糖果行业获得发明专利最多的产品。

正是这些卓有远见的战略性举措，为今天冠生园和大白兔的持续发展，打下了坚实的基础。

不舍投入

“建设市场就要舍得投入”，吴董如是说。大白兔作为冠生园集团的一个支柱产品，持续不断地投入品牌建设，不断提高品牌的知名度和好感度。品牌需要积累，需要沉淀，公司保证每年营业收入的一定比例用于品牌宣传和品牌造势。尤其是善于抓住契机，做活品牌。

早在 1972 年 2 月，时任美国总统的尼克松先生首次访华，经随行人员推荐，对大白兔奶糖赞不绝口。周总理当即决定将大白兔奶糖作为国事礼物赠送给尼克松。此后，大白兔奶糖积极跟进，频频出现在美国的节日礼品市场，成为美国人馈赠亲友的佳品。

2005 年 1 月 29 日，在两岸“三通”的首航包机上，大白兔又成为这一历史时刻的纪念食品。为台商旅客精心准备的礼品中就有代表上海特色的大白兔奶糖。从此大白兔登陆祖国宝岛台湾，成为当地百姓的至爱。

2010 年中国上海世博会上，大白兔作为唯一的指定糖果迎接来自世界各地的宾客。这里既有来自欧美的远方客人，又有来自紧邻的新加坡、马来西亚、印尼、菲律宾等地的客人。随着世博会的成功，现在世界 60 多个国家的零售店里，都有了大白兔活泼可爱的身影。

从 2019 年第二届"进博会"开始，大白兔连续三年成为"进博会"新闻中心免费品尝的糖果。随着众多新闻记者的亲口体验和广为传播，进一步扩大了社会影响。

品牌价值的积累需要时间，而品牌价值的提升也是看得见的。

现在，各大商场争相邀请大白兔去设立专柜专店。不仅免费，有的还补贴一些销售费用，甚至还在商场门外大幅广告宣传，设立巨大白兔造型。因为它们明白，有了大白兔，就可以引流，就可以造势，就可以暴热。

随着大白兔形象的坚挺，销售模式也发生根本性变化。现在大白兔实行款到发货，不存在应收款，因此也就没有坏账的可能。

不守单一

产品是品牌的载体，是品牌的根基。即使在互联网时代，在讲究流量的年代，如果没有产品，没有内容，没有产品组合和产品阵容，也就没有炙手可热的爆款网红。

大白兔不断追求年轻化，不但让一代又一代年轻消费者爱上大白兔，而且让中老年顾客也焕发了童心。

这些年来，大白兔极大地丰富了口味品种。除了原味之外，芥末、抹茶、红豆、玉米、椰子、咖啡、榴莲、薄荷、酸奶、巧克力、提拉米苏等十多种年轻人喜欢的口味，也应运而生。

大白兔不断改进包装。有大大小小不同的规格，甚至还有 8 粒糖的小立袋。2012 年大白兔试水了萌萌哒的巨白兔，把各种小糖果塞进巨大的大白兔奶糖形状的大礼盒。新包装刚一面市即颠覆了人们的传统印象，收获了一大波年轻消费者，广受好评。

大白兔不断尝试新领域。2018 年，大白兔首次直播带货大白兔润唇膏，第一批近 1 000 支唇膏上架不足 2 分钟就被抢售一空，还差点造成网络崩溃。之后，大白兔香水、大白兔沐浴露、大白兔身体露等众多大白兔品牌相关的生活消费品相继进入大众视野。

从 2021 年牛年开始，大白兔每年推出复刻版的奶糖罐头，以当年的生肖为形象，与大白兔相映成辉。既有纪念意义，又有收藏价值。

正是不断推陈出新，让大白兔越来越年轻。

不再坐商

糖果的天地总是有限的，而 IP（形象力）的空间是无限的。做好形象力是大白兔的重中之重。

历史上，大白兔形象曾经有过多次变身。形象多变，对于统一和强化形象，运用 IP、拓展形象力是不利的。于是，大白兔下决心做了一次整形美容。

最早的那只大白兔形象是一个经典，以蓝白为基色调，令人过目不忘。可是，经典是经典，却不够精神。兔子是趴着的，苟头缩颈。2019 年，经过整容，兔子挺立了起来，既经典又精神。

对大白兔形象的知识产权保护始终抓得很紧，进行了全方位的商标注册。在马德里协定成员国，在全世界，广泛进行了注册。除了大白兔，还有小白兔、大灰兔、大红兔等等相关商标也一一进行了保护性注册。围绕不同品类，还进行了开拓性注册。一大波围绕兔子所进行的商标注册，为大白兔奠定了广阔的发展天地。

新的兔子形象成为 IP 的得力工具。兔子首先在大白兔所有的产品上得以体现。顺便还强化了奶糖圆柱形造型，产生了许多衍生产品。

跨界合作中，富有神采的大白兔跳上了美加净奶糖味唇膏，跳上了气味图书馆的奶糖香氛香水，跳上了太平鸟乐町秋冬少女装系列，如此等等。一把把新颖别致的大白兔伞是全自动的，可以自动收放。

全国各地陆续开起了大白兔奶糖快闪店。各地快闪店无一例外采用标准化的蓝白立兔元素，将复古与焕新相结合，洋溢着潮流气息。大白兔奶茶诞生之后，市场一片狂热，很多商家找上门来要求合作。但大白兔并不盲从，而是坚持自己弄，以快闪形式去传播和推广，以切实保证质量。2020 年 7 月在上海凯德晶萃广场，大白兔联合百花牌花生牛轧糖开设奶茶快闪店，一口气推出咸香奶盖、花生奶冻、满贯奶茶等多种口味的奶茶，引起了轰动。

大白兔以崭新形象在全国各地展开产品巡展。从 2020 年 6 月落地上海世茂广场之后，又先后走过了江苏南京、山东济南、福建厦门、四川成都、黑龙江哈尔滨等许多地方。巡展中，既有大白兔产品的整体阵容，还打造了各具特色的大白兔快乐时光游乐园、全新大白兔冷饮店，以及 FUN 青春主题活动等，以萌趣的造型、亲民的价格、欢乐的体验而博得男女老少的热情追捧。

不是随意

大白兔跨界，频频出新招，令人眼花瞭乱。可是，吴董告诉我们，大白兔的跨界并不盲目，也不随意，而是讲究门当户对，是有标准的。因为讲究，所以大白兔的品牌形象和品牌地位，不仅有保障，而且有提升。

第一次尝试跨界合作，大白兔就选择了法国知名设计师品牌Agnes b，推广限量版铁盒装的大白兔奶糖，采用“粉红”“粉蓝”等色调，俘获了大批少男少女的心。

自此之后，大白兔的跨界一发而不可收，一是坚持合适，二是注重标准。

于是，有了大白兔与乐氏薯片的合作，与雀巢咖啡的合作，与光明乳业的合作，与上海家化的合作，等等。

2020 年，大白兔又和比利时著名巧克力品牌 GODIVA 合作，联合推出了“GODIVA 大白兔冰淇淋”和“GODIVA 大白兔双色冰淇淋”。

今日大白兔，六十正青春。欢腾跳跃的大白兔正奔进新时代，实现新跨越。她带给人们快活有趣的童心，带给人们浓浓奶香和深深甜蜜的回味。

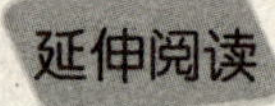

大白兔雪糕登陆新加坡

2021 年夏秋之交，首批 2 500 箱大白兔雪糕漂洋过海，正式登陆新加坡市场，当地消费者在线下 63 家 NTUC 连锁超市、线上 Shopee 和 Lazada 网站都能买到正版大白兔雪糕。

创新的马利，焕然一新

一支马利美术颜料，是多少人的儿时记忆。许多人就是从马利起步，学习画画的。

可是，您是否知道，从 1919 年诞生至 2015 年，马利美术颜料已经走过了整整九十六年的历程。

九十六岁的老人，应该已是老态龙钟，步履蹒跚。

九十六岁的马利，却依然是活力四射，朝气勃发。

马利好比一匹不知疲倦的骏马，奔驰在画坛上，驰骋于书苑中，活跃在校园内，扬蹄在市场上。马利始终保持着中国美术颜料市场第一品牌的地位。

2014 年，马利交出了一份新的成绩单：营业额 3.2 亿元，实现利税 4 000 万元，出口创汇 750 万美元。

今天的马利，画材品种多达 2 000 余种，销售遍及全球 60 多个国家。

老名牌，新形象，好业绩，活力来自何方？

且听杨中毅先生，上海实业马利画材有限公司总经理细细道来。

坚定创新

马利九十六年的光彩，归结于对画材持之以恒、从不间断的创新。没有创新，就没有马利的今天，也没有马利的明天。创新是马利的生命之源、活力之本。杨中毅坚定地说。

的确如此。在马利九十六年的历史上，曾经创造出许多个中国第一。第一瓶广告色颜料、第一支水彩画颜料、第一支油画颜料、第一支软管国画颜料、第一瓶丙烯画颜料、第一支环保型的铝管装颜料，等等。然而，马利并没有陶醉于、止步于这些“第一”，而是放下“第一”，全力去创造下一个“第一”。

杨中毅领我们走进马利的产品陈列室。丰富多彩、光彩夺目的新颖画材，令人瞠目咋舌。杨中毅如数家珍，一一指点：这是新研的国画颜料，这是顶级的油画颜料，这是创新的丙烯画颜料……

是啊，改革开放以后，不少老品牌在激烈的市场竞争中销声匿迹，而马利却在内外竞争中立于主动，全是因为高度注重和全力加强科研投入，不断开发出市场需要的新品，并且在提高产品质量和售后服务上下大功夫。

杨中毅对于马利有一种特殊的感情。父亲是马利的老职工，父子两代都是马利人。他从小就听过父亲讲述马利的创业史，深为马利的故事所感动。从插队到回沪顶替年老的父亲进入马利，杨中毅的心中就植下了一个志愿，为马利更光彩的明天出力。

1999 年，杨中毅接班，成为马利的总经理。时值世纪之交，他深知技术创新对于产品创新的重要性，千方百计挤出资金，一手筹建了马利的技术中心。这在当时可是全国文教用品行业唯一的省市一级的企业技术中心。

技术中心拥有一批高学历的技术研发人员，并聘请国内外行业权威人士担任公司技术顾问。实验室配备了美国和德国最先进的检测仪器和电脑测色、配色系统；在设备上引进了德国、意大利、瑞士等国的全自动灌装机、双轴真空搅拌分散机和高效率的耐磨陶瓷介质颜料研磨机，为马利的发展搭建了厚实的技术平台。

依靠技术创新，这些年来，马利画材的新品精品迭出，产品的开发逐步与世界同步，产品性能指标始终紧跟世界先进水平；马利的多种产品技术在国内外处于领先地位，由此奠定了它在我国美术类商品中第一品牌的地位。

1999年，又一种新颖高级的油画颜料研发成功了，不但色彩真实自然，而且经得起日晒雨淋，经得起风吹雨打，经久如新。可是，如何让它亮相于世人面前呢？杨中毅是个有心人，1999年，正是共和国50华诞大庆。他亲自带着颜料上北京，找到了天安门城楼管理处，推荐他们把这一新颖高级油画颜料用于天安门城楼上毛主席巨像的翻新绘制。在此之前，领袖像每年的翻新绘制大都采用进口油画颜料。而从国庆50周年起，从此就使用马利油画颜料。画家葛小光说："画中华伟人，用国产颜料，感觉特别好！"

马利油画颜料的耐候性、色饱和度、稳定性等性能，达到了当前国际最高的技术水平，得到了社会各界的肯定。

依靠不断创新，马利先后开发了一大批高级油画、高级水彩、专业水粉和高级丙烯画的颜料，满足了广大画家的需要。这里面有纺织纤维颜料、金银色系列颜料、陶瓷画颜料、写生油画颜料、中国墨彩颜料，等等。在学生用品方面，开发了学生专用丙烯颜料、替换装浓缩广告画颜料、新型的油画棒、素描系列等新品种，还有版画机、版画颜料。

今日马利，不仅提供绘画颜料，还积极向画材类产品延伸。优秀的画作需要留存、需要收藏，为此"马利"凭借自身特定优势与服务画家的态度，以世界绘画界公认的顶级欧洲雨露麻为原料，根据油画的机理特性，织成了粗中细不同质地的坯布，加工生产了“马利”牌纯雨露麻油画框，由此，困扰画家和收藏家如何长久保存油画的难题有了解决的可能。

细分市场，一切为绘画者着想。铅笔是一大家族，“马利”铅笔定位于绘画用的铅笔，根据绘画特点分别开发了黑度由淡到浓的石墨芯绘画铅笔、笔芯分软中硬三档的炭画笔……

从画框、画架到画笔、画纸，品种丰富的画材产品满足了不同层次人群的需要。

杨中毅认为，只要市场需要，尽管批量不大，我们也要努力开发。颜料是基础核心，画材是外围发展，企业文化是载体，只有这样马利才能持续开拓前进。

合作创新

马利的创新，是合作的产物。既有技术的合作，也有艺术的合作。合作共赢是马利的成功之道。杨中毅如是说。

在马利总部大楼的五层，有一处精心布置的马利画廊，这是马利独有的一处聚宝盆。这里面收藏并陈列了近现代众多名人、大师的杰作。有刘海粟、刘大为、韩美林、黄胄、陆俨少、朱屺瞻、苏局仙、程十发等试用马利颜料后的国画作品，旅法艺术大师朱德群用马利艺术家系列油画颜料绘制的油画“辉煌”，学院派领军人物许江、朱乃正、肖峰、杨晓阳的题词，油画大家周碧初、戴泽的油画，旅居比利时的艺术家张充仁的水彩画“桂鱼”，等等。各个时期、各个画种代表人物作品都能在马利的画廊中观赏到。

驻足在这些书画佳作面前，人们不仅仅欣赏与分享到其中的艺术功力、精神升华，同时也深深体验到其中蕴含着的马利与书画艺术界的深厚情谊、亲密合作。漫步在马利画廊，听着杨总的介绍，无不感受马利这个民族品牌艰难的奋斗历程和深厚的艺术感染力。

马利的创始人张聿光先生本身就是一位成就卓著的书画大家，也是中国第一所工艺美术专科学校的创办人和第二任校长。

那个年代，西洋画随着宗教已进入中国，但绘画用的颜料都是从英国、德国和日本进口的。为了改变中国画坛被昂贵的外国颜料一统天下的局面，1919 年，时任上海美专校长的张聿光先生联合其他九位画家、实业家，决定集资办厂，生产中国自己的美术颜料。股东十人选了一个十笔画的繁体字"馬"，以表示众志成城、"馬到成功"；又选了一个"利"字，希望颜料厂能够"利国利民"。就这样，马利工艺社诞生了。

此后，圆形马头图案的绘画颜料，开始了其弘扬民族气节、打造民族品牌的创业历程。1919 年，中国第一瓶广告色颜料在马利工艺社生产，这是中国人第一次凭自己努力生产的美术颜料；1920 年，马利工艺社又生产出中国第一支水彩颜料。因为质量优异、价格适中，马利牌美术颜料很快深入人心，成为国内美术爱好者的首选。还成功地打入了东南亚市场，成为我国最早漂洋出口的民族工业品之一。

与其说马利的诞生，是一家企业和一个品牌的诞生，倒不如说，这是艺术家、教育家和企业家们的跨界合作，是追求颜料国产化的一次情感喷发和实际壮举。

由此，当年就有一批德高望重的社会名流为之欢呼。著名的社会名流、德高望重的于右任先生为马利题词"光照中国"、何香凝先生题词“绚烂夺目”、柳亚子先生题词“五光十色”、徐悲鸿先生题词“光腾采耀”、林风眠先生题词“提倡国货，挽回外溢利权”，等等。

这些题词是赞美，更是心声，还是寄托：希望马利为国人争光。

马利不负众望。这些年来，马利与艺术界的合作从不间断，并且日渐深厚。马利公司关注画家需求，在技术中心之下，设立了“画家之友”实验室，为画家建立个人档案，投入巨资引进国际上最先进的装备，以满足其个性化需求。

“画家之友”是马利和画家之间的桥梁，这四个字是由著名油画家罗工柳先生为马利题写的，他希望马利能成为画家的朋友。典型的事例就是中国墨彩画颜料的研制。北京奥运会“福娃”的主创、著名艺术大师韩美林希望马利在中国画颜料的基础上，研发融合中国国画与西方水彩优势的新型颜料——中国墨彩画颜料。

其实，早在2008年杨中毅就收到了韩美林先生的来信。信中提到他对传统的中国画颜料的晕染效果很不满意，询问能否研制具有晕染效果的新颜料。为此，马利的工程师们付出了三年多时间的不懈努力，韩美林大师也在北京、杭州、上海等地数十次试笔，终于研制成功了中国墨彩画颜料。韩美林每次试笔都极为认真，并用蝇头小楷予以评注：“好”“差一点”“可以”等。正是根据韩先生的批注，进行反复调试，最终才获得了理想的效果。它除了具有中国画颜料传统颜色沉稳的质感之外，与墨混合还具有很好的晕染效果。由于该颜料色彩纯正、饱和度高、手感细腻，获得了韩美林先生的充分肯定和众多画家的喜爱。

韩美林亲手为人民大会堂创作了一幅长达14米的国画，画面上熠熠生辉的八匹韩式骏马，用的就是马利的中国墨彩。

2012 年 1 月，为了这款颜料的发布，马利专门与中国美术家协会韩美林工作室在北京人民大会堂共同举办了主题为“弘扬祖国优秀民族文化、创新中国优秀的民族绘画产品”的中国墨彩画颜料研讨会。

而在研讨会召开前夕，杨中毅专程前往国画大师陈佩秋的寓所拜访，并带上了这一新创的中国墨彩画颜料。陈大师饶有兴致，逐一试笔，并将自己收集的欧美、日本各地的颜料，与之对比。她对于马利作为一个优秀的民族品牌能够不断推陈出新，非常赞赏，并且欣然题词“杂彩落墨缤纷新——马利墨彩普天头家”。

与马利合作的艺术家当然不止于此。著名油画家徐芒耀与马利技术中心研发人员历时三年共同研发了博物馆级油画颜料，使用这款颜料的油画作品，可以放在博物馆中永久珍藏。在文化部指定的重大历史题材回顾展中，多位国内著名画家参展，其油画作品全部使用这款博物馆级油画颜料。画家们对颜料的优秀品质给予了充分肯定和高度赞扬。

除了在专业产品上下功夫，马利也十分注重教育类产品的研发，水调写生油画颜料就是一款技术含量很高的产品。作为普通油画颜料，能用水直接清洗和稀释使用，不必再使用传统的油画稀释剂和清洗剂，极大地方便了画家和学生外出写生，这是油画颜料的一个创新举措，在世界上也只有屈指可数的颜料公司能够生产。马利的试制成功也为油画进入国内中小学课堂提供了可行性。

培育创新

马利重视与艺术家们的合作。杨中毅认为，合作中会出火花、出灵感、出思路、出方向。马利不仅要把高水准的美术颜料送出去，还要把艺术家们引进来，为他们提供一流的活动空间，让更多的艺术佳作在这里孕育、诞生，同时，也对各种画材做直观的检验，面对面听到中肯的批评和改进的指点。马利不仅仅局限与中国艺术家合作，而且还与世界上著名的美术院校的画家、美术颜料研发工程师合作，涉及英国、法国、加拿大、澳大利亚等多个国家和地区。

马利总部大楼3层，原来是一个职工食堂，现在经过精心设计和装潢成为了“马利艺术活动中心”。富含中国元素，又很现代简约。在两匹石雕骏马陪伺的屏风两侧，各有四个隶书大字，好似一副对联：“因为马利，所以出彩。”据说这是社会上征集来的，恰好道出了很多艺术家的心声。

“艺术活动中心”宽敞的空间内，分别设有多处开放式的创作工作室，有的还是上下两层的；还有开放式的会议室、茶座以及展示画廊。各个空间区域，既各自相对独立，又相互呼应。层高很高，不封闭，不压抑，很开放。这里，正是艺术家们驰骋灵感、抒发情感的创作天地。这里，也是艺术家们交流创作心得、切磋创作技法的沙龙。这里，还是艺术家们展示创作成果、提供艺术大餐的场所。

笔者采访当天，这里正在举办主题为“起航”的画家陈伟中作品展。据说，类似这样的专题展览，每月都会举办一次。

马利注重为艺术家服务求得品牌的提升，更注重品牌在年轻一代心灵上的扎根。如中央美院油画系青年教师刘商英去西藏写生，原本计划购买一批进口油画颜料，他在考察了市场上所有的进口油画颜料，最终还是决定在马利“画家之友”工作室定制一款适合他写生的油画颜料。技术中心科研人员多次与其沟通后精细设计并制作一款特殊的油画颜料。刘商英老师在写生活动结束后对该产品十分满意，认为品质完全能满足并贴合他的绘画风格，表达了感激之情。中央美院院长范迪安先生用了后也赞不绝口，表示今后在画材方面要与马利多多合作。他期待着下次的写生活动还能用上马利的颜料。

正是由于有了这些方面的合作，马利的品牌魅力正在慢慢渗入高校，在青年教师和学生中不断扩大影响力。他们坚信，马利这个代表着中国绘画颜料历史的国民品牌，一定会提供给他们不输于国外进口的颜料产品。而马利新产品开发也层出不穷，并且产品定位向高端方向发展。

为满足市场的差异化需求，马利研发的四个系列产品：Museum、Master、Maries 及 Martol 系列分别针对不同消费群体，满足其不同的绘画需求。其中，Museum 系列是目前国内唯一一款专供顶级艺术家使用的高档油画颜料，其品质已获得顶级艺术家们的认可；Master 系列，即艺术家级绘画颜料系列，是马利公司的星级产品，专供艺术家、专业画家与美术工作者使用，其中油画、丙烯画颜料是由国内外技术人员共同合作开发的，丰富精准的色相与国际标准接轨，质量在国内绝对处于领先地位，并可与国际知名顶级品牌相媲美；Maries 系列，是为广大美术院校教师、学生，以及各种不同流派绘画风格的爱好者提供的；Martol 系列，即普及型绘画颜料系列，并配有画盒、画笔等相应绘画工具，方便初学者使用。

马利通过与美术界的合作，采取多样化的美术活动来宣传马利品牌。公司和中国美术家协会合作赞助第十届全国美术作品展，专设“马利艺术创作奖”（油画、中国画、水彩水粉）；与《美术报》合作，赞助举办全国马利杯少儿书画大赛；与上海师范大学教授合作出版《绘画颜料与色彩指南》大型工具书；举办马利创始人张聿光个人画展等。这些活动有效提升了马利品牌的知名度，扩大了在美术界、教育界的影响。

2000年，马利在中央美院首次设立“马利艺术奖学金”，对学业出色的学子们给予奖励，激励年轻人努力成材，取得了很好的育苗效果。而今，这一“马利艺术奖学金”已经遍及中央美院、中国美院、鲁迅艺术学院、西安美院、湖北美院、四川美院、天津美院、广州美院、清华大学美术学院、上海大学美术学院等国内各大美院。甚至国际上最知名的美术院校之一、俄罗斯列宾美院以及澳洲国家艺术学校，也设有“马利艺术奖学金”，从国内教坛走向了国际。

所有这些，都进一步奠定了马利在我国美术类商品中第一品牌的地位。今日马利是我国规模大（国内市场占有率近50%）、品种齐全（十几大类一千多个品种）、出口多（六十多个国家地区）的美术画材专业公司。

模式创新

马利在营销模式上的创新，是将文化传播、艺术扩展与商业营销融为一体，在传播中营销，在营销中传播。

依靠品质和服务，马利建立了遍布各地的代理商和分销商，有一个庞大而细密的营销网络。马利自己也在全国各地开设了许多专卖店，有些开在文化街，有些开在学校里。北京就开在中央美院内。马利的专卖店甚至还开到了法国里昂、新加坡和土耳其。目前专卖店总数已经达到34家。今后还将再开出一批。专卖店不仅促进了产品的营销，更重要的是对马利品牌的传播起了很大作用。

在"互联网+"的大时代，马利也不甘落后，近几年开辟了网上销售和快递业务，给广大美术爱好者带来了更多的便利。

在采访中，杨中毅兴致勃勃地领着笔者，走进马利总部的辅楼，这里是一处马利颜料画材的线上网络销售。只见室内布满了一排排货架，分门别类地集中着各种画材、文具和用品。几位员工正在按照电脑传过来的订单，一份一份紧张而又忙碌地打包。场地一角已经堆满等待发运的货品。负责人告诉笔者，每天处理的速递件有上百份，月度营业额达到30多万元。并且正以两位数快速增长。

继"马利画廊""马利艺术活动中心"之后，杨中毅正带领马利筹建国内首家"颜料发展历史博物馆"，他们的愿望是把中国颜料的发展历史轨迹原原本本地展现在当代人面前。这既是一项令人称赞的社会公益行动，又可推进马利品牌形象的进一步提升。

杨中毅爱颜料，有时也爱画画，在他的简朴的办公室里有一幅油画：一叶木舟悄无声息地航行在静谧的河道中，画面用色古朴而沉静，渲染着一抹淡淡的余晖。杨中毅介绍说，这是他的习作。在我们眼中，这叶小舟不正是杨中毅内心的反映吗？向着既定的目标，沉着前行，沐浴阳光，不唱高调，务求实效。

九十六载春秋，九十六岁马利。人们祝愿您，持久创新，永不停顿，永葆青春！

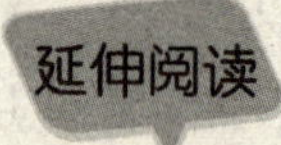

马利画材：承办漫画艺术大展

2021年12月29日，由上海市美术家协会和上海市动漫行业协会联合主办的“喜欢上海的理由”漫画艺术大展在马利美术馆（筹）开幕。

第二编

新声啼鸣：“新生代”生机勃勃

“伙伴天下”的晨光

晨光文具很成功。

从零起步，经过二十余年的奋斗，如今已成为中国制笔文具行业的魁首。2015 年度的销售额达到 37 亿余元，有一部分还出口海外；2015 年晨光股票上市之后，股价直线上升；遍布全国各地的晨光文具店已经达到 7 万多家。这一成绩着实让人惊叹！

成功之道是什么？为此，笔者专程拜访了晨光文具股份有限公司（以下简称“晨光”）总裁陈湖雄先生。

陈湖雄，平时给人的印象似乎不擅言谈。他做事实在，为人低调，能推则推，能避则避。不料，此次却特别爽快，并且侃侃而谈，令我喜出望外。

谈的却不是生意经，而是伙伴关系。这又出乎我的意料。

做生意，先注重做人。陈湖雄谈的是人生哲学，为人理念。

他说：一项事业的成功，离不开方方面面的创新，但是，最重要的是理念创新。晨光的成功，是因为奉行了“伙伴天下”的理念，真正把伙伴的利益考虑进去，共赢共享，实实在在，而不是口头上的。晨光的每一点成功，伙伴们都获得分享。这是成功背后不为人知的“小秘密”。

伙伴，这真是一种新境界！

伙伴，超出了买卖关系，高于朋友，胜于同事。伙伴，就是情感相通、利益相关、悲喜交融、情同手足。伙伴关系，是一种血肉相连、休戚与共的关系。

有了“伙伴天下”，一个好汉百人帮，众人拾柴火焰高，还有什么办不到、办不成、办不好？

不是晨光人，胜似晨光人

在晨光的营销体系里，遍布各地的合作伙伴，是一家人。

这些年来，晨光在全国各地编织营销网，每个城市选定一个合作伙伴，四周的地盘就是他的。晨光在这里所得的利益，都有他一份，没有第二个人与他分享；晨光在这里的失败，都是他的损失，一损俱损。“伙伴天下”，就是不分你们我们，把你们变成我们，变成我们一家人。

陈湖雄说，革命年代毛主席提出“打土豪，分田地”，唤起工农千百万，打下了红色江山。今天，在市场营销中，就要切实保证伙伴的“一亩三分田”，让伙伴们深耕细作，精细经营，保证利益，共同打造晨光文具新天地。

现在，晨光文具已经建立了33个省级合作伙伴，1 300余家配送中心，7万多家零售终端，并且全覆盖KA卖场，也就是与家乐福、沃尔玛、乐购、大润发等全部大型超市、便利店建立了长期合作关系。

深入而强大的营销网络，保证晨光文具的产品能够在7天内抵达中国的每一个城市。

伙伴，不仅包括生意上的伙伴，也包括企业内的全体员工。每位员工都是晨光大家族的一员。伙伴、员工、晨光，不分你们、我们，都是我们。

客户，是一种简单买卖关系，买卖双方在利益上长期存在博弈关系。伙伴，是利益共同关系，一荣俱荣，一损俱损。两者内涵真的有很大差别。陈湖雄如是说。

公司的每项政策出台，首先考虑伙伴的利益。真诚、专注、协作、共赢，不仅在口头上，而是言行一致。晨光二十多年来一直保持快速发展，就是利益共同体发挥了作用，调动了所有伙伴的积极性，释放了生产力。

陈湖雄笑道：晨光，不仅生产笔，更生产"老板"。7 万个零售店，就是 7 万个"老板"；服务于这 7 万个店的 1 300 多个合作伙伴，又是 1 300 多个"老板"；供应晨光零件的几百个合作伙伴又是几百个"老板"；晨光的管理层人人持有晨光文具的股份，又是几百个"老板"。这么多"老板"，人人为晨光操心、出力，还愁不成功么？

授之以鱼，不如授之以渔

各地的合作伙伴，不仅仅是企业生意发展的需求，更是搭建品牌平台、构筑企业文化生态的重要举措。不仅仅搭台，更考虑伙伴们未来的成长之路、发展之路，帮助他们成功。

怎样深度分销、怎样生动布点、怎样促进动销、怎样获取回报，等等，晨光都一一细致地给予指导。

层层培训。晨光文具总部的销售部仅有 50 多人。这 50 多人主要是对以省级为单位的一级市场的伙伴，进行培训指导、规划和团队建设，将一级市场的伙伴培育成单一品牌的服务商。在站稳一级市场之后，就由一级市场的伙伴培育二级市场的伙伴，再由二级市场培训三级市场直至乡镇农村市场。这种层层投入、层层分享的模式，投入产出比很高。

提升形象。过去很多零售店相当于原来的烟杂店或者油盐酱醋店，没有什么购物体验可言。晨光就规划着手对这一大批卖文具的杂货店，从原来没有任何定位、没有任何特色、没有任何购物环境的情况予以改造提升，重新包装，建立起统一形象和统一产品定位，让中国的文具店上一个台阶。现在已经有数以千计的门店提升了形象，成为晨光的连锁加盟店。

创新模式。晨光将快速消费品的渠道分销模式引入文具行业，参照保险行业的直销模式，推出“快速消费品大流通模式 + 直销模式”，形成了晨光特有的“伙伴金字塔”模式。晨光文具率先在文具行业探索直营旗舰大店零售模式——“晨光生活馆”，打造学习生活全品类一站式时尚文具用品体验场所，面积相当于一般门店的10倍，环境更舒适，品种更齐全，选择性更强。

陈湖雄说，那么多的经销商们为什么愿意接受晨光，并且放弃自有店名自愿接受晨光将其改造成为连锁加盟店？这是因为，晨光把伙伴的事业放在心上。伙伴好不好，我们比他还重视。伙伴不赚钱，我们比他还着急。伙伴在与晨光合作过程当中，不单单是得到了财富的积累，更多的是提高了经营的技能和赚钱的本领，增强了品牌的理念。

关心痛痒，血肉相连

晨光对合作伙伴，不仅关心生意，也关心家事。包括家庭矛盾、家庭困难、股东纠纷等，都会出面去调解。

陈湖雄说，伙伴的事就是我们的事，我们是利益共同体、命运共同体。如果不去调解，坐视矛盾激化，势必影响情绪、影响经营。

这样做，伙伴们很认同你。他们虽然不是晨光的正式员工，却以晨光事业为荣，分享着晨光的成功，也分享着晨光的利益，有了很高的积极性。

河北省有家日月星晨光文具店，女店主在创业的头几年，先后遇到了店招被人破坏、爱人骨折住院等难题，使原来并不富足的她，手头更紧，而且身顾两头，忙不过来。在这些困难时刻，晨光的区域经理先后多次出手相助。在充分了解情况并经上级同意后，对修复店招给予一定的资金补助；对于病人不仅出面看望，还在随后的日子里及时派人送货、补货，协助解决实际困难，帮助女店主度过了那一段难熬的时光。女店主很有感触地说："经过这段经历，亲身体验了晨光人的无私和奉献，善良和柔情，对我是一笔宝贵的'财富'，激励我不断提升经营水平和销售业绩。"

湖南省怀化有个合作伙伴，夫妻俩原先分别打理一大一小两家文具店，由于长期忙碌与分离，两人思想和意见出现了分歧。家里无人照料，生活与工作一度陷入困境。在晨光的关心和指导下，夫妻俩决定舍弃双店分别打理的模式，另选新址，集中打理一家面积达 300 平方米的大店。可是，新店地址较偏，生意一时上不去。又是在晨光的指导下，采取了一系列促销办法，使单一门店的零售额一年达到 280 万元，较之前足足增加了一倍。而整个怀化地区，晨光文具的销售额，在 10 年时间里，从 28 万元起步，提高到 400 万元，2014 年再提高到 1 500 万元。

好产品，让伙伴更有信心

陈湖雄介绍说，晨光现在几乎每天都有新款的产品上市，因为学生对文具的喜好变化也很快，我们必须每天提供新品。晨光文具在积极发展连锁零售业务时，完善终端信息化，上线 DRP 信息系统，对店内产品情况实时监控，准确了解市场需求动态，以便及时调整和完善自己的经营方向。

文具行业是“小行业，大市场”，受到关注的程度不高，并且晨光文具也很少做宣传，但只要产品质量出众，研发创新力量强大，在全国各地建立深入的渠道网络，同时在连锁零售业务谋求发展，将产业链的上下游完全吃透，晨光文具就能保持中国文具第一品牌的地位。

早期，晨光将设计工作室放在韩国，便于灵敏捕捉国际流行趋势，设计新的产品。现在设计总部全部在上海，集中了上海、台湾，以及韩国等地的 200 多精英设计师团队。每年都有多次的新品开发提案。凡是重大提案，陈湖雄都会亲身参与。

晨光每年新品种、新款式逾 1 000 多种，平均每天 3 种。每逢新学期来临，晨光总会有大批新品面世，让孩子和家长们尽情挑选。晨光每年以“大篷车”的形式，召开各个层级的品牌推广会，展示丰富多彩的新产品，受到合作伙伴的欢迎。

创新固然重要，品质更是生命。

业外很多人认为文具行业的门槛低，其实不然。小小一支笔，实际上，非常高精尖。书写水笔的笔头，技术含量就非常高。某种程度上，甚至比手表零部件的要求还高。手表的零部件是实心的，外部加工差是可以通过测量器来测量的，而笔头是空心的，无法用测量器测量，只能通过远红外线加 50 倍显微镜监测。如一支水笔，书写 1 500 米的长度，笔头和笔头座的摩擦就达到 30 万次，这个精度标准非常高，因为钨钢的硬度高，耐磨，加工难度也大。晨光的笔头，是引进瑞士的精密车床加工完成的，非常考究。

面对产品的多元化，提高产品的技术含量，提高产品的附加值，如何实现精细化管理，达到国际的水准，就显得非常重要。每年陈湖雄都会带着晨光的团队到国外考察，团员包括优秀的经销商和中高层管理者，以此帮助他们提高眼界，开拓思路，精细管理。

同时，晨光十分注重工匠精神的培育，造就一支脚踏实地、技艺精湛的工匠队伍。创造一定的机会和平台，抓好技术人才的培养。如今，在晨光，一线工人四五千人中，高中级技师已经占到10%。

高品质、多品种、新款式，不断增强了合作伙伴的信心和决心。合作伙伴从每年每次的“大篷车”，感受到晨光不断创新进步的变化；从每个走进店面的顾客眼中，感受到学生和办公人群对晨光用品的信任和支持。

伙伴们深切感受到，晨光是一家负责任的企业，把对学生的关爱全部倾注在产品上。晨光文具，踏实买，放心用。

没有规矩，不成方圆

一边是有情有义，另一边则是有章有法。

这是伙伴关系的两个侧面。

营销不能打乱仗。尤其是面对全国1 300余家配送中心、7万家零售终端，更必须有严明的市场纪律来规范行为准则。过往一些巨人企业之所以顷刻崩溃，打乱仗是其中一个致命原因。

对于窜货这个“老大难”问题，晨光认为是自毁长城，历来高度重视。同时在处理上，是分步实施。头两年，先晓之以理，对轻微犯规的，派人去帮助，同时通过培训，认知其危害。在普遍提高认识、遵守规矩之后，再动之以法，如有犯错，就予以处罚，并且毫不留情。到了第四年，再有窜货，就予以重罚。

这时候，有人冒出来了。

湖北有一合作伙伴，是当地唯一的代理。按规定，不能跨区经销，不能窜货。但是，晨光发现，他窜了3箱货去重庆，价值3 000元，利润约300元。晨光立即处罚他30万元。这可是这批窜货的价格的100倍，利润的1 000倍！

在当年6月的全国经销商会议上，陈湖雄找了这位老总谈心，问他能不能接受？他说能接受，罪有应得。陈湖雄就说，那你明天在大会上表个态，你不愿讲，也不勉强。经过一夜思想斗争，第二天，这位老总上台作了检讨，还告诫众人，以他为鉴。

这件事对各地伙伴震动很大：晨光的纪律不是纸糊的，是动真格的！

对于受了处罚又作了检讨的那位老总，陈湖雄也给予关心，希望他尽快走出阴影。还亲自到湖北召开县市级合作伙伴会议，作了动员，调动大家的信心。结果，这一年湖北全省的晨光文具销售量猛增了68%。

如今，晨光文具的销售额虽然高达37亿元，而窜货却已近绝迹。

今天的晨光文具，业绩已经相当出色，那么，陈湖雄又在想什么呢？

他在与华为的一次交流时听到，曾有一位领导问任正非：华为最核心的优势是什么。任正非回答说其实也没什么优势。大家以为他不方便说。再三追问下。任正非方说道，如果一定要说什么“优势”，那就是“我一直在想，华为明天不要倒闭”。众人为之哗然。

这让陈湖雄很有触动，晨光成为名副其实的"笔王"之后，时刻警醒自己："一个企业只有时刻保持危机感，才能够进步；一个企业家只有保持平常心，才不会高估自己，才不会失去控制力。"

陈湖雄说：虽然我们在行业内做到国内市场占有率、品牌知名度、营收盈利能力等方面的国内第一，尤其在大中小学生中的品牌知名度很高，学生非常认同晨光品牌，但是我们企业还有很多需要完善的地方，所以，不能高调。我在长江商学院的同学，60%以上都在使用晨光的笔，但是很多人没有听过这个品牌。晨光一直以来采用相对比较务实低调的风格，几乎很少接受媒体的采访。我们仍将尽心尽力做好文具，让学习和工作更快乐、更高效。只有戒骄戒躁，脚踏实地，做好企业，做好服务，晨光才能不断进步。

晨光文具：业绩增长

《每日经济新闻》注意到，晨光文具最新披露了2021年业绩快报。数据显示，2020年公司营业收入约176.07亿元，同比增长34.02%；归属于上市公司股东的净利润约15.18亿元，同比增加20.19%。

雄鸡一唱天下鲜

记“上海轻工振兴奖”获得者荣耀中

刚过去的2018年，对于“太太乐”，肯定是值得庆贺而又难忘的一年。这一年“太太乐”又交出了一份新的骄人成绩单：营业额首次突破50亿元，纳税达到6亿多元，税后利润也达到相当可观的水平，零售市场占比达到60%以上。

荣耀中，这位“太太乐”调味品的发明者、首创者、董事长，更是得到社会的普遍认同和广泛赞扬。在这一年，他先后荣获“中国食品工业改革开放40周年功勋企业家”、2018年度“上海轻工振兴奖”等一系列殊荣。

无人不晓的“太太乐”是中国复合调味品行业的杰出代表。不是吗？“太太乐让生活更美好”一直在耳边萦绕。“太太乐”被亿万家庭视为家中一员。太太乐了，全家也就乐了。

“太太乐”的鲜美、靓丽、亲和、温馨，全是因为荣耀中和他的团队精心研发，一路呵护，精心运营，一路前行。

首创鸡精

鸡精的发明似乎是一次“偶然”，其实却是一种必然。

时间回溯到1984年。那一年，荣耀中先生作为中国食品工业协会的技术专家，带着扶贫任务分别到了河南省南乐县和四川省普格县这两个国家级贫困县。他发现当地物产较少，但许多农民都养鸡，虽然价格低廉却苦无销路。受到世界汤汁文化和一包日本鲣鱼精调味料的启发，一个大胆的想法在他脑海中闪出：能否将鸡肉也做成调味料以便外运销售？带着这样的扶贫课题，荣耀中和技术团队参考日本呈味核苷酸技术，运用增鲜效果理论进行了相关研发。

试验证明，当两种或两种以上特定的呈味物质同时存在会产生味感显著增强的效果。这称为协同作用，或相乘作用。这时候，1+1不是=2，而是>2。这种相乘作用，人们最早是在用药时发现的。当两种针对同一病症的药物协同使用时，其疗效会大大超过单一用药的效果。同样，特定的鲜味物质相加，只要比例合适，也会产生这种相乘的增鲜效果。

1984年10月，一种以鸡肉、多种鲜味物质为原料，包含了最新的鲜味相乘原理核心技术的鲜味料诞生了，荣耀中把它命名为"鸡精"。

鸡精与味精相比，鲜度提高了50%，价格却便宜了20%，因而迅速在市场上形成一定的竞争优势，并且还通过了国家科委的鉴定，获得科技成果奖。

虽然河南省南乐县鸡精项目第一次实现了鸡精产品的商品化，但是因为当地朴实的农民不懂得如何吆喝、如何经营管理，因而一波三折，最终没有走向更为广阔的市场。与此同时，四川省普格县的鸡精项目由于当地政府的支持以及企业领导的坚持不懈，终于使其成功地从大凉山走向全省市场。

1988年，荣耀中先生下定决心，自己办厂，走实业扶贫之路。以鸡精产品为契机，将科研成果应用于工业化、规模化的大生产之中。他深知安全、质量、卫生对于一个食品生产企业的重要性，所以，工厂从起步起就自觉引入了国际上管理药品生产的 GMP 标准。这在国内食品调味料工厂还是第一次。办厂伊始，企业便以高标准、严要求规范企业运营的各个方面，从此走上一条健康发展的康庄大道。

匠心臻真

荣耀中领导着“太太乐”团队，以“让十三亿人尝到更鲜美的滋味”和“太太乐让生活更美好”作为企业目标，以真心情和真功夫，为亿万家庭制造着本真的调味品。

荣耀中亲自设计与把关新产品配方，亲自参与设计超大规模鸡精生产线，亲自确认生产工艺及工程设备工艺，确保成本效益与质量水平双达标，制定并实施企业质量方针和质量原则，将服务质量和产品质量放在同等重要位置。

尤其是为了保证产品的纯真鲜香，荣耀中一直坚持采用新鲜优质的原材料。凡是不达标的原料一律不进厂、不入库、不投产。而这正是“太太乐”长期立于不败之地的关键所在。

新鲜小葱，毫不起眼，却是鸡精类产品的重要原料，近来又成为重点扶持发展的酱油类产品的关键原料。只有小葱色泽新鲜、风味纯正，调味产品才可能美味可口、令人回味。

“太太乐”对小葱的验收极为严格。公司原辅料验收人员严格查看送货车辆，检查小葱的整体外观，再按一定比例逐项仔细检查小葱的质量：色泽是否鲜嫩翠绿，葱味是否辛香浓郁，外形是否完整洁净，整体质感是否符合本地小葱特色，等等。只有全部符合标准，才能进入收货程序。

冰鲜鸡，是制作鸡精的重要原料，也是重要的鲜味之源，每天进厂 3 万只，一年就是 1 000 万只。这可不是一个小数目。鸡的品质如何，是造就高标准鸡精的关键所在。

尽管冰鲜鸡来自达到欧盟标准的大型现代化养鸡场，然而对于每一批到货，"太太乐"公司依然严格检查。从送货单、检验报告到检验检疫证明一一仔细核对，容不得任何疏漏。接着是用电脑读取温度记录仪上的数据，实测冰鲜鸡温度，确认从装车到卸货的整个冷链运输过程中的温度都在规定范围之内。然后进入解剖验收工序，用刀剖开一批抽样鸡，检查肉质是否新鲜紧致、内脏是否去除干净、淋巴是否有残留等。待全部解剖检查后，还要对每只鸡称重，必须达到规定的重量。以上所有检查合格，冰鲜鸡才能正常入库。

正本清源

20 世纪 80—90 年代，当国际市场复合型风味调味品已经极具规模时，中国的鸡精行业还只是刚刚起步，落后世界整整 20 年。到了跨世纪的 2000 年，在"太太乐"的引领下，中国鸡精行业经过 10 多年的发展，已经形成了一定的规模和格局。

大潮来了，难免泥沙俱下，鱼龙混杂。由于准入门槛低，缺乏国家标准规范和监管，行业处于一种良莠不分的无序状态。据统计，当时市场上约有 20%至 30%的产品可以归为劣质鸡精。这不仅直接损害消费者的利益和健康安全，也严重扰乱正规企业的生存发展环境。

如何让货真价实成为生活必需？应当从定义和标准抓起。

2001 年 3 月，中国调味品协会正式发函委托荣耀中和他的团队着手起草行业标准。这是一项相当光荣却又相当艰难的工作。难点就是在标准指标上如何既能保证产品的高品质，又能顾及大多数正规企业的产品水平。

为了把鸡精产品引导到“含有鸡肉，有较强鲜味”这一最初设立的属性上，经过反复权衡，并考虑当下的检测水平，通过设立“总氮”“其它氮”指标在一定程度上反映鸡精中是否含有鸡肉、鸡蛋等生鲜原料。

在公示征求意见阶段，鸡精行业标准曾受到很多企业包括一些国际大公司的质疑，也有企业提出是否可以允许不同等级要求的鸡精产品，更有甚者提出延期出台的意愿。

尽管众说纷纭，然而在荣耀中的主持下，起草小组始终将维护消费者利益、引导行业高起点发展放在首位，把握标准制定的原则和基调，从纷繁复杂的声音中去异求同，将低劣产品坚决拦在行业之外。这既有效行使了作为行业龙头企业的话语权，又保护了行业后续健康快速发展的势头。

经过前后 5 年多的市场调研、产品检验、国内外资料收集评估，以及 7 次全国性的大型讨论会议，耗资 300 余万元，《鸡精调味料》（SB/T10371-2003）行业标准最终于 2004 年 1 月 9 日发布，自 2004 年 7 月 1 日正式实施。

该标准设定的指标覆盖了市场上 80%至 90%的鸡精产品，有力地促进了整个鸡精行业产品质量的提升。实施几年后，整个行业产品的质量合格率从 40%迅速提升到 80%，对假冒伪劣产品起到了极大的震慑和隔离作用。

同时，行业标准的颁布也让中国鸡精产品在世界范围内与国外对手的竞争更有了底气。更为可贵的是，这份标准也为后续其他复合调味品行业标准的制订提供了建设性的思路。

此后，经过多年筹划和积极推进，促成了行业组织——中国调味品协会复合调味料专业委员会的成立，荣耀中以其卓越的功绩和影响力担任主任委员。这个专业委员会能够代表行业进行对外沟通、对内协调、统一认识、规范作为，具有专业性、权威性和公信力。荣耀中更是以身作则、自觉践行，引领行业健康、迅猛、良性发展。

鲜味之旅

耳听为虚，眼见为实。荣耀中认为，与亿万用户建立紧密联系、开展体验互动，进而形成牢不可破的情谊和信任，这是"太太乐"立于不败之地的生命源泉。

从2007年起，工业旅游项目"鲜味之旅"由此应运而生。参与"鲜味之旅"的消费者通过对花园式厂区的参观，不仅改变了人们对调味品行业"脏、乱、差"的片面认识，而且透过可视化的生产流程及具象化的企业文化，了解"太太乐"严谨科学的生产体系，直观体验到"太太乐"的高品质。

为了让公众通过工业旅游这一全新的视角对调味品行业有更深入的认识，"太太乐"打造了透明的生产车间和半开放式的实验室，供前来参观的游客直观感受鸡精等产品的生产过程。聘请星级大厨为游客提供"鲜味体验"环节，邀请游客亲历"太太乐"企业文化的象征——劳斯莱斯百年幻影，让观众在观光的同时置身于鲜味文化之中。

为了更生动地演绎和展示，"太太乐"又专门培养了一批专业讲解员，引导观众从空气净化到"致味之路"，从生产车间到10万吨纪念碑，边游边讲，引人入胜。游客参观整个过程，仿佛一路走过“太太乐”浓缩的成长史。

近年来，“鲜味之旅”又有了新发展，运用先进的硬件设施，建立起全方位的体验互动式参观路线，使“鲜味之旅”集视觉、听觉、嗅觉为一体。

针对不断激增的青少年游客，“太太乐”又设计了互动游戏环节，从青少年的喜好着手，将相关知识传递给孩子们。

“太太乐”还开创性地建立了全球首家也是唯一一家“鲜味博物馆”，在展示鲜味的由来和奥秘的同时，也传递企业理念和品牌思想，从“太太乐”独有的角度弘扬中国历史悠久的食文化。

十余年来，“太太乐”用辛勤和创意，塑造着互动体验生动有趣的“鲜味之旅”，把“至尊、至味、至诚”的企业理念传递给前来参观的数十万游客。这其中不仅有旅游团队、商务团队、学校师生、社区居民，还有国内外同行、专家以及科考团队。“鲜味之旅”成为上海工业旅游的明星景点，先后被评为“全国工业旅游示范点”“上海市工业旅游质量优秀单位”“上海市旅游标准化示范单位”“上海市优秀科普教育基地”等。

传授厨艺

授人以鱼不如授人以渔。“太太乐”不仅为我们带来鲜味，还带来鲜味的制作——厨艺。这是“太太乐”基于丰富的产品线而对调味品作出的生动、真实的推广。

2018年金秋时分，“太太乐”上海营销公司与上海凯达职业技能培训学校联手，成立了“凯达太太乐厨艺研发合作室”。合作室不单单是教学的课堂，更是实战的厨房。这里既传授知识，也传授技艺；不仅可知其然，还可知其所以然，能让学员们熟练掌握各种复合调味料的正确使用方法，烹饪出地道的真滋味、好风味和鲜香味。既传授了厨艺，又推广了产品，可谓“一石二鸟”。

“太太乐”积极参与或冠名中国各大菜系流派的美食文化节，以此生动体现“太太乐”系列调味品的广泛的适用性和精彩的特色性，通过“太太乐”系列调味产品把菜品的口味和风味发挥到极致。2018 年 9 月，“太太乐”与济南饮食业协会合作，举办了“太太乐杯”首届济南厨艺文化艺术节。开幕式后，由当地几家著名酒楼的行政总厨当场表演精湛厨艺，分别展示了“翡翠如意虾”“牛三绝”等经典鲁菜。就在各位鲁菜大师现场制作的过程中，由来自“太太乐”总部的李飞翔大师结合调味品在鲁菜中的应用作了精彩讲解。这种边演绎边讲解的做法，赢得了来现场观摩的几百位鲁菜大厨的满堂喝彩，促进了“太太乐”调味品和鲁菜的深度融合。

面向亿万普通人家，“太太乐”精心设计了一系列广受欢迎的家常名菜的菜谱，图文并茂，详细讲解食材、调料以及烹饪做法。2018 年 9 月“太太乐”宴会酱油重磅上市、闪耀归来。这款酱油只选取酱油压榨过程中的第一道压榨原油，用它去烹饪菜品，能达到鲜咸适中，鲜中带甜，具有多层次原生酱香，圆满丰富，回味无穷的效果。伴随这款酱油的再次上市，“太太乐”郑重推荐了一套宴会系列菜谱，其中有宴会红烧肉、头鲜油爆虾、温拌手撕茄子等。

为了普及和推广系列调味品，“太太乐”还身体力行，率先示范，推出一系列自己的厨艺成果。其中最出名的就是“酱大师梅菜肉酱”。这款经典名菜自 2005 年创制以来，深受上海本地居民及来沪游客的欢迎。这款菜式吸取了上海本地名菜梅菜扣肉的特色和制作精华，又创造性地加以发挥，精选猪后腿肉、梅干菜、笋干等优质食材，再加上“太太乐”的调料，更显得风味独到。用它来制作的梅菜肉饼可以香飘百米，用它来拌制的米粉足以让人垂涎三尺。

揭示鲜秘

“知识就是力量”。信任和忠诚是建筑在知识和信仰的基础之上的。

在做实业的同时，荣耀中长期致力于鲜味科学研究和科普教育。他先后组织了 4 次国际级规模的鲜味科学研讨会，首次确立“鲜”的定义，率先提出“鲜美指数”的概念，与国内外知名专家共同探讨交流。在他的主持下，“太太乐”技术团队编写了全世界第一本关于鲜味科学与鸡精工艺的完整论著《鲜味科学与鸡精调味料工艺概论》。在北京大学、上海交通大学、北京对外贸易大学、扬州大学等高等学府的讲堂上，荣耀中应邀为莘莘学子生动阐述鲜味的秘密及其工业发展。对推动全球鲜味科学的研究、普及教育鲜味科学起到了十分积极的作用。

荣耀中动情地说：“太太乐”用了 30 年时间，完成了企业发展的四个过程：做产品、做企业、做品牌、做标准，带动了全国鲜味工业的发展。在信息爆炸、迅猛发展的新时代，“太太乐”还要继续在做学问上下功夫。

近几年，“太太乐”尝试着运用多年来企业所掌握的，并且已经经过多方验证的鲜味科学知识，通过多种媒体以生动、有效的方法传达给大众，在世界范围内传播鲜味科学。

在“太太乐”的主导下，经过两年的紧张工作，一部全新样式的鲜味科学人文纪录片《鲜味的秘密》，于 2018 年秋季摄制完成，并于 10 月 15 日在中央电视台农业频道开播。整部纪录片以向大众剖析鲜味的秘密为主旨，以“发现鲜味、探寻鲜味、创造鲜味”为主线，从全新角度追寻食物的第五味——"鲜"味的历史渊源，用科学实验的方式揭示鲜味的科学奥秘。纪录片分为六集，分别讲述鲜味的历史、鲜味的核心要素、鲜味的类别、鲜味的烹饪技巧，以及鲜味调味品的由来与创造。不仅纵观人类的鲜味历史，涵盖欧亚七国的地域文明与饮食文化，还从微观世界的分子层面切入，揭示鲜味的科学本质，向大众传播鲜味的科学知识。

"大自然恩赐了'鲜'的基因，在食材中深藏不露，我们从天然食材中直接尝到的鲜味，其实只是冰山一角。"

"鲜，是如此变幻莫测。千面佳人的背后，是否有一个看不见的规律?"

"鲜味的释放，从'烹'开始。火烤、烧煮、油煎……火，开启了蛋白质的宝库，释放出鲜味小天使。"

……

全片富含知识，饶有趣味，贴近生活，深入浅出。凡观赏过的人无不从中深受教益。

如果从1988年荣耀中建厂算起，"太太乐"已经走过了整整30个年头。

三十而立。"太太乐"就像一位年轻人，风华正茂、意气风发，前进在发展的大道上。

"太太乐"创造着"鲜"，传播着"鲜"，更规范着"鲜"。正是有了"太太乐"，我们的生活里才平添了几分鲜味，平添了几分风味，更平添了几分美好。"太太乐"如同那知时节的好雨，润物细无声，滋润着亿万家庭。我们祝愿"太太乐"的明天更加美好！

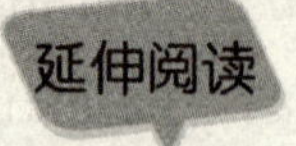

“治大厂如治小盆景”

荣耀南的治厂之道小记

古籍云：“治大国如烹小鲜。”其意思是，治国之道如同烹制美味佳肴，应讲究艺术、技巧和程式，粗放鲁莽不得。无独有偶，而今太太乐生产技术总监荣耀南就是以“治大厂如治小盆景”来描述其管理理念和管理风格，给人以深刻印象。

荣耀南于1988年就跟随哥哥荣耀中致力于“太太乐”的创建工作，当时28岁的他就是第一任厂长。在职业生涯中，一直从事产品研发、生产管理、工艺技术、质量安全等多方面工作。将太太乐“高品质、好滋味”的理念演绎得淋漓尽致。工作之余的荣耀南酷爱盆景，家中由他精心治理的各式盆景竟多达上百种。与兄长荣耀中有所不同的是，荣耀南不以盆景之“大”为乐趣，而以“小、特、奇、灵”为要旨，因此实显别样风情。

有幸一睹这些小微盆景，样式虽小，却是气象万千，气势不凡。有的如苍龙探海，有的如雀梅迎春；有的如擎天巨柱，有的如一丛小林；有的如妙笔生花，有的如情侣对舞，……千姿百态，妙不可言。

盆景虽小微，治理却不易，同样需要精巧的构思，合适材料的选择，植物与花盆的搭配，角度的选择（前后左右高低），做成后还须细心护理，周全培育。这就需要有足够的文化涵养，难得的耐心和韧劲。制作与养护盆景也给了荣耀南以匠心之精神管理企业的奇思妙想和灵感良方。

高处着眼

今日太太乐，年营业额超过50亿元，利税超过10亿元，俨然是一家特大型企业。是上海食品行业的标杆，全国调味品三强之一。荣耀南主内，直接分管包括产品设计、研发、采购、生产、调度、品控、安全、工艺技术、职业健康、外加工及分公司等10多个部门的上千名员工。

公司是一个整体，每个部门都不是孤立的，和整个企业发展密切关联。如何让这么多部门协调而有效地运行，荣耀南从治理盆景中获得了启迪：凡是盆景绝非心血来潮之作，也非一时痛快所为，而是从高处着眼，从整体把握，然后精心养护，才有独特的韵味。如果没有全局观，莽然一剪刀下去，就会失去它的独特性，毁了整个布局，煞了风景，哪里还有什么品位，什么造型？更谈不上协调美、和谐美和个性美。

企业管理也是如此，要从高处着眼，从整体把握，才可能和谐运行。荣耀南要求所属各个部门都要提高一层思考问题。不能只顾及本部门的KPI（业绩考核），而是要服从整体的KPI。每个部门都得把下一个部门作为自己的客户，每个部门都要为下一个部门提供方便和协作，要关注利益相关方，关注未来结果。

比如生产、采购和品质管控这3个部门如果从各自角度出发，很容易发生矛盾和争执，但是如果提高一层想问题，自己马上就会有答案，部门关系自然宽松友好。采购部门现在很明确，就抓三要素：第一是质量，第二是价格，第三是服务。这样处事，与生产部门和品控部门的矛盾也就迎刃而解了。

制作盆景尚且要零角度、全局化，考虑问题要做到既要有个性美，也要有协调美，管理工作就更要从公司战略角度去协调。为了达成共同的目标，部门之间要有伸有屈、有直有弯，这与盆栽中的枝叶修剪是一个道理。

细处入手

治理盆景，总体观念很重要，而养护过程中的每个细节也不容忽略。细节出了毛病，就会毁了整座盆景。这一点与企业管理也是相通的。

荣耀南说，把细节切实关心到了，管理水平也就上去了。

管理中如何保证一年四季产品质量的稳定，车间一线工人的工作状态、精神面貌非常重要。夏天炎热，如果工人的休息得不到保证，饮食营养不能达到体能消耗的要求，家庭和谐出现了问题，都会体现在工作质量上。

高温季节，就要求车间主任到一线去了解工人状况，了解工人的精神面貌和作息情况，一直关心到住的地方有没有空调、吃的食物是否安全健康、夫妻之间有没有发生争执、小孩有没有求学难题，等等。如果情绪不对，就容易出事故。

太太乐鸡精面向千家万户，生产全过程严格把关，铁定原则就是杜绝“万一”。一条生产线一个班次就是2.5吨产量，折合500克一袋的包装，一年就是8亿包，这是相当惊人的数字。如果出了个“万一”，每天至少就有几十起投诉，处理都来不及。面对亿万消费者，不允许有“万一”出现，任何问题都要处理在萌芽状态。这就必须做好每一个细节，让每位员工始终精神饱满，聚精会神，准确操作。

盆景的制作和养护是精细活。制作时有个“万一”，那就不会成为精品，就没有独特的美。养护时有个"万一"（折枝、过湿、过干），也将大煞风景或者无法挽回。

预案应变

天有不测风云，"景"有旦夕祸福。四季演化，温湿骤变，菌虫侵害，都会坏了一方好景，让盆景黯然失色。

"上医治未病"，治盆景如此，管理企业也如此。对可能发生的危害，都要提前有预测、有预案；对重复发生的问题，就要制订标准，形成规范，避免重犯。

生产管理中，比如天气预报台风将至，大家就按照应急预案操作。排水泵要提前开机试车，锅炉不能停火，车间不能停电，备用柴油发电机得提前检查保证良好运行，等等。

对待生产原料也是检查在先，杜绝隐患。小小一根青葱是增加鸡精风味的重要一环。首先要检查土壤，种植方无能力的，就由太太乐帮他们检测；小葱不允许有黄头，保证枝枝青翠鲜嫩；小葱的根部和头部不能事先切掉，必须在验收进厂并清洗之后才能切除，以避开意想不到的污染。总之，什么都要考虑在先，预防在先，这样才会处处主动，把握胜机。

在盆栽养护中也要注意随机应变，平时多观察，有些植物在生长过程中也会有各种意外、虫害、过晒等，也要根据植物的特性和气温、湿度等做好随机应变。

个性发展

盆景如果千篇一律，千"盆"一面，那就没了特色，也没了魅力。

员工和团队建设也是如此。荣耀南说，作为管理者要为员工创造好的工作环境，太太乐虽然是自动化大流水生产，但是我们照样鼓励员工创新改革，在平凡工作中有所发现、有所改进。我们帮助每个员工进步和成功，让他出彩，展现美好的一面。团队也一样，让他成功。员工和团队都成功了，我也就成功了。

荣耀南一再强调，企业管理要有自然关怀、人文关怀。什么品种的树木放在什么环境中适合生长，就像什么人放在什么位子上发展。培育盆景是对生命体的修剪，对员工的培养，也和盆景一样，要有构思。制作一个成熟的盆景作品，短则几年，长则几十年，从毛品到精品。办企业育人才也是这样。一个苗子朝什么方向发展，成为哪一方面的专业人才，心里都得有一个谱，这样才能人尽其才，人尽其用。

做盆景，对于乱长的枝叶要修剪；对员工，凡不符合企业价值观的“病枝”就要修剪和替补，还要做好善后工作，预防“传染”。这好比修剪后对切口要有封口胶，把伤口封好。

丛林式盆景应当错落有致分主次，不能一个形状。企业也好，盆景也好，不遵循基本规律，随意发展或修剪，就会产生成本或失败，这样就不美了。排兵布阵不能喧宾夺主。企业团队的组织，也要有序搭配好，每个人起什么作用，都要定位好。一个人不可能十全十美，但是如果搭配好，有主有从，相互制约，相互合作，取长补短，那就是美的享受。

盆景培育需要友好型环境，要给予阳光、雨露、肥料。对待员工和团队也是一样，要有“阳光”“雨露”，要有精神鼓励和物质奖励。“浇水”“施肥”既要公正公平，也要因人而异，施以不同的方式，这样才能让激励机制更为有效。

做到极致

盆景越是小微，越是需要精心设计，精心护理，做到极致。怎样才称得上极致？荣耀南说，至少有几条：一是有个性，构思和造型巧妙奇特；二是天然妙成，看不出人为加工痕迹；三是耐看且能回味，经得起360度观赏。高低、大小、曲直，体现团结、同心、和谐之美，这如同团队人员的组合，同样个性、风格的人在一起容易引争端，要有主次互补。无论从哪个角度都是优秀，这就是一个企业管理者的风格和文化。

企业管理做到极致，同样要有个性特点，要让规矩成为自然，要经得24小时365天方方面面的考验。努力做到可持续发展。致力于达成这样的目标。

国外有的企业生产鸡精，鲜鸡及生鲜农产品不进厂，进厂的是鸡粉，这实际上是属于过度加工。这是因为：鸡先要蒸熟，这是第一次加工；鸡加工成粉要烘干，这是第二次加工；鸡粉再和其他原料拌和烘干，这是第三次加工。试想如果是煮米饭，连续三次加温，这个饭还会好吃吗？所以太太乐冰鲜鸡进厂，每天3万只，一次加温，一次完成，不过度加工，保证了鸡的本色鲜味。

生产鸡精要用到鸡蛋。生蛋鸡容易生病，国家允许蛋鸡可以吃药防病，但又不允许鸡蛋有药物残留。如果是鸡蛋进厂，无法做到只只检测。太太乐坚持蛋液进厂，检测时既方便又安全，不会错漏，百万分之一的药物残留都可以检测出来，切实做到万无一失。保证食品安全正是企业承担社会责任的一部分。

“治大厂如治小盆景”，这话多好！其实这就是以匠心来治厂：精心设计，精雕细琢，一丝不苟，独领风采。唯有如此，才有了一个接一个的成功。

海立，成就冷暖专家

海立，是改革开放中涌现出来的一个知名品牌。这个品牌的成长业绩相当惊人。从 1993 年第一台空调压缩机诞生，在短短 30 年中，已然成为国际空调压缩机行业位列三甲的佼佼者。

今日海立，已经形成以压缩机为核心的包括压缩机及其核心零部件、汽车零部件和冷暖关联在内的三大产业版块。截至 2020 年底，总资产达到 150 亿元，拥有分布在 11 个国家的制造基地 41 个，研发中心 17 个，员工 1.4 万人，营业收入 111 亿元，产品销往 165 个国家和地区的 2 亿多个家庭用户。主要产品压缩机年产量 2 629 万台，居全球独立供应商的第三名；特种电机年产量 3 222 万台，居全球独立供应商的第二名。

海立走的是一条怎样的发展之路，很值得人们关注并研究。

好品牌，是逼出来的

说压缩机是冷暖家电的心脏，一点也不夸张。没有压缩机，无论冰箱还是空调，都将徒有其表，无法运行。

然而，最早的上海，只有一家微不足道的上海冰箱压缩机厂。谁能想到，正是这家小厂以后会发展成为庞大的海立集团。

在改革开放中再次出发的海立集团，那时还不叫“海立”，而是上海冰箱压缩机厂与日本日立的合资企业，称为“上海日立”。

这一年是1992年。

1993年1月，浦东金桥出口加工区这片热土上，上海日立打下了第一根桩，并且实现了当年开工、当年竣工、当年投产的“三个当年”。

上海日立的主要产品是回旋式空调压缩机。这种压缩机的特点是：由于活塞做旋转运动，因此压缩机工作圆滑平稳平衡，具有压缩效率高、零部件少、体积小、重量轻、噪音低、耗电小等许多优点。在当年是一种新颖而又先进的压缩机，尤其适用于家用空调机。因此，随着成规模量产，迅速在国内市场后来居上，占据了重要地位。

企业起始阶段使用“日立”商标，这对打开市场有一定的作用。可是，按照合资协议，上海日立每生产一台压缩机，就要向日方支付高昂的品牌使用费。产量越多，支付也越多，这让原本利润不高的产品背上了沉重的包袱，既不利于扩大再生产，更不利于技术的再投入和再发展。同时，因为没有自己的品牌，企业无疑又变成了外国品牌的打工仔，生产越多，市场越大，外国品牌的市场价值也越高，实在是“为他人作嫁衣裳”。

当企业与日方交涉，希望降低甚至取消品牌使用费时，日方又以“知识产权”“不可更改”而予以拒绝，甚至连与日立的高层见一次面、商谈一下的可能性也没有。

“必须有自己的品牌！”一味使用日立品牌的局面再也不能继续下去了。1996年底，当企业领导拜访青岛客户，看到海尔、海信这些自主品牌蓬勃发展的动人景象时，“海立”两个字顿时跃现眼前。

“海立”就这样诞生了。这不是上海与日立的简称，而是上海立起来的意思。这是一次新生，是一个中国自主品牌的诞生。

与此同时，中方始终关注企业的控股权，尽管合资期间连续发生12次增资，但中方始终同步增资，在品牌使用上拥有必要的决定权。就这样，几年下来，日立和海立，这两个品牌此消彼长，直至最后，企业百分之百全部采用海立品牌。与此相应，在2000年，企业名称也改为海立集团和海立股份。

立品牌，是攻出来的

海立很清楚自己的产品属性和品牌定位。海立生产经营的不是快速消费品，不是终端产品，而是一个心脏部件，是一个中间产品。

如果说，终端产品销售可以依靠广告打响知名度，那么，中间产品销售完全依靠技术水准的持续提高。因为企业面对的用家就是为数不多的10来家大户，相互知根知底，来不得半点噱头和花俏。

正因为明白这一点，海立始终把科技研发放在极其重要的位置，依靠科技先进性和迭代创新性来树立品牌。如果说，海立起始的压缩机技术来自于日本技术的引进和消化吸收，那么，之后的持续发展和深化扩展，全是因为着力于自主核心技术的科研开发。

早在1997年，海立就开始筹建企业技术中心，尽管当时只有3名成员，但是，“楚虽三户，亡秦必楚”，立志形成企业自身“造血机能”的决心，勇敢而坚定。

1998年，海立的国家级企业技术中心获批并正式宣告成立。此后一发不可收，通过连续追加技术开发投入，新增噪音振动、压缩机寿命、冷量、启动、断排、转子测试、焓差测试试验台等一系列国际先进水平的装备。与此同时，又通过从各大研究所和高等院校引进大量专业人才，以及选送优秀人员去日本、美国进行培训和交流。经过多年积累，壮大了技术队伍。如今的海立技术中心已经拥有技术人员350余名，形成了多层次的科技开发队伍。其中高级工程师34名，包括教授级高工4名。

海立坚持科研开发领先，仅在2018年、2019年和2020年这三年里，每年投入科技开发的资金分别达到4亿元、4.54亿元和5.45亿元，分别占当年营业收入的3.88%、4.50%和4.48%。整个集团拥有研发人员1 000人以上，占员工总数的9%；先后攻克一系列技术难题，并且进行后续开发，直至形成新技术、新工艺、新材料、新产品，年度科技成果转化率分别达到56%至65%。

截至2020年，海立累计拥有各类专利1 400余项。在各种专业杂志和国内外学术会议发表的论文达200余篇，其中在国际学术会议发表的论文有数十篇。

扩品牌，是识出来的

海立的品牌阵容不断夯实和壮大，主要通过两条路径：

一是通过持续的技术开发，向深度和广度延伸。二是通过收购兼并和改组，实现跨域的扩容。

而这两条路径能否成功全在于识。既有见识，又有胆识；既做明白人，又做弄潮儿。有胆有识，才可能把对趋势的见识，对产业链的见识，对市场亲和度的见识，化为一步又一步有效举措，结出一个又一个丰满成果。

对于趋势走向的把握，让海立站立潮头，不断向产业领域的纵深拓展。无论是新能源车用电动涡旋空调压缩机，还是家居制暖的空气源热泵热水器，都是对于产业趋势的精准把握。

在新能源汽车中，空调系统的能耗仅次于主电机驱动系统，对于汽车行驶里程的影响可达到20%至40%；而空调系统必须有一套适用的直流电源的电控系统，并且要有很高的精密度和效率。而为了迎接这个有着巨大潜力的发展良机，海立准备了整整10年。早在2001年海立就已立项。2006年正式进入产品开发。2007年研制成功大型商用电动涡旋压缩机。2009年完成了研制测试。2010年产品为上汽集团新能源电动车所采用，并在世博会亮相。2011年第二代产品问世，结构更紧凑，并与汽车结合度更好，同时率先在国内形成第一条年产8万台新能源车用电动涡轮压缩机及商用空调压缩机的自动化生产线。整个产品开发前前后后投资了1.5亿元，形成12项专利和技术秘密，拥有完全自主知识产权。

对于产业链内在关联度的把握，让海立认准收购目标，敢于进占新领域，敢于为我所用。2015年重组并购杭州富生是其中一个典型。

杭州富生是一家专业生产制冷电机的大型民营企业。从产业关联度看，这种电机是空调和冰箱压缩机的必备部件。从企业经营状况看，因为成本优势和高效运作优势而具有相当的竞争力。重组并购后，双方优势互补，产业配套更为齐全，而且促进企业快速发展智能电机和驱动控制系统，为企业带来了新一轮爆发式发展的契机。

对于市场亲和度的把握，让海立的产业布局更加贴近资源，更加贴近市场，并可以有效降低劳动力成本和运输成本，甚至打破关税壁垒。南昌海立和印度海立的设立就是生动的证明。

2009年4月，经过一年多的建设，全方位导入“绿色理念”和“绿色标准”的南昌海立建成投产。这一新基地的建成，让海立赶上了世界家电产业调整的新格局。当初的规划产能是600万台；如今经过几度技术改造，产能已超过1 000万台，俨然成为海立的主要制造基地。

2013 年 11 月，总投资 7 180 万美元的印度海立，在短短 10 个月内建成投产，标志着海立全球化布局的加速。依托海立国家级技术中心，联合当地研究人员，为印度市场打造了符合当地工况的高效绿色产品，产能达到年产 200 万台，而产品除了供应印度当地，还辐射整个南亚和中东地区。

强品牌，是守出来的

时至今日，像海立这样专注于压缩机这类中间产品的独立制造商和供应商，已经为数不多。好多整机厂开始自己做压缩机，而且一上就是上千万台的规模。

独立供应商为什么不多？因为不能坚持。为什么不能坚持？因为必须达到一定规模，投入大而利润薄。海立能够坚持至今并且一直发展壮大，靠的是职业操守。海立人风趣地说，如果换一个角度去看，大批量、大投入、利低润，又何尝不是一种无形壁垒，让仰慕者和竞争者知难而退。

然而，要坚持并不容易。全凭一点一点抠，一口一口咬，一步一步进。回顾海立的发展历程，至少经历了五大重要节点。1992—2000 年，从使用外方品牌到创立自主品牌；2001—2007 年，从启用自主品牌到规模化使用自主品牌；2008—2012 年，从专业化到多元化；2013—2020 年，从多元化到国际化；2020—至今，从家电品牌到全球化汽车零部件品牌。每一个节点，无疑都是一次艰难而酸辛的蜕变。唯有蜕变，才有新生，才有活力。

今天的海立，不仅产品一次次升级迭代，而且制造过程实现了智能化。AI 人工智能得到了普遍应用，成批的机器人走上了更多的工作岗位。从 2007 到 2017 年的 10 年间，海立精心打造“大规模定制生产智能制造新模式”，总投资 2.32 亿元，导入工业机器人 545 台，开发客户化定制机种 1 000 多种。不仅提高了生产效率与在制品周转率，降低了劳动力成本，实现了质量和效率的双重提升，更重要的是，让海立制造变成了海立智造。

机器人上岗，技术工人下岗？不，转岗！一批批技术工人走上新的岗位，成为机器人的管理者、维护者和革新者。与此相关，另类的“第二人力资源部”相应成立，承担了对于一批批机器人的开发和管理。

这岂止是坚守，而是不断攀登。当今世界，已经有七分之一空调采用的是海立压缩机。而持续发展的动力来自海立的誓言“压缩能耗，为了更绿的未来”“减少排放，为了更蓝的天空”，为了这个目标，海立耐得住寂寞，专注而不动摇。

在空前大变局的新时代，如同许多品牌一样，海立也遇到了许多新的挑战。然而，沧海横流，方显出英雄本色。敢于和善于迎接挑战的海立，正一如既往，不忘初心，创新发展，壮大自身，去夺取新的成就。

海立电器：再获殊荣

2021 年 3 月 23—25 日，2021AWE 中国家电及电子消费博览会在国家会展中心（上海）举行。海立股份的小壳径变频压缩机荣获艾普兰“核芯奖”。

亚振，让品牌立起来

一个品牌要立起来，靠什么？

互联网、大数据、云计算的时代，一个品牌要立起来，靠什么？

已经有马云、马化腾、马明哲之辈走在前面、挡在前面的时候，一个品牌要立起来，靠什么？

近日，笔者特地走访了已经成为工信部"全国工业品牌培育示范企业"的"亚振家具"。通过实地考察和请教总裁高伟先生，对树立品牌有了更进一步的认识。

名师与名牌

作为家具人，高伟先生也是"亚振家具"的创始人和首席设计师，已经在家具行业奋斗了30余年，"亚振（A-Zenit）"品牌的创立也有了22年的历史。

"亚振"从创立之日起，就确立了一个原则："设计争先，质量为本。"

高伟认为，名牌家具，必须有名流设计。一流品牌的创立，必须有一流设计师的支撑。

很多时候，人们是冲着品牌背后的名师而来的。往往一批名师甚至一位名师，就能够赋予品牌难以估量的形象力、感召力、动员力。

“亚振”的海派经典西式家具，以“好家具，可以传世”为口号。

“好家具”，首先是好设计，其次才是好材料、好制作、好管理、好服务。

“可以传世”，不仅仅是因为选材精良、制作精细、质地可靠、经久耐用，更重要的是，家具的理念、款式、陈设等，必须经得起岁月变迁的考验，任时光流转，隔代、甚至隔几代，依然时尚，依然适宜，依然有活力，依然散发着历久弥新的长青魅力。

而要做到这一点，拥有国际一流的设计大师，至关重要。

为此，高伟先生首先打造自己，成为一名出色的设计师。他不但通晓木制家具的全套制作工艺，而且去大学深造。他是英国温布尔大学的硕士，他曾先后数十次去意大利考察、学艺。他不但亲手设计出很多款经典家具，而且还是一位国际合作的组织者、国际顶级设计师的聘用者、国际顶级家具设计作品的鉴赏者。

在“亚振家具”创办之初，高伟就与意大利知名家具设计企业合作，开发高端产品，坚持走高端品牌发展之路。高伟还与著名美籍华人靳羽西有过合作。这位羽西女士是中美友好的民间使者，她带来了欧美的时尚风潮。她创立“羽西”品牌的美容化妆品，让国人耳目一新。她也创立了“羽西”品牌的新潮经典家具，动用25位全球顶尖室内设计大师，让家居为之一变。高伟与她合作，也向她学习，结识了众多国际级大师，提升了家具设计的眼力与功力。

高伟放眼欧美，聘用了很多国际一流的设计大师。他们常驻公司，为“亚振”母品牌，以及“乔治亚”“利维亚”两个子品牌，设计了上千种经典款式。

来自美国的菲莉斯，自 2010 年 7 月起、成为了“亚振家具”的设计总监。这位美籍知名室内设计师，以其丰富绚丽的色彩、奢华浪漫的风格而享誉国际。与“亚振”开展充满激情的合作后，以其对全球各地不同文化的深刻了解，将过去融入现在，以决定未来的家具流行趋势。她与另一位美籍设计师文蒂，以及助手黄露一起，以女性特有的立场和视角，设计出一套又一套温馨可人、优雅高尚的家具。

法国的关志文，是法国皇帝拿破仑的后裔，被誉为“法国新锐设计师”，在法国知名度很高。由法国轻工部主席推荐给高伟之后，在“利维亚”子品牌家具系列设计中大放异彩，他设计的成套家具，新颖、轻盈、活泼、时尚，深受中国年轻的时尚一族的喜爱。

意大利的卢卡，是国际顶尖奢侈品品牌“爱马仕”的橱窗设计总监，是国际一流的设计大师，也与“亚振”携手。在亚振荣耀成为 2015 年米兰世博会中国馆全球合作伙伴之际，卢卡领衔担任亚振在意大利成立的 A-Zenith 设计中心总监，对东西方文化颇有研究的他已着手为世博中国馆精心设计成套家具。

美国的艾伦，是国际顶级室内设计大师，美国很多五星级酒店甚至元首府邸的室内总体设计，都出自她的手笔。“亚振”在上海、北京等地的旗舰店或展厅，都是由她总体设计的，从环境、色彩、选料、陈设、展示，都恰如其分，十分到位。

加拿大的蔡小丰，是一位华裔设计师。他的设计，具有中西合璧、东西交融的特色。也为“亚振”提供了许多经典设计，受到成功人士的欢迎。

正是国际一流设计精英团队的出色创作，让“亚振家具”引领着高端家具的潮流。

巧匠与名牌

好的设计，必须有好的制作，才能完美实现，精湛表现，极致体现。

“亚振家具”从创办之日起，就致力于建设一支能工巧匠队伍。

家具制作，涉及木工、雕刻、油漆、镶嵌、包饰、组装等许多工种，“亚振家具”在这些工种都有杰出的领头人。

“亚振家具”的沙发是出名的。先后进入人民大会堂、国宾馆、世博会、APEC会场。而沙发包边是一门绝活。年已八旬的金师傅曾经为毛泽东主席制作过沙发，技艺一流，而经他亲授技艺的张巧云师傅，继承发扬了这门技艺，从亚振创办之初一直到现在，她又带出了一大批徒弟。就这样，通过代代相传，既传承，又创新，让“亚振”沙发出了名。

“亚振家具”讲究雕刻，每一件雕花都坚持采用正统传承的纯手工工匠技艺，每一件都是栩栩如生、生机盎然的雕刻作品，这都是匠人们的倾情力作。而领衔这支雕工队伍的领军人物，是五十多岁的张爱林师傅。他已积累了几十年的手工雕刻经验，对设计大师的作品，不仅能准确解读，还能进行再创作。在他的手下，平面的变成立体的，雕刻变成了一项艺术创作。设计大师们都爱与他合作，把设计图纸变成市场欢迎的有价值的商品。

“亚振家具”的木工组合工艺，继承了海派家具的特色，大量采用了祖师爷鲁班传下来的榫卯工艺，使家具有长久稳固、几十年如一日、不变形、不扭曲的特点，是典型的中国特色，是西方所没有的。尤其是“亚振家具”的每一个抽屉，无一例外，均采用榫卯工艺，既稳固，又滑顺。在“亚振”人才济济的木工队伍中，杰出的代表当数王松李师傅祖孙三代。他们代代相传，人人都有巧手艺，为"亚振家具"添了光彩。

"亚振家具"的油漆，富有特色。它是现代的，又是古典的。不轻浮，也不晦暗，是时尚与经典的结合。特有的造旧艺术，恰到好处地表现了一种矜持，一种格调。而这支漆工队伍的领军人物，就是五十多岁的周俊师傅。他不仅是油漆工，更是一位艺术家。他会画画，会雕刻，会油漆。他是家具的美容师，让经典家具变得有韵味。"亚振家具"上的精致画面，很多是出自他的手笔。

"亚振"对技师和技工队伍的建设，重视传承与创新，有一套完整的体制与机制，使得这支队伍不断发展壮大。

"亚振"的技师人数、技工人数之多，令人惊讶。据公司内部统计，"亚振"上千名一线工人中，已有高级技师 28 名，中级技师 137 名。2014 年新报名技师 164 名。另据当地劳动局评定，"亚振"的如东、南通两个生产基地共有高级技工 364 名，2014 年新报名参加统一考试的又有 88 名。

优材与名牌

好设计、好制作，还须有好材料作载体。

"亚振家具"选用的木材，是来自全球各地原始森林中百年成材的实木。分别有桃花心木、柚木、楸木、榉木、赤桦、香樟木、杉木等。这些不同的材料，各有不同的特性。高伟先生认为，设计师的责任，就在于把合适的木材用在合适的家具、合适的位置，并且具有不可替代性。

桃花心木，是欧洲王公贵族的御用材质。这种产自南美和非洲的木料，以质地细腻、纹理漂亮、颜色不深不浅、富有贵气、易于雕刻、不易变形，而成为皇室家具用料的首选，因而也成为“亚振”豪华家具的必选之材。

榉木，是欧式家具中使用量最多的一种材料。这种产自欧洲的木材，具有质地硬、有强度、也有韧性的特点。以它制作的椅腿、桌腿，尽管很细，又有弧度，又有雕刻，却也稳如磐石，四平八稳，相当牢靠。

香樟木，有种特殊的香气味，可以驱虫防蛀。最适合制成大衣橱的后背板。成为豪华家具的幕后英雄。

杉木，其特性是有一股清香，耐腐蚀，防水，吸湿、吸潮，民间以其特性，用来制作锅盖、水桶、澡盆、船上铺板等。没有一种木材可以取代它。“亚振家具”据其特性，制作床底铺板，也是相当合适。

这些采自原始森林的好材料，进厂之后，并不能马上就用。在“亚振”，必须经过细致的前处理，历经大约 6 000 小时的养生处理工序，方能取得稳定的性能，投放制作。

首先，木料得锯切成平板，堆放在露天至少 3 个月以上。别怕上海地区雨水多，这对于露天堆放的木板，可是一件大好事，因为雨水的冲刷和渗透，可以有效去掉木材中的油脂与树浆。历经 3 个月的露天堆放，可以收到天然脱脂的效果，而且不改变木材的韧性，对稳定性也有好处。

然后，木材就送进了干燥房。无论何种木材，都必须分别经过微波干燥、真空干燥、汽缸干燥等各种干燥工序。根据木板的不同厚度，干燥时间短则半个月，长则一个月、两个月。经此一遭，木材的含水量就可控制在理想需求的水平。

“亚振”独特的木料平衡定型之术，不仅有干燥，还有预热、平衡、终疗等多道工序。必须有足够的耐心，再历时一段时日。

经过至少 6 000 小时的前处理，这时的木板才能够投放到家具制作中去。也只有这样的木料，才能保证家具色泽自然、性能稳定、变形微小。

精益与名牌

好工艺是品质的保证。严管理是品质的基石。

"亚振"以"追求极致，永无止境"的企业精神，精心处理生产环节中的每一个细节。"亚振家具"独特的 36 个环节、400 多道工序，反映出严苛的工艺标准。

以油漆为例，"亚振家具"每一件产品，都要经过 34 道艺术涂装工艺，保证视觉和触感俱佳。漆面摸上去犹如婴儿肌肤般光滑细腻，犹如完美无瑕的妆容。

走进宽畅的油漆车间，人们就会看到曲曲弯弯、漫长的地面轨道，以及一辆辆依着轨道缓缓前行的平板车，那车上分别平稳装载着家具大件。原来这就是"家具不落地"的两条油漆流水线。

其中一条是底漆线，在车间内盘 18 弯，也就是 18 道工序，全长 1 800 米。历经上底漆、打磨、再上漆等工艺。另一条是 PU 罩光漆线，在车间内盘 16 弯，也就是 16 道工序，全长 2 400 米。

这两条线运转一遍，从头到尾，分别将近 7 小时。在这 7 个小时内，完成了各道油漆工艺，按工艺需要以足够的时间，实现了油漆干燥，并且做到了家具大件不落地，避免了因碰撞、擦毛而造成的质量问题，保证了大批量生产与样品在品质上的一致性。

"亚振"把质量管理贯穿于供、产、销的全过程。在质量管理中，环环相扣、一丝不苟。而这也是在经过反复敲打之后才形成的一种自觉的行为。

在“亚振”曾经发生这样一件事：高伟先生到车间检查工作，看到正在生产的一批座椅的后脚有些瑕疵。有的员工认为：座椅已经做好了，这点瑕疵外行人根本看不出来，对销售不会有影响。可是，高伟，这位平时待人一向温和的技术型老总，毫不犹豫地拿起斧子，把这批不合格椅子全部劈毁。随即，高伟又召开了全厂质量大会，以此为戒，严把质量关。

这次劈椅，虽说砸掉了10多万元，却警示全体员工，在品质上，必须不留情面。由此，公司的质量管理上了一个新台阶。

体验与名牌

好家具，不是自封的，而是客户体验、市场检验的结果。

如何让客户有立体的体验，让市场有足够的检验，让品牌形象生动起来?

“亚振”在北京、上海等一批大中城市开设了很多旗舰店或者展示厅。以实景式的布置和陈设，让顾客在贴近体验和感受中，选择最为适合自己的家具。

“亚振”还先后多次进入“世博会”，向世人展示经典海派西式成套家具的风采，赢得了世人的关注和敬意。2010上海世博会是“梅兰竹菊”成套家具、2012丽水世博会是宫廷沙发。2015米兰世博会又是顶级大师之作。

近年，“亚振”又在江风海韵的“北上海”——南通的现代化生产基地的对面，开发建设了一座占地上万平方米、建筑面积逾4 000平方米、上下两层的“亚振家具博物馆”。

博物馆外形，是欧式的，馆外是大片绿色草坪。一些参观者戏称这里简直是一座"小凡尔赛宫"。走进宽阔的门厅，四周全是罗马式立柱，充满海派气息。

门厅右手边是长方形的会议室，展示着成套会议室家具。那张会议长桌足有2米宽、20余米长，面对面，可以坐六十余人。

门厅左边则是一间连一间的会议室家具陈列厅。这里面分别有国家主席与外国首脑坐过的宫廷沙发，有全球五大博物馆馆长聚首上海、高峰论剑的威尼斯椅，等等。

二楼则是居家家具陈列馆。正中间是中央大厅，环顾四周，东南西北分别有一个400余平方米的陈列厅，分别是"亚振"品牌厅、"乔治亚"品牌厅、"利维亚"品牌厅，以及大师设计样板厅，具有不同的品牌风格和特色，传播着动人的品牌文化。

在每一个品牌展厅内，分别有几组不同款式的成套家具，分别包括客厅、餐厅、卧室、书房、洗漱间等。这里，既是家具展示，又是一种文化享受。让人观赏，让人陶醉，让人心动。这里，简直是一座经典家具的殿堂。

"亚振"正在筹划，将这座经典家具殿堂，复制到上海去，复制到网上去，让更多人知晓，把"亚振"品牌的影响力、冲击力，扩散开去！

如今的"亚振"，早已经从做产品，进步到做品牌，进步到做文化。

一个长久不衰的品牌，在消费者心目中的感受，是非常独特的。

"亚振"承载着、传播着经典、不凡、尊贵、自信，并且朝着"百年亚振，百年品牌"的目标，扎实前进。

文化，铸就了"亚振"的品牌之魂。

文化，赋予了“亚振”无尽的生命力。

文化，构成了“亚振”品牌恒久的核心竞争力。

（原载《上海轻工业》2014年第5期）

“只要找到路，就不怕路远”

高伟与他的“亚振家具”

20年前，由高伟先生和他的18位同行老乡在上海创建的“亚振家具”，如今已经闻名遐迩，远播四方。

“亚振家具”这一路是怎么走来的？

董事长兼总裁的高伟先生略有沉思，然后，郑重地告诉笔者：“可能是因为选了一条对的路，一条响应时代召唤的路，一条适合自己发展的路吧！”

一条对的路？

随着高伟先生带领着笔者参观“亚振家具展览馆”的脚步，我们逐渐解开了心中的谜团，由模糊到清晰，看到了这条路：一条“古典兼现代、经典亦时尚”的艺术之路。在这里，一套又一套、一款又一款，充满欧式古典文化风味、同时又浸透海派现代时尚的精美家具，给人以艺术视觉上的强烈冲击和生活品位上的温馨感召，让人仰慕，令人钦佩，实为震撼。这不只是家具，简直是雕塑、是音乐的凝固、是经典的复活、是艺术的再现！

每个人都有对于美好生活的向往之情。帮助人们做梦、寻梦、圆梦，这就是“亚振”与高伟一生追求的目标和动力所在。

"亚振家具"今天的成功，得益于它给家具赋予了"经典亦时尚"的新内涵。让人们为之向往、为之追求，把明天变成今天！

大师原木匠

高伟是"亚振家具"的创始人，是董事长、总裁，也是"亚振家具"的首席设计师。这种"三合一"的身份本身就有点奇特，而他的人生经历更是一部传奇。

高伟是江苏省如东县人，1963年出生，高中毕业那年，他辍学了。不是因为不想继续深造，只是因为所谓的"家庭出身"束缚了他的求学之路。

"做木匠吧"，母亲简短的一句话，送他去拜了当地的木工名匠李建甫为师。自小生活在木匠圈子里的高伟，舅舅、邻里乃至四邻八乡皆木匠，耳濡目染的他，外加聪颖好学的天资，不久便得师傅真传。他的第一件"成名之作"，是亲手为姨妈的女儿出嫁而打造的贺礼：一张海派的骨牌凳。整件作品不用一根钉，全用榫头镶嵌而成，着实可见一番功力。

1985年，高伟辗转来到了上海，在吴淞木器厂工作。他与该厂技师之首、海派水明昌嫡系传人王章荣的工作台紧邻，不时"偷"艺，颇有心得。王大师见他如此勤奋好学，便收他为徒，口传手授各种制作技艺，使得高伟的手艺大有长进。此后，高伟又去上海家具研究所与解放家具厂学习家具设计，添了一手设计功夫。可谓文武俱全，如虎添翼。回厂后，直接升为吴淞木器厂技术厂长，专责产品设计与生产管理，那一年他年仅26岁。

实践经验有了，理论功底还嫌不够。高伟深知，学艺无止境，要达到更高的设计制作境界，还须进行系统的学习深造。

1990年，他考进了南京林业大学，学习家具设计、室内设计与木材加工等系统知识。学成归来，本想在吴淞木器厂再成就一番事业，然而，在学的两年期间，工厂已发生了很大变化。

于是，在中国改革开放总设计师邓小平南巡讲话的鼓舞下，高伟决定走自己的创业之路。

1992年5月23日，由不满30岁的高伟及妻子户美云领衔的如东同乡18人，在上海闸北区一个偏僻的角落，白遗桥永和支路22号，创办了上海亚振家具厂，并于当年7月3日注册成功。后来，又更名为上海亚振家具有限公司。一出精彩的大剧，由此拉开序幕。

这年9月5日，“亚振”争取到了企业开张后的第一份大订单：为坐落在上海繁华商业圈徐家汇的中兴百货公司定制一批开架货柜等商业道具。

然而，敲敲打打的木匠生活，并不是高伟的目标。以“设计立业”的“亚振”，需要走出一条自己的路。

打响这第一炮的，是由“亚振”自主研发的采用楸木为主材的Ⅰ型系列家具。以其独特的设计，引领了当时的潮流，市场反响热烈，销售屡创佳绩。之后Ⅱ型、Ⅲ型、Ⅳ型、Ⅴ型相继问世。尤其是Ⅴ型花梨木夹板面卧房套装家具，以其风格协调、功能多样、适应普遍、使用耐久的特点，博得了市场一片叫好。在短短一个月内，成交300余万元，成为第八届上海家具新品博览会的销售冠军，荣获“销售奖”。之后，又有Ⅶ型套房家具在95“金斧杯”家具设计大赛中荣获金奖。

然而，所有这些荣耀和奖项，只是“亚振家具”走向成功的第一步。

让家更美好

米兰街头，有位中国年轻人，流连徜徉在那些古建筑群中。时而远眺，时而近察。手中的相机不时"嚓嚓"作响。端详间，年轻人不时有所思索，又不时顿生感悟。

那些石砌的栋梁巨柱，体现着西方古文明的浩瀚。巴洛克式、哥特式……这些不都蕴含着经典家具的精神元素吗？

这位年轻人就是高伟。他思考的是，如何在群龙并起、竞争激烈的家具市场中脱颖而出，形成"亚振家具"自己的独特风格。

风格是什么？风格在哪里？风格何所求？

到西方去学习、取经，汲取几千年沉积下来的精华，从中提炼营养，获得灵感，糅合中西方的文化元素，形成"经典亦时尚"的独特风格，本着"让家更美好"的夙愿憧憬，走出"亚振家具"的专属之路。

1995年4月，"亚振"首次组团，由高伟先生亲自带队，远赴意大利考察世界顶端家具行业的发展趋势，学习欧式家具的设计理念，探究欧洲家居的文化精神。这一次欧洲之行，开阔了"亚振"团队的眼界，打开了"亚振家具"思考未来的心门。高伟的最大感悟是："向世界上最优秀的家具企业学习，把亚振打造成为一家受到世人尊重的家具企业。"

自此，意大利，这个西方文化精华集萃之地，高伟去了不下数十次，一遍又一遍地观摩、交流、咀嚼、回味；一遍又一遍地提炼、升华、融合、贯通。

1999年，高伟与他的团队作出了一个重要决定：放弃原来"酒店工程、商场道具、民用家具"混合经营的模式，把经营重点转移到精致民用西式家具的设计、制造与销售上，并且全力塑造属于自己的家具品牌——亚振。

继承传统的光辉，融入时代的气息，反映成功人士的品质追求。人们对于幸福生活的美好愿望，在“亚振”系列产品家具中得以实现。

自此，“亚振”这两个中文字被赋予了新的含义：“好家具，可以传世。”何为好家具？高伟先生这样解释道：“好，就是‘三好’——好设计、好材料、好工艺。”

亚振，还有个英文名：“A-Zenith”。A代表亚洲Asia，Z代表极致Zenith。这象征着一个自始至终追求完美的过程。“亚振家具”就是要用“追求极致，永无止境”的企业精神，打造出“可以传世”的家具，为精英人士实现美好居家梦想。

在这一品牌理念引领下，高伟和他的团队设计制作出了一系列的家具精品，形成了“卡地亚（CARDIER）”和“利维亚（LIVIA）”两大海派风格、中西合璧的子品牌。

都有一朵花

细心的人们会注意到，“亚振家具”欧式经典系列产品的核心部位，都会有一朵兼具艺术性和装饰性的雕花。家具型号不同，雕花种类也不尽相同，形态各异。

在这些雕花的家具中，令高伟最为得意的是36型雅典娜系列。整个设计采用“洛可可”风格，以自然流畅的雕刻技巧，将精巧典雅的女性之美、优雅华贵的智慧流动，浮现于家具之上，再现人文艺术的永恒之美。

在那床头的顶沿上，一朵设计精心且雕刻精致的花案，跃然眼前，它是地中海地区的一种典型植物——卷叶，形似百合，又有万年青的神韵。在高伟的画笔下，这卷叶做了图腾化的艺术处理，涡卷形地出现在雕刻和装饰上，将自然融入生活。卷叶间还巧妙地嵌进了一串串珍珠，这种享有“康寿之石”美誉的宝物，是健康、长寿、财富的象征。整个雕刻从床沿中央向床架两端延伸，终端各有包边的卷叶雕刻，那柔和优美的弧形线条，精刻细雕的立体卷叶，充分展现了法国“洛可可”的典雅风格，洋溢着浪漫的女性主义的华丽，寄托了吉祥如意的祝福。

这款精致手工雕花的造型组合，装帧着家具风格，也温馨着家居生活。

精心构思，巧妙设计，精雕细刻，恰到好处。多一笔赚多，少一笔赚少。让模仿者望尘莫及。后来，竟有仿造者原封不动，照搬照抄，拿着依样画出的“葫芦”去参加某次家具展览会的设计评奖。然而，以“亚振”匠心独运的设计、先进创新的工艺、经典时尚的风格，仿品不仅神韵不足，形似也差三分，硬生生的给“亚振家具”打了个“永远被模仿，从未被超越”的广告。

高伟的笔下，不止一款36型，而是佳作迭出，花团锦簇。31型，那是一朵呈扇面状的立体感特强的雕刻山花；51型，那是一朵放射形的贝壳状的花；53型，那是繁华而又立体的组合之花；55型，那是象征“百年好合”由爱情鸟图案构成的浪漫之花；58型，那是装满花篮的丰盈的鲜美之花，……这些奢华且恰当的镶花家具，既讲究整体布局，又注重细节处理，并且大多采用桃花心木等名贵木料，精雕细刻，于细微之处，彰显高贵与优雅。

面对这些出神之笔，丰美之作，人们常常为之赞赏。然而，高伟的心目中，看到的是更多的未来之花。

雕花，成为了“亚振家具”的一个身份标识和显著特征。业内行家一见，便知晓这是“亚振家具”。

是啊，都有一朵花！这是因为高伟心中有一朵花，一朵永不凋谢的花。

阳光路上，百花齐放！

淮海一小楼

今天的“亚振家具”在中国各地，大中城市，已经有了18家旗舰店。所在之处，体现着“亚振家具”高雅不凡的气质，给人以民族品牌国际化的感受，吸引着难以计数的买家与路人。

与这些旗舰店相比，上海淮海中路上的一幢小楼，规模要小得多。上下共四层，面积不足1 000平方米，可是这幢小楼却有着四海乾坤的内涵。

这幢小楼，自1999年落成之后，像一个坐标，引领着“亚振家具”走进北京人民大会堂、苏州新区的国宾馆、上海浦东新区的东郊宾馆，踏进2010中国上海世博会，迈入2012韩国丽水世博会……

可谓：淮海路上一小楼，功不可没妙佳人。

有一年，北京人民大会堂的上海厅，要翻新家具。上海机关事务管理局的经办人员走遍了淮海路上有名的家具店，从东走到西，最后来到淮海中路尽头的这幢小楼，上下走了一遍，发现“亚振家具”不仅设计独到，造型大气，与人民大会堂的气派相吻合，而且材质上等，制作精美，十分中意。后来又去上海家具行业协会作进一步了解，得到的是齐声赞誉，极力推荐。于是，“亚振家具”光荣地进入了人民大会堂。

又一年，苏州国宾馆为了迎接国外贵宾，急需更新贵宾厅的全套家具。苏州市一位副市长亲自带队到上海来物色家具。无独有偶，他们最终也是走进这幢小楼，看中了"亚振家具"的一些经典款式，立即提出订货要求。可是当得知没有全套现货时，副市长面露难色道："我们的时间只有短短10天，恐怕来不及了！"谁知，高伟当即一口承诺，抓紧赶制，不误国事。随后便立即集中全公司的顶级技术工人和管理人员，每天24小时日夜赶工，全力以赴。不到10天，整套家具按时保质完工，并由高伟亲自带队，连夜送往苏州国宾馆。待全套家具陈设摆放完毕，天已蒙蒙亮。就在当天上午，国家领导人在这里接见外宾。高伟在亲眼目睹国家领导人步入贵宾厅的那喜人一刻，疲倦的脸上露出了欢快的笑容。

有了这两段经历，"亚振家具"的名气如日中天。之后，上海东郊宾馆以及众多五星级宾馆也相继采用了"亚振家具"。

2010年，世博会在中国上海举行。高伟有意为这届在"家门口"举办的盛会出一份力。经上海市家具行业协会推荐，世博会组委会委托上海家具质检站对"亚振家具"作了一番考察，随即提出在两天内拿出一套家具设计方案。高伟带领设计团队，根据组委会的要求进行了深入细化的研究和分析，经过两天两夜的奋战，拿出了全套方案及效果图。评审一次性通过，经过实物打样送样，最后得以确认。2010年4月，"亚振家具"光荣地成为上海世博会指定家具供应商，陈设在世博会议中心的整套"亚振家具"，见证了来自世界160多个国家和地区的元首、贵宾，在中国国家领导人的陪同下，分享"百年夙愿、梦圆世博"的盛况。当世博会成功落幕后，"亚振"设计师获得了组委会特别嘉奖。

路还在延伸

2012年7月3日，是“亚振家具”正式注册创立20周年之日。20年的路不长，业已成就了一番宏业。

如今的“亚振家具”，荣誉环绕。先后荣获“中国十大套房家具品牌”“中国十大古典家具品牌”“中国十大欧美家具品牌”“全国家具行业首选推荐单位”与“中国家具行业优秀企业奖”等一系列荣誉奖项。

如今的“亚振家具”，已经形成了一支高素质的团队。由高伟领军的设计师已达数十人之多，中高级技术工人已达数百人。引进了先进工艺生产技术和现代化管理方法，推进了时尚营销。企业通过了ISO9001质量管理体系认证和中国环境标志产品认证。企业的基础更加扎实，管理更加可靠，机制更加活跃，效益更加显著。

如今的“亚振家具”，总部设在上海，制造基地分别位于南通和如东，形成了“两头在沪，中间在外”的战略格局。零售网点则星罗棋布于全国各大中城市，各地的有限责任公司也相继成立，18家旗舰店与108家店中店组成了庞大的阵容，在家居领域宣示新的生活、推进新的时尚。

如今的“亚振家具”，立足上海、辐射全国，走向海外。2012年在韩国丽水举办的以海洋为主题的世博会上，经由中国国际贸易促进会的选送，“亚振”宫廷沙发荣耀地陈设于海洋馆的贵宾厅内。高伟先生亲自率团前往韩国，与韩国企业代表探讨现代企业在绿色产业领域进一步发展和合作的话题，并被世界绿色投资贸易促进会（WGITPA）聘任为理事，“亚振家具”也入选为世界绿色投资贸易促进会的理事单位。

今天，“亚振家具”迈步跨进了第三个10年。高伟先生总结了他潜心修炼家具人生33年来获取的心智感悟：“我们除了仍要继续不断地学习先进的家具知识，继续用心做出更多的好家具之外，还必须要用心做品牌、做文化。”

如果说，已经过去的20年，在“经典亦时尚”的理念下，“亚振家具”以一流的设计、一流的材质、一流的工艺，成就了今天的辉煌。那么，下一个10年，在党的十八大所指明的全面建成小康社会的壮丽雄伟进程中，高伟与他的“亚振家具”将完成一次新的飞跃：从产品走向品牌，从品牌走向文化，用文化引领未来，实现“百年昌盛，健康发展”的夙愿！

亚振，打造为拥有人文关爱情怀、营造极致品质西式家具的领导品牌。

亚振，承担起传播家居生活文化、提供繁荣进步居家服务的时代使命。

亚振，对前程充满信心！

亚振，我们由衷祝福你！

华丽转身，双鹿上菱

宿迁，广阔江淮大地上的一座历史名城。

这里，是西楚霸王项羽的故里。

这里，有乾隆六下江南五次驻跸的行宫。

而今，一座来自上海的大企业到这里安营扎寨。投资15亿元、占地560亩、建筑17万平方米的巨型厂区，盘踞在这片土地上，营造着中国家电制造业的第五极，实施着“两头在沪，中间在外”的大布局，延续着独特创新的传奇故事，迈开了华丽转身的崭新步伐。

它，就是上海双鹿上菱企业集团的宿迁生产基地。

在这里，陈泉苗启动了双鹿上菱华丽转身的新篇章。

从农村到都市

自从陈泉苗启用双鹿品牌、复活双鹿品牌，至今已经有十三个年头。

复牌之初，面临强敌，身材弱小的双鹿不可能展开正面竞争。

避其锋芒，击其薄弱，才是上策。

于是，双鹿提出了“农村包围城市”的方针，主攻农村市场和三四线城市，这些年来做得扎扎实实，有声有色，农村网络四通八达，农村市场人口皆碑，双鹿冰箱年度销量迅速攀上一百万台的巨量。

很多人曾经关切地问：双鹿复牌了，双鹿在哪里啊？

其实，双鹿就在城镇乡村，就在这一片广阔的市场，辛勤耕耘，积蓄力量，扩充实力，树起旗帜，并且进入了中国家电十强行列。

十年下来，实力强了，该有新的思考了。恰在此时，实行了三年的"家电下乡"政策也在2011年底结束，农村市场的提前消费告一段落。

陈泉苗说，农村包围城市，不能长期包围下去。包围城市，最终是为了拿下城市。立足农村就是为了壮大自己，壮大之后就要进取城市。

进城是场考试。打铁还须自身硬。进城需要具备进城的条件。

陈泉苗亲身带队开展市场调研，决定双鹿上菱的产品向两端发展。一端是大众化的品种，完善产品系列，采用节能技术，更新造型款式，形成独特亮点。另一端是高端产品，开展产学研合作，加大研发力度，采用节能环保、LED炫亮照明、电脑控温、风冷和匀冷、彩晶外观等新技术，占领当今市场冰箱的制高点。

于是，一系列以一二线大都市为目标的高端电冰箱，相继问世。

这里有：率先开发的法式对开变频冰箱。采用变频制冷系统，制冷速度快、运行噪音低、节能效果好；并且整体设计采用四门三间室，冷冰室双推拉抽屉；外观采用全无边彩晶玻璃面板，气派美观。

有：四门对开风冷大冰箱。四门呈十字型，内有17个独立存储单元空间，电脑控温，隐形显示，全风冷无霜。由于采用立体环绕风设计，冷藏室内温度更均匀；双循环制冷系统，冷藏食品保湿不风干。这种冰箱将成为提升生活品质的主流冰箱。

有："互联网＋"大冰箱。这是在风冷冰箱基础上再配置"互联网＋"的功能，将冰箱产品的价值延伸。它以制冷保鲜为中心，向食物管理应用延伸，可以存储和读取冰箱存入物品的信息，可以提醒食物保存期，可以根据现有食材推荐菜谱，可以推荐营养管理，可以在线下单购买补充食材等。此外，还可提供以厨房及饭厅情境为中心的生活服务，包括影音娱乐、广播、新闻资讯、美食应用等。主界面简明、交互，充满生活情趣。

还有：门中门、透明门冰箱，等等。

就这样，在近两年的营销峰会上，双鹿上菱先后展示了对开系列、法式对开系列、风冷系列、电脑智能系列、全铜节能系列、多媒体系列等100余款高端冰箱新品。来自全国各地的经销商对此赞不绝口：无愧是中国高端冰箱专家！

凭着国内一流的新技术、新工艺、新材料、新产品，双鹿上菱给市场焕然一新的感受和冲击。不仅攻下或巩固了南京、杭州、合肥、济南等省会城市，还直接挥师进军上海。2012年，双鹿上菱与苏宁、国美达成长期战略合作协议，上海的国美、苏宁等家电专营大店、名店，都有了双鹿上菱的产品。

上海人高兴地看到：双鹿上菱又回来啦！

从上海到宿迁

培育和增强企业核心竞争力，必须多管齐下。创新固然重要，降低成本控制费用，也不可忽视。

上海是科技高地、人才高地，同时也是商务成本高地。陈泉苗深知这一点，成本过高，必然削弱竞争力，也削弱持续发展的后劲。他毅然决定实施"两头在沪，中间在外"的战略，来一个生产布局大调整。

两头在沪，就是把研发和营销、财务决算放在上海。上海是总部，上海是头脑，是中枢神经。

中间在外，就是把劳动密集、资本密集、耗材密集的生产制造放在外地。外地是四肢，放开手脚大发展。

双鹿上菱的这个转变，绝对符合上海的产业布局定位和导向。

陈泉苗带队考察了上海周边江浙两省很多地方，最后选中了宿迁这一处风水宝地。这里交通便利，靠近双鹿上菱的优势市场。这里民风淳朴，拥有充裕的劳动力资源。这里政策优厚，当地政府正在筹划建成中国家电行业的第五极。

陈泉苗的建厂决策得到了当地政府的欢迎和支持。

一旦决策，双鹿上菱的动作很快。从签约到开工建设只用了54天，从开工建设到第一台产品下线，只用了116天。在半年不到的时间里，双鹿上菱就完成了一期工程从签约、建设到生产的全过程。如此高的速度，令很多人咋舌。

奇迹并不止于此。人们欣喜地看到：

宿迁新厂，并不是简单复制，而是一次全面升级，是技术、工艺、产品、管理、思维的全面升级。高起点，全新出发。

主厂房面积广达78 000平方米，有10来个足球场那么大。人们笑称，这哪是冰箱车间，简直可以组装大飞机了。在这个大屋顶下，有三条冰箱生产线：通用冰箱生产线、冷柜生产线、风冷大冰箱生产线。

除了规模宏大的主厂房，还有配件厂房、物流厂房，同样也分别有数万平方米。这里的年生产能力可以达到300万台。不仅规模大，而且技术先进。

生产线上首次采用了每台价值30万元的大型机器人，自如准确地搬运和装配冰箱的大部件。国内顶尖的全自动冰箱U壳生产线，能够高效优质地完成冰箱外壳生产。冰箱保温层采取先装嵌薄片，然后整体发泡的新工艺，质量更为可靠。冰箱的半成品运送采用了滚珠式的传送带，曲直拐角，自动衔接，产品不落地。很多复杂部件采用油压机压制而成，一座座迷你“万吨油压机”排列成行，蔚为壮观。

鉴于宿迁地区配套不如上海，新厂区将许多零部件由外供改为自制。这里制造着各种塑料件，注塑、挤塑、吸塑三种工艺的设备成排成排整齐列队。冰箱玻璃面板过去全部依赖进口，受制于运输成本和供给不足，而今，投资1 000万元形成玻璃面板加工线，缓解了这个难题。

至此，双鹿上菱的新的产业布局，展现在我们面前：一个总部，上海；三个生产基地，慈溪、上海、宿迁，各有分工，协同发展。上海基地以智能空调和风冷冰箱等高端产品为主，宿迁和慈溪基地以冷柜、电机驱动压缩式家用冰箱以及洗衣机为主，三地互补，形成白色家电的全产业链。而冰箱的年度总制造能力达到500万台。

从线下到线上

产能的提升，技术的进步，固然喜人，市场的精耕细作，更为重要。

2012年，双鹿上菱品牌双双获得年度最受关注的冰箱行业十大品牌的荣誉称号。

2013 年，双鹿上菱企业集团与海尔、格力、海信等 6 家一线品牌企业同被评为全国轻工行业先进集体。

功成名就，然而，陈泉苗没有为此而陶醉。在他看来，中国家电制造业在经历了粗犷式的发展之后，应该从规模式发展向效益效率式发展转变。这是又一个重要转身。

双鹿上菱与上海的知名营销专家石章强及其上海锦坤文化发展集团公司合作，根据公司实际，设计了合理的销售渠道，并且有效实施营销组合，活跃公共关系，组建和培育强劲的专业队伍，提高他们的整体素质和促销技巧。现在，双鹿上菱的城乡销售终端已经扩展到 1 万多家门店，并且单店的销售量稳中有进。

双鹿上菱改进和完善与名牌产品相配套的"名牌服务"。建立、完善、经营和管理好布局在全国二十多个省市区的 2 000 多个售后服务站点，向顾客和用户提供全天候的及时和贴心的服务。它们的行动纲领是：让顾客买得放心，用得省心，服务贴心。通过口口相传，吸引新的顾客。陈泉苗还经常亲自对这些服务站点的工作质量进行抽查，发现不足之处，及时商研改进。

双鹿上菱在高品质产品和优良售后服务的基础上，也非常重视广告宣传和传播，逐步加大在广告方面的投入，选择合适的广告方式，让双鹿上菱品牌及其产品的知名度不断提高，成为大众知晓、熟悉、喜爱、追逐的对象。

每年度的营销峰会，是双鹿上菱与各地经销商之间、朋友与伙伴相聚的嘉年华盛会。双鹿上菱每每会拿出令人惊喜、令人惊奇的一大批新产品，而经销商们也不负重托，会拿出新的经销计划和新的订单。产供销之间交流心得，交流对策，心心相印，共创未来。

总是在欢笑和掌声中，结束聚会，开启新的征程。

在耕耘线下市场的同时，双鹿上菱又不失时机地启动了与电商的合作，公司内部设立了电商事业部，在天猫、京东等网上设立了六家旗舰店。2014 年下半年起步，一炮打响，半年的电商营业额达到 5 000 万元。2015 年，进一步加大力度，全年电商营业额达到 1.5 亿元，接近总营业额的十分之一。

电商业务的快速发展，让众人雀跃，欣喜不已，然而此时，陈泉苗作为当家人，又清醒地关注到电商发展与线下终端协调发展的问题。他强调，线上线下不能互相冲击，抓了一头，丢了另一头，而是应当互补发展，比翼齐飞。

在具体操作上，陈泉苗主持并实施了差异化策略，也就是线上产品与线下产品要分档次，分品种，即使同一型号也得在装饰或配置上有所差异。线上重点推广大众化产品，而都市的专店专柜重点推广高端产品和全新产品。经过分工，双鹿上菱一方面在线上高歌猛进，另一方面在线下终端也稳定前行。

从境内到海外

面对国内产能过剩的制造业难题，双鹿上菱在品质、服务和品牌、网络建设上狠下工夫，取得了成效。在全行业不景气，连那些顶级大品牌也都连年出现高两位数大幅度下降的情况下，双鹿上菱仍然实现了稳中有进。年度销售额稳定在 16 亿元上下。

但是，陈泉苗并不为此而自满，他把目光投向了一片新的值得拓展的市场：海外。

在双鹿上菱的总销售中，出口占到十分之一，其中孟加拉国等南亚国家和中东地区是主销市场。走出去能不能迈出更大的步伐？

他带队考察了南亚市场，选中了孟加拉国，这里有两亿人口，虽然穷了一点，经济状况犹如我国20世纪八十年代改革开放初期的水平。但却是一个发展潜力很大的市场。一旦暴发，市场前景将不可估量。

但是，当地100%的高关税，将冰箱价位拉得过高，限制了消费水平的提高。而另一方面当地劳动力价格的过于低廉，工人月均工资仅相当于人民币五六百元，又让陈泉苗看到了希望。

如果在当地设厂、就地生产，不就可以把这"一高一低"的不利，变成"双低"的有利条件吗？既可以避开高关税之苦，又可以享受低价劳动力之利，生产出适合当场购买力水平的产品，将原本让人却步的奢华产品，变成相当一部分人能够买得起的大众产品，把当地的冰箱市场成倍扩大。

陈泉苗找到双鹿上菱在孟加拉国当地的大经销商。经过几轮谈判，双方商定：由经销商出土地、出资金，由双鹿上菱出人才、出技术、出设备、出零部件、出品牌，以8∶2的比例，组成合资公司。

这家总投资500万美元、年产40万台冰箱的项目已经进入建设期，而由双鹿上菱调整产能、腾出的一条冰箱生产线，经过翻新整修，也已焕然一新，运到现场，完成组装。一批批孟加拉国工人完成了技术培训和上岗考核。

但是，迫切期待的人们却已等不及了。他们将先期运到的零部件，组装成一台台冰箱，先行上市了。孟加拉国有了本土的"中国制造"。

而此时的陈泉苗，又在筹划下一步的海外发展布局了。

是的，故事没有完

站在项王故里前，项王那令人荡气回肠的悲壮历程，让陈泉苗感慨万千：取得一场两场胜利，算不上什么。我要的是持续发展，要的是品牌长青，要的是基业长久！

“宜将剩勇追穷寇，不可沽名学霸王”。陈泉苗亲自编排导演的这场华丽转身，只有起点，没有终点。一页又一页新的动人篇章，将在世人面前陆陆续续靓丽展现。我们期待着，也祝愿着：双鹿上菱一路乘风破浪、胜利远航！

（原载《上海轻工业》2015 年第 6 期）

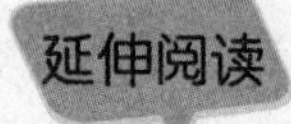

双鹿上菱：新厂投产

于 2021 年 6 月建成投产上菱高端智能冰箱制造基地项目，侧重于智能高端冰箱产品的研发、生产和销售，采用国际上最先进的生产设备和质量检测仪器，引进全套意大利箱门吸塑设备、德国克劳斯玛菲箱体＋门体整体发泡设备，车间整体按照智能化、信息化、可视化的要求进行设计，配备智能物流配送系统。该基地位于江苏新沂经济开发区，总投资 50 亿元，其中一期投资 30 亿元，新增建筑面积 30 万平方米。

传奇"绿亮"，加亮，再加亮

提起"绿亮"，不仅是一个品牌，更是一个传奇。君不见，"绿亮"曾是上海电动车行业的一个杰出代表，年销量占到全市的五分之一强。忽然间，"绿亮"一步跨到数千里之外，在西双版纳热带雨林大展拳脚，把铁皮石斛事业做得风生水起、名扬一方。正当人们惊讶未已，"绿亮"又在上海办起了科创园，并且一个接着一个，让无数有志青年在这里创业圆梦。不仅跨域之大、声势之壮让观者瞠目结舌，而且还做一样像一样，做一样成一样，个个精彩，样样亮丽。这是不是传奇?！是不是神话?！

更神的是，"绿亮"的创始人和董事长方加亮先生本人更是一个传奇。且不说他来自钟灵毓秀的雁荡山区，早年只是身带数千元，就来到大上海创业，血气方刚，屡试锋芒，且战且胜；也不说他将一辆电动车拆得四分五散，从而摸到第一手资料，从无到有，硬是做成了一番事业。只看如今，他又是石斛，又是园区，还一脚踩进了金融业，让"绿亮"事业加亮再加亮。这难道不神吗？真让业界人士百思不得其解。

传奇"绿亮"，加亮，再加亮，答案在哪儿？且听笔者细细道来。

发展石斛　事出有情

跨越，是方加亮的拿手绝技。从雁荡到上海是一次跨越，从铸铁加工到电动车制造是一次跨越，从国际大都市到热带雨林更是一次大幅度跨越。

怎么会想到去千里之外、彩云之南的西双版纳再次创业？方加亮说：一是家乡情结，二是社会责任。

这与雁荡山有什么关系？有关系！关系还大得很！

原来，铁皮石斛的栽培和种植在雁荡山所处的温州乐清地区已经有了几百年历史，石斛文化是这里的传统文化。这里的人们都知道中国古典《道藏》所述，铁皮石斛是九大仙草之首，连天山雪莲、百年灵芝、野山人参都排在其后。尤其是改革开放以后，温州乐清地区更是成了全中国铁皮石斛的集散中心和交易中心。据不完全统计，温州地区的铁皮石斛交易量占到中国内地的70%以上。

铁皮石斛本性温和，滋阴补阳，最重要的成分是生物多糖，对于增强人体免疫力，甚至抗击肿瘤都有明显效果。不过，浙江当地出产的铁皮石斛个头比较瘦小，而云南出产的铁皮石斛才是粗壮有力的。温州人不是只会做做石斛生意，而且还懂得如何培植优质石斛。他们从云南引进良种，通过组培苗培育成功，长出酷似云南品种的铁皮石斛。为了保存长久，还经过手工艺加工，以及木炭烤干，将石斛变成了枫斗，风行东南亚。

自小耳濡目染，对云南、对石斛的那一份情感，在方加亮心头由来已久，早有萌芽，只不过是时候未到，未及勃发。

2007年，在电动车事业取得相当成就之后，石斛情结自然就浮上心头。方加亮走进了云南，来到了西双版纳。他看到，这里野生资源丰富，遍地宝藏无限；可是，这里的老百姓却不富裕，守着的宝藏变不了宝。经过一番实地考察和调研分析之后，方加亮决定在当地扎下营盘，既要把云南优质铁皮石斛发展起来，又要把当地农户带动起来。

方加亮在上海成立了"上海增靓投资有限公司"，在云南当地组建了"西双版纳增靓生物科技有限公司"，专注于石斛事业。

万事开头，科技领先。方加亮集结了十多位专家，组成企业技术中心，从石斛资源调查收集、种苗繁育到人工栽培做了大量研究和开发工作，先后完成了"高效培育技术""大面积栽培方法和仿野生栽培方法""系列产品加工技术"等一系列课题，研发了以"增靓1号"为代表的一系列重点新产品。

企业运营模式采用了"公司+基地+农户"的办法。一方面，公司投资建设了占地500余亩的现代化栽培基地，其中有先进的实验室、占地100亩年产3亿株种苗的繁育园、占地200亩有机栽培石斛的示范大棚，以及一座达到GMP标准的加工厂，成规模发展；另一方面，又将组培成功的大批优质种苗出售给当地农户，分散种植。

公司以订单农业的方式与农户建立巩固的产业化协作关系。农户的责任是保证作物的产量和质量，而公司则负责技术培训、技术指导，以及收购加工、打开市场。农户不愁种了之后没有销路，种植积极性大为提高，石斛种植总面积逐步增加，最高时达到5 000多亩，亩产值达到8万元以上。方加亮用实实在在的努力带动当地现代农业经济的发展，帮助当地老百姓脱贫致富。

经过整整10年，方加亮的石斛事业带动了当地上千户农户的加入。石斛人家成为当地第一批买汽车的人。不少年轻人通过种石斛，手里有了票子，家里盖了房子，身边娶了娘子，代步买了车子，银行还存了款子，好一个新时代的五子登科。这正如习近平总书记所说，“真扶贫，扶真贫”。

回顾这 10 年，方加亮深情地说：“人这一辈子能有几个 10 年，能全效工作的生命也就是 40 来年，而我把自己美好的 10 年给了西双版纳。”

开辟园区　复制神奇

一个人成功不算成功，千万人复制成功才是真正的成功。这是方加亮创办“绿亮科创园区”的原动力。

方加亮回顾自己 20 多岁闯荡上海，做了很多行当，碰到过很多曲折，从自己艰难起步屡次创业的历程，深知当代年轻人有志创业并不是一件容易事。屈指算来，如今自己已经年近五十。这历程中沉淀了多少经验，也积累了一些社会资源。这些应当整合起来，用作借鉴，形成平台。

他说：现在的年轻人就像我自己二三十岁时一样，有创业梦，有实干精神，追求技术和知识。我们应当为他们实现梦想创造一个良好的机会。我自己虽然成不了马云，但可以通过平台建设，努力培养一批“小马云”出来，这是一件非常有意义的事情。

2014 年，习近平总书记在上海考察时强调，上海作为全国最大的经济中心城市，在国家发展大局中占有重要位置，要抓住机遇，锐意进取，继续当好全国改革开放排头兵、科学发展先行者，不断提高城市核心竞争力，开创各项工作新局面。这一番话更是为方加亮点明了方向。

方加亮开始了又一次创业之旅：开发和建设绿亮科创园。通过科创园这个平台，扶植更多的有志年轻人奋发创业、展现才华、锤炼人生，为社会作贡献，为生活添光彩。

2014年4月10日，上海绿亮科技创业投资有限公司成立。公司总部腾出了占地3.5万平方米的厂区，经过整体规划和改建，形成了第一个科创园区。园区定位是以高端节能电机、变频器、智能化电控节能控制系统及设备等"四新"高科技产业为主，形成自己的科创园产业特色。

这个定位既依托了绿亮集团的产业优势，又依托了上海市自行车行业协会和上海市节能协会的平台优势，还迎合了未来几十年产业发展趋势，具有很强的独特性、竞争性和前瞻性。

绿亮科创园扶持科技创新，分成若干层次。

"创业苗圃"主要服务对象是高校毕业生。他们具有强烈的创业梦想，有创新思路的金点子，缺的是必要的创业条件。园区为他们提供场地、设施、资金和创业导师等，给予全力支持。

"创业孵化器"主要服务对象是掌握一定的知识产权且有研发前景的项目。园区通过提供天使投资基金等融资平台服务，支持科技成果转化成工业产品，让"蛋"变成"鸡"。

"创业加速器"主要服务对象是掌握某个领域核心前沿技术的科创企业。园区将提供股权投资、金融配套服务，促使这些企业快速成长，成为有战斗力的"雄鸡"和会生金蛋的"母鸡"。

园区对科技型小微企业的扶持，更是悉心周全，实行了园区内企业辅导员和创业导师全覆盖，以一对一的保姆式专业服务方式进行辅导。园区还设有"梦起点创业营"，这是专为早期的、初创的创新创业者而设立的培训基地，用以提高创业者的创业技能和素养，为创业圆梦打下扎实基础。

在总部科创园取得经验、取得成功之后，方加亮调度公司的存量资源和社会资源，又先后办成了松江泗泾、虹口溧阳路和丰镇路、闵行元江路和景联路5个科创园。

所有这些科创园的孵化区内，都依入驻企业要求合理分隔，实行全装修，房型方正，采光良好，配有办公家具和百兆光纤网络接入，水、电、天然气和电话等配置完备。园区集办公、研发、会务、接待、产品展示为一体。园内环境优美，绿化到位，餐厅、咖吧、便利店、存取款机、运动设施、会议厅室、停车场等一应俱全，便于创业者一经入驻便可直接进入工作状态。

诚信为本　跨界融合

方加亮的座右铭是“诚信为本”。“诚信——是金，是银，是企业发展的灵魂”。这句至理名言在公司走廊上，在办公室墙壁上，在方加亮名片上，无数次重现。他是这样说的，也是这样想的，更是这样做的，言行一致，一以贯之。

正是诚信为本，绿亮的电动车赢得了“三无”的美誉：无污染、无噪声、无排放。方加亮希望让消费者以最少的钱买到品质优良的电动车。在品牌创立之初，几乎是以“零利润”经营。宁可自己亏一点，也不让用户亏。在创立之后的短短3年之内，绿亮就成为上海市场销量第一的电动车品牌。

正是诚信为本，绿亮在云南开发铁皮石斛得到了当地政府的支持和广大农户的拥戴。人们说，与绿亮合作，种苗有来路，栽培有技术，出售有承诺，收入有保证。这样的合作谁不欢迎！

正是诚信为本，绿亮科创园每天24小时提供着“三心服务”：真心、贴心、用心，为创业者解决实际难题，赢得了上千家企业入驻园区，演绎着科技创新的一出出有声有色的活剧。

诚信，让绿亮在大上海站稳脚跟；诚信，让绿亮在云之南扎下营盘；诚信，让绿亮在科创园招来百鸟争鸣。

诚信，也让方加亮与各行各业的伙伴结下友谊，跨界合作，互利共赢，并且跨进了一个新的行业——金融业。

这是产业资本与金融资金的一次无缝对接，这是创新创业与融资平台的一次天作之合。

方加亮亲眼见到，进入园区的创新创业者绝大多数不是上海本地人，而是来自祖国大地四面八方。他们要创业，要融资，缺的就是可用以抵押的资产。有的项目明明前景看好，却因为融资困难而半路夭折，真让人扼腕痛惜。

现在好了，方加亮手上有了一系列的金融工具，既可以用来发展壮大自己，也可以用来帮助扶持别人，尤其是这些有志向、有干劲的年轻人。

这里面有银行——绿亮参股9%的闵行村镇发展银行，有融资租赁公司——绿亮参股10%的闵行融资租赁有限公司，有天使基金——绿亮100%控股的绿亮创业投资有限公司，等等。

有了融资平台和金融头脑，很多难解之题就变得简单易行，矛盾和困难迎刃而解。

比如租金。入驻科技园，租借办公设施，自然会发生租金问题。这对资金不足的创业者会产生不小的压力。别急！凡是科创型创业企业，一经认定，就可以通过科创园，争取到政府50%的房租补贴。还有50%怎么办？如果您被方加亮看上了，就能以股份合作的形式，免去另一半租金。这时，绿亮科创园就成了你的合股者。尽管眼前还是"丑小鸭"，但是方加亮看好的是你的长远发展前景。目前，科创园内不少企业已经成为"免费的租客"，变身成科创园入股合伙精心培育的"种子"。

比如流程。为扶持创业，科创园争取到有关银行1亿元授信额度，入驻的科创型企业每家最多可以争取到300万元科创贷款。这可是解了燃眉之急。然而，起初审批流程较长：先由园区推介，再由银行支行审核，最后报市分行审批。还没批下来，创业企业就“死”了。经过方加亮再三争取，市分行将审批改为备案，额度小一点，从300万元减为200万元，流程却大为简化，资金马上可以到位，大大方便了企业。但是，园区和支行却承担了相当的风险。为了扶持科创，方加亮愿意承担这个风险。

比如天使投资。方加亮通过天使投资等一系列金融扶持平台，慧眼识珠，雪中送炭，为许多有前景的科创型企业解决融资难题，扶持这些企业破茧而出、展翅飞翔。屈指一算，天使基金扶持的企业已有20余家之多。那是2016年春节前夕，科创园内有一家从事数控机床制造的智能型企业因为资金困境而面临关闭的危险。这家企业前期曾向众多亲友筹得上千万元资金几近耗尽，眼看濒临绝境。此时，方加亮出手相救，为它作担保，引进了一家工商资本公司，通过尽职调查和评估，按企业评估值3 000万元的20%借给他600万元，让它渡过难关。如今这家企业发展良好，在全市创业大赛中评上了创业大奖，创业者本人也被选拔到市委党校培训，最近还获得阿里巴巴的青睐入股投资，现在这家企业把上海作为总部，设置研发中心和销售中心，而在云南设置生产基地，高端数控机床相继投入制造，并且已经接到许多订单。

面对来自全国各地的创业者，方加亮做了许多“天使”般的事：带有天使基金性质的资助，带有天使般姿态的呵护，带有天使般慧心的指引。在2018年梅陇经济发展论坛上，方加亮吐露了他的心声：“我很愿意做这些事，感觉到这是很幸福的。”

壮心不已　再绘蓝图

如今"绿亮"的版图上已经有了坚实亮丽的三大实业支柱：电动车、铁皮石斛、科创园，再加上融资平台，真可谓春风得意、四平八稳。然而，方加亮却看得更远，想得更多。

他说：我是一名中国共产党党员，为了人民的幸福和民族的复兴，我们只有生命不息，努力不止。

习近平总书记对民营经济的健康发展寄予厚望。这对方加亮更是莫大的鼓舞和鞭策，倍添力量。

当他看到一家又一家科创型企业在他的帮助扶持下鹰击长空、翱翔蓝天时，他就会抑制不住满心的喜悦和莫名的激动。

我们见到，在绿亮科创园内，一个全国最大的盾构机远程监控系统正在有条不紊地运行着。这家公司的总经理指着大屏幕上显示的一个施工现场画面告诉我们：这是位于沈阳地铁 10 号线的盾构机掘进的实时动态。大屏幕上，盾构机的推进速度、总推力、油温、坡角等数据分分秒秒在变动着。在这个数据中心，能够即时准确地监控远在数千公里之外的盾构机工作状态。一旦出现问题，后台将会在第一时间发出预警，并在瞬间传递到前方指挥部，及时采取应对处置措施。未来，甚至可以根据大数据，预知开掘的相关技术难点，提前介入工程，降低开发成本。目前，全国各地正在工作中的盾构机有 800 多台，介入这家公司平台的已有 60 多台，分布在全国 10 多个省区市，为行业之最。随着更多企业对"后台数据管控前台管理"这种模式的认识，将会有更多盾构机接入。截至 2019 年末，接入该平台的施工中的盾构机超过 400 台，约占全国总量的一半，公司也已成为"中国盾构中心"。

绿亮科创园的成功并不是一种偶然，而是一种可以复制的成功。

未来3年，绿亮集团规划在长三角地区再开辟50家科创园；5年之后达到100家科创园的规模，从而形成绿亮科创园的连锁品牌。这是另一种创业。在这种创业之中，倾心推出的不是这样或者那样具体的商品，而是造就千万个富有活力的弄潮儿和开拓者；竭力打造的不是这一个或者那一个商品的品牌，而是一座座成功创业、映亮时代的丰碑！

在方加亮的办公室里，挂着一副对联，上联是“生命之树常绿”，下联是“事业之灯永亮”。这既是明喻，又是祝福。只要心态年轻，不忘初心，牢记使命，何愁绿亮事业不能加亮，加亮，再加亮！

延伸阅读

绿亮：方加亮建言献策

2021年1月，上海市政协委员方加亮向市政协十三届四次会议提交提案，建议从四方面精细化推进“政会银企”四方合作机制，更好服务中小企业。推动信息共享、提升服务效能、推动风险共担、有效资源整合，在实践中不断尝试好办法。

一杯暖人心，一生思乐得

记上海思乐得不锈钢制品有限公司

2019 年 3 月 12 日，一阵汽笛长鸣，"雪龙号"科考船在上海港码头泊岸，我国第 35 次南极考察队历经 131 天 3 万多海里的艰险历程胜利归来。伴随这次考察队远征南极的思乐得不锈钢真空保温瓶，也经受住了极地恶劣气候环境的考验。在严寒的环境下，不仅携带方便，安全可靠，而且保温性能相当卓越，因而成为考察队员的"暖心宝贝"，获得了交口称赞。

是的，问世 28 年的思乐得，正是以过硬的品质、时尚的造型、科学的结构、繁多的品种，以及暖心的服务而赢得国内外市场的满堂喝彩。

今日思乐得，已是行业的佼佼者，年度营业额达到 4.2 亿元，利润总额达到 3 000 余万元。产品包括保温杯、壶、瓶，形成了"居家系列""旅游系列""办公系列""酒店系列"四大系列共 300 多个品种，远销欧美、日韩、澳新等 50 多个国家和地区，是境外采购商在中国的首选商品之一。出口比重高达 80%，年创汇 5 000 多万美元，其中约 40%的目标消费者在美国。

昔日思乐得，只是一家不起眼的小企业，从 1991 年成立之日起，历经改革开放的大潮冲击和风雨洗礼，而今已然成为行业创新的领跑者。

成功之道在哪里？公司总经理张斌告诉我们：这是因为思乐得有着清晰明确的价值理念，有着持续创新的发展目标，有着“五个专注”的行动纲领。

专注本行业，不忘初心

业外人士可能会奇怪：思乐得，思乐得，明明是中国的公司、中国的品牌，为什么偏偏取了个有点洋味的名字？

作为原创者之一，张斌总经理告诉我们：这个名字其实富含中华传统文化元素，高度浓缩了公司的核心理念：思，即思于勤；乐，即乐于行；得，即得于道。用今天的语言来描述，就是承担社会责任，遵守社会规则，顺应时代潮流，勤于思考，勇于实践，不断创新。

思乐得是这样取名，更是这样实践，行动落地，不放空炮，专注本行业，做精做细做新做实，心无旁骛，不动摇，不偏移。

中国保温瓶行业，在鼎盛时期曾经多达2 000余家企业，然而，历经金融风暴的冲击、产能过剩的调整、各种诱惑的袭扰之后，如今尚存700家。而思乐得作为行业中最早生产不锈钢保温杯壶的企业之一，却在几度风雨之后，依然不改初心，持续发展，长期保持两位数的高速增长。

28年中，思乐得碰到过许多困难和波折，也面对过许多偏离主业的诱惑。诸如投资房地产或者矿山，升值倍率大；投资股票市场，可以用钱生钱；发展多元化经营，可以左右逢源；如此等等。可是，思乐得却始终专注如一，不为所动。

他们明白，成就一番事业往往需要几十年乃至几代人的持续努力。对照日本同行，虎牌已成立96年，象印已成立101年，膳魔师更是已成立115年，这种历经上百年、专注本行业的坚持和坚守，以及持久不懈的努力和追求，值得我们学习和借鉴。

曾经有一段时间，为了降低商务成本，上海制造业许多企业纷纷把生产基地迁往他处。甚至有专家认为，劳动力成本高的地方难以发展制造业。这种思潮也曾冲击过思乐得。

但张斌总经理却是这样思考的：日本和美国的劳动力成本肯定比上海高，但为何丰田和通用的汽车生产基地还能在本土立足？原因就在于，只要产品出色、管理科学，即使劳动力成本上升，也无碍发展大局。而“上海智造”在外商眼里本来就是一个加分项，只要技术升级、产能倍增，单位生产成本反而会有所降低，国际市场的竞争力也就会更强。

正是这样，时至今日，思乐得所有生产基地都在上海，并且90%的员工来自上海本土。这当然不仅仅是上海情结，更是一种前瞻性的战略眼光。

专注本行业，不仅仅是安于本行业、乐于本行业，更重要的是做好本行业、出彩本行业。思乐得在成功研制我国第一款不锈钢真空保温气压壶后，就一直坚持技术创新、产品创新、管理创新和品牌创新，就一直密切监测外部市场的需求变化趋势和技术发展趋势，及时调整产品开发的方向、速度和技术路线，保持对全球市场目标的同步跟踪，并依托先进的技术和装备的改造，促进产品研发和更新换代，推进公司产品多元化、商务国际化、发展可持续化的目标进程。在“中国真空气压壶中心”落户思乐得之后，思乐得更是扛起了行业发展的大旗。由思乐得执笔主起草的产品国家标准，在许多方面已高于日本同类产品的水准，这也意味着中国在这一领域的研发水平达到了世界领先水平。

专注持续创新，中国智造

28年来，国内外保温杯壶市场经历多次潮起潮落，而思乐得却始终稳扎稳打，不仅保持着连续多年高速增长，并且还取得相当可观的经济效益，靠的是什么？

“我们靠的就是品质至上，靠的就是持续创新”，张斌总经理说，“为了做好做精一只保温杯，我们足足用了28年”。

最初的产品开发，带有某种盲目性，市场流行什么，就开发生产什么，缺失品牌自身的内涵和个性，因而曾经有过一些失败的案例。但是，正是经验和教训让思乐得人明白了一个道理：从实际出发，产品才有生命力。偏离用户的实际需求，产品设计必定百无一用。

从此，思乐得的设计风格为之一变，从求“多”转向求“精”、求“准”，从过去每年开发四五十个新品，到如今每年集中开发10来个精品。要么不出，要出就是有个性、有特色，能够切实解决生活中的难点和痛点，并且要求做得极致，让消费者买了称心，用了放心，拿了顺手。真所谓“杯不惊人不罢休”！

设立多年的“技术研发中心”是产品和技术创新的核心。每年相当比例的投入以及创新人才的集聚，让思乐得在与国际同行的竞争中，逐步实现从模仿、同步到超越的历史性突破。新品精品迭出的思乐得在世界舞台上频频亮相，博得一声声喝彩。

2010年世博会在中国上海盛大举行，思乐得被授予“世博会家用金属制品及塑料制品特许生产制造商”，思乐得精美的保温杯壶瓶及家用塑料器皿成为上海本土品牌的骄傲。时隔5年，思乐得又再次闪亮登场意大利米兰世博会，思乐得新颖的杯壶臻品和厨房用品在世博会中国馆里惊艳展出。

思乐得产品因为创意独到、设计新颖、制作精美，不仅市场热烈欢迎，而且业界高度评价。

2015 年 11 月 19 日，有着中国工业设计界“奥斯卡奖”之称的“中国设计红星奖”的颁奖典礼上，思乐得的“单手直饮运动水杯”从来自 18 个国家 1 566 家企业的 6 025 件产品中脱颖而出，荣获“中国设计红星奖”的殊荣，让同行们为之震惊。

2016 年又传来喜讯：思乐得出品的一种能够指路导向的智能型野营水壶，荣获国际设计权威大奖——iF 设计奖。

2017 年 3 月，思乐得报送的两款不锈钢真空保温壶（乐尚壶和乐致壶），从来自全球 54 个国家万余件产品中脱颖而出，一举斩获两个德国“红点奖”。

2018 年，思乐得的全钢法压壶（乐咖壶）又力压群雄，从上万件顶级作品中，一举摘得美国工业设计奖——IDEA 奖的皇冠。同年，这一产品还揽下 2018iF 奖和 124 届中国广交会 CF 奖。一年之内连获 3 项国内外权威设计大奖，在全球保温杯行业尚属首次。

就这样，短短三四年间，思乐得囊括了全球四大工业设计奖项，实现了中外工业设计顶级奖项的“大满贯”。这充分证明了思乐得惊人的创新研发能力。这是思乐得人 28 年持续创新成果积淀的一次次爆发，这是思乐得人弘扬“中国智造”的一声声响亮号角。

张斌总经理深情地告诉我们，思乐得专注于产品开发，但是决不开发那种误导百姓的忽悠产品。曾有一个时期，社会上所谓的“新概念”杯子相当好销，业内人士都明白，其实这只是一种忽悠。可是，仍然有不少企业经不起短期利益的诱惑，守不住底线，也跟风生产销售这类杯子。对此，思乐得冷眼旁观，绝不跟从。思乐得的理念就是致力于为民造福，让人民群众得到真真切切的实惠。

专注品牌建设，志向远大

思乐得从创立之日起就有着远大的志向，立志成为“国际精品杯壶制造商”。经过多年市场风雨的洗礼，思乐得更坚定了拥有自主知识产权和建设自主品牌的信念，走上了一条与国内许多同行不一样的发展道路。

国内不少厂商习惯于走OEM贴牌代工的道路，以为这样做省心省力，市场风险小，生产相对稳定，乐于用苦力去赚取一点蝇头小利。殊不知，长久以往，却走失了自己的品牌面貌，抑制了自己的创新能力和持续发展能力。

思乐得坚持创立并拥有自己的品牌和品牌体系，这包括“思乐得”主品牌以及“SOLIDWARE”和“LUOTUO”子品牌。经过多年培育，这些品牌在国内外市场已经具有一定的知名度。

为着传播和弘扬自主品牌，思乐得在国内拥有直营终端门店——思乐得生活馆，在全国各大中城市也遍布思乐得品牌经销专柜。近年来，思乐得又积极拥抱互联网，开拓了天猫等电商渠道，率先推出“思乐得微分销系统”。通过整合自媒体资源，不仅可以做到“零门槛，无库存，不需发货”，总部还替卖家做好“产品+推广+售后”的支持。这种“思乐得微分销系统”改变了传统的层层渠道递推模式，只要人手一机发微信，就能让更多的人快速便捷地购买到中意的思乐得潮品。

除此之外，思乐得还开辟了“私人订制”的通道，无论是团体还是个人，也无论是数量上万还是只有少少几个，一视同仁，一样可以下单，一样可以提出订制要求。诸如公司司庆、个人生日、结婚纪念等等，可以设计和印刻各种专用图案和祝福语，乃至姓名和日期等。总之，通过这种专业、细致、周全的服务，让思乐得品牌更加深入人心。

从2014年起，思乐得保温杯又牵手中国国家高尔夫球队，成为其战略合作伙伴，在全力支持国家体育事业发展的同时，也有效传播了思乐得品牌健康、安全、时尚的美誉度。2015年国庆期间，思乐得与格力、海尔等一起入选"走向世界的66个中国品牌"，在美国纽约时代广场黄金大屏幕上闪耀亮相，站在世界的高度，让世界欣赏"中国智造"。

与OEM贴牌加工道路相比照，作为技术原创、设计原创的思乐得，还开创了一种ODM的新路径。在这种模式下，不再是出卖劳力，而是输出设计和技术，赚取智力创造的倍加收益，更重要的是占据了品牌建设和技术开发的高地。思乐得自行设计的一些新锐产品常常为国际同行所仰慕、所追求，思乐得在收取可观的版权费用之后，允许它们配上自己的品牌名称去生产。十分有意思的是，很多国内消费者到欧美日争购的那些洋品牌保温杯，其中相当一部分就是源自思乐得的原创设计。

专注精益管理，全员执行

在思乐得，人人都知道"三大纪律""六项注意"和"必须作为"。哪怕是扫地的清洁工、门岗的保卫员、食堂的炊事员，都能记得清清楚楚，说得琅琅上口，做得扎扎实实。

"三大纪律"是指：组织管理纪律、工艺纪律、工作生活作风纪律。"六项注意"是指：注意工作中的心态、细节、借口、时效性、协调性、主动性。"必须作为"是指：在工作中强调"积极作为，拒绝平庸，反对不作为行为”；在工作关系中强调“没有卑微的工作，只有卑微的心态”；在问题困难面前强调“没有解决不了的难题，只有解决不了问题的人”；在改革发展中强调“没有夕阳的产业，只有夕阳的企业”，“用创新发展的思维去做我们的事业”。

“纪律、责任、创新”，正是思乐得的核心管理理念，要求各项工作必须体现精益化管理的要求，实现企业的可持续发展，并演化出许多生动的案例。而“1号工程”就是其中的一个杰出代表。

什么是“1号工程”？张斌总经理告诉我们：就是把大家最不满意的问题作为当年度的“1号工程”，以项目管理的模式专门列项，组织全体员工，集中企业人力物力财力加以攻克，从而推进企业经营管理从粗放型向精细型转变。每年都有一个“1号工程”，最近15年就先后列出15个“1号工程”，不是只做1年，而是持续地做，长年累月，坚持不懈，每年有所进步。15年下来，企业面貌就大变样了。

这些年来，思乐得先后针对存货、现金流、生产周期、工时利用率、原材料利用率、返工率等管理要素，按照项目管理模式持续改进。与15年前相比，平均生产周期从61.4天压缩到31.5天，原材料综合利用率从60%提升到76%，返工率从2%～3%降低到0.8%，运营周转次数从一年2次提高到一年6次，2018年又加速到近7次。正是这样，一点一点抠，每年进步一小点，累积起来可不是一小点，而是相当可观的一大点。这使得企业的净资产收益率持续保持在30%以上，大大高于行业平均水平。

思乐得的现金流管理相当好，几乎不借银行一分钱，违约应收账款控制在万分之一以内，也就是说，资金回收率达到了惊人的99.99%。一年5 000万美元的出口贸易，非正常应收账款竟小于

5 000美元，这可是一个奇迹！这是如何做到的呢？张斌总经理告诉我们：这里面有很多诀窍。首先，“打铁先要自身硬”，思乐得的产品先要过得硬，适销对路，有吸引力。其次，做生意要选择客户做，只选那些有品位、有信誉、有实力的中高档客户。再次，不做长期放账的生意，明确规定从订货到交货收账60天内完成，多一天不行，少一分也不行。同时，公司内部设立两条底线，一是“非正常应收账款”底线，二是“非流转存货考核”底线。凡是触碰底线的就动真格：干部降级使用，员工没有加薪。

这种“设底线，动真格”的做法，不仅用在资金周转方面。张斌总经理告诉我们：全公司一共有6个“一票否决制”，包括安全、质量、存货、资金、环保、社会责任六个方面。只要触犯其中一条，干部自动降级、员工自动不加薪。正是铁的纪律，有效保证了公司内部精益化管理的全面推进和精细执行。

与此同时，思乐得在企业内部设立一项非常特别的“创新奖”。特别就在于，只要你想得出，马上就可以设立一个奖项。就这样，先后围绕产品、技术、工作流程、组织架构等陆续设立了10多个奖项，造成企业内人人想创新、人人争创新的良好氛围。全体员工人人都可以提合理化建议，哪怕只是一个小点子，只要有可取之处，至少可给予200元奖金；每半年还要隆重举办一次“创新奖”评奖，根据成效，予以重奖。

专注社会责任，良心企业

张斌总经理说：“专注社会责任，建设良心企业，是思乐得的核心理念之一。我们对于社会责任的理解和履行，是从消费者利益、社会层面利益、供应商利益、员工综合利益与股东利益五个方面来综合考量的，从而实现友好型发展，实现长期共赢”。

消费者利益层面，思乐得确保产品货真价实，安全可靠。张斌总经理说，一个杯子用了10多年，保温效果依然良好，这既是对品质的追求，也是对社会责任的履行。按照国内生产标准，只需在杯子里面即与水接触的部位采用食用级别不锈钢就可以了。可是思乐得偏偏要求杯子里里外外全部采用食用级别不锈钢，因为这就是对消费者利益高度负责。现在，思乐得产品全面对标日本三大名牌，从设计、质量、产品标准，以及服务、社会保障等各个方面，都有不俗的规范，甚至比日本名牌还要高出一点。

社会利益层面，思乐得重点关注绿色环保造福社会，大量采用无污染、无公害的工艺技术，生产绿色环保安全的产品。思乐得还关注老人的健康和青少年成长。每年重阳节，思乐得都会走进浦东新区书院镇敬老院，关爱那里的老人，送上一份贴心的温暖。2015年至2017年，思乐得还连续3年独家冠名或赞助上海市学生健身操大赛，以实际行动关爱和支持青少年的健康成长。

供应商利益层面，思乐得把供应商视作携手共进的合作伙伴，齐心协力创造“中国智造”。现在国际上对保温杯的各类小配件的工艺要求很高，比如塑料件中的重金属含量就必须接近于零。正因为所有的供应商与思乐得一起用心“智造”，思乐得产品往往能够一次性通关，并获得国际市场普遍赞誉，最大限度提高净资产收益率。

员工综合利益层面，思乐得全力保障全体员工的合法权益，同时也有效调动全体员工的积极性和创造力。所有员工不允许提前上班，必须准时下班，绝对禁止员工有任何形式的加班。总经理张斌说：“员工有了好身体好心态，才能积极地投入工作，这也是对员工的一种尊重。"全公司800多名员工，90%以上是上海本地人，尽管工资较高，但他们技术好经验足，可以保证生产产品的稳定性和可靠性。800多名员工的工作稳定，就是800多个家庭的生活稳定，这正是思乐得公司应尽的社会责任。

股东利益层面，思乐得致力于建立一个清晰实在的发展方向，付之以扎实有效的经营实绩，并向股东们提供真金白银的投资回报，从而让投资者放心、称心、有信心。这几年，股东们的投资收益率一般都能达到并稳定在一个较好的水平。有了投资人的关注和支持，思乐得人就更能够放手大胆地去拓展，成就一番新事业。

"一杯暖人心，一生思乐得"，既是座右铭，又是写真照。思乐得人每天都在通过他们的劳动和创造，给人们递送着一份又一份温暖和热情。

今日思乐得，真是技术迭代、新产迭出、荣誉叠加。就在前不久，思乐得又荣获"上海轻工振兴奖"和"上海轻工卓越品牌"称号。荣誉面前，思乐得人很清醒。他们知道，在开创事业的征途上，还有无穷的空间，更有无尽的挑战。张斌总经理说："过去的就让它过去吧，让我们从头再来!"

思乐得：研发创新榜上有名

中国上海自由贸易试验区临港新片区管理委员会于2021年12月5日公布了2021年第一批临港新片区企业研发创新机构名单，共有19家企业入选，思乐得不锈钢制品有限公司榜上有名。

天地之间有“野菜”

美丽来自清洁。“清洁美丽有野菜”。

野菜是谁？一个化妆品品牌。

别看取名土气，却是取自天然。深度清洁皮肤、护理皮肤，出色得很哩！

自2015年诞生以来，短短五六年间，野菜洁肤霜的年度营收已经上亿元。即使新冠肺炎疫情施虐的这两年，也是叫好又叫座，稳中有进。无论线上线下都处于领先地位，以至于被誉为“中国深度洁肤王”。

野菜，如此出色的品牌，自然引起了广泛而好奇的关注。

为什么野菜？

明明化妆品，怎么取名野菜？

“野菜，最初只是一个产品系列的名称”，董事长顾健这么介绍。野菜的基础原料取自一种野菜：马齿苋。其样貌有点儿像上海人熟悉的马兰头，却又不是。

马齿苋，在民间被称为“不死草”，生命力特别旺盛。且不说“野火烧不尽，春风吹又生”，即使连根拔出，三四天过后，只要遇上一点水，又会活过来。

马齿苋，有许多功效。民间有个土方是利用马齿苋来治疗蛇盘疮。将野生马齿苋洗净捣碎敷在疮处，便会减轻疼痛。也有人用来治疗慢性痢疾和肠炎。

据李时珍的《本草纲目》记载，马齿苋对 11 种疾病有疗效，外用可以治疗疔疮肿毒和积年恶疮。而现代医学证明，马齿苋有清热利湿、解毒消肿、消炎、止渴、利尿作用。如果制成面膜，还可以有效去除痘痘和痤疮。

如此神奇野菜，自然引发了创意灵感。于是以马齿苋为主角，配以其他天然植物的一种野菜化妆品诞生了。巧妙的组合，犹如一帖中草药复合配方，对于清洁皮肤、清理毛孔、去除垃圾和尘埃，滋润皮肤，增添弹性，具有奇效。

顾健于 2001 年一手创建的美臣化妆品有限公司，其麾下化妆品覆盖面很广，从头到脚，是全系列的。而在 800 多个单品之中，野菜洁肤霜因为功效特别显著，奇峰突起，风头强劲，问世之后，广受好评。

既然人们这么喜欢野菜系列，那么，干脆就把野菜产品变成野菜品牌好了。2015 年野菜品牌就这么诞生了。随之，成立了一家新的企业"上海野菜化妆品有限公司"。

"品牌取名野菜有三个好处。一是取自天然植物，有回归自然的感觉；二是吻合产品清洁护肤的功效；三是有个性，好记忆，易识别"，顾健这么说道。

为什么洁肤霜?

清洁皮肤，可以用肥皂，用香皂，用沐浴露，用洗面奶，……方法多的是。为什么要选取洁肤霜？洁肤霜有什么特别之处？野菜洁肤霜又有什么高明之点？

顾总把野菜洁肤霜优点归纳为三个“不”：

一是不肤浅。其他各种洗涤用品主要是清洁皮肤皮面，看似清洁了，其实并不那么清洁。而洁肤霜可以深入清洁皮肤毛孔，不仅清洁彻底，而且清洁温和，有助于皮肤的护理保养。

二是不麻烦。其他各种洗涤用品都要先用水湿润皮肤，尤其是洗面奶，弄得不巧，洗面过程连衣物都会弄湿弄脏。而野菜洁肤霜不必用水，直接揉擦皮肤，就可以清理出垃圾来。一个显著特点是，从毛孔清理出的垃圾千人千色，是看得见的真实的肌肤排浊。

三是不过敏。同是洁肤霜，野菜以天然原料为主，马齿苋是基础配方，又添加了多种果蔬提取物，辅以优质进口原料，弱酸性配方，温和清洁，不过敏。可以有效解决过敏皮肤、红血丝、痘痘肌、毛孔粗大等问题肌肤。

纵有千般好，总得有实证。一次偶然的生动演绎，却证明了所言非虚。

一次，顾健去河南某乡镇，有位大姐习惯使用乳液洗面保养皮肤，对于野菜洁肤霜的好，将信将疑。于是，顾健将两个产品放在一起作对比。各舀了一小勺，同时用火烤，不一会，乳液焦黑一团，而野菜洁肤霜仍清澈见底。这个结果让围观者大吃一惊。明白野菜品牌用的是优质植物油，而一般产品用的是矿物油。当场对比不仅让顾客信服，也让店家做野菜推广更有了信心。

顾健说：野菜洁肤霜的诞生和成长，是一次精巧的市场占位。她切割出了一个新品类，占据了一个新赛道，容易拿下单项第一。事实也正是这样。现在，野菜洁肤霜以出厂价计算，线下销售8 000万元，线上销售2 000万元。按实物计算，每月销售达到惊人的15万瓶。按零售额计算，每月近2 500万元。连续多年保持了线上线下“双第一”。

野菜洁肤霜生意兴旺，自然引得模仿者众多。但是野菜胜在优质原料与优质加工，不掺一点假。尽管一直被模仿，从未被超越。

野菜品牌，不肯束缚自己前进的足迹。从洁肤霜起步的野菜，2017 年有了野菜原萃液，2018 年有了野菜乳疗系列，2019 年有了野菜胶原蛋白线球，2021 年又有野菜头皮护理。野菜品牌这一脉产品阵容越来越壮大。

为什么三四线？

追求原生态，追求纯天然，早已是当代都市人的时髦潮流。高中端品牌的野菜洁肤霜，原本应该首先进入大都市。出人意料的是，却先是在三四线城市做得一片火热。

为什么？我们不禁为之好奇。

“三四线城市是国产品牌初期发展的最好温床。”顾总这么回答。

细细想来，也确是这样。您看，一线城市早已是进口名牌的主攻对象。处于稚嫩期的年轻品牌，如果与之正面硬扛，难免头破血流。劳民伤财不说，还会铩羽而归。而在洛阳、绵阳、周口、铜川这类三四线城市，来自上海的国产品牌，具有相当影响力，占领快，成本低，效率高。

与其鸡蛋碰石头，不如先把鸡蛋孵成小鸡。先三四线茁壮成长，再围攻一二线。这是长期主义和短期利益的一次正确错配。

放眼长远，“十年磨一剑”。扎根三四线，坐稳底盘。不争一时之高下，重在强身健体。届时卷土而来，将会更加顺畅。

即使精耕三四线，野菜品牌也有自己明确的价值观：“让合作伙伴分享价值。”具体表现在三个层面。

对于代理商，让利给他。野菜品牌的代理商大多是80后，年富力强，雄心勃勃。他们跟着野菜一起创事业，名利双收。经过三五年，大多买房买车，成了百万富翁，甚至千万富翁。

对于店家，有四大获益：一是产品品质好，回头客多；二是盈利空间大，有足够利润；三是经过百名培训师的培训，超级服务好；四是促销办法多，顾客黏性大，忠诚度高。

对于消费者，以礼相待。凡购买野菜洁肤霜者，赠送野菜面膜。会员可以享有每月免费美容一次。品牌培训老师与顾客深交朋友，有标准课程。不仅指导皮肤清污，也指点心灵清污。她们与顾客谈心，谈家庭，谈学习，成为无话不谈的“闺蜜”。

“分享价值”，这一独特的价值观是捕获市场的锐利武器。而在顾健，“分享价值”，绝非一时之为，而是由来已久。

早在1998年始创法仙奴品牌起，他就首开上海产品三五折供货让利代理商的先例，让洗发水销量成为市场第一。2005年，因为经营出色，他又被誉为超市领域领军人物，参加了家乐福在法国巴黎主办的中法文化交流年。2013年，他开创“简单生活”超市内唯一的店中店模式，开店近千家。而他亲手创建美臣化妆品有限公司，因为培养了一批又一批出色的经营人才，而被誉为“上海日化行业黄埔军校校长”。

为什么如此强劲?

文化是品牌的灵魂。野菜品牌在三四线市场的强势，其背后必定有某种文化在支撑、在引领、在推进。

“价值共享”固然是一种豁达开明、看得见的文化，除此之外，野菜文化还表现在诸多方面。在对顾健的采访中，我们体会到主要还有下面这些：

着眼于全员的培训力。优质的制造，优质的服务，来自优质的培训。顾健有一项得意之作，并为之自豪，即是他拥有一支百人培训师团队。培训师的主要职责是：传授产品知识，传授皮肤保养知识，传授正确使用方法，指导团队战斗力提升和工作目标追求。通过培训，野菜旗下7 000余家店面的店员总是充满激情。百名培训师还有一位年轻的总教头，有理论有实际，还追潮流，在她统领下，培训师们工作出色。据测算，现在野菜产品满意率达到99%，老师满意率达到98%。

着力于创新的执行力。在野菜旗下，每个成员有梦想，力争达到目标，100%实现。顾健说，执行力就是在规定时间规定预算内，按质按量完成任务的能力。即使没有条件，也要努力创造条件去完成。鼓励创新，鼓励千方百计，鼓励捕捉一切有利机会。顾健先生特地举了一个例子：野菜在松江有两个门店，要求店均每天营业额9 000元。有一天下大雨，一家店营业额只有6 000元，而另一家超过1万元。同样遇到下雨，为什么业绩不一样？原来那家店趁着下雨没顾客，就去了隔壁的服装店、鞋店，一家家串门："反正没事，帮您免费做个美容吧"。结果大受欢迎，一家家主动买了成套化妆品。困难人人有，关键在动脑。这两家店的对照，让所有门店都受到了启发。

立足于自律的凝聚力。自美臣公司成立之日起，有个制度20多年，没有一天例外，这就是每月1号下午公司高层会议；每月2日上午公司销售工作会议。借以统一思想，明确目标。风雨无阻，没有节假日之分。还有个制度也是20年一直不变：所有员工中午一律在公司食堂免费就餐，无论职位，伙食标准一致，体现平等，老板也不例外。正是上下一心，以铁的纪律，造就有战斗力的团队。

野菜文化当然远远不止这些。正如《品牌之歌》中所唱的："观念要开放，前途有希望。士气要高昂，热血要滚烫。野菜的明天，我们献力量。"独到的品牌文化，推动着野菜事业不断前进。

"清晨蒙菜把，常荷地主恩。守者意实数，略有其名存。苦苣刺如叶，马齿叶亦繁。"

昔日，大诗人杜甫用《园官送菜》诗，质朴而真实地描述了马齿苋，着地而生，长势繁茂，常有所获。言词间透露着对田园生活的深深爱意。

今日，野菜品牌在顾健的精心呵护下，正一片深绿，郁郁葱葱，将人间真情、浓浓爱意传播四方。有如此的深爱，难保不会成就一番宏大事业！

延伸阅读

野菜化妆品：多方发力，助长声势

2021年10月10日，"深耕·破界"暨第四届野菜王争霸赛颁奖盛典于三亚湾海居铂尔曼度假酒店盛大开启。与此同时，野菜已成为张韶涵演唱会特约合作伙伴、2021中国好声音巅峰之夜战略合作伙伴。野菜还与夜猫眼盒携手电视智能大屏直播互动，强势登陆《余生，请多指教》电视剧。

一路向东，林清轩

2020年，抗击新冠肺炎病毒的斗争中，一颗亮丽的新星冉冉升起，这就是林清轩。

林清轩，不是人名，是一个品牌，一个中国高端美妆品牌。

日夜奋战抗疫一线的医护人员，获得了林清轩成百万元的热诚捐助。没日没夜戴着口罩和防护面具舍身救人的医护人员，会患上一种口罩病：皮肤红肿，留下痕痒……可是，搽上林清轩润肤油之后，就会奇迹般的有效改善肌肤。

重妆演出的明星们，台上亮丽，台下却苦不堪言：卸妆烦人，护肤更烦人。用了林清轩护肤品之后，一切变得顺利，还让皮肤平添了几分光泽。

因为修护肌肤屏障的功效，再加上薇娅知名主播的直播推介，林清轩成了无数年轻人喜爱的爆款网红。

林清轩的修护奇效来自于中国特有的山茶花油，慧眼识珠者是林清轩创始人孙来春先生。林清轩的成功是孙先生近20年积淀的爆发。

偶然与必然

发现并采用山茶花油，全是一次偶然，却又是一种必然。

一次，孙来春先生去福建访友，遇到好客的友人母亲，忙里忙外，做了一大桌面的菜。不巧的是，那天孙来春先生患了口腔溃疡，鲜美的鸡汤也不敢喝。于是，友人拿来了一瓶已经存放了9年的山茶籽油，倒出一小勺，让他含在嘴里。并且说道，这是“东方神油”，对溃疡特别有效。当地的妇女常用来搽脸搽头发。婴儿红屁股、男人得了汗疹也可以用，效果好得很。

孙来春先生将信将疑。不过，嘴里含了一阵子之后，溃疡确实有所缓解。

回到上海之后，他便查阅资料。结果在《本草纲目》及《岭南草药志》中均有相关记载，山茶花油具有美容养颜和护肤功效。

于是他立刻带着研发人员去做调研，对收集来的山茶花油做化验。发现其含有80%以上的“美容酸”——油酸，比橄榄油还高30%左右，稳居四大木本植物油之首。同时也发现原始山茶花油的缺点，易氧化，味道难闻，搽在皮肤上黏糊糊，而这正是需要改进的。

经过研发团队三年的科研工作，反复地试验，先后攻克了山茶花油吸收问题、油腻问题、安全问题、易于氧化问题，以及提纯和稀释问题等，终于研发出一种活性修复配方，孙来春先生把它命名为“清轩萃”，并申请了商标保护。同时，还形成了一整套包含30多道工序的工艺路线。

第一代山茶油润肤油，由此诞生。投放市场之后，顾客复购率很高。

山茶花油，这一被业界忽视却已有千年历史的中华护肤瑰宝终于被开发出来，商业化了，用于大众日常生活了。这件事看似偶然，却又是必然。这是因为孙来春先生一直在追求用中华元素、中华特产，培育中国自己的护肤品。因为有心，所以用心。慧眼识珠，全力以赴，让山茶花油登上了舞台。

西方与东方

制造中国特有的高端美妆用品，是孙来春先生心仪已久的愿望。

大学毕业后，孙来春先生做过五年药业集团的医药代表。因为业绩出色，获得了总部组织去法国旅游的机会。同行者热衷于一路购买，只要见到包装上有法文英文的商品，就拿来购买。而孙来春先生的心思不在购物，而是沉浸在思考中。人们为什么乐于购买法国制的护肤品？这些护肤品是怎么形成的？中国人能不能培育成功自己的高端护肤品品牌？

所谓高端护肤品，只不过是品质越做越好，工艺越来越精细，买的人越来越多，品牌越做越大，价格越来越高，……孙来春先生用自己的逻辑解析着奢侈品。

他认为，培育中国本土的高端品牌一定有机会。中国拥有五千年的文化传承和历史积淀，随着中国的崛起，带有中国元素的中国品牌，一定会在不久的将来，屹立于世界的舞台。

世界美妆行业领头的是四大品牌：美国的雅诗兰黛、法国的欧莱雅、日本的资生堂、韩国的太平。为什么中国品牌不能跻身其中。孙来春先生立志带着中国的文化走向全世界，并进而成为世界美妆行业五大品牌集团之一。

更新与聚焦

宏大愿望一直埋在孙来春先生心底。而实现宏大愿望的路，是一次次自我革新、一次次自我否定。

自2003年下海创业起，他曾经开发过许多种化妆品，拥有超过100个SKU。真正让孙来春先生下定决心加速发展山茶花油，是一次数据分析。

2016年，林清轩起家的手工肥皂销售占比从25%降到15%，而山茶花润肤油的销售占比从不足0.1%上升到5%。

他预感到，这个变化可能就是一个新的破局点。山茶花润肤油极有可能在未来成为一个高速增长的爆品。他捕捉到了中国美妆的创新红利——“国产品牌高端化市场”。这可能是一个真空地带，具有广阔发展前景。

于是，他果断进行破坏性调整，“舍九取一”，砍掉原有的100多个产品，只聚焦于山茶花护肤这一细分领域，集全产业链打造山茶花润肤油超级大单品，促进品牌升级，从“小清新”走向“高端化”。

抢占山茶花品类，占领品类高地，必须建立一条又宽又深的“护城河”。林清轩的全产业链，由此开启。

当同行还没有觉察之时，孙来春先生就投下了重注。从山茶花的原料、科研、生产，到销售全流程布局，实现了全产业链把控。

从2014年起，他陆续在浙江和江西等地建立了万余亩山茶花种植基地，制订了栽种5 000万棵山茶花树的长期计划。只有高海拔、高树龄的山茶花树才能作为林清轩的原料，且一棵山茶花树仅能生产为数不多的山茶花油。植树计划进展顺利，在未来会有更多的荒山变成山茶树林。

与此同时，产品的深度开发始终没有停步。孙来春先生把林清轩品牌定位确定为：聚焦山茶花护肤。所有产品主打亮点都是山茶花。以山茶花润肤油为核心，主打从洗面奶到水、润肤油，再到精华液、面霜、眼霜等一大批山茶花修护系列产品，打造出一个以山茶花为核心的产品矩阵。包含有山茶花平衡修护系列、山茶花美白修护系列、山茶花时光修护系列、山茶花修护奢宠系列等。

直营与闭环

全产业链的关键一环是终端。建设什么样的终端才最适合自己，是一门科学。

林清轩以直营销售见长。从林清轩品牌成立之日起，孙来春先生就坚持一个仓库发货，没有代理商，没有加盟店，因而也就不存在假货，不存在窜货，可以有效保证价格统一和品质稳定。从2008年第一家直营店在中山公园商圈的龙之梦购物中心开张，到如今，林清轩直营店已经有了400多家。直营店虽然占用资金多，但最大的好处是品牌运营不走样，可以得到用户的第一手真实体验和信息反馈，更没有代理商、加盟商的利益羁绊，在新零售时代反而成为最大的优势。

与此同时，林清轩也关注网上销售的进展和创新。孙来春先生对于网上销售高度关注和深度思考，他一直在想，如何启动全渠道数字化经营来提升品牌运营效率。2018年林清轩实现了线上线下完全融合；2019年全面启动数字化战略。林清轩成为业内数字化标杆企业的代表，并成了北大、清华、中欧等各大高校商学院的教学案例。

经过多年努力，林清轩已在线上占领了年轻消费者的心智，积淀了超千万粉丝。

如今，林清轩已经构建了全新的OMO闭环模式。首先，坚持线上天猫旗舰店与线下实体门店是一模一样的，让线上线下一盘货。其次，把线上作为推广和流量的主要出口，线下作为体验和成交的主要出口。坚持数字化拓展，以直播撬动线上流量、引流线下，再通过线下的产品体验和品牌露出，获得极高的转化率。消费者坐在林清轩的门店里，就可以直接在天猫下单。品效合一，实现品牌发展的长远之计。

失望与希望

林清轩的成功，根本不是一夜冒尖，而是孙来春先生18年积聚的爆发，甚至是更长时间积聚的爆发。20余年耕耘，几多曲折。

2003年“非典”是一次。2015年，又是一次。之前只专注线下零售的林清轩遭遇了电商的阻击，导致整体业绩下滑，被迫关掉了一批门店。

尤其是2020年1月下旬，新冠肺炎疫情突起，更是一次生死攸关的重大考验。所有的线下活动被叫停，林清轩大部分门店被迫关门歇业。从大年初一到大年初七，整体业绩较上年同期下滑90%。当时337家店铺的租金和2 000多名员工的工资加在一起，一个月费用超过3 000万元，而公司账上资金仅余6 700万元。如果这个局面不改变，公司最多只能支撑60多天。

孙来春先生苦恼至极。在他迷离的双眼前，仿佛出现了两个小人。一个说认输吧；另一个说不能放弃理想。思想斗争的结果，决不认输。

1月31日深夜，孙来春先生向全体员工及公众发布了《至暗时刻的一封信》，内容真诚，情感真切，表达忧心，也提出应对之法，既有小爱，更有大爱。一石激起千层浪，员工们为之感动，纷纷献计献策，付之行动。武汉的100多个导购员利用各种数字化工具主动联系客户推荐产品。有家门店一天内新增会员就达到 3 000 人，是正常时候的数倍之多。在短短八九天里，林清轩的销售业绩已经回到平常状态，部分地区甚至是平时的两倍。

因为疫情，一些品牌撤走了原定的分众传媒广告。江南春先生问孙来春先生："您撤不撤?"来春先生坚定地回答："不撤!"患难见真情，相互扶持，携手并进。

孙来春先生还亲自直播，在线上推广售卖自家的产品。结果，那一天两个小时的销售额就达到 40 多万元。这位 40 多岁的男士一时间成了直播网红。

截至 3 月 31 日，林清轩第一季度的利润总额超过了 2019 年全年，店均营业额达到每月 18 万元，创造了历史最高业绩。

追梦与成真

林清轩，这三个中文字，出自孙来春先生的手笔，只不过由设计师稍加美饰而已。用中国传统书法设计 LOGO，在中国化妆品行业，为数并不多。今天的林清轩，已经得到社会的普遍认同，辨识率很高。

林清轩，这三个字代表着森林、清泉、亭台轩榭，体现着中华文化"天人合一"的意境。这一中国原创品牌彰显着企业宗旨：以中国传统文化元素和传统草本原材料，制造出中国特色的环保、安全、有效的个人护理品。

可是当初，以中文字作为品牌，不少人是反对的。他们认为，林清轩的名字太难听，卖毛笔、卖茶叶、卖二手书还可以，卖化妆品就不行。但是，孙来春先生不为所动。因为他只有一个想法，民族的才是世界的。

如果追溯得更早一些，林清轩这三个字，还曾经是孙来春先生在读高中时专门用来发表文学作品的笔名。他认为，一个中国品牌如果采用别国的语言和文化，做得再好，也只是跟在人家屁股后面爬行。

人们总结林清轩的成功。有人说，因为实施本土、聚焦、差异化的创新策略。有人说，因为硬核的研发创新能力和全产业链布局。有人说，因为具有事业理论、想象力和意志力。而我却深深体会，这是国际化视野和本土化战略的统一，是林清轩"一路向东"的结晶。

林清轩正继续着自己的追求，编织着新的希望。我们深信，"一路向东"，必定收获颇丰，硕果累累。

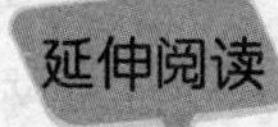

林清轩：母爱永不退役

2022 年 5 月母亲节之际，新锐国货品牌林清轩的《母爱永不退役》引起很多人注意。视频另辟蹊径，从运动员的视角诠释母爱，通过敏锐的心理洞察与细腻的情感表达，将母爱的光辉伟大展现得淋漓尽致。林清轩作为山茶花护肤市场的开拓者，收获了行业专业层面的高度认可，消费者圈层的狂热追捧和一致好评。

生而卓越　不错之选

记上海文采实业有限公司

近年，一支中性书写笔成了爆款网红。视频中，其貌不扬的机器人，手持一支中性书写笔，在纸面上，笃悠悠，不紧不慢，连续书写。写的什么呀？圆周率！居然一口气写出了3.14……小数点后面的17万8千多位！笔迹线条的长度达到了惊人的1 600米，相当于普通中性书写笔的整整4倍！

这支笔，采用直注式储墨设计，笔杆就是笔芯，不渗不漏，粗细均匀，轻盈耐写，出手不凡。不用加墨水，不用换笔芯，就可以让人一口气写成5万字的中篇小说。而每盒10支，仅售9.9元，性价比超高。

这支笔，就是小米"巨能写"。不到一年里，居然售出1亿支。一时间，大有席卷市场、唯我独尊的气概，还引来了众多效仿者。

人们纷纷猜测，是谁，为小米营造了"巨能写"挥笔成龙、意气风发的巨能，刮起了一阵阵狂热的风暴。

答案来了：出于KACO之手！

KACO是谁？

这是一个新兴品牌。品牌持有者是一家年轻而又志向高远的公司：上海文采实业有限公司（以下简称"文采公司"）。从2011年成立，到 2021 年 6 月，正好 10 周年。别看年轻，却是精品新品层出不穷，荣誉等身。

从 2014 年“智途 · 铝合金中性笔”获得中国台湾金点奖开始，一发而不可收，KACO 获奖连连。2015 年，获得德国 iF 设计奖、德国红点设计奖、中国好设计金奖和 2 项中国好设计奖。2016 年，获得德国红点设计奖、日本优良设计奖和中国好设计奖。2017 年获得日本优良设计奖和多项中国红星奖。2018 年获得美国芝加哥雅典娜建筑与设计博物馆好设计奖等多个奖项。2019 年，获得意大利 A´设计大赛银奖和铜奖。2020 年再次获得德国 iF 设计奖和德国设计奖。前前后后获得国内外大奖 30 余项，几乎拿遍了环球设计界的各类大奖，成了名副其实的“大满贯”“全满贯”。这样出色的成绩，在中国文具设计制造行业，可以算得上是第一家。

文采公司主营四大产品，分别是书写工具（笔类产品）、商务和收纳用品（背包、手袋、名片包等）、精品桌面文具（订书机、计算器、刀片等）、居家生活用品（保温杯、旅游用品等）；而品种多达到上千种。

文采公司是设计驱动型企业，拥有大批原创设计、创新设计和自主知识产权。光是已经批准的专利就有近 70 项，其中有 58 个外观设计专利和 11 个实用新型专利。还有一批专利正在申请和待批之中。

于是，有人戏称文采公司是“中国 LAMY”。并且认为这是对文采公司的高度称赞。然而，文采公司创办人、董事长、CEO 颜语先生，却断然拒绝：“为什么是中国的 LAMY？我们要做世界的 KACO!”

何以 KACO?

从 KACO 的广告语里，人们瞧见了端倪。KACO 的英文广告"Born for Excellence"，译成中文就是：生而卓越。

"做一个全球行业认可的中国品牌"，这是 KACO 的志向。

高标准、高起点，以国际视野建设自主品牌，以卓越设计风靡世界市场，KACO 从一开始就为自己树立了高标杆。

简约现代的原创设计和精益求精的品质追求，是 KACO 一贯坚持的品牌信仰。在这个年轻活力的品牌背后，是一群在欧洲高端文具行业有着逾 10 年经验的专业团队。而今他们又全身心投入塑造国际化品质的本土品牌。

KACO 所有产品的核心理念是：化繁为简，极致品质，恒久经典。

从第一支笔 TUBE 智途中性笔开始，就力求经典设计和高性价比。最初的设计可能更加纯粹，但那样就需要用到 CNC 工艺，会大幅提高生产成本。经过讨论，在设计需要和制造工艺之间实现了一种完美平衡。笔杆材质采用阳极氧化铝，保证氧化颜色的饱满度和稳定度，通体色泽明艳细腻，富有金属感，触感光洁，手感轻盈；而笔头、笔夹与按揿部位又采用强力 ABS 工程塑料，强度高、韧性好。这支笔成功地把现代主义经典设计理念转换成文具的设计语言，不仅先后获得多个奖项，而且至今仍然是热销产品之一。

自主研发的 DuraBall 耐写宝笔头，是又一项得意之作。在调研了用户实际使用时的一些诉求后，把子弹头和针管头的优势相结合，打造了视觉上接近针管笔的耐写宝笔头，在使用上有效解决针管头不同书写角度写感差异大的问题，提升了书写性能和书写稳定性。

在KACO，无论是高端钢笔系列、轻奢笔款系列，还是时尚钢笔系列、时尚宝珠笔系列、时尚中性笔系列，或者是多功能笔与彩色笔系列，每一款都体现了先进设计理念与先进制造工艺和材质的和谐结合，力求精致、典雅、舒适、实用。

KACOGREEN

不止步于一般，更开拓于个别。KACO瞄准了学生市场，力求年轻化，一个新品牌由此产生，KACO变成了KACOGREEN。多了一个GREEN，意味着绿色、青春、活跃。广告也因此从“生而卓越”变成了“不错之选”：“Your Write Choice”。是的，书写不会错，选择不会错，当然，考试也不会错。KACOGREEN，让学生们信心满满，希望鼓鼓。

KACOGREEN的产品也有三个特色：简约、年轻、活泼。品种则包括钢笔的锐途RETRO、百锋SKY、满分MELLOW；中性笔的书源PURE、点途MIDOT、凯宝KEYBO、得宝TURBO、珍宝JUMBO、优写EASY、悦写MOUDLE、易存INFO、菁点ROCKET等等。

考虑到中小学生的书写特点，这些笔一般手感不重，书写轻快，笔杆用料中还含有抗菌粒子。为适合初学写字的小学生，有一些笔设计成低重心的，握着更稳，视觉也开阔一点，经过市场检验，效果良好。而用于绘画的艺彩系列，不仅有100种颜色，而且还是双头的，一头较细，可以用于构线；一头较宽，可以用于上色。

颜语先生特别提到了书源（PURE）。这支笔是专门提供给年轻人做手账的，一共有50个颜色，每支笔的笔杆颜色与笔芯颜色是一致的，很方便辨识和选择。而总体设计思想是回归书写的本源，把书写手感做好。外表喷了一层亚光的软胶漆，握着舒适。从2014年研制成功，经过五六年的发展，2020年销量突破了1亿支。

字母数字

笔，也能传情达意，也能有文采，趣生活？

能！

文采公司专门创新设计了一种"文采体"，让字母和数字，变成了生动有趣的活体。

这是"ALPHA"字母笔，在笔杆的上笔杆处分别有ABCD……26个英文字母，以及从0到9的10个阿拉伯数字。用户可以任意选购，任意组合，变成一句句祝福、赞美，带来喜庆和欢愉。

比如：Love（爱），Smile（微笑），Happy（快乐），Healthy（健康），Eternity（永恒），Peace（和平），Brave（勇敢），以及John（约翰），Jack（杰克），Avery（小精灵），Nora（光明），Grace（优雅的），等等。

至于数字也可以组合，既可以是年份年岁，也可以是祝福寄语。比如，168（一路发），888（发发发），1314（一生一世），等等。

本没有生命，却赋予生命；本没有活力，却赋予活力；本没有创意，却赋予创意。人人都可以创意，可以有无数个组合无数个创意。设计的最高境界，就是让使用者变成了设计者。

这种"文采体"的字母笔，获得了著作权登记。看似简单，却变化无穷。在此之前，市面上几乎没有同类型产品；而在此之后，学仿者纷来沓至。这一首创设计，既领了风气之先，又引来风光无限。

匠心爱心

一切设计，都是为了解决社会问题。从生活出发的KACO，她的创新创意，充分顾及人体工学和视觉功能，讲究细节，体现了处处爱心，处处匠心。

有一款CYBER智存U盘笔。它将U盘与笔巧妙地设计在一起。不用时，U盘是别致大气的笔夹；使用时，就可以卸下，成为U盘。这样的设计，大大方便了在电脑前工作的人们，既可以拿笔书写，又可以随手便捷地储存信息和资料。这支笔被誉为“基于美学设计的创新”，先后获得德国红点设计奖、中国好设计优胜奖、中国创新设计红星奖。

一款“爱乐”笔记本，具有收纳功能。既可以做笔记，做手帐，又可以在封面和封底的内层分别收纳名片、信用卡、小刀具，甚至智能手机。一本在手，可以带来诸多便利。这简直不是笔记本，而是小皮包。极简外观和功能化设计，因而荣获日本的优良设计奖。

保温杯太普通了吧，居然也可以有创意设计。我们见到杯口嵌有一只食品级塑套，从此喝热水不再担心烫嘴唇。这只塑套还可以卸下，方便清洁干净。有一款保温杯的周身配了一圈夜光胶带，夜间老年人喝水，不用开灯，也不用惊扰别人，就可以顺利拿到杯子，喝到暖水。这款巧乐保温杯因此荣获德国红点设计奖。

至于收纳袋和旅行包采用了防水处理、桌面文具模块化可以任意搭配与移动之类的巧心思，更是比比皆是。于细微处，我们见识了一颗爱心，一颗热爱千万用户的爱心。

优质集成

在 KACO，从创意设计到精益制造，是一个完整的整体。KACO 极为重视并着力建设自己的环球供应链。针对不同产品的需求与特点，在全球寻找最适合的业界优秀供应商合作，力求提供给消费者最优质的产品。

全球化视野和精湛制造工艺，是 KACO 研发团队在技术领域不断前行飞跃的核心驱动力。选用德国、瑞士、奥地利、日本以及中国自己优秀企业的先进制造理念和技术，将高精密度模具全面投入国际化标准的生产工艺流程之中，通过智能制造，提供超高性价比的产品，是 KACO 在短短几年内迅速成长为国内新锐原创设计品牌的成功基石。

KACO 的一支笔，材料选最好的。比如塑料选用德国科思创的聚碳酸酯或日本的聚碳酸酯。颜语先生说，宁可少一点，也要质量好一点。多使用精品，少浪费资源。这样才可能实现可持续发展。

KACO 的一支笔，往往来自全球合作。它的笔舌可能是德国加工的；它的笔头可能是瑞士高精度设备加工的；它的超长笔杆可能是日本住友注塑的；它的钢笔核心供墨系统源自德国 Schmidt，书写顺滑，稳定可靠；它的注塑和组装源自温州"爱好"，精益求精，严丝合缝。KACO 形成了一批自己的核心供应商。集成优质和优秀，达成设计意图的完美体现。

在"生而卓越"理念指导下的集成，KACO 让每一支笔、每一个包成为经典。

青出于蓝

KACO 如此出色，因为建基于国际视野。

创始人颜语先生从大学毕业，就一直在外资公司工作，当时最主要的工作是按照国外客户的要求，开发客户需要的各类轻工产品。2004 年，他又去德国一家著名的制笔企业工作，负责全球供应链和产品开发。这些实战经历，让他熟悉了从设计到制造的全产业链过程，也积累了广泛的人脉资源。

颜语先生至今还记得，在一次德国召开的会议上，主持人希望来自全球每个国家的 CEO 说一句自己对公司品牌的想法。颜语当时说的是："希望通过大家的共同努力，把品牌在细分市场中做到世界第一。"不过，他的这个想法与公司管理层的计划有分歧。由此他萌生了自己下海实现心愿的想法。

2011 年，颜语创立了文采公司和 KACO 品牌。当时最质朴的想法，就是觉得德国、日本以至韩国，都可以有优秀的文创品牌，为什么中国不可以？国际一流企业的经营理念和经营模式已经提供了借鉴，渠道拓展和终端布局也提供了经验。KACO 完全可以少走弯路，后来居上，专注于生活文创精品事业，立足上海，放眼全球，在细分市场上营造自己的独特优势。

今天，KACO 品牌已经在全球 20 多个国家完成商标注册，产品也行销于全球 35 个国家和地区，这一切都来源于当初的不甘落后。

最新合作

文采公司和它的 KACO，气势如虹，方兴未艾。2020 年营业额接近 3 亿元，2021 年突破 3.5 亿元。

更可喜的是，文采公司是第一个在日本市场使用自主品牌的中国文具公司；在韩国也有 100 家店经销文采公司的自主品牌。未来还会在美国和欧洲，通过亚马逊网络，逐步扩大市场认知，打响公司的自主品牌。

为了更便于进入市场、拓宽市场，KACO 还通过合作，制造出品联名款产品。合作伙伴中有英国的 V&A 博物馆、韩国的 LINE FRIENDS 布朗熊、日本的 KUMAMON 熊本熊，以及中国的清华艺术博物馆等。

而最新的合作是，与中国国家博物馆联名出品 KACO 书源系列。共有 3 套，分别是"瓷韵中华"（取自文物元素）、"锦绣东方"（取自服饰元素）、"琉璃华夏"（取自建筑元素）。其中"瓷韵中华"已经面市，全套共有五色：赤绛红色，灵感取自明代釉里红缠枝菊花纹瓷玉壶春瓶，纹饰布局严谨，绘工精细流畅；涟漪绿色，灵感取自辽代三彩釉印花游鱼海棠式瓷光盘，卷草纹生动别致；缃叶黄色，灵感取自宋代耀州窑青釉刻花莱菔瓷尊，团花印饰线条活泼流畅；饮霜灰色，灵感分别取自北宋、南宋、金和明代的一些瓷器造型，富有古朴感；冰青蓝色，灵感取自南宋官窑青釉贯耳瓷器，冰裂纹样，端庄典雅。

联名合作拓宽了设计思路，也拓宽了产品门类和市场通路。

颜语先生感慨道，文采公司是幸运的，生逢其时，赶上了好时代、好时机。文采，文采，文采不辱其名。在庆贺公司 10 周年的闪光时刻，文采公司和 KACO 没有陶醉以往，而是梳理使命，察寻轨迹，端正价值观，思考和部署未来的发展蓝图和发展标的。颜语先生和他的团队正在向新的目标冲击，坚定扎实地走好发展的每一步。

延伸阅读

文采：设计引领示范企业

2022 年 1 月 6 日上海市经济和信息化委员会公布了 2021 年度市级设计引领示范企业名单，上海文采实业有限公司通过评审顺利上榜。在 2 月 18 日举行的上海建设一流“设计之都”推进大会上，进行了授牌仪式。未来，文采公司将继续坚持“生而卓越”的品牌理念，以打造“国货之光”为品牌发展目标，在生活文创精品之路上引领创新，努力实现让每个人享受书写、愉悦生活的美好愿景。

托起明天的太阳

小小恐龙公司创立"荟智"品牌

中国童车行业有一颗新星正在冉冉升起：她就是"荟智"品牌。而创牌公司的大名是"小小恐龙"。

"荟智"童车有哪些与众不同呢？

你见过座位很高，离地面足有48公分的童车么？这种怪异的童车是在大数据分析后慎重设计的。因为这个高度可以让童车上的婴幼儿避开汽车尾气的无形伤害。

你见过可以在1秒钟内打开，在2秒钟内折叠的童车么？这么快速收放的童车，是为了方便出差或旅游时带着婴幼儿的父母，减少了他们在忙乱中登机登车的烦恼。这辆童车取名"外交官——航空旅行车"，真是名副其实。

你见过带边框的、可折叠的木制儿童睡床吗？这种睡床在年轻爸爸的三两下比划下，就可以方便地打开或者收拢，同时又暗藏保险机关，不怕顽皮的孩子去拆散架子，对于居室偏紧的家庭，特别实用。

等等，等等，所有这些特别的设计之作，不仅引起业内的高度关注，而且受到家长们的热烈欢迎。

公司创办人、董事长陆周生说："荟智"不是造童车、卖童车，而是编织爱心、输送爱心。儿童是祖国的未来，儿童是明天的太阳。想儿童所想，爱儿童所爱，这是我们一切工作的出发点。

贴牌起步

2000 年，在一家集体企业工作了 20 年的陆周生，从上海崇明岛来到昆山，创办了昆山小小恐龙儿童用品有限公司，专门为一家知名童车品牌企业做代工。

“我认为，作为代工企业，最关键是要始终为品牌厂家着想。如果你只注重自己的利益，而不考虑合作方的利益，那一定是不会长久的。”陆周生强调说，“合作双赢才能持久”。

为了这个“双赢”，陆周生付出很多努力。为了保证产品的品质，他成立了专门的项目组来攻关各种难题；为了保证订单的及时交付，他在昆山的企业中较早地使用了机器人生产作业；为了保证品牌的影响力，他树立全员质量意识，有一款童车品牌从设计到加工制造，全部在“小小恐龙”完成，为品牌厂商带来了很好的市场利润。在 2008 年全球金融危机期间，考虑到品牌厂商的困难，他主动降价，将企业维持在一个极低的利润空间。

如同人生没有不散的筵席，企业合作有时也这样。随着人工成本的增加，原材料价格的逐渐上涨，企业原有的微薄利润已捉襟见肘甚至入不敷出，迫切需要调整经营思路。于是提出增加代工费用，但品牌商认为过去能维持，现在为何不能了呢？提出承接其他公司的业务，品牌商更不乐意，以为代工厂另有所图。忠诚度极高的陆周生只好勉强维持。但是现实总是很残酷：2011 年，“小小恐龙”亏损 440 万元，2012 年亏损近 600 万元，2013 年上半年就亏了接近 400 万元。无奈之下双方从 2013 年底终止合作。这个突然的遭遇，让陆周生几个星期没睡好觉。代工 13 年，品牌厂商为

“小小恐龙”的成长带来的很多帮助，陆周生难以忘怀；品牌厂商提出终止合作，也有其理由和当下必然的考量。13 年的合作，就像一场婚姻，欢乐与烦恼，点点滴滴都在眼前浮现……

想到今后没有任何依托，独自闯荡市场，他百感交集。但是一瞬间，他竟然有了一种解脱的感觉：自古华山一条路，自己只能往前闯，闯出属于自己的一片天空。

创牌志高

猛醒后的陆周生，开始在多方面发力。他创立“荟智”童车品牌，其含义就是通过专业制造的基础和集体的智慧和创意，为年轻妈妈们提供简约时尚、安全便捷的童车产品。

陆周生认定，百年品牌，必须有百倍努力。从创牌第一天起，他就把品牌定位在高端品牌，一流品质，爱心服务，适宜价格。

他把创牌目标，盯紧了国内领先品牌。首先是学习领先品牌，然后超过领先品牌。特别是在创新理念和爱心服务上，要超过领先品牌。

2014 年 3 月，“荟智”首次亮相在上海举办的第 19 届国际玩具展暨上海第 50 届玩具博览会，其新颖的款式、一流的品质，立即引起轰动，一炮打响。2014 年，“小小恐龙”总体销售额达到 6 亿元，其中自主品牌“荟智”产品实现销售 1.5 亿元，创造了业内的一个奇迹。

创立品牌，需要人才。人才从哪里来，靠自身的魅力。在创立品牌方面，陆周生和其他初创企业不同的是，10 多年的代工生涯，他不仅制造产品，更积累了众多的人脉和市场经验。他平等待人，来者都是客，有事一起商量解决，大家拧成一股绳，在行业内有着很好的口碑。

2011年6月，陆周生向一位美国客户推荐了一款本公司设计的童车样品，客户调研后，发现市场反响很好，就立马下单2万台并要求在11月底前交货。要知道，此款童车，不仅模具投入要50多万元，而且将样品转化为批量产品的时间周期也不充足，风险很高，公司其他人都建议不接单，但是陆周生认为，要赢得客户，首先想的不是赚钱，而是如何让客户赚钱。他不仅接单了，还保质保量地完成了订单。这位美国客户非常高兴，第二年，不仅追加许多订单，还将电动滑板车等新订单交给“小小恐龙”做。

现在，光是滑板车一项，订单就高达数十万辆，每天产量达到3 000多辆，车间里一派忙碌景象。

正是基于高端目标，“小小恐龙”不断推陈出新：“快餐式”的自行车、可“航空旅行”且功能完善的儿童推车、使用年限最长的儿童汽车安全座椅……创牌两年来，“小小恐龙”已经拥有130多项专利，其中包括6项发明专利。

集聚人心

市场竞争，人心决定成败。陆周生说，从贴牌到创牌，我不去抢原先领先品牌的地盘。凡是他经销的，“荟智”就不去争；凡是他不经销的，“荟智”就千方百计去拓展。中国市场发展空间大得很，完全可以自创一片新天地。凭产品、凭质量、凭服务，照样可以赢得市场。

陆周生的人缘好，人脉广。一听说他要自创品牌，行业内的很多研发人才、渠道商很快向他这边集聚，包括中国香港和国外的知名设计师。一位经销商甚至在产品未出来时就打款过来，说只要是陆总的品牌，区域代理肯定要做。"一个人事业的成功，机遇很重要，但最关键的是要把人做好，做人做好了不怕没生意做。"陆周生深有感触。

作为一家老牌代工企业的经营者，陆周生积累了很多经验，也看到了这个行业存在的一些缺陷。"我们要做品牌，就不能在乎眼前利益，要脚踏实地，一年、两年不行，那就五年、十年，一定要在中国，让大家都认识我们荟智品牌。"陆周生说。

随着研发团队的不断壮大，"小小恐龙"力求产品创新和技术创新，不仅根据人们日益增加的休闲活动需求开发了电动滑板车、沙滩车和卡丁车等运动用品系列，还针对社会老龄化的现实，开发了老年电动轮椅系列产品，使产品种类由单纯的儿童用品向运动用品、老年用品方面扩展。2014 年，"小小恐龙"的电动滑板车、卡丁车销售额名列全国第一。

"贴牌 13 年，我们就丢掉了中国市场 13 年。"陆周生说。为了打开自有品牌的销售市场，"小小恐龙"在加强品牌建设的同时，创新营销模式，把母婴连锁店销售作为突破口，同时成立网络科技公司，用电子商务新模式开展线上销售和服务。

"小小恐龙"的经销商座谈会，也与众不同。不是请客吃饭，而是交流和灌输营销理念，让专家来上课，避开大流通，专搞终端销售。

现在，在昆山地区，"荟智"的销量已经超过领先品牌。在上海，光是南京路上的"宝大祥"，一个月的营业额就有 8 万元。2014 年 12 月，"荟智"品牌产品在京东童车销售榜排名第三。

严细成风

在创牌过程中，陆周生坚持推行细致严格的管理模式。他常说：童车行业在世界上有很多一流品牌，这些品牌都是我学赶的对象。“荟智”品牌要么不做，要做就要做成一流品牌。

“要打响品牌，就要在每一个细节上严格要求，规范操作，哪怕一个小小的螺丝钉，从购买、使用每一个环节都有严格的操作流程，这样才能打造最优秀的品质和服务。”陆周生说。

陆周生启动了一个“好产品理念转化工程”，他要让所有的员工知道，产品没有最好，只有更好。要做“好产品”，就要从每一时刻每一个具体动作上具备做“好产品”的理念，不断强化，做“好产品”自然就成为了一种习惯。为此，他将管理层分成5个工作组，与车间挂钩，工作组第一个月每天下午4点与员工交流，强化这一理念；第二个月每周交流一次，第三个月以检查为主，逐步让员工形成做“好产品”的习惯。“企业好的设备可以做出精准的产品，员工有好的理念可以做出精美的产品。”陆周生认为。

机器人群

在“小小恐龙”昆山总部厂区，我们见到了一台台运转自如的焊接机器人、冲压机器人、油漆自动流水线等一系列先进技术装备。车间里，是成排成行的机器人群。只见弧光点点、机声刷刷，转眼之间，车架已经成型了。真是想不到，一辆辆童车的加工制造，居然也用上了机器人。

产品质量靠工作质量保证，工作质量靠工程质量保证。近几年来，“小小恐龙”进行了大规模的技术革新和技术改造。

"自主创新、技术改造是小小恐龙转型升级的主要途径。"陆周生介绍，为了实现智能制造，"小小恐龙"投入5 000多万元，用于技改和研发，与哈尔滨工程大学、江南大学、东南大学等高校保持长期合作关系，研制冲压机器人、焊接机器人以及童车数字化设计、制造集成系统开发等项目。集团又以工业4.0为导向，与哈尔滨工程大学合作实施"机器换人"项目。

目前"小小恐龙"已经拥有35台机器人，基本实现了焊接自动化。"目前，小小恐龙正在积极实施'机器换人''自动换机械''智能换数字'等一系列技术改造工程。"正是因为坚持技术进步，"小小恐龙"先后被评为"苏州市高新技术企业""江苏省智能创造型童车工程技术研究中心"。

为了适应拓展国际市场的要求，"小小恐龙"还着手创建"虚拟工厂"。也就是高端产品由公司自己做，一部分批量大、技术要求相对较低的产品外放，由协作企业加工，由本公司负责标准、品质和技术的把关。这一举措加快了"荟智"品牌走向国际市场的步伐。

"420工程"

"小小恐龙"下一步怎么发展？陆周生有一个雄心勃勃的"420工程"：到2020年，他在昆山创业整20年，小小恐龙的产值要做到20亿元。"我有自己的品牌规划，也有我的人生规划。做好规划，事业的空间更广阔，人生的动力也更充足。"陆周生说。

为了达成这个目标，陆周生制定了新的发展规划。

其一，在产品研发上，做系列化全品类产品，不但生产儿童产品（如：婴儿推车、儿童自行车、滑板车、扭扭车、木床，以及婴儿奶嘴、奶瓶等），还生产运动产品（电动滑板车、沙滩车、卡丁车等）和老龄用品（电动轮椅、老年代步车等）。“其实，儿童用品、运动用品与老龄用品，购买者都是年轻人，服务好‘一个人’，我们就可以覆盖全市场。”陆周生认为。

其二，是销售渠道的拓展。陆周生看到，随着互联网时代的到来，传统大流通批发模式将会被淘汰，而电商和母婴连锁，则是未来的方向。因此，他邀请了国内知名的O2O专家来为经销商们讲课，让大家积极适应全新的形势。目前，荟智已经有了天猫旗舰店，与苏宁、京东的合作正在开展。而其虚拟工厂也在规划，一些附加值比较低的产品全部发包出去。

其三，在生产上，全面向智能化转变。即将新设的注塑车间，将全部实现自动化；与哈工大合作研制的冲压件机器人设备，正在调试，推广后不但提高效率减少人工消耗，还将彻底提高工人操作的安全性。

其四，在技术提升上，“小小恐龙”作为全国玩具标准化技术委员会的会员，参与了《儿童自行车安全要求》《儿童三轮车安全要求》和《婴儿学步车安全要求》等国家标准的编制，现在作为主起草单位正在组织起草《儿童电动滑板车安全要求》这一填补国内空白的标准，既为行业规范发展作出贡献，也提高自身在行业中的影响力。

“明天的太阳”

最近，“小小恐龙”携“荟智”品牌，参加了“托起明天的太阳大型慈善公益活动”。这是由江苏省孕婴童用品协会联合南京市人口计生委共同发起的。旨在让困难家庭中的留守儿童得到更多的关爱。这类慈善活动也让“小小恐龙”倍添社会责任感，为“明天的太阳"做更多有益的事。

在市场打开、家长和儿童欢迎、社会责任增强的大背景下，陆周生的发展动力更加强劲。2014 年，小小恐龙在厂房建设、设备改造、产品研发等方面，投入资金就达到一亿元；与江南大学、哈工大合作的数字化智能设计和冲压机器人项目也全面展开；新一期 38 000 平方米的厂房已接近建设尾声……我们看到了一派热火朝天的场面。

"今年 9 月份，我们将参加在德国科隆举办的国际儿童用品展，这也是'荟智'品牌首次在国际市场上亮相，我相信我们会一举成名。当'荟智'品牌在国际国内两个市场打响后，三年内我们还要争取上市，运用资本的力量，推动'小小恐龙'实现更高的目标。"

如今已是上海玩具和婴童用品行业协会副会长的陆周生，对未来已经在心中勾画了一幅美丽的蓝图。我们由衷地期望，这幅蓝图如期成为活生生的现实！

（原载《上海轻工业》2015 年第 4 期）

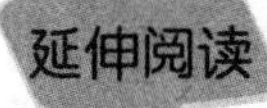

小小恐龙：成为 CBME 展会焦点

2021 年 7 月中旬，第 21 届 CBME 孕婴童展在国家会展中心（上海）举行。小小恐龙集团作为 CBME 重要展商，旗下荟智品牌各系列高品质产品成为展会焦点。"颜值与实力并存"的特色，引来不少客户驻足了解，商洽订单。展会期间，小小恐龙集团与荷兰高端母婴品牌 Easywalker 签订战略合作协议。

“中国人欢呼时刻，有伽蓝”

“中国人欢呼时刻，有伽蓝”。

伽蓝是谁?

中国本土美妆行业的领跑者，2001 年成立于上海。创始人郑春颖先生是一位地地道道的东北汉子，来自沈阳。经过 20 年的不懈努力，今日伽蓝是一家集研发、生产、销售、服务于一体，聚焦于化妆品、个人护理品与美容功能食品等产业，拥有完整产业链和上佳社会影响力的企业集团。

“中国人欢呼时刻，有伽蓝”。

当真? 当真! 请看：

每临大事的集合力

2010 年，举世瞩目的世博会在中国上海隆重举行，伽蓝是唯一参展的中国化妆品企业。

2011 年，伽蓝首次参加“博鳌亚洲论坛”，之后连续 10 届不缺席，并成为论坛的白金级会员单位。

2011 年，伽蓝旗下自然堂品牌正式成为中国跳水队官方合作伙伴。2012 年伦敦奥运会，自然堂携手跳水队“征战伦敦，美在巅峰”，在世界舞台展现中国人的自信和骄傲。之后，又连续陪伴跳水队在国际赛会争冠夺金，誉满全球。

2013年，神舟十号成功发射，伽蓝集团首次搭载飞船成功开展太空生物科学研究，率先让护肤科技进入空间技术时代。

2013年，伽蓝正式成为中国南（北）极科学考察合作伙伴，旗下自然堂品牌"雪域精粹系列"和"男士系列"，跟随雪龙号远征南北极，成为科学考察队必备用品。

2015年，伽蓝旗下美素品牌与米兰世博会中国馆达成战略合作，成为中国国家馆唯一指定化妆品。

2019年，建国70周年庆典阅兵仪式，三军仪仗队女兵队列英姿飒爽，而陪伴她们的是装扮精致军妆的自然堂红星唇膏，致敬伟大祖国。

2021年2月，自然堂携手600年皇家祈福之地天坛，推出天坛祈福限量版礼盒，以崇高之礼祈福2021，风调雨顺，国泰民安，五谷丰登。

2021年7月，建党100周年，自然堂与天安门文创品合作限量版纪念产品，献上深情的祝福。

节庆有伽蓝，抗疫也有伽蓝。2020年年初为抵抗新冠肺炎疫情，伽蓝集团一次就捐赠1 000万元现金物资。2月和3月，又累计捐赠上万只口罩和大批润肤露、护手霜，直达100多家医院的3万多位一线医护工作者，对抗"口罩脸"和"酒精手"。2021年郑州遭受疫情和水灾双重灾害，人们又见到伽蓝集团乐于捐助的身影。

20年历程，伽蓝集团贡献良多，荣誉等身。今日伽蓝，是联合国开发计划署战略合作伙伴，博鳌亚洲论坛白金级会员单位，中国载人航天科研合作伙伴，中国南（北）极科学考察队合作伙伴，中华环境保护基金会合作伙伴，中国儿童少年基金会公益合作伙伴，中国跳水队官方合作伙伴，中国女子排球队官方护肤品，等等。

伽蓝，了不起！

剑指太空的科技力

“北斗”指路，“嫦娥”探月，“天问”寻火，“神舟”频发，“天宫”巡天，……浩瀚太空有了越来越多的中国航天器。宇航员在太空如何舒适地生活，是高科技难题。护肤、保养、抗辐射，洗漱、洁发、沐浴，都是有情趣更有难度的挑战。

伽蓝集团怀着强烈的社会责任感和使命感，早在2013年，就开始了与中国航天的合作，全身心投入太空用品的研发。他们的理念是“天为地用，地为天用”。

2013年6月，伽蓝集团首次与中国航天合作，通过“神舟10号”搭载了第一个太空科研项目。从海量酵母菌中优选了本身就具有护肤功效和弹韧生命力的酵母，在太空中在轨飞行15天。之后，经过极端太空环境培育的菌种成功返回地面。再经过与中科院生物所的合作，历经4年，采用12种尖端技术，历经1 253次试验，从数亿株太空菌株中成功筛选出1株具有超强生命力的“超级太空酵母”。进而再研发成功两款高科技产品“美素太空酵母精华”和“美素人参再生精华液”，实现了“天为地用”。

2015年1月起，伽蓝集团与中国航天的关系更进一步，为中国航天员研制中国空间在轨生活所需要的免洗清洁用品、护肤品和彩妆。经过五年时间的科研攻关和磨合，终于取得成功，成为正式太空用品。

2021年5月，伽蓝旗下自然堂的男士喜马拉雅冰川保湿露、免洗洗发水、免洗沐浴露等搭载天舟二号货运飞船成功发射，送进了空间站。2021 年 10 月，根据太空环境特点研发的女航天员专用的花胚御龄系列护肤产品，再次升空。这些高科技产品的上天，实现了“地为天用”。

2021 年 12 月，伽蓝正式成为中国航天事业合作伙伴。将更多参与国家载人航天工程相关项目，并以航天科技赋能中国美妆品牌做优做强。

惊人成就背后的默默贡献者，是地处上海漕河泾开发区的伽蓝集团研发中心。自 2012 年启用以来，这个研发中心硕果累累。在世界顶级科研机构从业 15 年的资深专家陈明华博士和吴昭雄博士的领衔下，化妆品科学、生物化学、植物及中草药、高分子材料科学等上百位专业人士汇集一起，组成了稳健、专注、高素质的研发团队。与此同时，又与中国科学院、上海交通大学、中国日用化学工业研究所等国内著名院校合作，搭建有自己特色的研发体系，形成可持续的研发能力，保持着行业领先水平。

现今，伽蓝集团自建有四大科研平台，这就是微生物发酵开发平台、植物细胞组织培养开发平台、高山植物超低温冷萃冻干粉开发平台、活花采香与香味开发平台。各个平台分别取得了令人瞩目的卓越成绩。

深入原理的品牌力

通过 3D 技术打印出亚洲人的皮肤。是不是异想天开？不，是奇迹，是伽蓝集团创造的奇迹。

伽蓝从事化妆品事业，决不肤浅。它们深知，化妆品是用在人体肌肤上的，必须以肌肤理论为基础，指导整个研发方向。皮肤科学、遗传学等各种相关学科，都得学习和把握。这才是品牌扬名立万的坚实基础。

东方人和西方人，从人种到皮肤结构和皮肤肌理，都有差异。而东方人所处的后天影响因素，从饮食、环境、空气，直到不喜欢阳光下暴晒的习惯等，都会影响到皮肤的特性。伽蓝集团“汇聚全球力量，打造中国品牌”的宗旨，其初衷就是研制更适合东方女性使用的化妆品。于是，研究东方人的皮肤成为势在必行的重要一步。

经过多年自主研发，运用体外3D培养技术，伽蓝集团研发中心成功构建了含有表皮、真皮和DEJ基底膜的完整结构的皮肤组织模型，与正常人体皮肤极为接近，具有皮肤的三维结构。2013年10月，经国内外专家鉴定，这一3D皮肤模型达到国际先进水平。

但伽蓝并不止步于此。2016年9月，伽蓝集团的皮肤模型研发团队又与世界顶尖的法国皮肤实验室Labskin Creations合作，采用3D生物打印机第一次成功打印出亚洲人的皮肤。

为了这个项目，中法两国多位工程学、生物材料学、细胞生物学、制药和再生医学领域的科学家组成专门研发小组，其中包括1位教授、5位博士、3位硕士。先后经过98次实验，终于实现预定目标。

正如郑春颖所说：“3D生物打印技术，让伽蓝能够在更完善的皮肤模型上，测试和研发新一代自然堂产品，以事实践行了伽蓝用世界上最尖端的科技，为消费者研制最好的产品的理念。”

喜马拉雅的冲击力

从上海到日喀则，从平原到高原，直线距离达4 000公里。然而因为伽蓝的结缘，两地又似乎近在咫尺。

在伽蓝集团的自然堂品牌办公区，有一幅巨大的浮雕墙，将世界屋脊喜马拉雅地区搬了进来。这里有不同的地形地貌和标高，生动记录了伽蓝走进雪域高原的足迹。

自然堂，正是缘起喜马拉雅的自然主义品牌。广袤山脉的纯净冰川水，超强抗氧化的雪地植物，沉积亿万年的海洋矿物质，大自然万千色彩和美妙气息，是自然堂的创意源泉。从喜马拉雅提炼能量、汲取色彩、专注于科技，将宝藏精华一滴一滴转化为健康美丽的生活方式，并以合理价格提供给千万顾客，就成了自然堂的使命。

于是，有了雪域精粹系列，有了凝时鲜颜系列，有了雪松精油御龄系列等等。尤其是自然堂冰肌水更是风靡市场，风头强劲，一时无二。冰肌水取自于海拔 5 128 米的曲登尼玛冰川，纯净剔透。冰肌水被誉为"超级滋润、超级舒服、超级补水"，成为火爆网红。

与此同时，保护和改善喜马拉雅生态环境，带动藏区农牧民增收，是伽蓝集团持之以恒的社会责任。研发和保护并举，是伽蓝的鲜明特色。2016 年 9 月自然堂品牌携手中华环境保护基金会，成立"自然堂喜马拉雅环保公益基金"。将"喜马拉雅膜法"面膜首批 100 万片的销售额全部捐赠，用于保护有"亚洲水塔"之称的喜马拉雅水源，保护地球"第三极"的生命力。

2017 年 3 月，在伽蓝集团研发中心，自然堂喜马拉雅研究院正式成立。标志着伽蓝集团深入探寻喜马拉雅的美肤秘密的正式开启。

2017 年 5 月开始，伽蓝每年一季，连续五季开展"种草喜马拉雅"公益活动。截至 2022 年 7 月，自然堂向喜马拉雅环保公益基金累计捐款2 100万元，6年内在西藏日喀则等地种植466万平方米绿麦草，不仅为牧民提供了冬季饲料，连续多年的种草行动还改善了当地土壤，可以用来种植农作物艾玛土豆，亩产达3 000斤。不仅为当地居民提高了收入，还通过“生态+农牧”的绿色发展模式，为当地的乡村振兴和共同富裕起到了积极作用。

各具个性的产品力

本着一切为消费者着想的宗旨，伽蓝集团的每一款产品从原料选择开始，都至少经过60种不同的安全性、功效性验证，以确保为消费者提供安全有效、值得信赖的、功能卓越的世界一流品质的产品。

在郑春颖眼中，每个人都是天成杰作。作为品牌化妆品应该适合每位个性的各别需要。于是，陆续推出七大品牌，各显其能。

“美素”，中国科技美妆高端抗老品牌，东方美学与尖端科技完美结合，为顾客带来高科技、高品质、高功效、高颜值的产品。“植物智慧”，敏感肌护肤专家，产品全部聚焦敏感肌，满足消费者刚需。“春夏”，是创立于2018年的精简主义品牌，专为年轻肌肤提供高功效护肤和乐趣体验，“如果肌肤有四季，愿你永远停留在最美的春夏”。“COMO”是个性化的专业彩妆潮牌，以时尚感的色彩和质地，独特的彩妆经验，帮助新世代尽情发挥创意力和想象力。2020年8月上市的“ASSASSINA”，是一个由90后创立的倡导女性悦己主义的小众香水品牌，致力于打造适合有个性有态度的95后年轻人的香水。而较早时候创立的“珀芙研”，是专业功效性护肤品牌，分别有适合低耐受性皮肤、干性皮肤、油性皮肤、提高肤色，及延缓皮肤衰老等不同个性需求的产品。

敏感性皮肤，是皮肤在生理或病理条件下发生的一种高反应状态，主要发生在脸部，而女性发病率又普遍高于男性。据统计在中国女性中，有三分之一的人是敏感性皮肤。于是，防过敏又成为伽蓝产品的重要工作内容。

其中“植物智慧”的舒缓特护系列，以极简配方、快速修护，可以有效解决肌肤脆弱问题。“珀芙研”的舒缓保湿修护霜，可以在7天内改善泛红，28天修护敏感，给敏感皮肤尤其是高敏感皮肤带来了福音。

数字转型的营销力

数字化转型，为顾客价值创新，是伽蓝集团在市场端的一大特色。“数字化时代，消费者的行为已经数字化了，如果为消费者提供产品和服务的企业不数字化，必然被消费者淘汰。”郑春颖这样说道，并且带领伽蓝集团身体力行。

2020年7月，在行业一片悲歌中，秉持“领先半步”哲学的郑春颖先生率领伽蓝集团开启了数字化转型升级、自内到外的蜕变之路。并且把这一任务分解为业务在线化、数字运营化、营销智能化的三步走。

从前方到后方，从供应到零售，经营管理的全链路，无一例外。实现从消费者洞察、产品研发、内容创意、智能营销、生产管理、质量管理、物流配送、销售管理、会员管理的全域数字化。

2021年，全面推动数字化转型升级取得了重大进步。数字化营收的占比已达到88.9%，相比2019年增长49.7%；数字化零售占比达到50.6%，比2019年增长32.5%。而自然堂品牌更加出色，电子化营收占比高达94.7%，电子化零售达到53.8%。

与此同时，以数字化营运取得了提效降本的实效。2021 年底，订单处理平均时效提速到 2 小时，物流配送到店平均时效为 45 小时。流转速度加快的直接效果是零售增长。不仅如此，由供销各方关注的渠道库存也显著下降。2019 年的高点曾经达到 27 亿元，而 2021 年 12 月已降到 11 亿元。

数字化转型的康庄大道，带来了 2021 年伽蓝集团市场销售额的全面增长，无论线上，还是线下，全部实现了正增长。

成绩面前的伽蓝，数字化转型升级步伐并未放缓。郑春颖直言："2022 年，伽蓝只有一个主题，那就是数字化。"这里确定了七项关键任务，包括全面推进线下经销商数字化零售转型、全面推进代理公司转型为数字化服务商、商超渠道推行多种模式并行的全面转型、中后台组织深入数字化转型、组织数字化同时实现人员数字化，等等。

今日伽蓝，已在全国 31 个省市自治区建立了各类零售网络 4 万多个，进驻了所有线上销售平台，拥有员工近 5 000 人，网络总从业人员 60 000 余人，不但领跑中国市场，而且正在稳步拓展国际市场。可以预计，2022 年伽蓝势将更上一层楼。

JALA（伽蓝）来自于梵语，与中国五行相似，古印度哲学认为"地、水、火、风"是构成世界的四种元素，其中的"水"元素即 JALA。

被誉为"文学版清明上河图"的北魏传世之作《洛阳伽蓝记》中，描述伽蓝是"花果蔚茂，芳草蔓合"之地，意为一个流水潺潺、开满鲜花、布满芳草、盛产果实和蜂蜜、充满生机的地方。

这正如伽蓝的使命，将东方生活艺术和价值观的精髓传遍世界，为消费者提供世界一流品质的产品和服务，帮助消费者实现更加美好快乐的生活。而伽蓝的愿景，是致力于成为可持续发展的、具有稳定的成长性和盈利能力的、富有社会责任感的世界级消费品企业。

为达成这一使命和愿景，伽蓝及其伙伴在秉持诚实、正直、信任、进取心、主人翁精神这五个基本价值观的同时，共同坚守"合作共赢、诚信负责、客户至上、创新突破"的企业核心价值观，以此作为公司发展的内在动力。

延伸阅读

伽蓝：捐助物资支持抗疫

2022 年 3 月至 4 月，伽蓝集团旗下功效性护肤品牌珀芙研，先后三次向上海市奉贤区卫健委、上海交通大学、上海市奉贤区金海街道卫生院捐赠价值 171 万元的珀芙研 728 修肤霜，帮助第一线医护人员解决长期佩戴口罩造成的红肿、瘙痒等皮肤敏感问题。

第三编

隐而又冠：「小巨人」各有精彩

有梦不怕远

记“玖申”搪瓷的创业者

近年来，一种名为“玖申”的新颖搪瓷制品相当活跃，线上线下频频出击，粉丝拥趸数以百万计。

一个新牌子，一上场就红红火火，全在于它带来了一股清新的时尚之风。

清风扑面

“玖申”搪瓷以创意独特、用料讲究、做工精细、酷似骨瓷的崭新面貌吸引新一代消费者。源于搪瓷，却高于搪瓷；本是搪瓷，又好像不是搪瓷；说是日用品，又酷似艺术品。超凡脱俗，令人倾心。请看：

“点与线”系列，设计灵感取自日本推理大师松本清张的传世作品“点与线”。在密布的点与线之间是朦胧的人脸，看似杂乱无章却有迹可循。点与线，是世界上最基本的两种轨迹。点是宇宙的起源，线是时间的延续。点与线变成一张网，直指目标，通往终点。

“收获”系列，设计灵感取自中国农村在收获季节常用的筐箩筛的编结技艺，将其生动地组成图案，印制在搪瓷的杯碟盘上。在白色背景上使用了竹匾的纹路，斜向编织格中加了一两圈绳编圆环，更具有几何的线条感。来自生活，又高于生活。以此作为盛放茶点的器皿，可以平添几分分享丰收的喜悦。

“流淌的世界”系列，从蜿蜒流淌、奔腾不息的大江大河中获取灵感，同时又运用了中国传统青花瓷的创作手法。渐变的蓝色水波纹，如此的不规则，模拟了一种青烟的效果，也有着山水画的意境。那蓝绿色、粗细不一的线条，波澜起伏，构成传统又时尚的图案，象征着生生不息、追求真理的无尽冲动，相当传神。

……

这些作品不但创意别致，而且制作精良、选料讲究，兼具实用和装饰功能，深受年轻人喜欢。

脱胎于搪瓷，变异于搪瓷，独特的定位，新颖的体验，“玖申”给百年搪瓷带来了全新的变革，清新之风扑面而来。

而“玖申”的创始人却是3位年轻人，人们戏称他们是“八〇尾，九〇头”。

搪瓷世家

1990年1月出生的谢贤，是“玖申”的领头人，出生在搪瓷世家。

尽管从小耳濡目染，过去却并未对搪瓷制品特别在意。实在是因为见得太多、用得平凡，熟视而无睹，习以而为常。

谢贤的父亲谢党伟是国营上海久新搪瓷厂的“末代”厂长、曾经的搪瓷行业喷花比赛冠军，对搪瓷的深情厚爱到了痴迷的程度，人称“上海搪瓷哥”。从热爱到收藏，三房两厅的家中竟堆满了2 600多件各种搪瓷珍品，连床底下也是。

2002年，在亲手送走最后一个出口成品集装箱后，上海久新搪瓷厂宣告关门。谢党伟为此大哭了一场。

有人愿以天价收购谢党伟的全部藏品，他不舍得。他要留下这些宝贵的历史见证，为搪瓷行业保存珍贵的遗产。

近年，谢党伟在太太和家人的支持下，用全部身家，筹建成功"八分园"博物馆。2016 年 12 月，"中国搪瓷百年展"圆满举办，轰动社会，引起连锁反响，参观人群至今还络绎不绝。

中国画院特地派人来沪找到谢党伟，希望收藏留有齐白石等画坛大师手迹的搪瓷珍品。更有众多人士送来了珍藏的搪瓷制品。有画家送来了当年创作搪瓷花样的手稿。还有人发起组建搪瓷职工健康基金。

凡此种种，不能不使年轻一辈的谢贤有所触动。父辈言传身教的感染，潜伏心底的搪瓷情结的召唤，留学海外时在市场的所见所闻，让这位原本无意于搪瓷的年轻人，却在搪瓷行业低落时站了出来，扛起了革新和振兴的大旗。

恋人同心

谢贤一直中意于时装设计。他在上海时就读于著名的东华大学，毕业后又去意大利知名学府深造，在马兰欧尼时尚设计学院进修奢侈品管理，学有所成。尚未毕业，已有上海工艺美术职业学院专程派人赴意大利，盛情相邀其去任教。

在意大利求学期间，谢贤常会在学余时间周游各国，带着父亲嘱托的任务，收集当地好看好玩的搪瓷制品。他看到蕴含欧洲古老手艺神韵的搪瓷物件，也接触到新潮元素的搪瓷设计作品，对搪瓷的好感慢慢滋生。而每带回家一件搪瓷物件，父亲就当作宝贝收藏起来。原来父亲也喜欢新的东西。

真正颠覆他对搪瓷的认知，是2013年春天的一次出游。谢贤和女朋友高欢欢一同去捷克首都布拉格旅行，正好遇上复活节集市，马路两旁的小摊位一个接着一个，盛况空前。集市上，不仅有图案动人的各种手绘搪瓷碗杯碟，还有琳琅满目的由搪瓷制成的发夹、耳环、胸针、吊坠等等，富有工艺特色。

他突然发觉搪瓷的世界很大、丰富多彩。搪瓷这东西好玩，可以玩出精彩。搪瓷不再古老，而是现代时尚；搪瓷不再遥远，而是触手可及；搪瓷不需要大红大紫，不需要口号式的贴花，一样可以做出符合当代年轻人审美观的活泼有趣的样式。

他发现，即使在发达的资本主义国家，在中国上海被认为"落后产业"的搪瓷制品业，仍有着广阔的市场和可标新立异的发展。他去过美国家庭，发现他们用的搪瓷是一流制品，器型和色彩都充满时代感，与当代审美情趣相符。他参加了2015年在意大利佛罗伦萨举办的世界搪瓷大会，亲眼观看现场老匠人敲敲打打为搪瓷工艺品手绘釉彩，居然卖出不菲的价钱，并且买者颇多。

搪瓷可以改变生活，搪瓷可以创造生活。归国后，谢贤决定在教学之余，开创一种符合当代人需求和审美情趣的新搪瓷。

谢贤的想法得到女友高欢欢的响应。她对搪瓷的认识颇为深刻。她认为，这是一个古老的产业，又是一个全新的事业，应当全力以赴。她毅然辞去已有职业，全身心投入到新搪瓷的创作之中去，还常常深入生活去捕捉灵感。

不仅如此，高双欢还把她的闺密臧臧也说服了。臧洁雯是被样品打动的，"和我小时候用的土土的搪瓷碗不一样"。之后，她辞去"拉夏贝尔"服装公司商品企划一职，加入创业团队，成为"玖申"第三位创始人。

三个志同道合的年轻人组成了一个全新的公司，取名"玖申"。这个名称既与已经关闭的"久新"谐音，又标志着一个全新的开始。

年轻的创办人志存高远："玖申"搪瓷不同于大部分从便宜日用品入手赚钱后再输入文化的企业，从一开始就定位要做品位、构建文化内涵，并将目光瞄准时尚圈，与服装店、时尚买手店合作，再逐渐进入日常生活用品的圈子。

源于生活

创新，从哪个方向走，年轻人陷入了深思。

如果搪瓷做得太西化，那就和自己的文化脱了关系；如果做得太复古，又和时代脱了关系；做得太新奇，工艺又会有难题。必须在其中找到平衡点。

于是，这几个年轻的设计师决定去到山河田野间寻找灵感。

第一年，他们去了黄山。秋收时节，老人们在山脚下的田野里结麻绳、打箩筐。来自大地深处的沉静，深深地感动了他们。

回来后，他们做出了几只杯子。纹样是扭转、盘旋的藤绳，会让人想起中国的田野，取名"收获"。

还有一些水蓝色的盘子，灵感来源于搪瓷漂洋过海的历史。那起伏的波浪映衬着白色的底盘，好像中国水墨画的意味：写意与留白。

他们也会从都市人的生活、文学作品里寻找灵感，做出更符合当下审美标准的搪瓷。

"木头和马尾"是"玖申"的第一个单品系列，灵感来自对生命起源的思考。那是一只乳白色的杯子加上楠木制作的小木勺、小木托，榉木的龟背纹茶果碟，以及水洗棉麻茶席的套装。杯子上，有着点与线的连通，像垂挂的珠帘，又让人想起了都市里的万家灯火。

他们仨说，“这是一个人等待爱情的样子。”

在过去，爱情可能用鸳鸯来表现。而现在，我们可以用点、线来表达这份沉思与向往。

就这样，谢贤他们慢慢做出了自己的风格。

当然，也会遇到误解：搪瓷不就是很普通、很寻常、很便宜的那种吗，还会有多少创意、多大价值？

其实，好的创意源于生活又高于生活，既是积累也是迸发，得来谈何容易。

因为追求又新又美又好，自然不想怠慢任何一个环节。于是，原材料的价高难求、技艺的繁杂精巧、服务的周到细致，都需要付出。

虽然有不解，虽然有很多困难，但是新一代搪瓷的代表“玖申”，还是在谢贤他们的坚持下上路了。

老爸后盾

创业并不容易。年轻人有的是激情，有的是想法，缺的就是经验。创业之初难免处处碰壁。这时候，老爸谢党伟当仁不让地站了出来。

“玖申”创办后遇到的第一大难题就是寻找和选择加工厂。由于大部分搪瓷工厂退出市场，一时间竟难以找到合适的。即使找到几家中意的厂，却也因为“玖申”的设计太过新颖、加工难度过高、图案过于繁杂而遭到婉拒。在一个个“闭门羹”之后，老爸发挥了关键作用。凭着数十年积累的人脉关系，谢党伟领着年轻人走访了很多工厂，终于在浙江找到了一家既符合工艺技术要求又愿意真诚合作的搪瓷加工企业，双方达成了合作协议。浙江的这家搪瓷厂主做外销，单品订单多是几万件起，而"玖申"的单品只有几百上千的量。起初，对方也不乐意接这么小的单子。关键时刻，谢党伟的面子和昔日江湖地位起了作用。

新款搪瓷制品必须采用一流的材质。老爸深知哪些材料好、哪些材料次、好钢如何用在刀刃上。钢板是搪瓷的底坯，用得不好会造成瓷面的裂痕，因此不能马虎，于是一律采用进口的加厚的日本 NKK 搪瓷专用钢板。这是一种 0.8 毫米厚的钢板，比普通的搪瓷用钢板厚了一倍，不会摔在地上就有一个黑疤，拿在手上也能感受到分量，只比陶瓷稍轻一些。瓷釉是搪瓷的面子，要保证不起泡无砂孔、光洁细腻透亮，因此必须使用密着度和光度在世界领先的 TOMATEC 瓷釉。用于丝网印刷的花纸，直接影响花面图案的艺术效果，也必须从日本一流企业进口。甚至连包装箱盒的加工也不能马虎，必须与产品的品位和身价相一致。

老爸是老行家，熟知搪瓷工艺各个环节的技术要点，亲自到加工厂把好工艺技术关。涂搪，是整个搪瓷制作过程中最基础的一步，需要通过多种方式和不同的手法，使产品呈现出不同效果，以达到设计的意图。贴花，需要精巧细致，把复杂图案的花纸裁剪成合适的尺寸，用软刷贴于搪瓷表面，准确无误，才能送进窑炉，经过高温烧制，成为光洁温润的搪瓷。而每上一遍釉，都需要一次 800 度高温的烧制。稍有不慎，就会前功尽弃。老爸经常会到现场及时指点、示范，把好工艺技术关。

严细成风

为了保证“玖申”搪瓷的精致细腻精美，创作团队可没少花功夫，严格要求到了严酷的地步。

在浙江的厂子里，那是谢贤第一次完整目睹搪瓷制品的制作过程。一只普通的搪瓷罐子至少经过20道以上工序——制坯、酸洗、制釉、涂搪、晾干、烧制、贴花、再烧制、晾晒等。尽管钢板可由大型器械自动压制成不同器形，但涂搪、贴花都带着工人手做的温度。其中底釉、面釉、贴花这3道工序，就要经历好几次烘干烤制。

贴花是制作搪瓷的重要步骤，是最能体现搪瓷手工艺感的工序。贴花又是件很麻烦的手工活，得先把釉料制成薄膜状的花纸，然后再均匀细致地粘在器物上、将花样图案转移到产品上。这就像给手机贴膜，不能出现一点气泡、歪斜。谢贤说，因为他们设计的花纹与以前的大不一样，弧线多，并且粗细变化，所以许多手艺人都觉得贴花太难做。

这些粗细变化的花纹多是满满一大片，很容易拉裂。尤其是在冬天，薄膜会变得很脆。被烧多几次，可能会爆花，变成一片白点。所以十分考验手法。本来一名贴花工人一天可以贴几十件乃至上百件，但由于“玖申”对贴花的严格要求，即便是熟练工人一天最多也只能贴十几件，有时一天只能贴几个。还好，最后呈现的效果令人心动。

2016年春节，“玖申”出了第一批货“收获”系列，但在验货时，发现贴花效果不理想。谢贤和高欢欢在工厂蹲了三天三夜，“干了一件让贴花工人彻底烦我们的事”——死守贴花工序，将300

多个贴歪、有气泡、接线不齐的杯、盘扔到水里泡花，然后刷子与手并用，撕掉花纸，晾干了，再让工人重新贴过。

"玖申"团队人手并不多。白天做设计、写文案、跑销售，晚上还要一起坐在地板上包快递、点货、整理仓库。有时订单多，连吃饭也顾不上。

一路走来，"玖申"收获了很多。他们让产品不再是装饰图案的创新变化，还更多地表达产品器型和功能的变化。

梦绘美图

"玖申"搪瓷既有时尚感，又有亲和力。由年轻人设计、年轻人监制，特别符合年轻人口味。

"玖申"的茶杯，把手上方会有一个指纹图案，每次握住茶杯把手，拇指的指纹会刚好与它重合。这种设计既别致地道，又平添了几分体贴。

鸡年到了，金鸡报吉，"玖申"推出了鸡年搪瓷盘套装。谢贤他们找到意大利新锐设计师 ANTONIO MOCCHETTI，设计了一组风格活泼的作品。这包括 1 个鸡年定制搪瓷盘、1 个活页笔记本、4 张贴纸和 1 张卡片。盘面鲜亮活泼的色彩搭配萌萌的鸡，画风很现代，盘子背面还有花纹和年份数字。而活页笔记本、贴纸和卡片，正是时下年轻人喜爱的手账文具。

年轻自有年轻的生活方式。"Eat your way"是"玖申"与平面设计师秀子合作的作品。设计来自一个新的理念：热爱美食与手作的年轻人，希望能把精致的器皿带出去聚餐、野营甚至旅行。但长途跋涉又担心瓷器和玻璃器皿易碎，搪瓷就成了最佳选择。整个系列的 Pattern 好比"流金的树影"，两个盘子一方一圆。圆的更像自然；方的是连绵的黑色，好比日常中一棵树的剪影；而金色是一种刻意的补缺，如同金缮成就的侘寂，透露出不完美的好看。

用餐有了点仪式感，用茶也应该有点仪式感呀。于是有了搪瓷和木头结合的“木头和马尾”。1 只“点”的搪瓷杯，配上 1 只榉木茶果碟、1 支楠木长柄木勺和楠木托、1 张水洗棉麻茶席，组成了一人品茶套装。用茶会变得那么正式，耳边又仿佛传来民谣歌手周云蓬《九月》的歌声：“一个叫木头，一个叫马尾。”

包装也要与之适应。“木头与马尾”的包装经过了精心设计，采用加厚瓦楞纸，封口处手工绕线，外形如独立手提袋，别致而令人充满惊喜，送人或自留都是极好。“Eat your way”也是如此，整个外包装俨如一个黑色雅致的手提袋。

“玖申”岂止创意了全新的搪瓷制品，更是创意了全新的生活享受、全新的艺术品位。

“玖申”搪瓷的清新时尚之风，博得了线上线下众多买家的青睐。

“一条”微信公众号专门连篇宣传，它所精心制作的一帧 5 分钟短片已有 195 万人次观看；“二更”微信公众号拥有 460 万粉丝，经它宣传的“玖申”产品，影响面也很广。现在，“玖申”的零售通道主要有企业礼品订单、企业定制和线上线下买家。线上有良仓、创意东方二十四季私享家等网站平台；线下有买手店设计师，分布在上海、武汉、北京、重庆等大城市，卖得都不错。

与“无印良品”的合作很成功，边展示边活动，2016 年光是讲座就举办了五六次。

与上海电视台的纪实频道也有合作，在思南公馆，展示加讲座，设计融入搪瓷中去，文化和时尚提升了生活。

2017年5月，受《中华手工》杂志社邀请，"玖申"参与"国匠荣耀·第二届手工创新盛会"。其间，"玖申"荣幸入围中国传统工艺振兴百强榜。

事业有了初始的成功，谢贤和高欢欢也喜结良缘，由恋人成为伉俪。

面对这一切，谢贤很冷静。"玖申"的事业还刚起步。他们还要走得更坚实、走得更欢、走得更远。

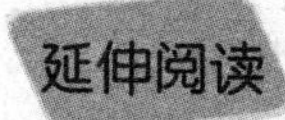

上海有位"搪瓷哥"

市中心，一整套三房二厅的公寓房，林林总总，分门别类，摆满了2 600余件日用搪瓷制品和艺术搪瓷制品，连阳台也不例外。这就是谢党伟先生的搪瓷收藏室。

这些搪瓷品中不乏珍品、稀品。从最早的"洒稀麻"搪瓷碗，到近代工艺美术大师的绘画搪瓷作品，几乎囊括了从1916年至今近百年的搪瓷精品。这简直是中国近百年搪瓷工业史的一个缩影。曾经有外国友人愿以4 000万美元的代价，一揽子收购这些搪瓷制品，但是被谢党伟婉言谢绝。

谢党伟如此痴迷搪瓷制品，人们戏称他是"搪瓷哥"。

做搪瓷　爱搪瓷

"搪瓷哥"早先是上海搪瓷六厂的员工，从学徒开始，逐渐熟悉了搪瓷制作的各道工艺。1978年，在一次全行业技术比武中，谢党伟以出色的手艺，赢得了搪瓷喷花工的第一名。由此，他更加热爱搪瓷工业，并且开始走上收藏之路。

上海是中国搪瓷工业的发源地。最早的搪瓷厂是1916年英国人在上海开的，纯手工操作。初始产品是一种叫做“洒稀麻”的粗瓷碗。由手工制成铁皮碗坯，然后上一层底釉，烧结之后再在上面洒上白色瓷料，全凭工人的手上功夫，经过挥洒，形成一种不规则的自然花纹，好似大理石一般。再经过烘焙成型，就可以作为商品出厂了。

随着时代的进步、社会的发展，日用搪瓷制品俨然成为一个大家族，粗略一分，至少可以分成七大系列：盆、锅、碗、杯、碟、桶、壶。这一件件都与人民的日常生活息息相关。

收藏搪瓷制品，也收藏着这些制品背后的动人故事。在谢党伟的眼中，这些收藏品一件件活起来了，诉说着、演绎着那一页页往日的旧事、趣事。他觉得收藏越发有意义了。即使是1994年因旧区改造，地处制造局路斜土路的六厂搬到了杨思；之后，又在2001年9月22日因产业结构调整而工厂结业，他都没有中止过收藏工作，反而更加热心。

绿色的，还是过时的

谢党伟收藏搪瓷制品还因为一种历史的责任感。

很多人认为搪瓷是一种高能耗、高污染的产业。可是，谢党伟却认为，这有失公正。

无铅、无镉、耐酸、耐碱，健康卫生，这才是搪瓷制品的本质、搪瓷制品的生命。

纵观世界，无论美国、德国、瑞士、日本等发达国家，还是许多发展中国家，直到今天，还都大量使用搪瓷制品，也生产搪瓷制品，因为他们认为这是一种清洁的用具。

1999年9月，美国搪瓷协会创始人、美国汤普森搪瓷公司创始人、美国陶器涂料公司创始人卡本特先生来华访问，还兴致勃勃，当场为大家表演艺术搪瓷品的制作。当场画，当场烧，并赠送给谢觉伟两件艺术挂盘：雪人和圣诞快乐。他说道："这是我们对推进搪瓷和艺术性的发展的相互努力的欣赏。"

历史变迁　搪瓷新生

搪瓷制品跟随时代进步，简直是历史的记录器。

每个时代都在搪瓷制品上留下了印迹。在谢觉伟的藏品中，我们见到了"赠给最可爱的人""保卫祖国，保卫和平"，见到了"工业学大庆""农业学大寨"，见到了"劳动模范""先进工作者""三八红旗手"，等等。

许多今天名扬四海的知名画家，当年都是从创作搪瓷面盆、痰盂的花样图案起步的。这里面有应鹤光、钱行健、唐逸览、苏春生、金正惠等，都是当今炙手可热的名画家。

如今被誉为中国现代帛画创始人的穆益林先生，当年就是搪瓷厂的设计师，他创作的"万紫千红"面盆是当年的热门货，是20世纪八十年代的新婚必备。与其同时代的，还有谢家祥的"花好月圆"、陈杰的"蝴蝶鸳鸯"、张华的"竹编牡丹"、魏麟（女）的"金钱牡丹"等等，都是当时年轻人追求的热门货。

今日中国的搪瓷工业正在发生嬗变。无论内涵还是外延，都发生着巨大变化。且不论地铁站大量使用的平板搪瓷，把一座座地铁站装帧得富有格调、各有个性，就是日用搪瓷、艺术搪瓷也是日新月异，千变万化。

杭州有两位大学生有志于搪瓷制品，在谢党伟的指导下创业，把搪瓷制品弄得很有创意、很有时代感。有一套唐僧师徒四人西天取经悟法的搪瓷口杯，采用最好的铁皮和釉料，虽然造型普通、底色洁白，但每只杯子上各有励志的字语，符合当今年轻人的心态，销路很好，2014年就在网上销掉200多万个。并且附加值高，过去一打杯子只卖12.32元，而这种杯子一个售价就达到42元。

众人聚力　珍视收藏

谢党伟的收藏活动，得到了方方面面人士的关心和帮助。

他在新浪网上开设微博，专门介绍“中国搪瓷”，拥有粉丝25 000余人。如果按姓名检索，他的粉丝数量位居第8名。通过微博，他不断宣传搪瓷的故事和新事，累计已经发表213篇。这些宣传既传播了知识，传播了信息，也激发了收藏热情。

谢党伟说，他的那么多展品，有的是买来的，有的是要来的，有的是别人丢弃之后他拣来的，还有不少是热心人士送来的。上海的老领导、老同事知道他在收藏，就纷纷把家里的搪瓷制品送给他。甚至有外地搪瓷厂把家里的用品寄给他。结果，就在不刻意追求的过程中，越积越多。

一次，谢党伟专门请来搪瓷行业10位老人，以家宴招待，用来盛饭、装菜的全部是搪瓷器皿，结果很多老人当场掉下激动的眼泪。这令他更加感受到收藏的意义。

谢党伟收藏的名气大了，成为上海收藏家协会的会员，各方面的交流和支持也更多了。

在中国书法家协会副主席胡抗美的发起下，国内知名书法家踊跃参加制作书法名家的搪瓷珐琅，100位知名书法家每人一幅作品，供谢党伟制成搪瓷制品。到目前为止，已经制成73幅。

嘉定区政府专门在江桥拨出2亩地，让谢党伟创建一座上下三层共1 600平方米的搪瓷博物馆。他准备按两条脉络来布展：一是按年代沿革来展示，分别有民国时期、建国三十年、改革开放时期；二是按日用搪瓷七大系列来展示，让人们对搪瓷制品有一个比较完整的认识。不但有大量实物，还有图片、文字，甚至视频相配合，让展示更为详尽、生动。

人们期望这座博物馆早日开幕。

金山丝毯　五福临门

芒种过了，桃子熟了，我又一次来到了上海金山丝毯厂。我已记不清这是第几次进门了，不过，每来一次都有一次新的体验和感动。不变的是匠心，变的是又创出了新的业绩。

这一次吸引我们进门的是一大喜讯：厂长程美华女士继 2008 年获得“上海工艺美术大师”称号之后，时隔 10 年，2018 年又获得了“中国工艺美术大师”称号。授证仪式于 6 月 9 日在北京钓鱼台国宾馆隆重举行。

美华大师说：荣获这一殊荣，不只是对我个人的肯定，更是对金山丝毯的肯定。美华受誉，代表的是整个金山丝毯创作集体。

绿水青山，就是金山银山

见到美华大师，当然急切地想知道，大师近来又有什么新作?真有点迫不及待了。

随着大师的手指点去，我们见到了一幅美丽壮观的丝毯《绿水青山　金山银山》。这是大师最新的丝毯作品。只见毯面布满了层层叠叠高耸入云的山岳，一朵朵白色祥云在山间缭绕，一对对白鸽在山间欢快飞翔。山峦之间依稀见得几缕绿水。那山那水原本是青色的绿色的，但是通过特殊技法的巧妙处理，又渐变成金色的银色的。仿佛那不是普通的山山水水，而是一座又一座的聚宝盆。整幅丝毯作品，气象万千，气势恢弘，震慑眼球，更震撼心灵，让人有一种莫名的激动。

这一壮观画面正应了习近平总书记的那句名言："绿水青山就是金山银山。"金山丝毯用自己的精彩作品对此做了生动的描画和形象的展现。

果不其然，在2018年5月全国工艺品创新产品设计大赛上，这幅艺术挂毯新作荣获了"金凤凰"金奖。

以当代中国社会的重大题材作为创作主题，这在金山丝毯的创作中已是一个光荣传统。2010年世博会在中国上海举行。为迎接这一盛会，美华大师率领金山丝毯特意创作了《笑迎世博》和《城市，让生活更美好》两幅精品。前者以立体群花造型表达了亿万民众的喜悦之情，后者则以鸟瞰的视角将浦江两岸的地标建筑一一生动地展现出来。两幅作品先后被世博会所纳用。2014年APEC会议在北京举行，金山丝毯又送上《年年有余》巨幅壁挂丝毯。丰满而又喜庆的精品工艺之作，博得了多国首脑的交口称赞。

这次《绿水青山　金山银山》的获奖，已经数不清是第几次获奖了。就在2017年，金山丝毯佳作迭出，连中三元。

创新作品《出水芙蓉》艺术挂毯，在全国工艺品创新产品设计大赛中获得"金凤凰"金奖；现代艺术壁挂毯《年年有余》获得"国匠杯"金奖；现代艺术挂毯《春华秋实》在第十八届中国工艺美术大师精品评选中获得"百花杯"金奖。

这三枚金奖，加上2018年的金奖，再加上美华大师荣获"中国工艺美术大师的"殊荣，一年之内，五福临门，真是可喜可贺！

金奖连连，就因创意创新

金山丝毯如此出色，不同寻常，全凭一手真功夫。

美华大师告诉我们，从蚕茧到丝毯成品，这其间要经过十大工种120多道工序，真是来之不易！

光是丝线色泽就从深、中、浅等5组配色，逐步发展到10组、15组，乃至20组，每组都有上百种颜色变化，各种深深浅浅的颜色总数竟达3 000多种。正因为色彩众多、层次丰富，才有了更强烈的艺术表现力。

前后交叉绕1个8字结，是制作丝毯的一个基本工序。各种图案形象就是通过无数个8字结构成的。据统计，金山丝毯每织成1平方英尺的毯面就得绕14 400个8字结。长年累月，一丝不苟，以至于美华大师的食指都变了形。

手上功夫如此惊人，心上功夫更不简单。美华大师善于观察生活，捕捉创作灵感。慧眼独具，匠心独运，那些平平常常的花花草草、朝晖暮色，都能与她产生心灵感应，都能得到神来之笔，妙笔生花。

《春意盎然》的灵感来自新疆成片成片的胡杨林。那是2011年跟随上海代表团访问新疆喀什地区，美华大师是提前一周到的。当她见到满山遍野的胡杨林时，为之激动，为之震撼。胡杨生长在气候和环境相当恶劣贫瘠的土地上，不惧沙尘，不畏干旱，茁壮生长。8月盛夏是一片葱绿，到了10月仲秋则是一片金黄。美华大师将这一壮观景色用到创作之中。画面上胡杨树叶成了主角，绿油油金灿灿亮闪闪，层层叠叠，相互偎依，无数彩蝶纷飞其上。这哪里是丝毯，已经是一曲生命的赞歌了。

《年年有余》的灵感来自燕山脚下雁栖湖畔。当得知 2014 年 APEC 峰会将在这里隆重召开时，美华大师特地浏览了一遍当地的实景。当见到花盛开、鸟欢飞、鱼翔游的美景时，创作灵感油然而生。在丝毯中央，她把花瓣拟化成鱼儿，密密集集，排列有序，变化无穷，形成柔美欢快的构图，而四周则是鲜艳开放的无数山花。这种虚实结合的艺术手法，使得整幅丝毯既大气又动人。并且同样图案不同色泽，还复制了好几幅，分别悬挂在多国首脑的总统套房内，受到了高度好评。

《出水芙蓉》的灵感来自阿拉伯地区的红海。那是 2013 年跟随中国代表团到中东考察，当美华大师看到波澜不惊的红海那一大片红色时，创作冲动由此而来，她要把这种浪漫的红色搬到丝毯上。于是红色的芙蓉花出现在丝毯的正中央，那夸张的花瓣恰似飘带斜贯画面，让整幅丝毯跃动起来。出水芙蓉的浪漫、美丽、飘逸、雅致，得到了恰如其分的生动表观。

《稻花香》的灵感来自金山枫泾地区的秋收季节。美华大师亲眼目睹丰收时节，稻谷堆场的忙碌和农户们的欢快喜庆，深深为之感染。于是，将江南农村最常见的稻穗演变成丝毯的主角。画面中央是集群的稻穗，形成了一朵硕大的美丽花朵，而四周则是迎风摇曳的稻穗，与之呼应。动感之中，我们仿佛闻到了随风飘来的稻花清香。整幅毯面金灿灿亮闪闪，歌颂了稻谷，歌颂了劳动，更歌颂了勤劳的农户，歌颂了幸福的生活。

《希望》的灵感来自党的十八大。习近平总书记提出的“中国梦”鼓舞了亿万中国人民。美华大师要把人民与领袖的亲密关系演化成一幅丝毯巨作，《希望》就这样产生了。一望无际的大海寄托着中国梦，无数欢快游动的鱼儿象征着团结奋斗的中国人民，它们托起了一个美丽的鸟巢，不正象征着亿万人民紧跟党中央，走向新时代。创意独到的巨幅作品又一次获得了国家级金奖。

《寿》的灵感来自京剧脸谱。美华大师一向以为，宝贵的传统中华文化元素应当与现代设计融会贯通。而《寿》的设计正巧是一个良好契机。在这幅丝毯的正中央是一个大大的“寿”字，而寿字的每一个笔画竟然都是由一个京剧脸谱融化而成。这种巧妙的构思得到人们的啧啧称赞，也得到日中友好人士的高度评价。在全日本设计大赛中一举夺得最高奖项“村山富士奖”，作品还被日本前首相村山富士先生收藏。

设三本书，就是图的超越

美华大师工作室里竖起了三本巨书。每本书足有二米多高一米多宽。这可不是三本普通的书。每翻开一页就是一幅各具特色的巨幅丝毯，让人惊讶不已。

美华大师介绍说：

这第一本是：世界各国手工丝毯。分别有伊朗丝毯、日本丝毯、美国丝毯、土耳其丝毯、印度丝毯和中东丝毯等。

第二本是：中国传统手工丝毯。分别有龙凤呈祥、双龙戏珠、五福临门、富贵牡丹、山花烂漫等不同的主题。

第三本是：中国现代手工丝毯。分别有：红红火火、九十九朵玫瑰、春华秋实、年年有余、永恒的牡丹等众多的创新作品。

为什么要特地设置这三本巨书？

美华大师郑重地告诉我们：展示是为了借鉴，纪录是为了超越。

伊朗是丝毯的发源地，迄今已有2 000年历史。伊朗丝毯有很多特色，对我们有不少启迪。可是，伊朗丝毯也有美中不足，她是平面的，缺乏立体感。而今，金山丝毯已经在这方面超越了她。

从平面到立体，这一思路来自于一次海外考察。那是在迪拜博物馆，美华大师远远望见一幅布艺作品，富有立体感。一下子触动了她的心思：为什么丝毯不能做成立体的呢？同行的几位姐妹笑她是异想天开。可是，美华大师是认真的，她取出相机，对准焦距，咔嚓几下，把这立体布艺作品的视觉效果定格下来，并且带回上海。

然而，平面丝毯怎样才能变成立体丝毯，并不像照一张相片那么简单。首先得有工艺技术创新来加以保证。

美华大师带领金山丝毯创作团队在三方面取得了突破：

一是材质。传统丝毯以伊朗丝毯为蓝本，以桑蚕丝为基材。桑蚕丝的优点是柔软光亮，缺点是弹性不足，这对形成立体感是个致命伤。美华大师和创作团队敢于突破，从河南、辽宁等地采购柞蚕丝，作为金山丝毯的基材。柞蚕丝同时兼有柔软光亮以及韧性弹性等众多优点，但是价格较贵，加工技术难度也大，没人敢用。美华大师硬是把这块"硬骨头"啃了下来。

二是编织。编与织，是两种不同的工艺。传统丝毯只织不编。而美华大师硬要把这两种工艺糅合在一起，创造出一种别样的立体美。为此，她花了半年时间去学习如何编，接着又花了半年时间去研究编和织结合的走线方法。这种神奇的编织技艺可以在丝毯的铜丝边缘加上银丝点缀，又可以把金属丝与丝毯融为一体产生闪烁效果。功夫不负有心人，经过两年努力，美华大师终于把编织技术攻下来了，从而为丝毯的立体感打下扎实基础。

三是片剪。传统丝毯也有剪，那是对丝绒的平裁，并不能产生立体效果。而片剪是根据创作意图，有所剪，也有所不剪，有大片的剪，也有绣花般的精细剪。有取有舍，大取大舍，从而形成了强烈的凹凸感、丰富的层次感、鲜明的立体感。

正是这三大突破，推送金山丝毯首创了别家企业所不具有的立体丝毯，并被专家们赞誉为“软雕塑”。

而第一幅运用平剪的作品正是《笑迎世博》这一巨作。当美华大师最后一剪镂刻完成之后，一幅凹凸有致、富有立体感的精品丝毯跃然而出，人们为之欢呼雀跃，相互庆贺。

突破窠臼，才有多姿多彩

在创新的路上，美华大师带领着金山丝毯，一路前行，不肯停步。

传统丝毯的构图设计常常千篇一律，被人讥为“四菜一汤”，也就是四个角花围绕着一个中心图案。在用色方面也较为单调，缺乏层次，缺少变化，被嘲为“大红大绿”。这些已经不符合当代人的审美眼光，也不适合开拓欧美市场的要求。

金山丝毯在突破传统窠臼方面，做了积极的探索和有益的尝试，并取得了丰硕的成果。

美华大师强调，既要继承中国传统文化元素，更要广开思路，学习和运用当代中西文化成果，融会贯通，创造出具有自己独特风格的新作品，让世人对金山丝毯有新的认识、新的理解。

有一幅名为《自画像》的丝织挂毯，是用无数个大小不同的色块组合而成。近看只是色块与色块的差异和拼凑，远看却是一位形象生动的欧美人物，炯炯有神的双眼，满脸的络腮胡子，仿佛在正视人间，又像是在思考未来。一些行家赞道，颇有名家梵高画风，充斥着抽象主义的风格。更有很多人在这幅挂毯前拍照留影，以此纪念。

美华大师把一些古代名画也搬上了金山丝毯。著名的《清明上河图》在丝毯上有了生动立体的演绎。那数百个人物个个栩栩如生。不宽的小河潺潺流水，几名船夫摇着木桨，满载货物的木船徐徐前行，石拱桥上游人如织，弯曲的小街上，有挑担的，有推车的，有叫卖的，有揽客的……准确细致的刻画，一派繁市景象，把我们带进了历史的记忆之中。

中国古代神话“女娲补天”、中国民俗“百寿”“百福”也被美华大师引入了艺术丝毯。

金山农民画是相当有名的，在金山丝毯上也有了生动的体现。《硕果累累》，在一个竹编提篮里盛满了丰硕的水果，西瓜、香蕉、蟠桃、橘子、葡萄，以及篮外的南瓜、青瓜，上面又盖了青蓝花布，正因为色泽变化丰富，瓜果个个逼真生动。《童女戏鱼》，则是中国传统年画设计，扎着两小辮、涂着口红的小女孩，双手捧起一条硕大的鲤鱼，充满了童趣。

至于一些现代构图手法的《蓝宝石》《红红火火》，以及写实的《花之源》《竹编山花》也是各有特色。

我们欣喜地看到，在这里，“四菜一汤”已经走向了“山花烂漫”，“大红大绿”已经变化成“清新淡雅”。以金山丝毯为代表的东方丝毯正在大放异彩。

早年，美华大师随团去德国汉诺威丝毯展，西方人士对中国丝毯不屑一顾，扬长而去。而今金山丝毯扬名海内外，同是在汉诺威丝毯展上，西方人士纷纷竖起大拇指称赞道：“Very beautiful! China!”金山丝毯为中国赢得了国际声誉！

丝毯古国伊朗，有个代表团来上海交流，起初对美华大师有点冷落，连握手也不愿意。可是，当他们见到那一幅幅金山丝毯，并且得知这些艺术精品就出自眼前这位女士之手时，不由得肃然起敬。在最后合影时，坚持一定要让美华大师站立在最中间的位置。

高端市场，前景大有可为

金山丝毯，一幅幅皆是精品、珍品，价值非凡。

美华大师告诉我们，像《年年有余》这样的精制巨作，往往得花一整年时间，甚至更长的时间才能完成。金山丝毯已经不仅仅是丝毯，而是艺术品。说它是高端艺术精品，也毫不过誉，毫不夸张。

金山丝毯肯定面对的是高端用户。

高端客户在哪里呢?

这些年来，金山丝毯多次成功地为重大会展服务，受到高度评价。2010 年中国上海世博会、2014 年中国北京 APEC 峰会、2015 年意大利米兰世博会，都留下了金山丝毯精品的倩影。

金山丝毯还得到了世界各大博物馆的赏识，成为博物馆争相收藏的珍品。据不完全统计，美华大师亲手制作的艺术壁挂丝毯先后被美国国家艺术中心、美国国家博物馆、联合国儿童基金会、中国国家博物馆、日本东京大博物馆陈列或收藏。

进一步拓展高端客户市场，已经成为金山丝毯下一步市场运作的方向。

金鞍配骏马，骏马在哪里？高端市场前景如何？美华大师和她的创作团队正在进一步拓阔视野，把拓展的箭头瞄准了高收入高净值人群，瞄准了高级酒店和酒店集团，瞄准了高级住宅群开发商，瞄准了在建的和新落成的大都市标志性建筑物，以及收藏界和拍卖行。

金山丝毯纯手工制作，是智慧创意和技能技法的艺术结晶，是世上少有的"软雕塑"，具有"今日的精品，明日的文物"的独特属性，与之相配，不仅毫不逊色，而且倍添光彩，发展前景看好。

金山丝毯以其独特的魅力，每天吸引着众多客人前来观赏，催动着争购和收藏的激情。今后，还将有针对性地更大规模地吸引方方面面的高端客户前来参观交流，让他们找到自己中意的相配的高端艺术品。

金山丝毯，真是不简单！我们衷心祝愿美华大师在艺术的高峰上不断攀登，取得更出众的艺术成就，更可观的市场收益！

我们期待着下一次，下一次走进金山丝毯厂，一定会有更多的惊喜！

"四十年只做一件事"

访丝毯大师程美华

美华大师丝毯工作室，坐落在枫泾镇，上海金山丝毯厂内。听说我们来访，美华大师已经一身红装，笑容可掬，站立在门口迎候。

工作室的外貌并不出众，可是，跨进大门，简直是一座丝毯博物馆。令人咋目结舌。

大门内左右两侧墙壁，各是一溜溜排列整齐的"墙钉"。大师说，这是丝锭，一排排，从浅到深，色彩是渐变的，体现出丝线色彩层次的丰富多样。

脚下是塑料地板，其图案好似灰底白点的“石子路”。大师说，这不是“石子”，而是一只只蚕茧。你们正走在由蚕茧构成的“丝毯之路”上。

迎面是“上海美华大师丝毯创意工作室”十三个金色大字，背景是白色的“条纹”。大师说，这不是普通的“条纹”，而是用银白色丝绸折成的。

呵，未进正厅，已经是“丝天丝地”。

待我们转进大厅，顿时，令人震撼的场景扑面而来：满壁挂毯，五光十色，绚丽多姿，光彩夺目。这真是一座艺术的殿堂！

无数荣誉

美华大师从事丝毯创作已逾四十余个春秋，其间，精心创作，成果累累，获奖无数，荣誉等身。

原籍江苏如皋的她，1974 年 1 月进江苏如皋丝毯总厂工作，之后，正赶上国家恢复手工丝毯这一文化遗产的好机会。1981 年，她有幸作为第一批技术人员到北京的中央工艺美院学习，与著名艺术家袁运甫教授合作，精心编织成第一幅中国大型艺术壁挂毯《智慧之光》。这幅作品到美国艺术中心展览，引起轰动，她被誉为“中国当代艺术壁挂毯的开拓者”。后来，被美国前国务卿基辛格博士高价收买珍藏。

1982 年，她又被推选作为全国唯一的手工技术人员，到德国汉堡“东方地毯博览会”，现场表演丝毯编织。精美的技巧，让观众大呼神奇。并在当地电视台的黄金时段播出，为江苏，也为中国争得了荣誉，展会当场就签下了 134 万美元的订单，为中国丝毯开拓西欧市场作出了贡献。

20世纪八十年代初，她作为特殊人才引进上海，落户在金山丝毯厂。让金山这个不出丝毯的地方，从无到有，从小到大，有了一流的丝毯厂。三年后拿到了全国优秀作品奖。并且从1987年到1992年在上海口岸六省一市地毯质量评比中荣获"五连冠"。

在中国工艺美术大师精品评比中，美华大师先后获得百花杯金奖4枚，银奖2枚。

2010年，《城市，让生活更美好》，惟妙惟肖地浓缩了浦江两岸新面貌。这一大型丝毯作品入选2010中国上海世博会。再加上其他佳作，金山丝毯连获世博会5张收藏证书。

2014年，新创作的《希望》入选中国国家博物馆。同年，新创作的《年年有余》大型艺术壁毯入选北京APEC会议，受到国家领导人的啧啧称赞。

一手绝活

真丝毯，称得上是"毯中之王"。它采用天然的蚕丝原料手工编织而成。具有防虫、防蛀、防霉等很多特点，给人以手感柔软、冬暖夏凉的感受。

金山丝毯之所以扬名海内外，除了丝毯本身的特质之外，更是因为在继承传统工艺的基础上，博采众长，兼容并蓄，不断创新，将民族风格与现代手法相结合，形成了自己独特的风格，让中国传统手工丝毯完成了从产品到工艺品、再到艺术品的嬗变。

在美华大师领衔创新、亲力亲为的过程中，金山丝毯形成了一套绝活。有人把之归结为三大特色。

一是原料改变。丝毯最早是从中东地区流传过来的，因此，中国的丝毯最早与伊朗等地一样，也是沿用桑茧丝为原料的。可是，美华大师在实践中大胆探索，发现如果改用柞蚕丝制成丝毯，弹性会更好，染色效果会更鲜亮。她说："因为柞蚕丝在原料处理阶段难度较高，所以没有人想到使用柞蚕丝。"经过美华大师的创新改革，如今，时尚鲜亮而富有弹性，成了金山丝毯一大亮点。

二是图案设计。直到20世纪末，中国传统织毯的设计较为程式化，被人讥为"四菜一汤"，也就是四个角花围绕一个中心图案，同时，大红大绿的色彩搭配，也与欧美地区的审美观念格格不入。为此，美华大师及其团队开始吸收西方美学艺术，设计出海派图案，并大量使用蓝色、驼色等淡雅色系，跳出了俗套，有了中西交汇的时代特色，一系列新品、精品相继诞生。美华大师说，我们就是要做到"人无我有，人有我新，人新我超"。

三是工艺创新。在工艺方面，一是采用手工编织，每平方英尺上面，竟然有120道14 400个结头。由于做工精细，色彩变化十分细微精致，层次丰富，还原真实，使得各种图案和物体相当逼真，能够相当完美地体现设计意图，达到如真如幻的艺术效果，产生浓烈的艺术感染力。二是采用片剪工艺，美华大师大胆采用电动剪刀对丝毯图案"动手术"，她称之为"剪花"。剪花的效果十分明显，本来平面的丝毯顿时变得立体起来，成就了一种软雕塑，在众多织毯中脱颖而出。

正是这三大特色，织就了金山丝毯一幅幅精品佳作。

四十如一

美华大师从21岁踏入丝毯行业，把青春和热血都献给了它。她常说，一辈子就做了一件事，一做就是四十年。

这四十年，是金山丝毯历经磨难、不断创新、不断锐进的四十年。

这四十年，是金山丝毯从产品走向工艺品，又走向艺术品的四十年。

这四十年，是金山丝毯从上海走向全国，又走向世界的四十年。

美华大师当然不会忘记，早年，她参团去世界著名的德国汉诺威丝毯展，某些西方人士对中国传统丝毯不屑一顾，对中国人去学习取经也拒之门外，甚至还不让她去拍照。而今，在同一个展览会上，美华大师的《年年有余》等一批艺术丝毯佳作，居然吸引了无数欧洲观众排队观赏，人们还竖起大拇指，当着美华大师的面，纷纷赞誉："Very beautiful""Very beautiful!"

美华大师当然不会忘记，20 世纪八十年中期，她曾参与指导和制作由中央工艺美院副院长、著名画家常沙娜设计的《和平与春天》艺术挂毯，由中国政府赠送给联合国儿童基金会，至今还悬挂在联合国大厦内。事隔三十年，2014 年，当美华大师的新作《希望》在中国国家博物馆作为唯一丝毯作品展出时，巧与常沙娜再次重逢。常院长为新作所惊叹，也为美华大师的进步所感动，连声赞道："有思想、有灵魂、有突破。"

美华大师当然也不会忘纪，来自伊朗的代表团到上海交流，她参与了接待。可是当她伸出热情的手，却得到了对方的冷遇。因为按照伊朗的民俗，遇到女性，是不握手的。可是，当客人们得知眼前那些令人惊叹的大型艺术丝毯佳作，居然都出自这位女士之手时，不禁肃然起敬，刮目相看。在最后拍照留念时，外宾们坚持一定要让美华大师站立在中间的 C 位上。

此时此刻，四十年的辛苦和劳累，再苦再累，都是值得的！

脚尖指尖

2015年1月，在各方面的关心和支持下，精心设计和布置的“上海美华大师丝毯创意工作室”开幕了。各方友人闻讯纷纷前来观赏、祝贺。

一位中国著名芭蕾舞艺术家在参观之后，无比激动，热情地与美华大师拥抱。她万分感慨地说道：我把四十年的功夫放在脚尖上，而你把四十年的心血全部用在指尖上。

脚尖功夫与指尖功夫，顿时成了一对佳话。

在工作室内，我们对丝毯编织全过程有了一个大概了解。居然要先后经过蚕茧、蚕丝、设计、放稿、点格、配色、染色、织造、平毛、剪花、整修、检验等10多道工序。每一道工序都来不得半点马虎。

在工作室现场，我们还有幸观摩了织工的现场编织表演，那精美细致的丝毯，居然就是在一架木制的织机上，用不同色彩的丝线，在一来一往之间，无数次的往返、枯燥乏味，但又精确配丝配色之中，编排、编织完成的。据介绍，那些大幅艺术壁毯，每一幅耗时都在一年左右，有的甚至两三年。这是一种何等的耐心、细致，和坚持、坚守！

上海原有7家丝毯、毛毯编织厂，其中金山是5家。但是，大多没能坚持下来。而美华大师领衔的金山丝毯厂成为上海市的唯一。并且工厂还不断发展，下设绘图、染色、制作、剪花等全套工序和齐全部门，产品远销俄罗斯、日本、欧美等十余个国家和地区。

在工作室内，我们看到了比人体还高的三本"书"，分别是：世界各国手工艺术毯、中国传统手工艺术毯、中国现代手工艺术毯。打开这三本大书，里面分别是一挂挂不同风格特色的艺术毯。从这些艺术毯的对比中，我们看到了发展轨迹，看到了借鉴和改进，看到了创新和进步。

愿望有三

如今荣誉等身、名声远扬的美华大师还在想些什么呢？她深情地说道：我有三个愿望。

她说，原先以为自己老了，60岁了，可以退了。可是，有件事对我触动很大。在一次颁奖典礼上，是一位精神矍铄的老人给我颁的奖。当我接过奖牌，仔细打量，才知道这位老人正是中国国画大师陈佩秋，时年已经93岁。这位老人至今还在画作，还在追求创新。与之相比，我年轻多了！我要把60岁作为新的起点。

我还要完成三个愿望：一是要让金山丝毯进一步发展、进一步普及推广。我要用三年时间，办一个中国特色丝毯的文化园区，成为一个文化旅游的景区，既介绍中国丝毯几千年的沿革史，更汇集更多的丝毯精品和佳作。让更多的人到这里能够欣赏丝毯，用好丝毯，传播丝毯文化，成为美化和装点人民生活的一大亮点。

二是今年金山丝毯正在上报上海市级的非物质文化遗产，现在看来，很有希望。两年后我们还要上报国家级的非物质文化遗产。通过申遗，让金山丝毯这一中华民族的文化瑰宝，名列史册。同时，又在国家和地方政府的进一步扶助下，得到更加健康的发展，促成更好更新的作品问世。

三是我个人也有一个愿望，申报中国工艺美术大师。这是中国工艺美术界的最高荣誉称号。经过四十多年的创作、创新和积累，我认为已经到时候了。这决不仅仅是我个人的荣誉，而是对金山丝毯的再一次至高的肯定！

这些发自肺腑的话语，让我们这些听者顿感激动，倍感振奋。美华大师有一幅丝毯，描绘了一队骆驼正在广袤的沙漠中前行。我仿佛觉得，眼前的美华大师不正是这支驼队的领头者吗？目光深远，步履坚定，朝着既定目标，百折不回！

爱心精造“毕加索”

以制造和营销“毕加索”和“优尚”等名牌自来水笔而闻名国内外市场的上海帕弗洛文化用品有限公司（以下简称“帕弗洛公司”），其创始人和掌门人居然是一位中年女士，季冬霞女士，这实在有点出乎人们的意料。更令人惊讶的是，季女士来自浙南丽水青田的一个小山村，原先只有小学文化程度，初中只读了半年，就因为种种原因而辍学了。

是什么动力，让她从小山村来到了大都市，走上了不同寻常的创业之路？又是什么神力，让她功成名就，一手缔造了中国制笔业的“小巨人”？

为了寻求答案，我们走进了帕弗洛公司以探究竟。

创业艰难志向高

终于见到了季冬霞女士。原以为历经了创业艰难，应当是满脸风霜，却不料，恰恰是一脸开朗欢快，溢满青春活力。

“我是三个孩子的母亲，一个普通的家庭主妇。”季冬霞开口便是这句话。“小孩子对读书的渴望，对上学的追求，让我投身到制笔行业。”那一年正是1995年。当时自来水笔还比较红火，市场行情也比较好。

2002年，季冬霞女士带着新奇和希望来到上海。刚下火车，就被火车站广场人山人海的场面和川流不息的人潮所震撼。她在广场上足足呆立了五分钟："这么多人哇！要是在上海也做不成事，世界其他地方就不用去了！"

当时季冬霞女士有一位朋友正在做"毕加索"品牌的服装，这启发了她：我就做"毕加索"品牌的笔吧。她从小孩子读的书中知道，毕加索是个文化人，是个艺术家，是个有思想的成功人士。拿来做笔的品牌，再合适不过了。经过商量，她与一位同学合伙，成立了一家股份制的文化用品公司，取了一个有点洋气的名字"帕弗洛"，那一年是2003年。

一开始做笔，是让别人代工的。由于品质不稳定，销售大受影响。为了把控品质，打响品牌，季冬霞决定自己开厂做笔。2004年，她向某大学租借了2 000平方米厂房，有了自己的第一个工厂。之后，为了适应生产经营发展的需要，又于2007年在上海嘉定购置了1万平方米土地，建起了一座现代化的工厂。与此同时，还吸纳了新的股东，实力更强大了。

持笔有道定位巧

从一开始，季冬霞就认定帕弗洛公司的发展方向，不是以量取胜，而是以质取胜。她说：电脑对笔的冲击太大了，很多学生用不好笔，写不好字，与笔的关系也疏远了。电脑时代搞自来水笔，简直是逆流而上。只有真正拿得出手的钢笔，才能让不爱钢笔的人也爱上钢笔，让不擅使用钢笔的人也能用好钢笔。

帕弗洛公司先后创立了三个品牌，依次是"毕加索""优尚"和"墨器"。这三个品牌各有各的定位，各有各的特色，各有各的目标用户。

"毕加索"主要是针对中高端人士的。设计新颖，选材讲究，做工精细，色彩多元化，适合追求生活品位和文化气息的人士，尤其是那些有思想的、搞设计的、搞创作的、从事绘画的专业人士使用。季冬霞说，我们就是追求"生活艺术化，艺术生活化"，让人领略"我不是在寻找，而是在探索"。这个品牌系列体现了一种开放的态度：生活快乐，心情美好。

"优尚"主要是针对学生的。适合学生对时尚文化生活的需求，尤其适合那些有想法的学生。外观设计体现年轻人的活跃，整体色彩年轻化；内部设计采取自动吸水结构，足以引起年轻人的好奇心；笔尖是特别设计的，季冬霞称它是EF尖，这种笔尖特别细滑，可以写出很漂亮的字体。公司对"优尚"品牌的口号是"为青春上色"，让整个书写过程充满轻松和快乐。

这两个品牌系列的自来水笔在国内市场上，被公认为是"充满文化气息的笔"，卖得都很好。

那么，为什么又要出第三个品牌呢？季冬霞说，在行业里发现一个事情，真正好的笔都来自国外。高端人士为了体现自己的身价，用的笔不是"派克"就是"万宝龙"。中国人能不能也造出自己的高端笔，拥有中国自己的"派克""万宝龙"？第三个品牌"墨器"就这样诞生了。

"墨器"是一个高端品牌，是一个向国际高端品牌挑战的中国自主品牌。"墨器"是默契的谐音。意思是：纸和笔，我和你，是相当默契相配的。既是书写过程中的默契，也是人际关系中的默契。这是一种暗示，也是一种指向："墨器"是成功人士的标志，"墨器"能助您从成功走向又一个成功！

持续创新有匠心

对于钢笔品位和品质的持续追求，激发了季冬霞技术创新的无比热情。在业内，帕弗洛公司的创新成果之多、之新是很有名的。据统计，如今公司一共拥有30多个产品系列和200多项专利。其中属于发明专利有4项、实用新型专利有20多项。

自动吸墨水结构是其中一项发明专利。季冬霞发现很多学生不肯使用或者不善于使用钢笔，原因之一就是吸墨水不方便。弄得不巧，还会弄得满手墨水、令人生厌。如何让吸墨水变得简单、方便学生练字、去更好地传承中国传统的书写文化？自动吸墨水结构的发明，就巧妙地解决了这个问题。只要把笔尾放入墨水中，轻轻一压，墨水就能自动灌满笔胆。这个结构貌似简单，却前前后后经过六年的试制，不断改进，如今已经是第三代，其技术成熟度才达至完美。公司准备先在若干学校试用，而后再全面推广。

季冬霞给我们描绘了一幅动人的蓝图：校园内一处固定的位置，放着一个2千克装的大墨水瓶。学生进了校门就可以取出笔，从墨水瓶里自动吸墨水。从此，再也不用带着一个小小的脏脏的墨水瓶进教室了。用钢笔书写将不再令人烦恼，而是变成一种快乐的享受。

从产品的定位和品位出发，帕弗洛公司的笔类产品讲究真材实料、精细加工。坚持和发扬工匠精神，以匠心做好每一支笔。即使是用于学生的“优尚”品牌系列，也是千锤百炼，反复打磨，力求做到精益求精。只有这样，才能让不爱钢笔的人也用上钢笔。有些笔的外观需要上漆或者点金，为了保证质量，全采用手工操作，然后再用人工打磨，与笔身浑然一体，达到了预期的设计意图和装饰效果。

最新的"墨器"品牌系列就具有三大特点。一是环保，不使用电镀工艺，笔身采用不锈钢材料，其光亮舒适的外观是用铣床铣出来的。二是耐用，无论你怎么使用，用多久，笔身都不变色，不掉色。三是笔尖，与世界顶级的德国"施密特"笔尖看齐，无论连续书写还是间歇书写，都相当流畅。即使停笔多时，笔尖也不会干，照样能继续书写。在压力测试方面也达到理想效果。

为了保证品质的一致性，季冬霞对笔的包装盒也有高标准，坚持要自己的厂里精细加工。她说："人靠衣装，佛靠金装"，一支高端的笔必须要有高端的笔盒相配套，这个细节决不能马虎。放在别人那里做，他们理解不了其中的情结。我不能把人参放在萝卜筐里。

情有独钟"毕加索"

季冬霞对"毕加索"品牌有一种特别的感情，可能是艺术大师毕加索那奔放不羁的个性与她追求自由解放的思想特别吻合。这些年来，季冬霞在"毕加索"上面花的心思最多，取得的成就也最大。

在季冬霞的主持下，帕弗洛公司推出了一支又一支"毕加索"精品笔。

2005年5月，毕加索的名画《拿烟斗的男孩》在美国纽约索思比拍卖行被拍出了创纪录的1.04亿美元，成为世界上"最昂贵的绘画"。这幅名画是毕加索一生中很经典，也很有代表性的作品，标志着他从蓝色忧郁时期进入到粉红欢快时期。

这条新闻启发了季冬霞的创作灵感，在她的授意下，帕弗洛公司很快开发出了一款“毕加索”品牌高级金笔，其品名也是“拿烟斗的男孩”，每支售价达 1.04 万元人民币。

这支笔的通体采用的是鲍贝壳贴面。这是一种产自深海的天然材料，非常难得。先得采用线切割技术加工，使之达到像纸一样的薄度，再经过纯手工镶嵌、打磨、抛光，紧密无间地贴合在笔杆上，并会发出蓝绿色的光，光泽照人。笔身凡是有镀金的部位，都是24K 的厚金，具有纯度高、耐磨、不易掉色的特点。笔杆上点的是一种树脂漆，环保耐磨、平整光滑、附着力好。笔尖是 18K 黄金，含金量 75%。笔夹部位贴的是金属材料，上面彩印的正是毕加索的名画“拿烟斗的男孩”。因为表面覆有透明树脂，能够让光鲜度保持长久。笔夹顶端还嵌有钻石，产自斯里兰卡。这支笔成为高端人士的礼仪之笔。

2010 年在中国上海举办的世博会，又给了帕弗洛公司一次大显身手、展示风貌的机会。这一次公司一下子拿出了几十种新产品。其中有一支“东方之冠”纪念金笔，因世博会的中国馆而创意设计。这支 14K 纪念金笔运用浇铸、冲压、雕刻、腐蚀、电镀、填漆、打磨、抛光等几十道复杂工艺，采用黄金、白银、黄铜等贵重材料，再现了中国馆的恢弘气魄。笔身通体仿照中国馆的“故宫红”作为主色调，象征着“热忱、奋进、团结”的民族品格。顶帽上的特别造型再现了中国馆的外形，精雕细刻，巧夺天工，宛如华冠高耸。这支金笔成为收藏的热门。

发展电商献爱心

帕弗洛公司的笔类产品，源自市场需求，又反馈市场需求，因而显得活力十足。季冬霞在笔类市场搏击那么多年，早就练出了一身知风探雨的本领。当人们还沉迷于传统的营销方式时，她已经看到了电商的巨大潜力。因此，帕弗洛公司发展网上销售起步比较早，所占比例也比较高，连续多年被评为中国制笔行业电商百强，位列前三十名。而季总却谦虚地说："发展电商，我只是顺势而为。"

帕弗洛公司从事电商从 2008 年起步。先是由公司营销部内组织人员去做，在各大电商平台上设立网上商铺。后来，生意做大了，人手也不够，就授权给专业公司去操办。由公司营销部在总体上把握方向，制定政策，制定规矩，操作层面由专业公司去执行。现在，公司指导下的电商团队设在杭州，网上销售的产品以中高端为主，电商比例占到 30%左右。

这些年来，事业发展了，季总仍不忘初心。她经常回忆起幼时半途辍学的经历，对现时贫困学生的境况予以关注和同情，时常伸出援手予以赞助。在家乡丽水，她看到那些因父母外出打工而由爷爷奶奶照顾的留守儿童，在学习和生活上都会遇到一些问题。于是联络一些好朋友共同发起组织了"丽水留守儿童基金会"。她自己就捐了大笔钱。这个基金会就是要教育留守儿童们从小学习成长的知识，怎么做人，怎么做事，遇到意外怎么应急处置，等等，帮助他们健康成长。

她对于其他地方的贫困儿童也予以关心。2015 年，她就向安徽颍东的贫困学子捐赠了 108 万元的学习用具。全国政协机关扶贫办专门向她颁发了"奉献爱心播种希望"的荣誉证书。2017 年 8 月，她又向贵州省毕节市大方县学子捐赠了 10.5 万元学习用具。

季冬霞说：赞助贫困学子是我们应尽的义务，这也是我们这些从小在农村长大的人的深切体会。她还说：其实每个人都是聪明的，只不过境遇不同。我经常教育员工要三个感恩：一是感恩父母养育之恩；二是感恩企业给予我们施展才华的机会；三是感恩社会给予我们发展的平台。中国人的传统文化和美德，要在我们身上发扬光大。

采访归来，我的心情久久不能平静。我仿佛看见一根红线串起了季冬霞的整个创业过程：爱读书，爱文化，爱学生，一脉相连的是一颗赤诚的爱心。正是对读书的渴求，酿就了造笔的激情；正是对文化的仰慕，竭力把文化融入笔中；正是对学生的关切，铸就了对产品的不断创新。深知文化之宝贵，深知学生之金贵，深知文具之可贵，所以一定要造好笔，造精笔，让文化插上翅膀，给生活上色，让理想放飞。

一个人有了爱心，怎么会老？当然是青春长驻，灿如朝阳。

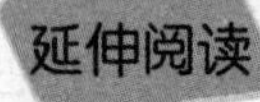

帕弗洛：承办钢笔画网络展

2021 年 11 月，由中国制笔协会、中国钢笔画联盟主办，上海帕弗洛文化用品有限公司承办的“第四届毕加索钢笔杯·全国新钢笔画网络展”拉开帷幕。展会旨在发扬钢笔画艺术的同时，也让更多人享受用毕加索钢笔书写及绘画的乐趣。

阳光沐浴 三木葱茏

访三木控股集团有限公司

走进三木控股集团有限公司（以下简称"三木公司"），首先映入眼帘的是醒目的三木标志。

这是一个大大的S。既简约，又玄妙。这个大S传递着怎样的信息密码呢？

S，正是三木的第一个拼音字母。S，又是一个艺术化的呈现，由上下两组方块和半圆的错位相叠而组成。方与圆，不正象征着"天圆地方"，得天独厚。方与圆，又像是两枚拇指的交会，寓意着对工匠精神的褒扬。

S标志底下，是英文SUNWOOD。这既是三木的谐音，又是三木的内涵。三木，不仅扎根大地，而且沐浴阳光，因而充满朝气，富有创意。三木，从不孤单。三木，就是无数的木，那是森林广茂，郁郁葱葱。

是的，今日三木，早已是中国文具品牌十强之一，象征着活力、希望和硕果累累。

我们试着从这个大S开始，去寻找三木成功的奥秘。

双刀起家功夫深

"我们家是传统制造，传统家庭……"，公司CEO林靖先生的开场白，出乎意料的朴实无华。

林靖先生的父亲、三木的创办人林夏森先生，工匠出身。因为五行缺木，所以取名时竟一口气加了三个木，而且还是夏天里的木，格外壮实茂盛。这样一位多木之人，却是一早从事了金工行当，在台州一家农机厂干活，擅长修模具，有一手金工的好本领。都说“金克木”，偏偏到了林夏森这里，却变成了“木驭金”。在改革开放大潮的推动下，林夏森开始了下海创业之路。那是 31 年前的 1990 年。

人们都说，三木公司是两把刀起家。

第一把刀就是削笔刀，也就是卷削书写铅笔的削笔机的刀具。削笔刀，普普通通的文具，实在太常见，太不起眼了。削笔刀还能起家？能！因为三木的削笔刀，从一开始就与众不同！

三木是国内最早批量生产电动削笔机的厂家之一。目前国外同类产品基本为半自动（手动进笔），而三木的 SL62 属于全自动电动削笔，给人以超乎想象的全新削笔体验。

小小削笔机，到了三木这里，精心集成了一系列核心技术。第一，具有自动吸笔、自动跳笔、自动进退笔的功能，从而解放了人的双手。第二，可以调节粗细，适应多种不同笔杆的削笔。第三，具备大容量屑盒，因而可以连续削多支笔而不必急急忙忙去清屑。第四，采用高级合金钢，使用寿命可以达到 5 000 次以上。第五，半透明机身，采用了坚固的防摔树脂材质，不慎掉落地上也无碍。第六，采用 UAB 充电，可实现超长待机。而这一切技术积累，源自 1990 年。

因为出色，三木削笔机的市场占有率一直保持在国内前三。2020 年，三木全自动电动削笔机荣获了中国办公文具最高奖项“工艺创新奖”。三木，让不起眼的削笔机变得出类拔萃。

第二把刀是碎纸刀，也就是碎纸机上的刀。在林夏森先生眼里，削笔刀好是好，终究还是体量太小，不足以充分施展三木的技术专长。于是，从 1998 年开始，他又把视线瞄准了碎纸机。这种小型机器，既是城市品质办公必需，又是机构涉密保密必备，而且具有一定的技术含量和技术门槛，市场前景看好。

经过 10 多年的辛勤耕耘，三木碎纸机日益成为市场畅销产品。又经过整整 10 年，3 650 天，87 600 个小时的不断测试和改良，以销量和用户口碑为依据，三木有了一大批畅销 10 年而屹立不倒的硬核产品。

其中有双温控交流电机、过热会自动断电的 SD9289；有小身材、大能量，能够长时间连续碎纸的 SD9321；有双入口、双碎屑桶设计，可碎光盘并自动分类回收的 SD9355；有智能过载退纸、防卡纸设计的 SD9711；有智能满屑报警、提示倾倒纸屑的 SD9520；有一分钟可以碎 200 多张纸、大大提升工作效率的 SD9511；有精工科技打造、强力粉碎卡、钉、光盘的 SD9100；有内置弹簧减震降噪系统、碎纸细无声的 SD9101，等等。众多品类，齐全功能，让三木碎纸机 20 年畅销，誉满市场。

精诚所至，金石为开。两把刀让三木名声大振。

处处匠心见真情

无论办公用品、办公设备，还是学生文具，三木始终秉持一颗赤诚之心，以高标准、严要求打造每一件产品，于细微之处见真情。

公司 CEO 林靖先生告诉了我们许多关于三木的有趣故事：

为了测试削笔机的效率和使用寿命，林夏森先生曾经向合作伙伴中国第一铅笔有限公司买来了成筐成筐的铅笔，在削笔机上反复进行疲劳度试验和破坏性试验，直至取得可靠的数据才收手。

为了测试碎纸刀，林夏森先生又买来大量纸张上机测试。为了取得新型碎纸机刀具和电机的极限数据，曾经在一台机器上连续不停地碎纸，耗费了价值4万元的纸张。

因为严得厉害，所以酷得出奇，有力保证了三木产品的高质量，全年的不良产品率远远低于行业的平均水平。

哪怕小小一支学生用的铅笔，三木也是用尽心思。铅笔设计成一端露芯、另一端沾头，铅芯不外露。这是为了预防小孩长牙时因牙痒咬笔，造成不安全不卫生。而笔杆沾头的油漆采用环保铅笔漆，即使牙咬也无副作用。至于不同硬度和浓度的绘画炭笔，通过对沾头的长短设计，硬芯的长一点，软芯的短一点，中芯的居中，这样就便于用笔人识别和选用，不容易拿错。

橡皮是用来擦拭笔迹的，会产生很多令人讨厌的皮屑。于是，三木又把橡皮设计成少屑的，甚至无屑的，让擦拭也变得干干净净。

订书机，如果费劲，还对不准，那真会影响一个人的好心情。三木出品的名匠系列省力订书机，利用杠杆原理，一指按压就可完成，轻松省力。外形设计符合人体工学，造型时尚，手感舒适。有黑白双色配置，更显品质。

剪刀，也用了心思，采取玄弧刃刀口设计，使用时不跑纸，剪口平整光洁。整体设计运用了人体工学，抓握舒适，使用省力。因为采用了不锈钢材质和低摩擦轴，所以高效顺滑，耐用坚固。

凡是涉及安全、卫生、方便、使用寿命的，三木公司都会在创意设计中一一顾及。

如此细致周全，以至有些人误以为三木公司是日本企业。其实不是。林夏森先生说，体贴入微，无微不至，这本是中华文化的优良传统。而三木公司只不过是继承和弘扬了这一传统而已。

创新不怕起步晚

林夏森先生，是位天性不安分、总想弄出点新名堂的实干家。他不玩麻将，也不玩股票，一门心思就是发展实业。

先是削笔机，后有碎纸机，接着是全品类的办公文具，近年又瞄上了智能门锁。先是在台州办厂，后来又到江西办厂。他对制造基地做了必要分工，各有专注，把核心技术牢牢掌握在自己手里。现在的三木公司，总部在上海，负责研发和市场；而制造基地则分布在多地，以求低成本高品质运行。

林林总总，三木公司现在布局六大事业，分别是书写工具、学生文具、办公用品、办公设备、涉密销毁设备、智能锁。与同行相比，每一样起步都不算早。虽然后起，却每每有所创新，项项各有精彩。

公司 CEO 林靖为此自豪地说："创新不怕起步晚。只要有独到的核心技术，照样可以后来居上，取得领先优势。"

三木削笔机采用的是合金工具钢滚刀，这属于国内行业首创。该滚刀采用特制机床加工，使产品的切削效果以及使用寿命都高于行业同类产品。特别是使用寿命高于行业标准 1.4 倍。如今，削笔机在三木公司已然形成了一个庞大家族：有电动的，也有手动的；有学生类的，也有专业美术类的；专业里又分为素描类的和美术类的；还有调节粗细的，除了 3 档调节，还能支持无极档位调节。光是削笔机，三木就拥有几十项专利。

碎纸机，三木公司拥有20多年自主研发而积累起来的一整套真工夫。新近面市的旗舰系列锰钢侠系列2款新机型，真的不同一般。不仅外观时尚，功能也非常先进。所采用的锰钢是典型的抗磨钢，而且双层刀片轻薄，碎纸快速不易卡纸；入口设有一圈触停装置，只要触碰任意位置就会自动停机，大大提升安全保障；一次碎纸可以15张一起，每分钟可以碎纸120张，连续碎纸可以达35分钟，完美提升工作效率；碎纸之外还可以碎钉、针、光盘、银行卡，庞大需求，一机搞定。而保密等级最高可达德国7级（1×1毫米）。

三木书写工具，无论是记号笔、白板笔、中性笔、圆珠笔，或是教师阅卷笔、医生处方笔，都一样精心设计、精心制作。油墨采用进口国际优质品牌，配件均来自国内高端供应商，全自动装配生产线高效又可靠，再辅以每一批次的详细反复测试，道道把关，足以确保高品质产品的稳定输出。中性笔等各类书写工具经过创新创意设计，经典时尚的纯色系搭配，别具匠心的外观造型，质量超强更好握，快速书写不断墨，让人享受书写的无穷乐趣。

近年来，三木公司旗下智能事业部专注于高端智能门锁、智能家居和智能安防的研究和生产，现有上海英德曼智能科技有限公司和深圳索德士智能科技有限公司，特别设立了上海和深圳两大研发中心，集团拥有由60多位技术人才组成的研发团队，已有授权专利147项，其中发明专利24项。而占地150亩的台州智能制造基地，拥有一流的现代化生产技术和精密装备，能够全面自主地进行智能锁全线生产、加工、检测和管理，完成从模具设计制造到原材料加工、零部件加工至后续生产的整个生产链，从而将核心技术和生产全过程牢牢掌握在自己手里。同时还在全国3 000多个城市提供完美的免费上门安装和2小时响应的成熟完善的服务体系。

三木旗下的英德曼智能锁品牌是行业无钥匙智能门锁的倡导者。最新的智辰系列 R9 型门锁，具有人脸识别、指纹识别、密码解锁以及应急钥匙开锁等多种功能，安全可靠。其中的人脸识别是 3D 结构光人脸识别，为活体人脸识别，并且拒绝化妆、图片、视频等方式开启，具有很强的抗仿冒、抗造假性能。在日常使用中，灵敏度很高。即使在黑暗环境下，也能迅速而轻松地识别人脸，并有效开锁；而在关门之后，拥有 A1 智能关门感应，可以自动上锁。三木公司的一系列黑科技，让门锁进入了"刷脸时代"，便捷秒开，令人赞叹不已。

创意设计精品新

把新技术和大创意相结合，实现产品的高颜值、高内涵、高品质，赶上新时代消费升级、审美改观的发展趋势，为市场提供更为高效、更有质感、更有新意的文具和办公用品，是三木公司不懈的追求。

与此同时，三木公司也积极寻求战略合作，发展多种联名款产品。其中令人耳目一新的有：与清华大学艺术博物馆联名创作的联名款考试文具和联名款专业美术用品，与艺术家田东独家联名共创的三木森林系列儿童卡通文具，以及三木自有 IP 熊猫系列新品和创新创意概念新品。

"万事如意""状元及第"，这是与清华大学艺术博物馆合作的联名款考试文具强运系列的灵感来源。大到"强运逢考必过"礼盒，小到考试铅笔、中性笔、橡皮、套尺、试卷袋、精装本，数十款文具，满满全是对万千学子的爱与祝福。

一支"上上签"的红色笔筒吸引了我们的目光。里面装了 12

支笔。轻轻摇动，总会有一支笔冒尖而出。12 支笔的笔杆上面分别是“旗开得胜”“运气爆棚”“金榜题名”“马到成功”“万事如意”等等美好祝愿。既助信心，又富乐趣，让原本紧张的考试氛围平添了几分轻松和自信。

而联名款美术用品则包括从 2H 到 14B 的全套专业素描铅笔、软中硬三种材质素描炭笔、组合不同规格类型的素描专用橡皮以及专业美术削笔机。可以为爱好美术的小伙伴们带来如意的选择。

与艺术家田东明独家共创的三木森林系列儿童卡通文具，给孩子们带来了多样的欢乐。森林系列涵盖从中性笔、水彩笔、马克笔、铅笔到本册、橡皮、胶水、贴纸、削笔机在内的全系产品共 47 种，所塑造的狮子、大象、猴子、黑猫、小狗、狗熊、青蛙等多种剪纸动物，以夸张的形象造型和强烈的色彩冲击，颠覆了动物以往的软萌形象，变身酷炫达人，逗引着孩童们的欢心喜爱，也博得经销商、合作伙伴和家长老师的认同和好评。

三木，三木，不缺的是木。木是坚韧，是坚持。木是责任，是担当。沐浴阳光中的三木，后劲十足，前程似锦。

三木：携手清华开发新文具

2021 年 3 月 18 日，三木品牌对外官宣，与清华大学艺术博物馆跨界合作，携手共同开发新文具，助力三木全面布局学生文具市场。这一合作意味着学术、艺术与文具的跨界融合，知识、美学与产品的合理碰撞，势必促成文具市场的新风向标。

谁持球珠写春秋

访鼎申新材料科技有限公司

无论圆珠笔，还是中性笔，小小的笔尖上，都有一颗细小的球珠。球珠很小，却很重要。球珠与笔头、墨水三者一起，构成了书写流畅舒适和笔头使用寿命的关键性要素。

一个令人意想不到的事实是：全球笔用球珠的生产基地几乎都在中国。

而品质一流、产量最大的球珠制造企业就是杭州鼎申科技有限公司（以下简称"鼎申公司"）。这家公司20年来专注于球珠的制造和改进，不厌其烦，不断创新，持之以恒，让中国的笔头球珠登上了技术高峰。

这是一家怎样的公司？怎么会乐于在微珠世界大显身手？又是如何给我们带来诸多的惊喜？

带着一连串疑问，我们来到了青山绿水环抱的杭州桐庐分水镇。这里被誉为"中国制笔之乡"。

见识球珠

在检验车间，见到了这些神秘的球珠。

一张张一米见方的白色平板上，散落着黑黝黝的不规则的"灰尘云"。这是清洁工作没做好吧！岂料，公司技术总监赵毅先生告诉我们：这些“灰尘云”就是球珠，正在微振动平台上进行着初次筛选，凡是圆滑度不合格的就被淘汰了。

凑近看去，“灰尘云”里果然是一颗颗小得可爱的细小球珠。我们不由得为之惊叹。这些球珠最小的直径仅 0.3 毫米；最大的，也不过 1 毫米。一不小心，一声咳嗽，可能已经吹走了成千上万粒。

一直以为球珠是用什么特种钢制成的。岂料，赵毅先生告诉我们：球珠是由碳化钨粉末烧结而成的。球珠已经很细小了，用来制作球珠的粉末就更微小了，是用微米亦即毫米的千分之一来计算的。

衡量一支笔的质量高低，有很多标准规定，最主要的是两点，一是使用手感，可以用书写流畅度来表示；二是使用寿命，可以用画线长度来表示。

而球珠这么微小，如何控制品质，如何达到规定的标准要求？真有点让人不可思议。而鼎申公司自有一套独到功夫。

独到功夫

公司董事长赵飞先生告诉我们，球珠虽小，工序却很复杂。光是生产过程中的检验就要经过前后两次。第一次是圆滑度检验，这就是我们见到的平板微振动检验。第二次是直径分类检验，那是一种滚筒式装置，两只滚筒中间是细小的缝隙，球珠因直径不同自上而下分别流入不同的储盒里。

至于生产过程就更复杂了，先后要经过挤压成条、切割成粒、滚圆成形、高压烧结、精细研磨等多道工序。

其中挤压成条是形成直径 1～1.2 毫米的细长条。切割成粒，是形成细小圆柱体。滚圆成形，是非常核心的工序，加入钢珠研磨，把圆柱体磨成球体，其间需要精确把握时间、温度、密度和大小。高压烧结，是更为关键的工序，也是鼎申独家秘技，与传统的真空烧结不同，这是在 5 Mpa 高压下使球珠成型。高压状态使球珠的致密化程度大大增加，并以此提高球珠的表面状态和耐腐蚀、耐磨性能，提升书写润滑度和笔芯的使命寿命。研磨，也很重要，解决球珠的圆度和光洁度。对于不同的笔有不同的要求，这与墨水有关，粘度低的要光滑一些，粘度高的要毛糙一些。

很多生产工序要求恒温恒湿。所以，球珠生产过程不对外开放，不让非生产人员随意靠近。这是因为人体走动所带来的温度和湿度变化，哪怕极其微小，都会影响到品质。整个生产过程都是小心翼翼，细心伺候。

因为专注和独到，鼎申公司的球珠产销量逐年递增。以月产量计，2016 年是 8 亿粒，2017 年是 9 亿粒，2018 年是 11 亿粒，2019 年达到历史最高纪录的 13 亿粒，雄居世界书写笔球珠的数量第一。在需求量巨大的中国，市场占有率达到 60%；并且还出口到欧洲、北美、中东和南亚等。

突破极限

细小的球珠，在过去相当长一段时间里一直采用碳化钨材质。它有不少优点，同时也有不少缺点。生产成本高，是一个问题；钨是稀有金属，是不可再生资源，是又一个问题；使用寿命受限，是再一个问题，即使配以进口墨水，采用进口设备组装笔头，球珠的最大画线长度也受限于 1 600 米左右；如能勉强达到 2 000 米，那也是极限中的极限。

为了替代宝贵资源，同时也为了提高圆珠笔的书写品质和书写寿命，鼎申公司先是在 2015 年攻下了 DS-8 钛合金球珠。相比于碳化钨球珠，这种新球珠的粒径范围比较大，适应面比较广；而且成形后的球体表面微孔也增大，尤其适应粘度高、流动性差的圆珠笔油墨。同时，碳化钛原料成本只有碳化钨的 30%左右，而出球珠数量又是碳化钨的 3 倍，从而达到了高质量低成本的目标。现在，中国已有 70%的圆珠笔用上了鼎申公司的这种 DS-8 钛合金球珠。

在圆珠笔球珠显著改进之后，公司又瞄准了水性笔和中性笔球珠的革新。

从材料学的角度出发，鼎申公司又一次舍弃传统的碳化钨粉末，采用了一种纳米级的复合材料。

经过 3 年时间的攻关和实践，2020 年，代号为“CC6”的新球珠诞生了。赵飞先生把它称之为陶瓷球珠。这种新球珠有三大优点：一是在同等条件下对笔头的磨损明显降低，极大地提高笔头的使用寿命，从而实现 3 000 米以上的书写长度。在试笔中，最大书写长度曾经达到惊人的 5 000 米。二是因为引入纳米级材料球珠，表面带墨性能更优越，明显提升书写手感，相当顺滑流畅。三是从根本上解决目前所有笔用球珠都存在的腐蚀问题，实现了超耐腐蚀。在墨水不变质的情况下，理论上可以无限延长笔的使命寿命。

陶瓷球珠的成功，实现了球珠的革命性变革。

走向主角

一颗小小的球珠，哪怕再优异，也得与新型笔品相结合，才可能给市场带来新的强烈冲击。于是公司有了向成品笔方向发展的最初想法。

一场空前未有的新冠肺炎疫情促进了国内市场的明显转变，网上销售发展迅速，一种新颖笔类——直液式走珠笔脱颖而出，它的最大特点是储墨水量是普通水性笔的4至6倍，最有代表性的是小米巨能写，成为网上爆款。于是，很多笔厂跃跃欲试。

但是，一个"卡脖子"技术卡住了众多企业的发展步伐。这就是被称为"四件套"的小引水芯。别看引水芯又细又小，却是直液式走珠笔的一项关键部件，加工精度高，组装难度大，让许多企业望而却步，远远供不应求。

巧合的是，"四件套"的加工工艺，正巧与制作球珠的工艺有异曲同工之妙。经过一番研究之后，鼎申公司启动了"四件套"项目。这样做，既可以解决部分兄弟企业生产发展的急需，又可以推动新型球珠在水性笔上的广泛应用。

2020年10月，正式进军第二产业。在短短几个月时间里，鼎申公司先后完成了部分设备的采购与部分设备的仿造，目前已拥有自制关键设备11台套，"四件套"月产量从零起步，先是达到30万套，继而又增加到50万套。

鼎申公司的"四件套"以过硬品质而受到争先创新的笔厂的欢迎，一路热销。

随后，鼎申公司又对直液式水性笔的另一关键部件储水器进行攻关。

储水器的技术难度比较大，价格高，产量低，能够自主开发的企业并不多。鼎申公司依仗自己的技术力量和技术储备，在较短时间就拿下了储水器模具。自主研发的储水器采用了一种全热流道，不仅出数多，品质也更加稳定。更主要的是，通过自主研发，掌握了全套加工数据，可以按标准按工艺不断复制，实现成批量大规模生产。

从小小球珠的不断完善，引水芯和储水器的相继成功，到四件套的快速成长，随着一个又一个基础性技术难题的解决，更清晰的下一站目标展现在眼前。

赵飞先生说，鼎申既要为他人做嫁衣，也要为自己巧梳妆。直面市场，既要做好配角，也要争当主角。

经过半年多时间的准备，一条全新的直液式水性笔生产线形成了。包括四件套生产车间、注塑车间、储水器模具车间和成品装配车间等。2021 年 6 月底，第一批成品笔销售开张。在此之前，一家专注成品制造的子公司千言公司也应运而生。

大气合作

从 2000 年起步，到如今成为国内外球珠制造的王者，鼎申公司经历了“学跑、跟跑、领跑”的三个阶段。创办人和董事长赵飞先生深有感触地说，鼎申公司的持续发展得益于高人指点、贵人提携、友人相助、团队合作。

赵飞先生为人诚恳、谦虚、豪爽，得让利时且让利，能帮忙时尽量帮，因而赢得众多友人的信任和回报。他说，所有伙伴都喜欢我，不防备我。

小小珠珠，难度不小，价低利薄，很多企业纷纷退出。而赵飞先生却是专注于此，乐此不疲，20 年不动摇，而且越做越好。这种专一的精神也博得了行业的普遍好感。

尤其在待人处事中，赵飞先生所表现出来的大气，更是让合作者无所顾虑投入。刘亮先生是行业内有名的技术专家，是赵飞先生的长期合作伙伴，两人知无不言，言无不尽，视若兄弟。赵飞先生是公司的投资人，又是法人代表，但是在股权分配上，却让刘亮了占51%，自己只占49%，还让刘亮担任公司监事，从而让合作者没了后顾之忧。

新组建的千言公司是一家高科技公司，含有大量信息技术和工程技术。为了充分调动科技人员和技术工人的积极性，赵飞先生又把千言公司80%的股权让给这支科技团队。

企业在取得一定成绩之后容易自满，但赵飞先生总会寻找新的标杆，学习它，再消化它，为己所用，提升自己。因为产品性价比高，先进标杆反过来又会向鼎申学习。赵飞先生说，学习先进即使不能全面超过它，也要在某些方面超过它，这是有可能的。

他从晨光公司车间洗手间比办公楼洗手间干净，从而引来客户信任，得到启发。他说，一个企业光是老板点头还不够，还必须全员全程都努力。企业弱小的时候，每个层面的工作都要做。企业发展了，车间主任、供销科长、主要技工都要打点好。扭转自身要靠口碑。凡承诺的一定要完成。答应三天完成的，一定按时达到。凡帮助过的人都不能忘，逢年过节热情看望。做事必定是先做人。

不知疲倦，不断进取，永远在路上。每年都有新进步，几年有个大突破，这就是鼎申公司。

延伸阅读

鼎申：宁波文具行业协会考察鼎申

2019年9月21—22日，宁波文具行业协会组织30余家企业赴"中国制笔之乡"桐庐县分水镇考察，第二站就是鼎申新材料科技有限公司。这是一家专业生产笔芯合金球珠的企业，每月量产球珠12亿颗左右，供应国内外许多名牌笔厂。智能制造、精益管理、品质管理渗透到每一个生产环节。许多新材料新工艺给予同行很大的启示。

粽子飘香也时尚

一年一度的端午节，难忘粽子，这已是中华民族流传几千年的传统。

可是，您是否见过外皮透明的水晶粽？是否见过浓郁咖啡味的拿铁粽？是否见过竹筒包裹的微型粽？是否见过抹茶味、草莓味、蓝莓味的风味粽？

如果没有，就让我细细道来。

一、寻觅

事情还得从食堂的几个小月饼说起。

那是售价 10 元却每包有 5 块的苏式月饼。价格便宜，味道特别好，引起了我的兴趣：这是什么厂家生产的呀？循着包装上的地址一路找去，来到了宝山区长建路 199 号。这里是一座半新的工业园区。生产厂商"上海应然食品有限公司"就在其中，占据了整整两个楼面约 2 500 平方米。

见到了总经理戴铝山先生，他是一位朴实厚道、老实巴交的中年人，见了人就呵呵直笑。他是从福建漳州过来的，对中式点心情有独钟，尤其对于粽子，很有心得，已经做了二三十年。

他好客地拿出一大把小粽子，一个劲地催着我们品尝："这是 65 克的微型粽，熟的。不用蒸，冷的吃，味道特别好。"言语间，已经剥了2个，放在盘子里。

与传统粽子不同，这些粽子不是糯米包裹起来的，外表半透明，似是一层胶质，咬一口，便露出淡黄色馅料，散发出浓郁的芒果香味：这是芒果粽哇！

戴总告诉我们：这种风味特色的时尚粽子是公司近年来开发的新产品，尤其受到年轻人的喜欢。现在已经有了10来个品种，有抹茶芝士、草莓优格、蓝莓优果、玫瑰红豆、柠檬芝士、芝士拿铁、冷萃咖啡、芒果西柚、紫薯、巧克力等。每个粽子只有65克，不容易吃腻。半透明的胶状物是用泰国淀粉做的，不易烂，有嚼劲，被比喻为“水晶”。用它包馅料不容易破损。别看粽子小，真空包装后，保质期可以达到30天。

“我们的产品是有品牌的”，戴总大女儿插话道，“名字就叫‘多米格’”。

好一个“多米格”！西式原料，中式做法，这哪里还是什么粽子，分明是借了一层粽叶包裹，又有着粽叶清香的时尚点心。

戴总说：现在的年轻人舍得花钱，“多米格”小粽子每只零售价6元，照样供不应求。即使新冠肺炎疫情期间，也是加班加点生产。

说着他就拿出了生产记录。我见到每天生产的小粽子竟然有10多个品种好几万个呢。

二、专攻

传统粽子还做不做？“也做”，快人快语的戴总大女儿抢着回答，“不但做，还要做出特色，做出品质”。现在公司出品的粽子就有大肉粽、鲜肉粽、蛋黄肉粽、赤豆红枣粽，甚至还有扇贝粽、海参粽、八宝粽，等等。

为了做好传统粽子，公司也在不断改进。比如大肉粽在最近 10 多年里就先后改进了 15 次。每当改进过的新鲜粽子煮熟出锅时，戴总总会捧着一大盆，送给左邻右舍的街坊们免费品尝，恳请大叔大妈们多提意见，是不是符合上海人的口味和口感。即使是扫地阿姨，戴总也会请她们品尝，让她们给出点意见和建议。

几经改进之后，公司出品的肉粽有一种天然的鲜香。配方也逐渐确定下来，精肉和肥膘按照科学比例合理搭配，粽子糯软可口，油而不腻。

粽叶也有讲究，公司专门设计制造了一种洗粽叶的机器。洗过的粽叶，又干净，又平整，而且粽香味道浓；剥粽子时也爽快利落，不容易黏连。

生产过程的品控更是严格。猪肉必须取自腿肉，保证肉质鲜美爽滑。肉的块形也要检查，必须方正，保证分量。

出厂的成品粽子为新鲜粽，但是有较远地区为了达到一定的保质期，一般采用真空包装。说到这里，戴总大女儿笑着说："有一次抽真空包装机器坏了，送出去维修需要花费 3 天时间，有一批货急着出厂，父亲就凭着多年经验，自己动手维修机器，只花了晚上几个小时，仅用了 27 元就修好了。第二天一早又能投入生产，一点儿也不耽误事。"

我们感到十分惊讶，老板还会修机器。戴总大女儿接着道来："厂里的机器有什么小问题，父亲一看都能知道个大概。每次有新设备到来，他都亲自操作，只有这样才能知道机器的性能和适用性。我父亲时不时还能发明小机器呢。"戴总大女儿骄傲地夸着自己的父亲。

三、四季

“应然食品”只做粽子么？不！粽子虽说是公司的强项，但公司也会按照一年四季不同节令需要，安排生产不同的中式传统点心，一季接着一季，排得满满当当。所以，一年四季都很忙碌。

清明节生产青团，端午节生产粽子，中秋节生产月饼，重阳节生产重阳糕，春节生产八宝饭。平时还生产蝴蝶酥、桃酥、松糕等。糕点分别有蒸煮类、油炸类、烘烤类、速冻类等。速冻类食品除了有米面制品馒头、包子、月饼之外，还有调制品水晶鸡、牛肉等。当然，点心还是主要的。

青团的青色，取自天然食品的汁水。一般常用的是麦青水，也会有抹茶粉等，不同节令，取料自然有所不同。但是，决不采用化工颜料。馅料分别有豆沙、芒果、抹茶、蛋黄等不同口味。因为取料天然，口味时尚，如今“多米格”青团也成了网红产品。

八宝饭，供应市场的品种，既有新鲜的，也有速冻的。工精料正，八宝齐全，一样不缺。馅料里的核桃、提子、瓜子仁、红枣、豆沙、红绿枝、圣女果等，都是精选过的。

月饼，除了广式、苏式之外，尤其擅长生产冰皮和桃山皮月饼。冰皮与众不同，是一种常温冰皮，晶莹剔透，口味众多，常温条件下也可以保存较长时间。

馅料中的豆沙是自己做的。质地细腻，甜度适中，糯软可口。

因为品种多质量好口味正，不仅受到市民们欢迎，而且还供应一些政府机关和企事业单位，甚至还为一些名牌代工。

为啥可以做到优质、多品种，戴总说：因为我们有自己的研发队伍，总有人在琢磨，怎样才能做得更好、更多、更切合市场需要。

四、尽能

"应然食品"严格按照现代企业制度管理。车间的生产环境清洁整齐，达到一流食品企业的卫生标准。从原料辅料到成品，仓储堆放齐整有序。一台台食品加工设备和流水线都是不锈钢的，按照工艺流程，分门别类，前后衔接，整齐排列，忙碌工作。车间地坪全部是聚氨酯铺面，既清洁，又易打理。

公司还有自己的配送车队，形成自己的供应链，直供市区 500 多家店铺，以保证食品的新鲜、卫生和安全。

戴总待人厚道，常常身先士卒，带领一群小年轻在奋斗。戴总大女儿向我们介绍说："虽然父亲文化程度不高，只读过小学三年级，却肯用心，自学成才。整个厂房布局都是他设计安排的。一块砖一片瓦如何摆放，都是他定的。他不会用电脑，却凭着经验和眼光，花费 3 个月时间，自己熬夜画图纸，白天监工选材施工，完成了整个车间的装修和布置。"

企业规模不大，却井井有条；产品虽然小，却放眼长远。这真是海水不可斗量，人不可貌相。

回家路上，我不由得想：不正是因为有"应然食品"这样无数个默默无闻、勤恳耕作的中小企业，才成就了中华民族的深厚根基和伟大脊梁！

腌笃鲜月饼上市

2022年中秋节前夕，腌笃鲜月饼由应然食品有限公司研发成功，并向上海市场供应，广受欢迎。许多名牌企业也纷纷下达代工订单。腌笃鲜月饼采用苏式饼皮，层层起酥，入口即化。馅料由鲜肉、咸肉、笋等优质食材制成，含有汁水，富有腌笃鲜风味特色，实为鲜美享受。推陈出新的月饼为中秋佳节平添了喜庆气氛。

"五一劳动奖章"背后的故事

2021年10月，一则喜讯传来：上海明凯投资（集团）有限公司、上海明凯市政工程有限责任公司党委书记、董事长周剑刚先生荣获"上海市五一劳动奖章"。在纷纷道贺的一派热烈喜气氛围之中，周剑刚先生却冷静地说道："未来已来，一切只是开始。"

是的，一切只是开始。对于上海明凯而言，已经过去的几年又是一个怎样的开始呢？

市政建设又立新功

2021年7月13日下午5时正，由上海明凯市政工程有限责任公司承建的抚州市中洲大桥正式竣工通车。这是上海明凯市政工程承建的众多工程项目中的一项。

一座大桥原本寻常，但这座大桥与众不同。大桥采用了斜跨式钢箱拱肋和连续钢梁桥结构，这是亚洲第二座、世界第三座采用此种结构的桥梁。按照"受力明确，构造从简"的设计思想，拱桥桥型构思独特，桥跨结构连续轻盈，美感十足。主桥全长560米，双向四车道，设计时速是40公里，标准宽度为26.5米至33.5米。建设期间先后经历了三次重大汛期、新冠肺炎疫情和方案变更等一连串突发情况。但是，都被上海明凯市政工程一一克服。随着这座大桥的建成，抚州城区增加了新的对外通道，加强了抚河两岸区域的贯通性，并且将有利于进一步扩大城市框架、提升城市品位。

是的，上海明凯市政工程作为上海明凯旗下的重要板块，作为老牌的市政建设企业，曾先后参与上海内环、上海中环汶水路高架、上海外环、虹桥综合交通枢纽、迎宾大道等大型基础设施项目建设。尤其是公司承建的上海南浦大桥、上海徐浦大桥、上海南北高架、上海延安路高架和上海东海大桥五个项目还先后获得中国建筑工程最高奖——鲁班奖。

公司制定了“立足大建设、开辟大市场、构建大基地、经营大项目”的经营战略，在周剑刚董事长带领下，以科技为动力，以资产为纽带，以创新为手段，力创全国性建筑品牌。

近年来，周剑刚先生不仅参与设计，运筹帷幄，还身体力行，亲临一线，相继在沪宜公路大修工程、中山北路大修工程、宝山区生态专项建设、青浦徐泾蟠龙城中村改造和松江沪亭北路雨污水管改建等一系列工程项目中，做出专业指导，令工程建设更加科学完善。由此，公司连续两年获得上海市工程建设优秀 QC 一等奖。

与此同时，在周剑刚董事长带领下，上海明凯市政工程还积极参与了一批援边脱贫工程项目。其中有贵州省黔南州长顺县产业园区基础设施建设、云南省勐腊县象明乡农村公路改造工程建设，以及山东省曹县城区道路基础设施建设和县乡道路升级改造建设。这些项目对于推动脱贫攻坚和各项社会事业跨越式发展具有重要意义。上海明凯市政工程以自己出色的工作而获得了当地政府的充分肯定和相关表彰。

“红都之夜”更添光彩

照明产业本是明凯集团的强项，于是顺理成章，市政照明工程成了上海明凯集团旗下又一个重要的业务板块。璀璨的灯光照亮了夜空，也营造了景观，更阐发了人文风貌，上海明凯照明工程称得上是一位出色的环境美容师。

这位美容师的最新佳作就是：中标并着力开展"红色之都"江西省瑞金市"一江两岸"基础设施建设项目的园林景观照明和多媒体演艺工程。

秀丽的贡水江从瑞金市中心蜿蜒穿过，形成一江两岸的醉人风光。当地政府正着力打造这一风光带，使之成为集历史文化、生活宜居、商业休闲、教育培训、生态绿色、旅游服务为一体的城市核心发展轴。而随着高科技的照明工程和演艺工程的完成，每到入夜，这一片区域将格外亮丽，充满欢乐和动感，生动演绎"红色之都"的历史风貌和时代风采。

在周剑刚先生的精心组织和指挥下，整个工程正处在紧锣密鼓地进行之中。按照规划部署的工期节点和时间进度，尽心尽责，细致安排，攻难克坚，有条不紊，全面展开。由此得到了业主单位的一致好评。2022年上半年这一项目已如期完成。

明凯照明工程，这位环境美容师给予我们的惊奇，又何止于此。翻开一本厚厚的工程画册，我们欣喜地了解到，上海市政府大厦的泛光照明、上海豫园商城的泛光照明，以及上海徐家汇广场、上海东方明珠、南京夫子庙商城等等重要场景的相关照明工程，都是由明凯照明工程完成的。还有大批工业设施项目，比如上海大众汽车公司、云南昆明卷烟厂、上海东方航空食品公司、上海石洞口电厂等等企业的生产厂房室内照明，也是由明凯照明工程完成的。

与此同时，明凯照明工程还出色完成了一大批重大项目的照明规划和设计。

这里有中国传统建筑。诸如武汉黄鹤楼、苏州世界遗产大会博物馆、茅山老年大学和养生公寓、大安堂麒麟阁、昆明翠湖景区等等。正是明凯人的精心构思和巧妙营造，让这些建筑物构成了“物我交融，浑然一体”的美妙意境。

这里有高星级酒店。诸如上海美兰湖皇冠假日高尔夫酒店、浙江东阳雷迪森龙景大酒店、海南三亚海棠湾亚特兰蒂斯大酒店、河北固安温泉度假国宾酒店、江苏大丰万豪酒店、贵州安顺阿波罗大酒店等等。正是明凯人的匠心独造，大气和柔美的融合，以灯光造景、借景与对景，使一众建筑物更加婉约宜人。

这里有城市区域规划。诸如上海七宝古镇景区、安徽芜湖中央CBD公园风光带、陕西咸阳新城、云南昆明翠湖、长春旧城改造夜景、辽宁铁岭新区，等等。这些设计蕴含文化，衬托氛围，构筑景观，各具个性，大气挥洒，淋漓尽致，让人陶醉于其中。

这里还有各类主题乐园。诸如上海安徒生北欧风情主题乐园、江西南昌梦湖北纬30度游乐园、河南郑州天河水上乐园，等等。正是明凯人的精心设计，让主题乐园更添活泼、欢乐、灵动、炫彩的迷人特色。

明凯人孜孜不倦的追求和不懈努力，巧梳妆，精打扮，让原本美好的祖国河山，更加美不胜收，令人陶醉。

灯具之城转型靓丽

柳营路上，华灯初上，巍峨高耸的上海灯具城格外雄伟壮观。这里正是上海历史最长的专业灯具经营市场。

然而，明凯人并没有止步于一笔一笔的生意买卖。围绕着市区两级政府的发展规划，周剑刚先生带领着公司一班人组织实施了上海灯具城的转型升级。几经努力，将原来的专业卖场转型发展成为全国首家“产业特性鲜明、配套功能齐全、运作服务规范、品牌辐射有效”的现代照明生产性服务业功能区。

现在的上海灯具城，整合了贸易往来、采购流通、展览展示、设计交流、实景体现、讲座论坛等诸多功能，引进了检测、维权、金融、物流、法律、保险、创业孵化、人才交流、产权交易、协会学会等一系列第三方增值服务。还植入了全方位的电子导购系统，运用互联网技术，构筑了照明产业的专门网站，及 B2B 和 B2C 的电子商务交易平台。

整个上海灯具城布局为三大功能性区块。第一区块是地下 1 层到地上 4 层的商业区，这里有飞利浦、欧司朗、GE、松下、西门子、NEC、雷士照明、欧普照明、明凯照明、浙江阳光、三维极光、华艺、开元等众多的中外一流品牌。第二区块是 5 层的会展区及智能家居展示区，通过举办各种展览、展示、讲座、论坛等，形成行业的技术、产品、趋势等信息的交流中心。第三区块是 6 至 18 层的办公区，常驻一批商务客户、研发设计单位、权威检测机构、知识产权交易机构、金融服务机构、消费者维权机构、人才服务机构、咨询机构及行业协会等，实现照明产业链各环节的友好衔接和一揽子的增值服务。

正是这些精心设计和安排，让上海灯具城拥有了“十大功能性服务平台”。它们分别是高端流通平台、信息汇聚平台、知识交融平台、创业创意平台、技术支持平台、金融服务平台、产业链接平台、虚实对接平台、专业采购平台、低碳节能平台。

上海灯具城的创新运营模式得到了中国照明电器协会的高度评价，也得到了上海市经信委的充分肯定，并授予“上海市生产性服务业功能区”的金色铭牌。

不辱使命凝心聚力

出色的品牌业绩来源于丰厚的企业文化。在企业改革创新发展的同时，周剑刚先生把“创新兴企”和“人才兴企”结合起来，始终坚持把员工队伍建设放在重要位置。

他密切联系群众，倾听员工呼声，关心员工生活，维护员工合法权益，调动全体员工的积极性和创造性。

在管理上，他倡导民主管理和科学决策，倾听基层意见，尤其重视员工反映的重点和难点问题，从而集思广益，群策群力，使各项工作更加健康完美地向前推进。

在生活上，他坚持以人为本，实施人性化管理，既关心在职员工，也关心退休员工。在他的倡导和组织下，公司的员工公寓项目顺利竣工并投入使用，解决了外地员工在沪的住房问题，让员工“引得进，用得上，留得住”。他还大力推进“送温暖”活动，切实为员工解决生活中的难点问题，把企业关怀送到每一位职工手中。

在组织上，他倡议并主导了党群服务中心、职工健身房和职工书屋等众多设施的建设，组织团建活动、职工体检、文体活动等多种多样的活动，以良好的硬件支撑和人性化管理开展员工队伍建设，企业的工会活动相当活跃，并荣获“全国职工之家”的荣誉称号。

尤其在思想文化建设上，强化员工队伍的政治理论学习，开展“四史”教育，亦即中共党史、新中国史、改革开放史、社会主义发展史的学习和培训，在提高党员的党性修养，充分发挥先锋模范作用的同时，也提高广大员工的主人翁意识，发挥聪明才智，不断提高业务和技术能力，更好地胜任各项工作。

周剑刚董事长在集团内部还积极落实楼忠福荣誉主席提出的"注重党性修养，提高政治素养"的总体要求，发挥广厦登山精神，强化党建对企业的引领作用，始终保证满腔热诚和高昂斗志，迎战各种困难和问题，破浪前进。

金灿灿的"五一劳动奖章"，是鼓舞，更是鞭策。作为民营企业家的杰出代表，周剑刚先生将以这一殊荣作为新的起点，更加努力，脚踏实地，扎实工作，带领上海明凯企业集团百尺竿头更上一层楼，为上海乃至全国各地的建设发展作出更大贡献。

千锤百炼现剑刚

访上海明凯投资集团董事长周剑刚

上海明凯投资集团来了一位新董事长，头脑清晰，作风扎实，能攻善守，成绩斐然。听闻此事，兴趣浓浓，登门拜访。

一见面，果然慈眉秀目，气度不凡。言谈露微笑，品茗点江山。似乎再多困难，也不在话下。成竹在胸，一身是胆。

细微之处挖潜能

董事长大名周剑刚，浙江东阳人氏。2004 年从杭州工商大学毕业，满怀理想和憧憬，进入大名鼎鼎的广厦控股集团。一开始是在集团下属的浙江《青年时报》印刷厂工作。这家报社原系共青团浙江省委机关报，日发行量达到 30 万份。后来由广厦集团入股

80%之后，成为面向大众的新型媒体。

在印刷厂，周剑刚从底层做起，这对他的成长大有益处。凭着在一线工作的机会，他一下子就抓住了节约增效的突破口。

每天报纸上机印刷，先要试墨调色，得消耗大量白纸。调色准确之后，才能正式开印。试墨时，只见白花花的纸张从印刷机的这一头进去，而从另一头出来时，已经变成了“大花脸”，不再使用，作为废纸处理。日复一日，年复一年，因调色试墨而报废的纸张，堆积如山，数量惊人。可是习惯性思维却认为，这是一种常态，不必大惊小怪。没人关注，也没人思考，司空见惯，熟视无睹。

然而，身为印刷新兵的周剑刚却觉得一阵阵心痛。好好的纸张因为调色，试印一次就废弃了，实在太可惜。他提出一个大胆的建议：试印过的废纸应该可以反复多次试印。具体办法就是把试印用过的纸张整理齐正，黏贴在卷筒纸的前端，每天调色试印时先使用这部分废报纸。这样，就可以有效减少调色的新纸投放量。

这项建议被采纳之后，印刷厂一年就节省了900万元开支，工厂也从亏损单位变成了盈利单位。

周剑刚并没有就此停步。他在印刷厂上夜班时发现，用卷筒纸印报纸，白边留得太宽。于是又提出建议把白边收窄，既不影响报纸阅读，又可节省纸张。小小一条白边，虽然不起眼，可是日积月累却也相当可观。这项建议被采纳后，又为印刷厂节省了不少成本开支。

前后多次改进，体现了周剑刚敏锐的观察力和强烈的责任心，并且还取得了实实在在的经济效益。上级领导关注他，欣赏他，逐步委以重任，从印刷厂副厂长到厂长，同时兼任报社印务部主任，承担起整个印刷业务的管理。而此时，周剑刚才刚满30岁。天赋异禀的经营能力，是其日后在广厦经营舞台上持续发力的最好注脚。

事业初成却回炉

春风得意，事业初成，周剑刚却感到印刷厂的天地实在太小，事情也过于轻松，不够挑战。能够一眼望到头的人生，显然不是他所追求的。周剑刚觉得应该到更艰苦的地方，更广阔的空间，去经受更多的考验和锻炼。

周剑刚家乡是浙江东阳，素有"建筑之乡"的美誉。广厦集团是国内民营企业的百强，东阳恰是其总部所在地，建筑又是广厦集团的主业之一，是大有可为的天地。2008 年，周剑刚毅然决定放弃厂长的职位，投入广厦集团的建筑行业，从一名普通员工做起。

在许多人眼里，这简直是一个疯狂的决定。放着安逸有为的岗位不做，偏要一切从头再来，是不是傻啊！可是周剑刚不这样想。他要发掘潜能，挑战命运，让人生更精彩。

隔行如隔山，从印刷跨行到建筑业务，什么都不懂，一切都得从头再来。他又一次从基层做起，比以前更加努力，没日没夜地跑业务，被众人笑议为"拼命三郎"。他不是要证明给任何人看，而是要挑战自己，尽快从外行变成行家里手。由于工作努力，业绩出色，没多久，他就被提拔为经营部副经理。

在熟悉业务的同时，周剑刚对未来的职业道路也更为清晰。他知道要在建筑行业深耕，就必须具备应有的资格。尽管跑业务累得疲惫不堪，他还是打起精神，去啃几大本厚厚的专业书，常常读到半夜两三点钟，第二天又早早起来上班跑业务。

功夫不负有心人，正是以这种勤勉刻苦的精神，周剑刚在创造本职工作优秀业绩的同时，在专业技术领域也快速进步，从助理工程师、工程师到一级建造师，再到高级工程师，在比常人短得多的时间里，把该拿的证书都拿到了。“天道酬勤”，用在他身上真是再合适不过。

周剑刚被越级提拔，成为公司经营部副总经理，分管集团经营工作。上任第一年，他就带领团队干出了出色业绩。新承接业务量从30亿元猛增到70亿元，实现了飞跃式发展。在此后的几年里，继续保持了每年30%的新业务递增量，到第四年，新增业务量达到惊人的150亿元，并且还暗藏了几十亿元。这位“拼命三郎”以出色业绩证明了自己，同时为广厦集团的跨越式发展作出了自己的一份贡献。

危中有机拓新路

正当建筑业务顺风顺手之时，2013年，一副新的担子又落在周剑刚面前：集团总公司决定委派他奔赴上海，接手广厦旗下的上海明凯市政工程公司。这是一个重要的企业，曾经有过几度辉煌，可是由于内外多种因素，此时的上海明凯市政工程公司已是困难重重。经营不规范，制度不健全，负债累累，诉讼很多，甚至有18个月不承接新业务，连发工资都有困难，还屡屡发生工人闹事的情况。

接下这个烫手山芋，周剑刚没有丝毫胆怯。在建筑行业的多年磨炼，让他有了足够的底气和胆量。上任之初，在一番调研之后，便在市政公司内大刀阔斧进行改革。先是解决工人闹事问题，继而又规范公司经营管理模式，逐一堵塞漏洞，止住“出血点”。同时，坚持以发展作为公司的主旋律，排除干扰，规范行为，发展主营业务。通过发展，增强实力，逐一解决历史遗留问题。

2014年，借着国家出台实施建筑行业规范标准的利好东风，周剑刚团结一班人，果断出手，改革发展两手抓，齐心协力去奋斗，明凯市政开始扭亏为盈，走上了良性循环的健康发展之路。

2014年至2019年的6年中，明凯市政无论是新承接业务量，还是净利润，都实现了年复合增长50%的惊人业绩。

周剑刚和上海明凯市政公司成了上海建筑行业一块响当当的金字招牌。明凯市政曾先后获得了市政总承包一级、公路总承包一级、桥梁专业承包一级、房总承包二级，以及钢结构、路基、路面、隧道三级等多项资质；先后承建了一大批重点项目，包括上海南北高架道路工程、上海南浦大桥工程、沪青平高速公路工程、沪杭高速公路工程、东海跨海大桥工程、昆明长水机场市政配套工程等。公司所承建的工程一次交付验收合格率达到100%，工程优良率达到80%以上。在周剑刚的率领下，市政公司承前启后，克服重重困难，先后在拓展业务、维护品牌、改革机制、提升管理上取得不凡业绩，企业重新焕发活力，步入正轨。

正是敢于痛下决心，排除干扰抓发展，周剑刚又一次破解了难题，把危机变成机遇，创造了奇迹。

肩挑双担情更浓

鉴于周剑刚在接管上海明凯市政公司之后迅速打开局面连年快速发展的出色业绩，2018年3月，广厦集团又赋予他一项新的任务：将同样陷入僵局、经营困难的上海明凯投资集团也一并交给周剑刚经营管理。也就是说，一人同时挑起明凯市政和明凯投资两副担子，把广厦集团在上海的所有业务全面抓起来。

上海明凯投资集团是广厦控股集团参与上海国企改革的投资项目。14年来，明凯集团作为广厦集团的区域公司，有过转型发展的辉煌成绩。连续十多年排名为上海民营企业100强和制造业50强。明凯投资集团主营实业和项目投资，国内知名的上海照明灯具有限公司即在其旗下，久负盛名的全国十大照明市场“上海灯具城”乃是明凯投资集团的力作。

周剑刚上任后，团结干部群众，理清思路，明确重点，在解决历史问题的同时，大力调整结构，拓展业务，发展经济。他还针对改制企业的实际，重视党建工作，两个文明一起抓，使得干部和职工队伍的凝聚力越来越强。在他的带领下，明凯投资集团各方面工作都有了新的起色。

正当他长袖善舞、打破瓶颈之时，2020年初，一场新冠肺炎疫情却又从天而降，对经济发展和社会生活各方面带来重大影响。这无疑又是一场新的严峻考验。

从疫情爆发到复工，整整3个月里，集团公司维持着“只出不进”。好在家底雄厚，工人的工资一分也不少。从基层出来的周剑刚深知员工的可贵和员工的疾苦，团结大家渡过难关。同时他又四处活动，开拓和落实新的业务。

周剑刚志向远大，并不囿于一隅，他的视野广及全国的山川河流、锦绣大地。他向我们透露：明凯投资集团第一次进入房地产行业，在山东曹县圈了480亩地，全力打造“雍廷半岛”地产项目已陆续出售商品房。全部实现之后，将会获取可喜的社会效益和经济效益。而市政项目和基建项目，则从上海一路拓展到江苏、浙江、陕西、山东、贵州等地。在山东有2个PPP项目，每年可以回收1亿多元。在云南西双版纳有EPC项目，已投资6亿元。在贵州也投资了6亿多元。

周剑刚认为疫情既是困难，也是机遇，是对有志者的挑战。建筑业的大环境是利好的。不仅在抗疫中"雷神山""火神山"的建筑奇迹让人们刮目相看，而且因应新形势而擂响的新基建战鼓又激荡了多少豪情壮志。无论是明凯市政，还是明凯投资，都将是大有可为。一幅幅蓝图已然在胸中形成。

不是尾声

周剑刚仿佛是为挑战而生，为挑战而成。在他面前，困难只是加压器，压力越大，反弹越劲，创造着人们意想不到的一个又一个奇迹。

如今的周剑刚已是广厦控股集团一位年轻的"封疆大员"。如果说他初入行《青年时报》时的发挥是初出茅庐小试牛刀，那么接手明凯市政和明凯集团的作为可以说是披荆斩棘，乘风破浪，大展宏图。

"宝剑锋从磨砺出，梅花香自苦寒来"，似乎就是周剑刚的真实写照。

作为新中国70年管理创新卓越领军人物、全国建筑业先进工作者、上海市"两新"组织中青年积极分子联谊会常务理事，周剑刚并不满足于已有成绩。他不断充实自己，又喜获复旦大学高级管理人员工商管理硕士学位。身为共产党员的他，在前进路上，身先士卒，毫无顾忌，引领团队，勇往直前。

致艺，致你，致生活

记致艺家具有限公司

久闻“致艺家具”在企业转型和产品开发方面取得很大成功，真让我们为之仰慕。趁着第23届中国国际家具展览会在上海举办之机，在展会现场我们兴致勃勃地拜访了总经理马广发先生。马先生是个实干派，话语不多，却很实在，让我们受到教益和启发。

顶级代工

“致艺家具”创办于1996年，主要经销民用家具，尤其是木制沙发。最初的做法是，从广东拿了货，就放进“浦东家具”卖场去卖。虽然生意很好，也有一些小赚头，心里却不是很踏实。广东货价格不高，货源也充足，品质却不太好。于是，就改为自己开厂做产品，从木沙发一直做到餐厅和卧房家具，以品质和款式而赢得市场信誉。

2000年中国加入WTO，对企业是一个重要契机。这一年，“致艺家具”首次参加在上海举办的中国国际家具展览会，送展的家具以精致的做工和醒目的款式而吸引了很多外国名牌企业的关注。韩国、日本、澳大利亚和美国的厂商纷纷提出代工的意向。

“致艺家具”的产品属于现代风格，融合了欧美家具的不同特点。美式家具贯彻人体工学，讲究舒适，尺寸大，比较自由；而欧洲家具讲究工艺特色，相当精致。把两者的特点结合起来，就是一种好家具。

"致艺家具"的这种风格正好被美国贝克家具看中。贝克家具被称为"美国家具之王"，已经有125年历史，是美国最奢华的家具品牌。它们重金聘请大牌设计师，创新设计，不断引领世界家具潮流。贝克家具还特别讲究家具的表面手工处理和表面效果，要求务必达到艺术的感觉。

何以见得呢？比如，有种家具表面要表现出一粒粒稻谷的感觉，不仅要有逼真的画面，而且还要有立体的触摸感，一粒粒稻谷都得有凹凸感，粒粒分明。又如，茶几表面要体现波纹感，那就真的要有波浪般的起伏。而且这种起伏要自然流畅，用手抚摸，非常舒服。在上海圆明园路上就有贝克家具的直营店，其中一个沙发的售价就高达10万元。

尽管贝克家具的制作要求如此之高，然而"致艺家具"照样完成出色，制作精美。

至于企业为韩国汉森家具的代工，时间更为久远。汉森家具是韩国的第一大品牌，是一家上市公司。它所开的门店与宜家很相似，只不过档次要高一些。但是，汉森对代工企业的要求却相当苛刻，要求做到"意大利的设计，德国的品质，日本的服务，东南亚的价格"。这简直是"既要马儿跑得快，又要马儿不吃草"。

很显然，代工不是企业的长远之计。2008年的金融风暴让国际家具市场变得萧条，更促使马总他们思考和选择未来的路。

酒店精品

代工只是起步，代工也是练兵，"致艺家具"要走自己的路。

从哪里入手呢？直接面对零售市场，显然时机还不成熟，火候还不够。通过市场调研和分析，马广发敏锐感觉到为高星级酒店定制家具是一个机遇。

上海有那么多的高星级酒店，光是五星级酒店就有上百家。大量高星级酒店需要大批量的高星级家具。老酒店每隔七八年就要更新一次，而新酒店更是需要大笔添置新家具。

“近水楼台先得月”，这是上海家具企业得天独厚的优势。

酒店家具呈现出多样化。有的要美式，有的要意式；有的要经典，有的要简约；有的要后现代，有的要新古典。很多酒店不要实木家具，希望材料混搭，风格混搭。空间感觉更见活跃，更多随意，也更多创新。风格鲜明，品类众多。这一切，对于开拓企业的思路和眼界，开发企业的创意和技艺，大有裨益。

酒店定制家具还有批量生产的要求。同样的房间，同样的家具，一次就有数百上千件。这对于组织高效率的生产也很有好处。

当然，酒店也会有一些特殊要求。比如明天广场 JW 万豪酒店为了少影响一点正常营业，就提出轮流装修更新的要求，每三层为一轮，逐层逐轮地更新。这种特殊要求只有上海企业才能做到，可以见缝插针巧妙安排。酒店还会有一些临时要求，哪里坏了要修一下，哪里破了要补一下；有时候，有的客房还有客人，需要等一下。这种种特殊情况，只有邻近的上海企业才容易做到。

地理优势，贴身服务，这正是上海企业的独到之处。

凭着高品质和好服务，从 2008 年以来，“致艺家具”先后提供定制服务的五星级酒店就有威斯汀酒店、浦东四季酒店、JW 万豪酒店等近百家，在上海酒店业界建立了很高的信誉。

自主品牌

有了国际代工和星级酒店的积累，创建自主品牌的时机成熟了。马广发他们决定直接面向零售和批发市场。

为了有利于竞争，应当赋予品牌以鲜明的个性特点。从企业的实际出发，马广发提出“低调奢华”。

在与贝克家具的合作中，马总学到它们的品牌运营经验：一定得有专业设计师，还要有设计师管理团队，确定好设计方向，让他们去开发。为了实现低调奢华的定位，马广发特地聘用了一位跨界设计师，名叫张拥军。这位张先生是视觉艺术家，又是MAX的创意总监，曾经与国际品牌合作过，颇有点资历。称他跨界，就因为他是“艺术家中的设计师，设计师中的艺术家”，能较好地体现艺术和设计的协调，“让生活感受到艺术，让艺术走进生活”。

在展会现场，这位张先生让我们看了好几套家具作品。有一套名为“黑色王子”。全套包括沙发、边柜、圆桌等，一律以黑色为基调，显得沉稳而又神秘，低调，见不到深浅。那张边柜的上柜面采用爵士白，而周边三面的柜门和柜面是大幅中国元素的画面。有点特别的是，这些柜面不采用通常的黑色底漆，而是银底银面，只不过银色有深浅变化，相互衬托，因此显得高雅富贵。至于沙发，采用黑色的鳄鱼皮蒙面包覆，在包覆接缝处又使用了整排的泡钉，显得端庄稳重。

还有一组客厅家具取名“曼哈顿黄”。三个沙发各有其色，一是鹅黄，一是亮黄，一是荧光红。如此杂色，令人惊诧。张先生告诉我们：创作灵感来自于美国纽约的一个傍晚，正值夕阳西下，满天晚霞，金色饱满，辉煌艳丽。于是就有了这种色彩配搭，让人沐浴在“曼哈顿黄”之中。

当然，更多的“致艺家具”还是中规中矩的美式家具，既实用又美观，做工地道，样式精致，迎合潮流，让人喜欢。

马广发告诉我们，如今“致艺家具”的市场越做越大，现有的工厂已经来不及加工，只好找人帮忙，由“致艺家具”提供图纸，让别人代加工。

从昔日为他人代工，到今日他人为自己代工，“致艺家具”实现了历史性的蜕变。

清洁生产

好家具还必须是清洁家具、安全家具。

过去，家具涂装一般采用油漆，无论对环境，对工人，对用户，都会产生不良影响。为了解决这个问题，马广发做了半年调研。有些厂家使用UV漆来取代油漆，可是，马广发觉得水性漆是可行的，有害气体的排放可以比油漆降低90%以上。

虽然使用水性漆会让生产成本提高5%至8%，但是却能达到“四个有利”：一是有利于大环境，为绿色环保做贡献；二是有利于工人，车间里没了刺激气味，有利于身心健康；三是有利于消除消防隐患，过去的油漆车间是易燃易爆的场所，员工好比坐在火山上；四是有利于消费者，有利于用户，油漆中的有害气体会长期排放，如今这个病源被割除了。

公司一次性投入400余万元，购置和安装相关配套装备，把水性漆推上了马。如今水性漆已得到普遍使用，生产家具的表面效果已经接近或达到油漆的水准。同时，企业也取得了政府部门颁发的环保认证证书，成为名副其实的“绿色工厂”。

这件事居然也触动了美国贝克家具。原先它们一直使用油漆，对于“致艺家具”使用水性漆颇有微词，不以为然。可是，当它们见到改用漆料之后，致艺的家具依然是那么靓丽，不得不由衷信服。于是，也开始了水性漆的试用。从这个意义上看，“致艺家具”开始引领了潮流。

从“致艺家具”的发展轨迹，我们深深地感受到：企业的起步各有不同，但只要认准方向，坚持、坚守、坚定前行，就一定能够排除万难，实现一次次蜕变，直至到达胜利的彼岸！

延伸阅读

致艺家居：先人一步，精益求精

2015 年，致艺家居将家具油性油漆改为水性油漆，环保性能得以跨越升级，成为业内表率。在家具各个细部追求高品质，其五金件开合试验次数达 4 万次以上；沙发内部填充物为高回弹、高阻燃海绵；其真皮沙发采用多种进口头层黄皮，触感柔软，耐磨高于普通牛皮 3 倍。

简约见品位　细节出匠心

记 COMO・科默家具

国际家具市场上，“COMO・科默”家具以它的简约时尚、低调奢华而博得高端客户的热捧与喝彩。一个中国品牌，居然有相当高的国际信誉，这自然引起了我们的浓厚兴趣。

木皮起始

“COMO・科默”家具的创始人宋夏瑜先生，年近五十，早年毕业于著名的“哈军工”，学的是船舶制造。明明是军工学历，却一脚踩进家具行业，做起了精品家具。说怪，也不怪。

夏瑜先生出生在重庆，祖辈经商，外公曾是重庆某商会会长，奉行的是“实业报国”的思想，曾在抗战时期领头捐款捐物，打击日本侵略者。可能是遗传基因的作用，造就了夏瑜先生外表谦和平实、内心不安分、立志创业的坚韧性格。

在决定开厂之前，夏瑜先生经营的是木材生意。这可不是一般的生意，而是从意大利进口“木皮”，也就是一种饰面用薄木板，经过他开办在东莞的工厂的再次加工，成为半成品，供应国内各个家具厂。

木皮，是广东人的叫法，之后逐渐变成了行业术语。经过再次加工的木皮可以达到完美的颜色和纹理，具有不开裂、不挠曲的特点。用于家具表面的拼花贴面，可以产生实木纹理的质感。这给国内大大小小的家具厂家提供了很大的方便。

经营木皮，还是绿色环保的。这是因为木皮一般产自北美和欧洲的人工森林，采用轮种轮伐的管理。每砍掉一片，就会补种一片，保持常青常绿。制成厚度仅 0.5 毫米的木皮又可以最大限度的利用有限资源。普通一棵树可以产出 2 000 平方米的木皮。因此，夏瑜先生经营的木皮进出口贸易，既满足了市场对于天然材料的需求，又大量节约了资源，并且得到当地森林委员会的认证。

夏瑜先生的贸易伙伴是一位意大利人，比夏瑜年长 20 岁，名叫福斯特。虽然有语言和年龄的差别，却丝毫不影响他俩的亲密合作。数十年如一日，生意越做越红火。

意大利的高端家具在全世界数一数二，连精细好胜的德国人也做不过他们。意大利家具敢于挑战高难度，敢于挑战极限，并且最后居然都能做到。

生意做久了，夏瑜自然很想见识一下意大利的专业家具厂，看看它们如何运作，怎么运用他经手的这些材料，变平常为神奇，制造出高端家具。每次福斯特陪他去看厂，总让他受益匪浅，并且产生一种莫名的激动和冲动。不过，有一次颇有意外。当福斯特带着夏瑜来到一个意大利厂家参观时，当地老板却在一边悄悄嘀咕："中国人不会抄我的东西吧！"话音虽低，也听不太清楚，却极大地刺激了夏瑜的神经。当时他就想：如果有朝一日我做家具，我一定要做好，做到极致，做出自己的特色。

合作创业

自己造家具！

夏瑜的这个想法与多年的合作伙伴福斯特先生的心思正好不谋而合，一拍即合。

福斯特先生是一位具有全球思维和战略眼光的商人。早在20多年之前，他就慧眼独具，在号称“欧洲工厂”的土耳其设立加工厂，赢得商务成本的优势。他又放眼亚太，先后在泰国和越南布点，设立自己的加工厂。他尤其看好中国。他常常感慨地说：“当看到中国马路上骑着自行车满脸堆笑、开开心心的男女青年，就看到了朝气，看到了希望，看到了世界的未来在中国。”

经过一番商议，夏瑜和福斯特决定合伙投资，在中国上海建设一家高端家具制造厂。将按照意大利模式，采用意大利技术和工艺，生产高品质的意大利现代风格民用家具。

上海，中国商务成本的高地，有人质疑夏瑜在上海设厂，是自找苦吃。可是夏瑜并不这么认为。他说：只要我们以高品质和高附加值面世，就一定会在高端家具市场上打开局面。也只有这样，才能实现良性循环，才能实现可持续发展。

科莫湖边

新的企业，新的产品，应该有一个合适的品牌，以此昭示市场、吸引客户。夏瑜和福斯特为此商议揣摩了好久，而真正确立品牌是在那一年深秋的意大利的科莫湖边。

科莫湖，坐落在阿尔卑斯山南麓，就在“时尚之都”米兰东北约50公里，是世界著名的休闲度假区，平静而美丽。可是，漫步在湖边的这对创业人，心情却一点儿也不平静。他们热议着企业的未来，也思索着品牌的取舍。

夕阳西下，华灯初上，他们忽然发觉从米兰到科莫湖沿线数十公里的区域内，不正是意大利时尚产业的集聚区和主产区。灵感顿时闪现：何不以科莫湖来命名即将诞生的新生儿？英文COMO，中文科默，正是绝佳的品牌组合。既有寓意，又很时尚，还有现代感，对中外客户都会产生感召力。

新品牌就此诞生，并且一举注册成功，那一年是公元2001年。

高端智造

"COMO·科默"家具从一开始起就定位于高端制造，目标瞄准意大利顶级品牌POLIFORM，以它为标杆和榜样。

提起POLIFORM还真是不简单。其创始人正是福斯特先生的多年好友。这家品牌最初只有几十人，是个小家具作坊，经过几十年的努力，而今已经是世界著名的家具品牌，是意大利风格板式家具规模最大的企业，引领着世界现代家具的时尚和潮流。中国国内就有很多企业跟风，仿造它的产品。

以POLIFORM为标杆，就应该有一个高起点。夏瑜和他的合作伙伴先后考察了浦东、青浦、松江等地之后，最后选址松江工业区，在一块荒地上开始建厂。

为了让厂房结构和工艺布局科学合理，夏瑜特地请来了POLIFORM的退休工程师，名正言顺地当了科默的顾问，参与新厂建设规划。从生产流程、工艺编排、设备选型、要素组合，一直到提供样品，方方面面，都达到了高水准。

夏瑜说：好东西不是一天两天可以出来的，要一步一步来。

头两年，为了使整个生产流程接近意大利水准，他特地请来了意大利工程师驻厂工作。每批驻厂6个月，先后来了四批，直接参与设备调试、工艺调整和员工培训，直到能够熟练操作，顺畅运转。

为了达到意大利高端家具的水准，科默还大量引进和采用意大利和德国的生产设备。夏瑜坚信：有了这些一流的技术装备，才可能满足一流设计、一流产品的要求。

宁要生手

好设备、好技术，还得有好技工、好技师。

可是，科默的招工却很古怪：宁要生手，不要熟手。

生手也能顶用？

夏瑜认为，生手对家具制造没有概念，也没有框框，正好从头学习，全面接受意大利的生产制造模式。一张白纸可以画出最新最美的图画。企业不希望招老师傅进来，那些旧工艺和坏习惯很难改掉。

工作台的设计也根据中国人的身高特点，高度方便操作，底下配有滑轮，可以根据工位变化移动操作。通过这些微小的细节，保证操作的规范和精准。

设计团队

“时尚、简约、都市化、坚持原创”，是“COMO·科默”的设计定位。

而贯彻这一品牌定位的意大利设计团队，是一支怪异混搭而杰出的队伍。

有一组设计师是学建筑出身，都是意大利米兰建筑师协会的资深会员，有的还曾经参与世界遗产古曼托瓦古城的修复和重建项目；同时他们又长期担任各家著名家居或家具企业的艺术设计总监。他们信奉“建筑是凝固的音乐，而家具是建筑的浓缩和映象”。对于家具和建筑的关系的深切感知和领悟，令他们的设计充满了经典和时尚、古典和现代的时光穿梭与水乳交融。他们坚持不懈地开启着对于新技术、新工艺、新材料和时尚设计的大胆探索、勇敢追求，勾画营造出一个个独特精致的家具系列，以满足全球客户的不同需求。

安德鲁系列，是他们2015年的代表作。这是对20世纪优秀设计“美国黄金年代”的怀旧和致敬。设计风格成熟稳重，回归经典，尽显沉稳而低调奢华的风格，令人联想到那个动荡而辉煌的年代。这个系列在当年的中国国际家具展上赢得了广泛的赞誉和评委的认可，荣获中国家具产品创新奖。

另一组设计师团队是两位意大利米兰理工大学设计专业硕士毕业的年轻设计师。致力于工业设计，并积极尝试各种新材料和新科技的应用。他们的设计给予科默品牌更多的激情和活力。PIANO皮诺系列是他们的代表作之一。这个系列从20世纪50年代盛行的极简主义出发，回归产品本质的诉求，摒弃和删除不必要的重复和装饰，以最简单最直接的线条诉说产品，呈现出强有力的产品物质性和舒适性，以及不繁复的优雅性，让用户切实体会到似水、空气和阳光一般的感觉，在平静生活中不可或缺。

整个设计流程并不是设计师的个人表演，天马行空，独来独往。夏瑜说：设计师不是表现自我，张扬自我，而是表现和实现高端用户对于舒适美好品位生活的追求。我会先告诉他们市场的需求反馈，描述出大体的概念，然后由设计师做方案，有ABC多套供我选择。然后才由他深化扩展，出效果图，达到比较理想的效果，再由我来组织深化，拿出制作图。因为我们比设计师更了解工艺特点，知道如何来完成、来实现，做好形体、色彩、功能和面料配比，以及技术方案。最后才是拿出样品，以至批量产品。这是一个相当科学精准的过程。

天衣天缝

大量顶级设计方案，靠一般的工艺技术和装备，难以达到。

夏瑜说：越是简约，越是难做。因为简约，所以任何一点微小的瑕疵都将凸现出来，难以掩盖。必须每一道工序都做得相当精细到位，才行。

精工造精品。夏瑜选购意大利设备，做法与众不同。那些先进设备不是在展会上看中的，而是直接到意大利家具专业厂经过现场考察后才决定下来的。

先进技术设备让科默抬高了技术门槛，登上了别人难以登上的高度，完成了别人难以想象的难度。

比如长条会议桌，其表面的木皮贴面一般都是一段一段接起来的，影响整体美观。客户当然希望桌面具有整体感，是整张铺就的。依靠先进的意大利设备，科默能够做到完美的一体化。一般厂家只能做到长度2.4米，而科默可以做到8米，并且中间没有一点接缝。这种技术不仅仅适用于会议桌，还可以推而广之，用到巨幅的接待台和装饰墙，特别受到那些高端宾馆和会所的欢迎。

还有一些家具的表面装饰有特别要求，要求把本身缺乏弹性的贴面木皮，按照设计要求从平面变成弧形，实现对家具边缘的完美包覆，有的甚至还要形成90度的直角。这在一般企业，简直是天方夜谭般的神话。而科默依仗着先进的数控机床和独特工艺，居然能够一一实现，并且找不到一丝半毫的瑕疵。

在展会现场，我们就看到一张长度达 3.6 米的电视柜，柜身表面的亚光木纹贴面达到完美的一体化，别说我们这些外行，即使是夏瑜本人低下头去仔细端详，也不知道接缝在何处。

正是掌握了这些杰出的高新技术，让科默家具有了独创性和唯一性，拉大了与一般厂家的距离，也提高了自身的议价能力。

大数据库

"COMO·科默"对家具制造过程实现数据化管理。运用先进的电脑和网络技术，建立了包括全部产品和全部零部件、装饰件、连接件的大数据库。

任何一个产品，其每一个零件和部件都有完整的数据，都可以做到再现、再生和复制。

连 10 年前用过的一枚小小的部件，都能查到原始数据并且予以复制。

"COMO·科默"对生产全程实行精细化管理，运用先进的管理工具实现规范操作。同时，实行精益生产，做到无库存无成品积压，以"JIT"（即 Just in time）实现各个工序和外购件的无缝对接。

工业 2.0 在企业内普遍运用。无论是材料的开料，还是部件的加工，加工设备都会按照电脑的指令精准操作，达到预定的意图和要求。

星级至友

"COMO·科默"在开创初期主要是制造民用家具，包括客厅、餐厅和卧室家具。

近年来也把业务扩展到工程定制，包括五星级宾馆、高级会所、售楼处等方面的高端家具，以及名牌公司的会议室和董事长总经理的办公室，以及社会名流的办公室等。

这些家具的共同特点是：在品质方面，精致、高端、大气。在工艺方面，技术门槛高，几乎找不到替代品。因为受技术工艺装备的限制，只有科默才能达到。

这些高端家具特别受到五星级酒店的青睐。“COMO·科默”家具为之服务的先后有美国的德州奥斯丁 W 酒店、华盛顿特区 W 酒店、佛罗里达州迈阿密 SLS 南海滩酒店、亚特兰大希尔顿逸林酒店、迈阿密 1818 子午线公寓、澳大利亚的悉尼黑镇 ATURA 酒店、昆士兰 QUEST 公寓酒店以及亚太地区众多的高星级酒店，等等。

在整个创业创牌过程中，夏瑜与福斯特的友谊也日益增进。这对由中国人和意大利人组成的伙伴，变成了无话不谈的知心朋友。双方都认为找到了“最对的人”。

不是终点

如今的“COMO·科默”家具在国际上名声飞扬。然而，好东西也应该而且值得让同胞们分享。如何打开中国国内市场，让科默家具在中国人民全面建成小康社会的壮丽进军中，贡献一份力量，还值得宋夏瑜先生和他的伙伴再一次勇敢地闯关。

“COMO·科默”，这真是一个好品牌啊！科技含量很高，甚至称得上顶级，但却默默无语，相当低调，只是通过品牌、品位、品质传播着自己的心声：“科默致力于完成的不仅仅是一件家具或一个项目，而是完成对生活和空间的梦想和追求。”

这或许正是中国品牌的一种风格吧！

科默：国际获奖

2022 年 5 月 14 日消息，科默旗下 FLORA 沙发荣膺 2022 意大利 A'Design Award 设计大奖。该奖项是最负盛名和最具影响力的设计荣誉，是设计领域的最高成就之一。

落地有声"九鼎"钟

鼎，乃国之礼器。古时中华称为九州，大禹治水时，九州各铸一鼎，以驱除毒虫猛兽，合称"九鼎"。如果说，九州代表着中华大地，那么，九鼎象征着中华文化。

现今，上海制钟行业有家企业，也取名"九鼎"。她赋予九鼎以新的意义：表达对中华文化的继承和光大，承诺对于千万用户的忠诚和信用。

这家以"一言九鼎"激励自己的企业，制造和经销的各类时钟，以品质至上和服务至诚而取信于民，历经三十余载的风风雨雨，已经成为上海制钟行业的排头兵和佼佼者，蜚声中外。

今日的"九鼎"钟业，当家人经历了两代。

创办人金明弟是一位踏实勤奋的实业家，从加工和经销钟表五金零件起步，通过诚信服务和实干巧干，开创了一片天地。不仅时钟行俏，品牌响亮，连自制的五金零件也广受欢迎，外国品牌企业纷纷前来订购。

第二代金飞鹏，是一位啃过洋面包从英国学成归来的年轻人，原先对制钟业并无多大兴趣，后来被中国的钟文化和前辈的创业精神所鼓舞，子承父业，接班上岗，至今已近 10 年。尤其近几年更是搭准市场脉搏，开拓创新，开发了众多新领域，让"九鼎"钟业呈现出一片全新的景色。

精益求精——传统落地钟

豪华落地钟是"九鼎"钟业的看家产品。那一座座落地大钟，中西合璧，气度非凡，经久耐用，落地有声，不仅走时精准，报时铿锵，还装饰着居室环境，浸润着家居文化，提升着生活品味。

金飞鹏说，在"轻装潢重装饰"的当代家居装修理念下，"九鼎"钟业遵循环环相扣的三个层次，以更深入地理解和尊重客户的需求：

第一层也是最重要的，就是满足功能。"九鼎"采用德国原装进口的肯宁家（Kieninger）三问机芯，配以九鼎自制的特种钢材定制的钟摆，以确保产品走时精准，分秒不苟，三问机芯报时奏乐智能人性。

第二层是感受舒适尊贵。精心挑选高品质木材原料，诸如进口的红木、桃花芯木、胡桃楸木等高端木材，以业界领先的制造工艺精工细作制成。

第三层是彰显品味。落地大钟的设计糅合了欧洲经典的工业元素和审美风格及中国传统制作工艺，以中华文化钟鸣鼎食的神韵，激扬个性情趣。

由此，才有了"九鼎"落地钟由内到外摄人心魄的魅力。

一座座落地大钟，其框架和装饰大多是实木制成，如何才能做到几十年不变形、不开裂，完好如初，稳如泰山？

金飞鹏告诉我们，今天所用的木料，在两年前就已经采购进厂了。这是为了保证木料有足够的时间烘干和长时间的时效让其性能稳定。一座好的木钟，要达到稳固坚实的境界，就必须把握好选料、烘干处理和做工三大环节。

选料，就是要选优质木料。或者是中国传统喜好的红木诸如酸枝、花梨、紫檀等，或者是欧美宫廷钟爱的桃花芯木、胡桃楸木等。这些木料本身就具有坚韧、稳定性好的特点。

烘干处理，就是要不厌其烦。对木料进行自然烘干和多种物理处理，缺一不可。原木木料进厂先要开料选料，然后是蒸汽窑式烘干，为保证稳定性，以低温慢烘，周期从30天延长到60天。一次烘干之后，还要进行二次微波平衡，采用的是真空微波烘干技术。此外，还要模拟东南西北各地的不同温度湿度情况进行再平衡，以确保证木料的稳定可靠。

做工，就是要精细加工。制作落地钟的钟柜，决不能敲敲打打、粘粘钻贴，而是应用中国的传统工艺比如榫卯工艺，现代化数控设备结合匠师操刀，手工制作，精细加工，精准卯合。结构设计合理方可保证构架密实稳固不走样。

“九鼎”落地大钟的钟声悦耳动听，是因为技师们对钟座内的音箱作了大胆的改进，采用发音木的材料，制作成密闭音箱，令其回音洪亮，声音悠扬，音律可控。

“九鼎”在制钟时还引进了同国际顶级手表“三问表”相同复杂功能的三问音乐机芯，把只在顶级手表上才有的功能用到时钟身上，创制了“三问机械钟”。金飞鹏说，现在“九鼎”所有的落地大钟都是“三问钟”，也就是每隔一刻钟就会通过机械结构的带动，自动奏鸣一段乐曲，一小时内的四段乐曲组合起来就是一首完整的乐曲。到点时，在奏乐之后还会准确报时。用户不用看钟面只要听到某段乐曲，就可以知道奏乐时的时间。“三问钟”的创意来自“三问表”，而结构和音效又超过了“三问表”。这得益于机械钟的腹腔远远大于手表，可以容纳更加复杂的机构。真是“青出于蓝而又胜于蓝"。

长久留芳——艺术座钟

时代的进步，需求的更新，对"九鼎"钟业提出了多层次的要求。

金飞鹏说，毋庸讳言，80 后 90 后对落地大钟较难接受。原因很简单：家不够大，收入不够多，审美情趣和文化修养也不同。根据这种情况，开发现代艺术钟就成了当务之急。

于是，"九鼎"钟业全力研发跨界融合的艺术钟。不仅追求钟的走时精准，也追求钟的外观精美；不仅追求钟的大气精神，也追求钟的细腻精巧，越来越多的中国传统文化元素被巧妙和谐地运用到钟的方方面面。让"九鼎"钟成为一种家居文化，一种环境设计，一种艺术熏陶，更是一种精神享受。

艺术钟之一，是现代掐丝珐琅铂金钟。这是"九鼎"与当代景泰蓝非物质文化遗产传人、国家级艺术大师张同禄的大弟子、特级工艺美术师黄灵燕合作的成果。一座座纯铜制成的金钟，将掐丝景泰蓝工艺应用到装饰上，把钟的外观塑造得富贵华丽、焕然一新，惊艳无比，具有极高的艺术价值、观赏价值和收藏价值。现在已有"喜凤呈祥""节节高升""和合有余""富贵吉祥"等多个款式。一经面世，就引起轰动，争相竞购。

艺术钟之二，是湘绣艺术钟。这是"九鼎"与中国四大名绣之一的湖南省湘绣研究所联合研制开发的结晶。合作双方组成了精干的设计、刺绣和制钟团队。为使湘绣双面绣和时钟的双重特点完美融合，团队从众多设计图稿中首先挑选出两款进行研发，刺绣的底料、技艺都是精心安排，全部采用双面绣，装裱与钟表的部件构造进行反复试制磨合，制钟的模具也经过几轮的改进，前后差不多经过半年时间，终于大功告成。

现在，这种湘绣艺术钟有座钟两款。其中的座钟分别名为“富贵蝶来图”和“众芳惟牡丹”。座钟是铜制的四柱立式长方体，四平八稳，三面均为手工双面刺绣的牡丹花，正面同样是刺绣钟面盘，绣有精美生动的蝴蝶。蝴蝶与牡丹相互呼应，寓意时时富贵，锦绣终生（钟声）。那钟壳外部三面装在超薄玻璃上的双面手工刺绣，可以从不同角度观赏，每个面的绣花各有不同，令人回味无穷。

艺术钟之三，是中国四大名楼艺术钟。“九鼎”以中国四大名楼岳阳楼、黄鹤楼、滕王阁和鹳雀楼的造型为外形，以紫檀木为材质，以中国的榫卯和建筑的斗拱工艺为特点，打造一批新的艺术座钟。近日，四大名楼之首的“岳阳楼”座钟，历时一年，已告完成，形制仿如真楼，四柱三层，飞檐纯木，生动逼真，雕饰精美，惟妙惟肖，赢得一片喝彩。这款艺术钟的市场售价高达五十万元，限量发行，已被藏家视作珍品收藏。

上述艺术钟的珍贵之处，在于独一无二，每一款都是限量版，有的还是私人定制，并且都有艺术大师亲笔签名的证书，集计时、观赏、珍藏于一身，深受年轻一代喜爱，也博得收藏界瞩目。

分秒必争——天文钟

近年来，“九鼎”钟业在发展传统计时钟的同时，又创制了一种高精度的天文钟。这种钟的全称是“三针一线规范针天文钟”，机械重力驱动，动力储存一个月，它的走时精度能够达到一个月内的累计误差小于正负 2 秒，远远高于国家标准，称得上是中国钟表史上最精准的机械钟！

1个月，30天，720小时，43 200分钟，2 592 000秒里，只误差2秒内！这需要克服多少影响走时精度的因素？诸如：机械结构的精密合理、动力的或强或弱、气温的或热或冷、气压的或大或小、湿度的或高或低，等等。任何一个因素，都可能让钟的走时精度发生变化。

“九鼎”天文钟是怎么做到的呢？

金飞鹏笑着为我们揭秘一二：

钟摆的摆杆采用了一种特殊的材料：超级殷瓦钢。这种材质是一种镍钢合金，它的热膨胀系数在各种合金材料中是最低的。黄铜的热膨胀系数是10.4×10^{-6}，而殷瓦钢只有0.6×10^{-6}。再经过精磨、精车、精抛，制成的钟摆摆杆，就有相当精准的摆度，偏差极小。

钟摆上方有一个特别的结构：气压膜盒补偿器。气压变化会对钟摆走时周期产生影响，气压升高时钟会走慢，气压下降时走时又会加快。而装上这个独创的气压膜盒补偿器之后，可以有效克服气压变化所产生的影响。这个装置由五个气压膜盒组成膜盒组，再加一个配重块。当气压升高时，膜盒相互靠紧收缩，让配重块细微往下，造成重心下移，补偿因气压升高而引起的钟摆减速；而当气压下降时，膜盒就向上升举，让钟摆减速，正好与加速相抵。通过这个装置的细微调节，实现了钟摆的精确匀速。

为了提高天文钟的走时精度，达到极致水平，金飞鹏还在自己的办公桌上摆放了各种测试仪器和电脑。经常在处理完各类公务之后，亲自调验钟速。对照各种温度湿度等因素造成时差变化的曲线图形，从中发现问题，摸索改进措施，常常为了减少一秒钟误差而废寝忘食。

为了保证加工精度，“九鼎”特地花巨资从国外引进了一批先进的加工设备。其中光是一台高精度数控滚齿机，就用了几百万元。

值得自豪的是，这种高精度的天文钟的机芯是“九鼎”钟业自制的，也是国内目前唯一一家能生产此类顶级高端机芯的时钟企业，现在技术达到国际领先水平，这些都是自主研发的知识产权的结晶，代表了大国工匠的水平。

国际上，把天文钟做到极致的，是德国科学家赛格蒙特·瑞福，1878 年他把规范天文钟做到了月误差 1 秒以内的公差范围，至今没人超过。这个品牌的天文钟迄今为止仍是机械钟表领域公认的记时精准之王。很可惜，这一品牌的钟到 1965 年就停产了。在几十年间，一共制造了不到 1 000 只。

金飞鹏说，“九鼎”钟就是“赛格蒙特·瑞福”钟的最好传承者。我们已拿这个早已过时失效的商标，在国内外做了注册。我们的目标就是要传承精准之王，将天文钟的月误差控制在 1 秒之内。下一步，还要达到年误差 1 秒、千日误差 1 秒的极致目标，站上世界制钟业的顶峰！

岁月相承——海派钟

“九鼎”钟业对发展海派时钟的热情一浪高一浪，时钟的研发也是一波接一波。

金飞鹏说，无论是经典的古董钟，还是时尚的艺术钟，或是精准的天文钟，其背后无不印刻着岁月的痕迹，蕴含着家族的故事。我们就要想尽办法把家族的精彩留下来，把历史的一瞬成为永恒的纪念。

落地钟的动力由并排悬挂的三枚重锤驱动，它们各有不同功能，中间的是计时，左边的是驱动打整点报点数，右边的是驱动奏音乐。这三枚重锤各自包有金黄色锤壳，相当美观。金飞鹏却从重锤的装饰功能之外发现了记载功能：每一个锤壳可以分成六小节，每一小节可以记载一段家庭的重大事件或者重要故事。通过一节节的记载，在绵延流长的钟声中，家族史也就可以传承下来了。

中国民间素有"嫁女陪钟"的习俗，结婚喜庆，是送钟的，意在传宗（钟）接代。可是，现在的年轻人不喜欢这样做。有人还以为这是倒运的。而"九鼎"钟业偏偏研发了一种婚庆钟，这种钟会奏出喜庆的音乐，增加生活的甜蜜，并且有多种音乐可供选择。

金飞鹏笑道，关键是赋予时钟以积极的人生意义。比如，烤瓷白钟面象征着纯洁的新娘、纯净美丽的心灵；黑色细体的罗马数字标志着庄重和忠诚；天圆地方、造型简约的钟柜，寓意着天长地久；精致而有节奏的滴答声，不正是祝福一对新人"相伴终身（钟声）"、花好月圆，和睦相处，传宗（钟）接代！

"九鼎"钟业位于拥有深厚文化底蕴的"上海之根"松江，深知海派文化的真谛就是：中西合璧、经典时尚。从海派时钟而言，钟（中），就是中华文化和传统技艺；西，就是西洋形制和精密机芯。

秉承海派文化的精髓"海纳百川，追求卓越，大气谦和，开明睿智"，"九鼎"钟业在传承和创新上做了大量工作。

"九鼎"钟业注重海派技师队伍的建设。五年前，特地引进了沪上著名的海派时钟技师陈根宝，担任"九鼎"钟业的天文钟机芯制作总工程师。陈根宝曾是具有 80 年历史的海派钟厂上海中国钟厂（555 钟）的总工程师。他的师傅高龄 90 余，是海派时钟的嫡传弟子。手传口授，让陈根宝深谙海派时钟的真谛，熟知海派时钟的技艺。现在陈根宝又在主持“九鼎”钟业技术工作的同时，传授海派时钟技艺，带出一支精干的工匠和艺匠队伍。

如此这般，才成就了“九鼎”新海派时钟的不断更新。

金飞鹏说，时钟其实也是家具的一部分，今后，“九鼎”钟业还将与知名家具企业合作，实现海派家居文化的全新繁荣。

金飞鹏原本在英国泰晤士河谷大学留学，学的是工商管理和市场营销，如今却成了制钟业的专家，创意不断，新款迭出，还会亲自调校走时精度，让时钟品质达到国际一流水准。我们不禁好奇，从文科到工科，怎么会有如此大的转变？其中的缘由又是什么？

金飞鹏笑道：这是使命所然。

他说，我翻阅了大量历史资料，发现当今钟表的结构原理，其实最早还是来自我们中国人的祖先。早在 900 多年前的 1088 年，由北宋天文学家苏颂带领的团队就研制成功了“水位运象台”，这是世界公认的最早的机械钟表的擒纵机构，并且被西方科学家认为这是欧洲中世纪时钟的直接祖先。而这一发明比 1582 年意大利物理学家、天文学家伽利略发现摆的等时性，早了近 500 年。

我们的祖先这么早就铸就了一页又一页的辉煌，作为当代中国人岂敢懈怠？我们只有敢于创新、发奋赶超的动因，没有吃现成饭、甘居落后的理由。达到和超过世界顶尖水平，为人民营造更美好的计时器具，这就是我们的目标。

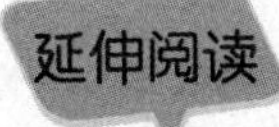

九鼎钟业：喜获银奖

2018 年 1 月，由中国钟表协会和漳州市人民政府共同主办的第三届中国钟表设计大赛优胜名单揭晓。上海九鼎钟业选送的"岳阳楼钟"荣获银奖。此次大赛共收到来自全国各地（含港澳台地区）以及瑞士、德国、英国、日本等国的参赛作品 573 件。

一鸣惊人的“隐形冠军”

访上海翰书实业有限公司

近年来，“梦宫坊”牌削笔器，如一颗深水炸弹，在国内外文化用品行业激起了涟漪波澜。众多商家看中她，围观她，争相提出合作意愿。国内文具界的几大巨头纷纷下达大额订单，或是发出合作意向；淘宝网早已展开了销售，虽然售价较高，仍是一派热卖。国外知名品牌也纷纷希望定牌加工。2018 年才开始出口，国际市场却已迅速扩展到 20 余个国家和地区。国内市场也有了 150 家代理商。即使在当下疫情严重、全球经济低迷的 2020 年，总销量也有望比 2019 年增长一倍左右。

寻常物，太不寻常

削笔器，俗称卷笔刀，本是寻常之物。为什么会引得市场如此热闹？为什么会被那么多的见多识广的商界巨头看上？小小削笔器究竟暗藏了什么机关和神奇？带着一连串问题，我们拜访了“梦宫坊”品牌创始人和上海翰书实业有限公司 CEO 吴宝国先生。这是一位精明能干的中年人，双眼凝聚着与众不同的炯炯目光。

他指着桌上那两排数十台不同造型的彩色削笔器，娓娓说道：

“梦宫坊”削笔器，整个机体采用 PC（聚碳酸酯）材料压铸成型，全身没有一颗螺丝钉，全部由卡扣连接，却又相当结实牢靠，就是体重 50 千克的大汉站上去，也不会砸扁，不会散架。塑料件全部选用 PC 材质，达到食品级，因此相当安全，不存在任何危险。模具的模芯采用进口的日本钢，价格比一般钢材高出五倍以上，因此产品的镜面光泽度可以达到最高级别。

最核心的是卷削结构，达到一流先进水平，并且在 2016 年获得了国家发明专利。这个结构具有三大特点：一是扭力小。蜗轮和蜗杆之间的衔接巧妙而又精密，摇动手柄卷削时，相当轻快顺畅，就是一年级小学生也能够轻松自如使用。二是自动进笔。只要铅笔插入削笔器，转动摇把，就能自动进笔进行卷削。三是自动停笔。卷削完成后，就会进入空转模式，即使再转摇把，也只会打滑，不再进笔。

削笔器的各项技术标准远远超过了国家标准。其中扭力仅为国标的 60%；断芯率，国标规定 3 500 次少于 10 次，而"梦宫坊"为 0。

吴总拿出两台削笔器，一台是日本的，一台是"梦宫坊"，让我们分别试用一下。插进同一支铅笔，同样摇动手柄，立见高下。日本货不很流畅，还有点小噪音，而"梦宫坊"却相当轻巧流畅，不费力，也无杂音。

巧妙的结构，流畅的功效，周身不用一颗螺钉，我好奇地猜想：是不是用了中华传统的榫卯工艺。吴总笑着点头：也可以这么说。我不由得感叹：小小削笔器，竟是鲁班技艺再现！

问世短短几年里，人们对"梦宫坊"削笔器经历了从不认识到认识，再到追求的过程。

吴总曾经要寄送几台削笔器给舅舅的 2 个小孙孙。谁知舅舅不屑一顾。好说歹说，才答应试用一下。不料，孙儿孙女见了这样的削笔器，却是喜不胜喜，爱不释手，连晚上睡觉都要放在枕头边，生怕被别人拿了去。而原有的旧卷笔刀早被他们扔进了垃圾桶。

“梦宫坊”削笔器问世后，因为造型美观、功能实用而广受欢迎，淘宝网上出现了上万条评价，居然没有一条是差评。

吴宝国兴奋地对我们说：“我有两个宝贝女儿，一个是亲生女儿，另一个就是这个削笔器”。

笔套起步展宏图

吴宝国总经理原本从事采矿事业。具有初中文化的他，对于文化用品产业完全是个门外汉。问起他怎么会想到开发削笔器。吴总笑着说：这还得从爱女的一件小事说起。

那是女儿读小学一年级时，有一次吴总帮女儿削铅笔，发现铅笔只有二三寸长，还在用。他想随手扔掉，女儿却不肯。女儿说：要是有个笔套接接长，再短也能用。女儿从小懂得节俭，让吴总感到欣慰，同时也看到了商机。

可是，要做出一个理想的笔套，却并非想象中那么简单。笔杆有粗细误差，还有不同形状，但都得与笔套衔接得当，紧合无间，浑然一体，不会松动摇晃，还要方便实用。物件虽小，技术难度却也不低。为了达成完美结合，为了找到最佳结合点，吴宝国前前后后投进去50万元研发费，光是模具就换了6套。

因为沉迷于研发工作，有一次吴总乘车还出了车祸，多处受伤，差点丧命。急送医院抢救，头部颈部和胸部，上上下下缝了80多针。

功夫不负有心人。历时3个多月后，一种简便实用的笔套终于试制成功了。这个笔套有前后两个头，一头可以嵌进圆形笔杆，另一头可以嵌进六角或三角形笔杆，可以适用于各种形状。家长们认为这个小小笔套可以从小培养学生节俭的习惯，这才是最让人感动的地方。

吴宝国专门为笔套取了一个正规学名："铅笔延长器。"是啊，小小笔套不仅延长了铅笔的长度，也延长了铅笔的寿命，更延长了中华民族节俭的传统。

为了普及和指导笔套的使用方法，吴宝国还和女儿你一句我一句，专门编了一首儿歌。歌中唱道："我有两张小嘴巴，两张各有三颗牙；圆形嘴巴吃月饼，六角嘴巴吃星星；圆形嘴巴咬不紧，换个头来重新插。"他还在包装上绘图提示，生动形象地诉说了使用方法。

中国美术大学的老师试过这种"铅笔延长器"后，感觉非常顺手，连声赞好。并认为这是从铅笔诞生以来，最简单最实用的延长器，而且美院的学生几乎人手五支。现在，这款"铅笔延长器"每年仅线上销售就已达到300万支。

正是从这个笔套开始，吴宝国一步跨进了文化用品产业，一发而不可收。

成功的三大要素

吴宝国善于开发新产品。有人总结他的成功有三大要素：一是天赋，二是执着，三是痴迷。他玩创造发明，到了如痴如醉的地步。

他从小就对各种机械有感觉。12岁，他就开始玩机器。什么机器什么声音，什么毛病什么声音，弄得清清楚楚。柴油机，他耳朵一听，就知道毛病在哪里。15岁，他学会了拆装机器，什么电影放映机，什么农机发动机，他都能拆拆装装。17岁，他又学会改装机器，让机器升级换代。村办工厂的编织机就是在他手下，从第一代升级为第二代。

吴宝国对发明和革新达到忘命的程度。一旦进入设计角色，就好像进入空灵状态，通宵达旦，冥思苦想，连短暂打个盹都在思考问题。

行家们说，削笔器有两大关键难题。一是扭力要小，二是自动进料。但是一直没人解决好。为了攻下这两大关键，吴国宝废寝忘食，一次又一次改进，从2015年起，整整耗费了3年时间。

为了扭力小，转动轻巧，他一次次改进设计，改进结构，反复探寻最佳手感。他一个人在小小削笔器上试手感，前前后后花了3个月，削掉了好几大箱铅笔。直到感觉好了，才最后确定下来。

为了自动进笔，吴宝国有4个月没有睡好觉，仍然找不到头绪。那天，他在江海路上散步，看到一辆大平板车装着4个大阀门，每个直径达1米，足有几吨重，却通过蜗杆蜗轮联动，轻松完成转动。看到这番情景，灵感一下子来了，立马画出了平面图纸。为了进一步精确计算蜗杆与蜗轮的配比，他又特地请来上海交通大学机械专业博士储国平及他的团队，帮助解决齿轮配比问题。他们为了摸清空间效果，专门做了三维动态演绎，反复模拟实效，先后改了5次，才最后确定下数据配比。储博士十分感慨："没想到这么个小东西，居然也这么麻烦。"

很多人说：吴宝国搞革新简直"疯"了。正是如痴如迷，锲而不舍，才让削笔器这样的小商品也成就为一流精品。

技术领先广结缘

削笔器这种文具，进入中国虽然已有 30 个年头，但是，若论最简单最实用，还数"梦宫坊"。

经过持续开发，不断改进，力求每个细节达到极致，"梦宫坊"削笔器身上竟然凝聚了 10 多项专利，其中包括 1 项发明专利，7 项实用新型专利，4 项外观专利。

诸如永不断芯、自动停止、转动轻巧等一系列特点，为别的品牌所做不到。"梦宫坊"不仅仅是削笔器，更是精密机械、工艺精品、馈赠礼品。2018 年"梦宫坊"参加了中国文具大赏，在 1 000 多个推荐产品中脱颖而出，获得了第 4 名的好成绩，也是前 10 名中唯一的削笔器；也是在这一年，"梦宫坊"又在上海科技创新大赛中获奖。2019 年，吴宝国的上海翰书实业有限公司被上海市人民政府授予"高新技术企业"称号。

面对国内外众多品牌的合作意向，吴宝国考虑得更多。他觉得，这既是一份荣幸，更是一份责任。与名牌合作，只能为之增光添彩，而不能让其玷污受损。因此，必须好之又好，精之又精。于是他又开始对削笔器各个细部的改进，直到自己认为满意了，才肯正式签约。而此时又过去了好几个月。几经改进的产品，让合作方一次次感到惊艳和惊喜。

三部曲的第三部

在铅笔延长器、削笔器相继成功之后，吴宝国又有了新的创意。他的文创产业三部曲，在唱响两部之后，又延伸到了第三部。

在陈列室里，我们见到了一座高耸的原子结构的模型。"这是什么?”“这是石墨烯的原子结构造型”。吴总告诉我们，这座造型可是诞生在石墨烯原子结构正式公布之前。真可谓创意奇特，不约而同。

做这个模型干什么？原来这是一项创新的智力玩具。整个模型的结构件，仅是一个个同样形状和尺寸的有孔圆球和连接杆两种部件。但是，却可以在指引图的启示下，放飞想象，任意连接，做成各种立体造型，诸如小狗、小猫、小马等等。既适合少年儿童玩乐，也适合成年人拼装，更适合老年人动手动脑，克服痴呆症的侵扰，适应面广得很。

目前，这项智力玩具已经拿到了国家专利，一旦成批生产投放市场，恐怕又会引来一波又一波的巨大回响。而有眼光的众多投资者已经瞄准了这套智力玩具，纷纷表示了投资意向。而吴宝国还舍不得把又一个宝贝女儿就这么轻易地嫁出去呢。

发明的灵感还在不断萌发。吴宝国手头有一本厚厚的发明手册，里面有更多的发明蓝图。光是一项海浪发电装置，已足以让我们赞叹不已。吴宝国的脑袋简直是一台永不停息、不断创意创新的永动机。

从吴宝国和他的削笔器，我们见识了什么叫做“小产品，大功夫”，什么叫做细分市场的“隐形冠军”。产品不分大小，只要专注，只要执着，只要持续创新，就能够在某个特定领域里独占鳌头，独领风骚。

在全面实现社会主义现代化的征途中，我们热切期望更多的中小企业，志存高远，扎实巧干，走精品之道，在各自的领域里创造出更多的奇绩，涌现出更多的“隐形冠军”和“小巨人”。

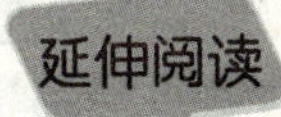

翰书实业：创新产品广受欢迎

翰书实业的"梦宫坊"削笔器面世之后广受欢迎，国内文具界的几大巨头纷纷下达大额订单，或是发出合作意向；淘宝网早已展开销售；国外知名品牌也纷纷希望定牌加工。出口市场已扩展到20余个国家和地区，国内市场也有150家代理商。2020年总销量比上年增长一倍左右。

青杉长青　铸就辉煌

对美好生活的追求、城市化的大潮，强劲催动着室内装饰行业成为一个发展迅猛的行业。同时室内装饰行业也日渐成为一个竞争激烈的行业。如果没有一身真本事，而想闯荡这个行业并且牢牢站住脚跟，那可不是一件容易的事；而如果要在群雄纷争之中脱颖而出、跻身前列、铸就品牌辉煌，那就更是难上加难了。

然而，我们眼前就有这样一家室内装饰企业，创办 15 年来一步一个脚印，先后荣获“全国家居装饰优秀单位”“中国国际室内设计双年展银奖”“格罗宁根黑马奖”“全国优秀设计机构”“全国室内设计大赛银奖”“全国室内装饰优秀工程奖”等一系列荣誉。即使在竞争相当激烈的今天，每个月仍签有室内装饰项目合同 80～100 单；同时进行设计和施工的项目达到数百项，年度营业收入突破 1 亿元。这家出色的企业就是上海青杉建筑装潢设计有限公司（以下简称“青杉装饰”）。

成功的奥秘在哪里呢？公司董事长、总经理兼设计总监朱结合一一解答了我们的疑惑。

科学流程

室内装饰谁做主？业主，还是装饰公司？都不是！

那是谁？

是业主和装饰公司的充分沟通和互动！

装修一套房子本来就不容易，毫无经验的业主还要在设计、选材、施工、服务以及价格等等各种漩涡中打转，费心费力，且不得要领，而装饰公司凭以往经验，一意孤行，又往往对不上、对不准业主的胃口。于是，二者之间常常出现矛盾。

沟通和互动，正是青杉装饰的一大法宝。青杉装饰确定室内装饰项目有一套科学流程，并且把它编成了琅琅上口的三字经：

知需求，沟通好；解房型，构思巧。理念新，设计妙；重人性，便是宝。个性强，显独到；风格化，和谐靠。遵守册，图成套；规文件，守线号。预算实，审三稿；详交底，作品傲。

朱结合告诉我们：一个项目一旦有了意向，公司客服部门就会与业主沟通，确定上门量房的时间和地点。之后，公司设计师就会如期赴约，带好公司相关资料和案例，与业主充分沟通，了解业主的各种想法和功能性需求，也推介公司，并考察房型进行量房作业。随后，公司会在3—5天内形成装饰提案，再次与业主沟通，并对提案作必要调整，同时签署设计合同。1周到10天后，再次与业主见面，提供设计图和效果图，在沟通和调整并得到确定之后，才确定报价。然后再出施工图，与业主签署施工合同。整个流程是"八对一"，也就是公司先后有8个部门参与其中，从而与业主达成完备的装饰方案和施工安排。

整个流程体现了真诚、沟通、互信、协同。如此细致周全，还怕不会走向成功？

金钻工程

对于业主来说，室内装饰虽不求一劳永逸，却也希望十年八年平安无忧。品质至上，是业主们的关心点。

那么，品质应当达到什么标准呢？

青杉装饰尊重行业标准，但又不拘泥于行业标准。青杉有自己的标准，这是远远高于国内行业标准的金钻工程标准。

金钻工程，源于欧洲先进的施工和管理理念，包括工艺质量保障系统、材料质量保障系统、环境质量保障系统和管理质量保障系统 4 个有机模块，专注于整个施工过程的系统化，是目前国际上最新和最具系统性的家庭装修施工和管理标准。

通俗一点说，就是对工艺、材料、环境、管理实施全方位、一体化的高标准。

从金钻工程出发，青杉装饰精心挑选战略合作伙伴，与中外著名品牌为伍。比如涂料选用 PPG 大师涂料、丹麦福乐阁涂料，胶水选用汉高和熊猫，水管选用全进口皮尔萨、伟星、天力，阀门选用菲斯特三角阀，地砖采用亚细亚、东鹏、意利宝等，地板选用菲林格尔、久盛、徐家，橱柜选用皮阿诺、耀新，洁具选用科勒、恒洁、澳斯曼，厨电选用老板、方太、林内，等等。青杉装饰正是以高品质的材料、构件、电器、洁具来保证装饰工程的高品质。

从金钻工程出发，青杉装饰实行统一的施工管理规范，做到“整理、整顿、清扫、清洁、素养、安全”。诸如进场后先弹线放样避免预算内少算漏算；张贴进度表，严格按进度施工；对施工现场原有设施包括楼道公共部位、门厅、进户门、窗户、下水管口、阳台移动轨道、煤气表等采取切实保护措施；水管安装和线盒安装时都有必要装置固定；按标识区域分类摆放材料，保证场地干净整齐，等等。同时，公司由工程部经理及各区域监理组成考核团队，每周两次不定时抽查在建工地，在第一时间发现问题并及时整改。每个阶段工程完成后及时反馈给业主，由业主验收之后方可进行下阶段的工程。步步为营、环环紧扣。

从金钻工程出发，青杉装饰严格实施材料监控。所用材料都经过精挑细选，不光选用名牌，还必须是该品牌里的最高等级产品。如果还不能达到公司对品质的要求，公司就会委托工厂定制生产，比如“分色线管”“蓝色防水”等。使用分色工艺之后，业主可以通过颜色轻松识别不同色管的不同功能。比如红色管是强电，蓝色管是照明，橙色管是弱电，绿色管是上水，白色管是下水。这为维护保养提供了方便。在需要防水的卫生间地坪等部位采用蓝色防水涂层。浅蓝是一级防水，中蓝是二级防水，深蓝是三级防水。因为有色，所以在严苛的 24 小时渗漏试验中能够实施更直观的监测，力求万无一失。

从金钻工程出发，青杉装饰实施 VIP 服务。业主可以由公司提供的账号登陆 ERF 系统，享受公司提供的 VIP 客户服务系统。通过这个系统，业主可以提前知道施工期间专用的客服人员、施工人员和质量管理员，可以一目了然掌握施工进度表，及时通过工地照片了解最新进度，还可以与客服人员互动对话，查询工地现场施工情况。

青杉装饰承诺每个项目完工之后，3 年内保修，而隐蔽工程则保障 10 年。正因为实施了金钻工程，才有了这股子底气。

精装套餐

一个满意舒适的室内环境可以对今后10年20年的生活带来积极的正能量。

正是出于这一点，青杉装饰有了强烈的社会责任感，尽心尽力为客户设计和装饰今天，让客户走向美好的明天。

其中一招便是提供完备而且完美的精装套餐服务。

这种套餐体现了“一条龙”服务的思想，包设计、包材料、包施工，让欲装修的业主们避免了原本不必要的四处奔波和数不尽的烦恼。

套餐实施明码标价，分别有“998豪华智能精装套餐”“1698奢华精装套餐”等多种。这是什么意思呢？原来“998”也好，“1698”也好，指的都是每一个平方米精装的均价。多种套餐，丰俭自便，业主们尽可以自己做主挑选。

套餐不仅明码，而且“明物”。以最受欢迎的“998”为例，明确规定选用一线建材品牌，环保、省心、无异味，采用进口涂料、地板、水管。水电等隐蔽工程做到冷热水管和强弱电电线的开槽铺设，电源插位（含网线电话线接口）两房达50个、三房达70个，地板先做好地面找平，墙面和室顶采用油漆，卧室采用木门、木套。如此等等，一一列明，便于对照检查。

除此之外，凡签约的业主，立即可以获得额外的由青杉装饰赠予的价值上万元的全屋智能系统，享受健康、科技、舒适的品质生活。

为了让套餐生动化，依着“先体验，后定案”的思路，青杉装饰特地创建了面积广达2 000平方米的“青杉家居生活体验馆”。

"体验馆"陈列的各种套餐样式，把分别会采用的各种材料、配件和器具，包括明显工程和隐蔽工程都直观显示出来。客户们可以一览无余，仔细观摩、比较、掂量、挑选。

"体验馆"内建有6个不同风格的主题装饰实景，分别有新中式、美式、北欧、现代、工业风等。业主们可以根据自己向往的个性风格选取心仪的主题样式。

"体验馆"内依次设有卧房、书房、客厅、浴卫、厨房等多种生活实景，还有配伍成套的二房一厅一卫等。这让业主们身临其境，充分感受装饰工程完成后的环境、便利的功能和生活情趣。

朱结合告诉我们，现在上海每10户装修业主中就有3户选择了整装套餐。

意外之喜

除了室内装饰，业主们尤其是年轻的业主们还会有哪些意外之喜呢？

10年后的某一天，您忽然会接到一个电话，这是青杉装饰打来的。电话中提醒您：您的室内装饰已有10年了，有些易损的接配件需要检查一下了，是否需要维护或者更换。这真会让您有点喜出望外。这是因为青杉装饰早已为您建立了一套装修档案，能对您作适时提醒。只要是青杉装饰接单的项目，每一项都建立了档案，并且会在公司档案室保存10年甚至更长时间。这对维护保养、维修更新，以及追溯问责都提供了可靠依据。如今这类档案已经存有上万件，并且有人专责保管，专责从事"10年提醒"。

用明天的钱，圆今天的梦！这可不是梦，而是真真切切的现实。青杉装饰与中国建设银行建立战略合作关系，特别推出"龙卡信用卡定制精装”分期付款产品，额度高达100万元，且不占用您的正常信用额度，无抵押、零手续费，不需要繁琐的手续。这有效缓解了业主们贷款买房之后装修新家、购买建材、置买家具时的资金压力。

分期付款可以分成6期、12期、24期、36期，用较少的钱提前享受温馨的家园，何乐而不为。使用分期付款并不影响业主们以同样商品、同样价格同样享受青杉装饰的各项优惠。

甚至您还能从青杉装饰获得免息的装修贷款，以解燃眉之急。这种免息贷款是建立在青杉装饰的信用之上的。青杉装饰用自己的信誉为业主们分担了难言之忧。

处处真情

青杉装饰最感人之处还是在整个装饰过程中处处所浸润的“以人为本”。

他们深知，所有装饰工程最终是让人来居住和使用的，因此，人的安全、健康、便利、舒适、欢快才是室内装饰的最终目标。

如何做到这一点呢？靠的是有心、有意、有劲，于细节之处见真情。

水的安全至关重要。于是，供水管道一律采用纳米抗菌管。这是在普通PPR水管内壁覆上一层无机抗菌剂保护层的特种水管，能够持续释放活性金属离子，有效消除水中病菌，保护家里的每一滴水。

电的安全，性命交关。于是，家用强电包括开关、插座、灯座等点位的布线、电线、连接方式一律采用接线端子，取代了传统的缠胶布、点锡等方式。接线端子安全性能强，且使用寿命长，可确保家庭用电的安全。

防火防燃，生死相关。于是，室内电线一律采用无卤阻燃电线。这是电线领域的革新产品，绝缘层耐温性能更加出色，即使在燃烧的情况下也不会释放含卤气体，且烟雾浓度低，能有效保障居住者的安全。

隔墙静音，舒适攸关。不承重的内墙被称为隔墙。如何处置隔墙，一直是个矛盾：若要减少对楼板层的荷载，隔墙自身质量就得小；而如果隔墙厚度较薄，隔音效果又较差。青杉装饰有针对性地采用了隔墙静音工艺，有效地解决了这对矛盾。

弱电干扰，备添烦恼。家中的网线、电话线和电视线，在信号传输中极易受到电磁波的干扰而产生数据丢失或者掉线的问题。于是，青杉装饰采用抗磁性较强的锡箔纸将弱电线路密封起来，形成一个独立的传输空间，有效减少了电磁干扰。

拼接开裂，隐患暗藏。房间顶部往往用吊顶装饰。吊顶具有保温、隔热、隔音、吸声等功能，也是线路、管道和通信、防火、报警等设施的隐蔽层。可是，吊顶也容易在接缝处开裂。于是，青杉装饰采用底板托侧板和7型板拼接这两项工艺，最大限度地减少了接缝重叠处开裂的弊端。

就这样，把居住者的安危放在心上，处处留意，常常改进，让青杉装饰成为放心装饰、安心装饰、信心装饰。

平台拓市

流水长流，生意兴隆，项目源源不断，如何才能做到？

青杉装饰除了以一流服务和周全服务赢得信誉、赢得口碑，还拥有自己赖以信任的第三方平台，用以拓展市场、稳定市场。这个平台的发展先后经历了三个阶段。

起初，青杉装饰主要是在线下活动，通过与售楼处、开发商、物业公司的合作，介绍和推介公司特色，依靠人脉，联络感情，招揽生意，虽说也常有项目，却不甚稳定，难免出现“饱一顿，饿一顿”的状况。

2008年以后，青杉装饰开始在线上活动。开始是通过“房天下”等平台，后来又找到“齐家”“土巴兔”这两大平台。由于网络大、传播广、业务量稳定，每个月可以为公司招来大约400单客户；再经过双向选择，最后的签约率在25%左右，也就是每个月有80至100单生意成交。通过线上助力，公司形成了稳定的客源。

然而，靠别人终究还是会有隐忧的。于是，近年来公司又积极建立和发展了自己的平台——公司官网，并且与“今日头条”“抖音”“网易”等热门网站结盟，广为推介公司的经营特色、案例故事、用户反馈、社会影响等等，树立名牌形象，扩大影响力和知名度。经过不懈努力，青杉装饰在竞争激烈、风浪起伏的市场上依然基石稳固、事业有成。

不是结尾

青杉装饰的事业如此出色，凭的是什么？凭的是拥有一支出色的人才团队，这是最重要的事业保障。

朱结合告诉我们：目前青杉装饰拥有60位设计师，经验丰富、观念新潮，完全可以承担繁忙的各具个性的时尚创新的项目设计；拥有60位项目经理，办事老到、熟知标准、调度有力、组织高效，能保证上百个项目分别同时施工、交叉施工；拥有一批经正规培训、技艺娴熟的技术工人，不仅手上功夫好，而且责任心强，具有高度负责的执行力；再加上一批资深专业的管理人员，共同组成了"诚信、敬业、务实、创新"的专业团队。这支专业团队能够胜任从公寓、别墅、商业空间、酒店、学校直至医院等多种多样场所的装潢设计和施工，获得了业主和用户的认可和赞誉。

面对成绩，依然清醒。朱结合说：青杉装饰的路还很长，还有很多事情要做。我们还将建设更大的体验馆，让"先体验，后定案"成为惯例。我们还将拥有更多更强的战略合作伙伴，共同建设好温馨美好的家园。我们还将在精装套餐中引入更多的智能元素，让家居生活更加称心满意、吉祥如意。

是的，我们相信：青杉装饰可以做到，也一定能够做到。青杉必长青，所铸定辉煌！

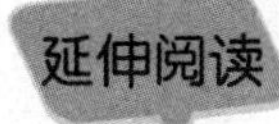

青杉装饰：达成战略合作

青杉装饰与红星美凯龙设计云达成战略合作，2020 年 4 月 22 日有关签约仪式在上海举行。从设计端出发，实现硬装与软装的协同，为客户量身定制完整的家装解决方案，是两家公司共同的目标。通过全方位深度合作，携手开启家装消费升级新篇章。

第四编

服务亦王：

「后勤兵」幕后英雄

用心传承的“玩具王”

记上海玩具进出口公司董事长王培光

王培光姓王，又做玩具，事业弄得红红火火，于是人们戏称他为“玩具王”。可是，王培光却说：我不是什么“王”，我只是一介农夫。在玩具这块欢乐天地里，不辞辛劳，卖力耕作，春播希望，夏洒心血，秋收硕果，冬有所藏。玩具与我难分难舍，我的一生都奉献给了玩具事业。

此话一点不假。望着这位壮实憨厚，一张口就笑嘻嘻的中年人，听着他那伴着爽朗笑声的生动描述，我们禁不住连连点头。

是的，在王培光董事长的带领下，这些年来，上海玩具进出口有限公司（以下简称“玩具公司”）屡创佳绩，给人惊喜。

基层做起的领头人

1984年，刚满19周岁的王培光进入玩具公司。他告诉我们，他是从最基层做起的。企管办、企财科、工会、下属房产公司等多个部门或子公司都做过。耳濡目染，加上亲力亲为，因此，在外贸进出口、内销、物业管理和基础建设等方面都积累了宝贵的业务经验。因为久经风雨，历经磨炼，所以什么艰难困苦，都习以为常，还真难不住他。

玩具公司的前身是成立于1965年的上海市儿童玩具工业公司。

改革开放初期的1980年元旦，该公司成为首批试点改制为工贸合一的进出口企业。1997年7月，为推进现代企业制度，变更为有限责任公司，下辖19家企业。2004年，公司从原来隶属上海轻工控股集团公司归口到金山区国资委。公司实施“一体两翼”的发展战略，以进出口贸易为主体，以内贸和物业为两翼。王培光先是任总经理，后来又接任董事长。

最近三年，在王培光的带领下，玩具公司连跨三大步。2017年完成进出口总额1.31亿美元，创出近年新高。2018年，进出口总额又达到1.82亿美元，大幅增长38.8%。2019年，克服中美贸易摩擦的影响，进出口总额再攀高峰，达到1.95亿美元。与此同时，内贸和物业收入也有不俗的增长。2019年营业总收入达到16亿元，同比增长28%。

三年三大步，如此骄人的业绩是怎么做到的。王培光说：这是因为紧紧抓住了“一带一路”的战略发展机遇，顺应潮流，调整结构，不断增大对沿线国家的出口业务，在对外贸易总额持续增长的情况下，对美贸易份额的比重则不断下降，从而降低了对美贸易的不确定性风险，增强了对外贸易的主动权。

与此同时，在企业内部重点发挥公司的综合优势，通过不断加强服务型企业建设，提升服务素质，取得更多客户的信任。公司及时分析趋势，调整工作部署，在产品设计、产品质量、成本核算等方面挖掘潜力。经过种种努力，有效抵御了外部不利环境对于进出口业务的冲击，促进外贸业绩的稳定和提升。

尤其是通过企业内部改革，把机制搞活，形成你追我赶、争创佳绩的氛围。公司外贸板块下设八个商品部，每个部各有特长，术有专攻。比如：一部以服务取胜，巧妙抓住美国贸易战分步加税的空间，利用时间差，实现对美出口的稳定；二部依托毛绒玩具在广交会的持续展出，促进公司自营产品的稳步增长；五部开发了家居用品、医用材料的代理业务，扩大了饰品等自营商品的业务量，实现总体平稳；六部主动出击，确保了大客户的稳定，年出口额稳定在3 000万元以上。尤其是新组建的八部更是积极开拓，持续引进新客户新业务，促使出口额持续上升。王培光自豪地说，这八个部好比"天龙八部，个个得力"，又好比"八仙过海，各显神通"。

稳扎稳打的当家人

回首难忘的2020年，每人头上都有一顶小乌云。疫情之下，贸易战中，天色暗淡，既宅又难。而王培光这位"老农夫"，且不说有望天测月之本事，却也有经风雨而不变色、灵活应对之能力。

当新冠肺炎疫情刚起之时，他便意识到又一场考验已经来临，随即采取了一系列措施，打了一套"组合拳"。

一是守住球门，杜绝传播。公司高度重视疫情的防控，深入贯彻落实上级要求，切实落实各项防控措施。包括认真做好有关防疫宣传和动员，让全体员工知道并理解，以及自觉遵守和执行；建立防疫责任制，层层落实责任主体；公司建立每日疫情报告制度、工作场所定期消毒制度、物业出入口检测制度等，使得防疫有效，复工无忧。公司还针对物业管理，实行联防联控制度，走访排查物业租赁户，实施严格而有效的防疫消毒。由于措施得力，迄今为止，公司本部及下属企业与各租赁户没有发生一例确诊病例或疑似病例。

二是疏通关节，稳住出口。2020年上半年因疫情影响，公司进出口业务出现了近 10 年来的首次下跌。二三月间，供应商普遍停工停产。四五月，因国外疫情全面爆发，出口订单又有所停顿。对此，公司针对外贸各个环节，采取了一系列应对措施。包括积极与供应商沟通，确认复产和发货最新计划和进度，确保供货，履行合同；核实并协调运输情况，确保出货运输效率，避免延迟交货；与供销两端客户相衔接，尽可能降低海外买方转移订单的风险，保证后续正常，全面复产。此外，还积极争取新客户和新订单。正是勇于应对，主动出击，有效控制了外贸下滑的不利影响，并在下半年开始出现明显回升。

三是催账回笼，掌控资金。在千方百计稳住出口的同时，公司加大资金回笼的力度。跟踪盯紧货款，按约如期回收；对于其他各类资金也积极催讨催收，把资金牢牢掌控在自己手上。王培光说："手里有钱，心里不慌。想干什么，能干什么。"正是因为收拢五指握紧资金，公司的现金流量保持了流畅和充沛，为调整结构、应对巨变提供了大量储备资金。

两个循环的践行人

"加快形成以国内大循环为主体，国内国际双循环相互促进的新发展格局"。王培光深有感触地说：中央的这个战略决策说到了我们的心坎里。

这几年，玩具公司正是在这样实践。虽说长期以来对外贸易一直是公司的主体产业，但是公司清楚地看到国内市场发展前景远大。只有外贸和内销同时并举，携手发展，才能保证左右逢源，立于不败之地。面对空前未有之大变局，公司加大了扩大内销的力度。

顺应国内消费结构升级优化的趋势，公司持续开发优质供应商，开拓新的品牌授权经营，稳步推进玩具品牌的区域代理运营，先后取得了宝尔德、海绵宝宝等品牌在上海的代理权，推进了与新联纺的业务合作，并建立更深层次战略合作关系。

凭借在玩具行业的多年经验和市场敏感度，王培光对公司前几年开发的“好玩聚”品牌和“好玩聚”连锁店，在新的形势下，进行了“有退有进”的必要调整。对经营不佳的门店坚决撤除，同时通过深入调研，细致谋划，确定新的发展重点。他对每一家“好玩聚”连锁店的选址、设计、装修，都亲力亲为，严格把关，力求把每一处细节都做到尽善尽美，树立良好的品牌形象；同时对每家门店的经营方针也给予直接指导和经常性的检讨反馈，力求单店的营业额和盈利有新的突破。

在线下调整与拓展的同时，线上的出击也日见活跃；线下线上加强合作，加强品牌推广和全方位市场营销。2019 年，“好玩聚”开设了奥地利知名品牌 SCOOT AND RIDE 授权的滑板车天猫旗舰店；与新联纺合作经营天猫专营店，由多家品牌供应商授权运作。2020 年，“好玩聚”又从原先单纯的批销业务转变为线上主流渠道的直营业务，先后开设了“好玩聚”京东直营、天猫超市、天猫国际、淘宝淘 C 店和考拉海购店等一批网店。而在分销业务方面继续开拓与知名品牌的代理合作，经营了为数众多的母婴用品类快销品品牌，其中有康贝、宝儿德、安全座椅 Concord，以及进口玩具 Scootride 等。

功夫不负有心人。2020 年，玩具公司内销迈出了一大步。上半年内销营业额同比增长 30%以上；下半年势头更劲，全年预计同比增长 50%左右。

博物传承的建设人

王培光说：做玩具就得有童心，一颗童真的心。抱诚守真，不忘初心。明白来自哪里，开往何处。

为了传承近代玩具产业百年发展史，王培光提出建立玩具博物馆的构想，并且于 2013 年开始相关的筹建工作。通过深入实际调查研究，多方实地考察学习，他形成了一整套思路，并全身心投入从方案设计、展品收集、分类整理、施工装修，一直到建立数据库等一系列工作。2015 年，在凉城路“1315 创意园”，上海金属玩具博物馆正式成立了。馆内珍藏和陈列展示着各个年代具有代表性的各类玩具以及影像资料共 1.2 万余件，系统详尽地阐述了中国近代玩具业的百年发展史。博物馆成立五年来，共接待观众近 20 万人次，并被市科委列为上海市科普基地。

走近博物馆，迎面就是小熊拍照和巨大的彩虹拱门，热情迎接各方来宾。门侧是光屏投影，与人互动，带来乐趣和一阵阵笑声。馆内展陈方式丰富多彩，既有常规类的陈列展示，也有多媒体科技的生动视频。既可以观赏，又可以互动体验，还可以演示和教学。博物馆分为火车区、帆船区和城堡区三大展区，分别展示了上海玩具发展沿革、国外知名玩具和互动玩具。馆内还设有一座 5D 影院，生动立体地演绎玩具，讲述故事。

博物馆总体设计处处考虑少年儿童的特点，色彩艳丽，充满童趣，展台都以卡通造型；无论是展台还是视频，其高度与视角都与少儿体型特征相吻合。尤其是从少儿观众安全着想，馆内地面一律采用胶装地皮，而展柜边框也包裹了海绵。

博物馆的内容每年都有新的变动，不断增加新的项目。王培光说，一是要突出传统，讲述历史，传承精神；二是要增加趣味和互动，予人启迪。近两年，博物馆新增了康元玩具发展史，弘扬着浓浓的爱国主义精神和艰苦创业精神。完成了乐高玩具的互动区域改造，有助于智力竞技。还在博物馆的基础上建立了上海玩具研发设计中心，促进玩具新品类开发。博物馆正在成为融产业提升、科普教育和亲子互动娱乐为一体的新型综合体。

博物馆是精彩的。然而更精彩的是，她有魂。这魂就是传承百年玩具发展文化，继往开来，开拓创新。

心动未来的谋划人

金山是个好地方，人杰地灵。虽然地处上海边远，却因为玩具公司归属金山区国资委，所以家住上海市区的王培光，把金山当作自己的第二个家。每到节假日，他常常会带着家人，到金山走一走，看一看。他关心金山的每一项新发展，不仅深入调研，建言献策，还积极投身其中，他要把金山作为玩具公司再出发的一个新基地。

结合“十四五”规划的编制和施行，王培光把玩具公司一些重大项目放到了金山。从2020下半年起，他带领团队在金山干了两件大事。

一是对上海中检集团理化检测有限公司再增资。根据预定方案，中检理化检测有限公司拟增资2 800万元，利用环境检测技术的先发优势，建设金山实验基地，拉动检测行业上下游产业规模，提升检测实力和社会服务能力。按股权比例，玩具公司将相应投资840万元。预期随着中检理化检测有限公司的发展，以及正紧锣密鼓筹备中的股票上市，玩具公司也可以水涨船高，获得可观的资产升值和投资收益。

二是积极参与金山区上海乐高乐园度假区平台公司的出资工作。玩具公司将根据有关的工作方案，对平台公司——金山城投集团下属上海国屹投资管理有限公司出资 2 500 万元，按计划进度分三年陆续到位。完成这项投资将有助于公司融入乐高乐园项目，借助国际一流玩具企业的实力，提升自身产业链价值，实现突破性发展。

更为详尽全面的“十四五”发展规划，也已经拟就蓝图。从战略发展目标、产业布局到推进混合所有制改革、加快园区改造升级、加快研发中心建设等等，一应俱全。王培光心系明天，胸有成竹，带领玩具公司去开创更加靓丽的业绩。

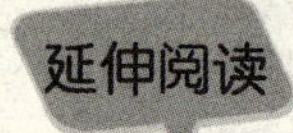

上海金属玩具博物馆见闻

欣闻上海金属玩具博物馆即将面向社会正式开放，笔者兴冲冲前去观瞻，图个先睹为快。

博物馆坐落在凉城路 1315 创意园区内，坐上观光电梯，直达四楼，便到了。馆门口迎面就是一只憨态可掬的小熊拍照，这一巨大玩具在彩虹般拱门的映衬下，显得特别招人喜爱。还未进馆，人们就争先与小熊合影。

馆门的右手边是一帧巨幅的互动显示屏。你只要在屏前指定位置往下一蹲，再站立起来，显示屏上就会出现套上大头玩具的你；如有兴趣再蹲下站起，就又换了一种大头玩具。一会儿是孙悟空，一会儿又变大熊猫；一会儿是小三毛，一会儿又是大花脸：据说共有十种之多。当见到形象大变、多变的自己，每个人不禁哈哈大笑。

这真是：未进馆门，已经先声夺人，惹起人们对于玩具世界的无限遐想。

精心构思　精心布局

金属玩具博物馆分为荣誉篇、名录篇、百年史篇、欢迎篇等多个部分。可是，笔者从观众的视角，却有另外一番观感。

进馆后，左侧一条长廊，展示的是一条长长的五彩的儿童列车。陪同参观的王培光总经理介绍说，这条列车共有四节车厢，每节车厢分别介绍了金属玩具的四大类别：静止玩具、电动玩具、惯性玩具、发条玩具等，让观众从总体上了解金属玩具的全貌。在这里，我们见到了上下运行自如的第一台万吨水压机，以及第一艘万吨轮船、第一艘宇宙飞船……，这简直见证了中国现代工业的发展史。在这里，我们还见到了目前存世稀少的五彩巨龙、恐龙等机械玩具，见到了人见人爱的母鸡下蛋、小熊拍照等童趣玩具。每个视窗前的透明屏，是与IBM合作的，可以点击出各种玩具的详细介绍，包括诞生年代、制造厂家、玩具名称及性能特点等。

与之相对应，馆右侧一条长廊，陈列的是两艘白帆高耸、扬帆起航的巨型帆船。船上各个展示窗陈列了各种人偶、玩具造型的机动玩具。真好似各个民族携手共进、人与自然和谐相处，奔向灿烂的前程。这类玩具既有国产的，还有进口的，密密集集，济济一堂，很有借鉴意义。

馆中间的高台上，汇集了各种玩具交通工具，包括高仿真的锌合金玩具。在一座巨型模型中，机动列车能够在上下盘旋的轨道上自如运行，穿越桥梁、隧道与各种建筑物，呼啸前行。而飞机、汽车、船舶、马车等各式交通工具，分门别类，分别在一个个大玻璃柜内集中展示，给人以壮观强烈的视觉冲击。

互动娱乐　寓教于乐

既然是玩具博物馆，就不仅要让人看，也要让人玩。为此，馆内专门设立了好几间儿童玩具互动活动室。在一个橱窗前，笔者停下了脚步：里面陈设了左右两只生动的鸡啄米玩具，可以供两个小朋友比赛，看谁更能干，能够在规定时间内，操纵自己的小鸡去啄更多的米。比赛过后，显示屏上会跳出数字，一比高下。

在博物馆的重要位置，展示的是百年玩具史。通过一幅幅镶嵌在彩色墙面上的大视屏，观众们可以知晓，原来上海金属玩具已有上百年历史。追溯到 1910 年，上海就有了中国第一家玩具厂。1922 年，上海康元制罐厂利用制罐多余的边角余料制成静止的或惯性的玩具汽车，上发条的跳鸡、跳狗、跳蛙等小玩具。这就是上海金属玩具的起始。

而随着时代变迁、社会进步，玩具也逐渐成为一个庞大产业，门类众多，新品迭出。这既反映了国家的工业化水平，也集聚了众多设计师的智慧和创意。

是的，博物馆没有忘记为上海玩具事业发展而默默工作的众多玩具设计师。在串联互动活动室之间的长长走廊上，共有 20 多个视窗，分别展示了 20 多位设计师的图片和事迹。观众只要点击一下，每个视窗的荧屏就会生动地演示起来。

王培光总经理告诉笔者，博物馆下一步还将设立玩具体验区、航模活动区、玩具制作区和售品部等，更加丰富多彩。我们的愿望是让少年儿童在玩乐中收获德、智、体、美的全面发展，同时，也把上海玩具的文化、创意设计传承下去。

我不由想道：当孩子们在这个金属玩具的大世界里，嬉笑玩耍，寓教于乐，放飞想象的翅膀，那又是一幅多么感人动容的场景啊！这对于他们的健康成长又将是何等有益！

广为收集　精心安排

金属玩具博物馆的筹建，历时两年有余。可谓精心设计，精心安排，花费了大量精力、财力、物力。

博物馆现有三千余种展品，除了一部分是库存的之外，大量的是因为专供出口的，所以得千方百计凭着当年的出口线索，再从国外找回来，是名副其实的"海归"。筹建者们分别采用各种途径，从美国、德国、西班牙、荷兰、阿根廷等数十个国家将上海玩具再重新找寻、购买回来，据不完全统计，前后花了近300万元。

特别是一些公司员工利用出访、参展的机会，到国外的角角落落，甚至古董店、小商品市场，买回久已流失的上海玩具。寻觅固然不易，带回上海更不易。多次因随身携带而遭到多国海关开箱检查，作了很多解释才得以放行。

为了全面生动地展示上海制金属玩具，博物馆的总体构思设计，就集思广益，几易其稿。还与IBM开展技术合作，应用了多媒体变脸、透明屏、体感互动等一系新技术，达到了较好的展示效果。

整个博物馆的装饰、造型，采用新的创意，大量采用玩具元素和童话色彩，在灯光设计上也别具一格。就连几步楼梯、洗手间的设计装潢，也溢满童趣。不仅少年儿童喜欢，连成年人也倍感亲切。

王培光总经理感叹：上海金属玩具因为历经“文革”十年动乱，以及企业调整改组，流失很多，还将再继续大力收寻，同时，也希望社会各界有识之士鼎力相助。同时，目前的金属玩具博物馆仅仅是一次练兵，以后还要筹建规模更大的玩具综合博物馆，至少有上万种玩具，恒温恒湿，将运用更多更先进的科技，甚至4D电影。新的上海玩具博物馆将更加靓丽精彩！

我们期盼着这一天！

打通两头　纵横驰骋

访光明全球食品集成分销平台

走进中华路55号，这座具有巴洛克风格的上海百年历史老建筑，宽敞明亮的底层是偌大一个展示大厅。丰富齐整的实物展示，蓝色大屏的动感演绎，现场充盈的品尝体验，促膝谈心般的互动交流，让人们切身感受来自全球各地的优质食品，尤其是高品质蛋白质食品的好风味好营养。这里，有南北美洲来的牛肉，有大洋洲来的羊肉，有荷兰来的猪肉，还有来自俄罗斯的禽肉和来自东南亚的水产，等等。

这里，就是光明食品集团旗下THE SMART CHAIN全球食品集成分销平台（以下简称"平台"）。而这一平台的运营主体，是光明食品国际贸易（上海）有限公司（以下简称"光明国贸"）。

战略思考

"平台的成立，是出于一种战略思考和战略自觉，"光明国贸总经理仲红松先生这样告诉我们。

中国肉类消费需求旺盛，猪、牛、羊肉每年需求在6 000万吨以上，但国产肉尚不足以满足国内消费需求，因此每年都会存在几百万吨肉类的进口需求。

中国是全球最大的牛肉进口国，有五个国家贡献了约94%的牛肉输华量。其中巴西以40%成为中国第一大牛肉进口国，第二到第五名依次为阿根廷（23%）、澳大利亚（12%）、乌拉圭（11%）和新西兰（3%）。

肉类及农产品受国际货币、自然气候及政治因素等的影响，尤其是大宗产品价格波动频繁，国内现货期货盘经常出现倒挂现象。受制于资金、资源、渠道等原因，正规做进口肉类的全产业链的头部企业不多。

“如何构建全球食品产业交流合作、健康可持续发展一站式服务平台，是我一直思考的问题。”仲总说。

以智能化管理方式，实现商品流、信息流、资金流、物流“四流”的有机统一，构建 THE SMART CHAIN 光明智慧链体系，形成高质量发展模式，就成为打造平台的方向。

得益于21世纪头10年的发展，对于“一带一路”战略的积极实施，光明食品集团已经在欧洲、大洋洲和中东地区陆续收购了一系列国际知名品牌企业，积累了相当丰富的国际贸易经验，建立了广泛的国际贸易人际关系，从而为大量进口高质量蛋白质创造了有利条件。

天时地利人和，三者俱全。基于战略思考，把握战略时机，2018年11月首届“进博会”期间，光明食品集团召开了 THE SMART CHAIN 全球食品集成分销平台发布会；2019年3月，又在香港召开平台推进会议，商定平台的定位、模式和机制等一系列重要事宜；当年5月，光明国贸公司成立，并确定其为平台的运作主体。2020年1月平台的旗舰店完工并开始运营。

“让中国人吃上更多的优质的高蛋白食品！”这就是平台的宗旨和目标。

择优选购

把控两头，首先是把控进口这一头。

仲红松总经理告诉我们，全球食品集成分销是从光明食品集团海外收购企业、引进优质食品这一路走过来的。因为有了勇敢的"走出去"，才有了精彩的"引进来"。

前些年，抓住全球产业结构调整的时机，光明食品集团及下属企业主动出击，先后收购了新西兰的银蕨牧场（SFF）、新莱特乳业有限公司（SML/Synlait）；加拿大的FCL；西班牙的阿尔博（ALBO）、伊比利亚集成食品有限公司（GM FOOD）；以色列的特鲁瓦（TNUVA）；阿根廷的阿特玛渔业公司（ALTAMARE）；意大利的萨洛夫（SALOV）；法国的迪瓦（DIVA）；澳大利亚的玛纳森；以及我国香港的万安集团，并改制为光明食品全球分销公司。

这些纳入光明食品集团旗下的优质企业及品牌，就成了全球食品集成分销事业的领头羊和拓荒牛。他们让平台的全球采购有了知根知底的依仗，有了随行就市的自信，有了有的放矢的自觉，有了择优选取的成果。

目前，光明全球食品集成分销平台的全球采购来自49家工厂，涉及丹麦、新西兰、俄罗斯、厄瓜多尔、巴西、西班牙、爱尔兰、澳大利亚等14个国家，包括牛、羊、猪、鸡、水产、鹿6个大宗品类。

首先是南美洲的牛肉。那里的生态环境良好、草料肥美丰盛，牛肉品质也不错，极具性价比。

其次是北美，主要是美国的牛肉。那里的牛群吃谷物养大，肉质鲜嫩。

再次是大洋洲和日本的牛肉，主要是和牛和谷饲安格斯牛肉，这是高品质的牛肉。

从欧洲主要采购优质猪肉，分别取自丹麦、荷兰、德国、法国等地。还与丹麦皇冠等知名跨国公司合作，出品联名款产品。

从俄罗斯主要是采购鸡。从东南亚主要是采购海产品。

为了切实保障引进食品的安全，疫情期间所有企业都必须出具“输华食品未被新冠病毒污染”的承诺书。凡疫情严重的国家和地区的相关工厂则实行“友好暂停贸易方案”。

从一份份清单，人们可以清晰看到，高中低端产品皆全，牛羊猪禽水产均有。这些安全的高质量蛋白质食品的大量输入，对于改善中国人民的体质大有益处。

精细行销

一头牛，根据品种和产地的不同，可以分解为几个乃至几百个部位，每个部位的肉质是不同的，各有各的客户。一头猪，也可以分解为不同的部位，可以选配用于不同菜肴和不同做法。至于一头和牛分解得更细，可以分为近 200 个部位……哇！这简直是庖丁解牛，分得如此仔细明白。

光明国贸就是这样细致地工作着。它们一头做好国际采购，另一头做好国内销售。每一个部位每一块肉用于何处，销往哪里，卖价几何，成交多少，都有一本明白账，清清楚楚。

平台研究产品定位、卖点、创新、差异化、应用场景、包装设计、价格体系、渠道选择等等，图的就是“渠道商愿意卖，消费者愿意买”的理想境界。

仲红松总经理告诉我们，目前，平台高蛋白大宗贸易主要是通过批发、加工厂、餐饮三大渠道，对接全国200余家大型专业客户。而光明食品集团境内的自有品牌产品也经过集成分类梳理，一站式对接各类特殊渠道和团购客户，包括了政府机关、金融机构、医疗机构、央企和国企，以及部队等方方面面。

批发、工厂、餐饮和零售渠道的有机结合，实现了四轮驱动、相互补充、多样灵活、不拘一格的渠道策略。

平台同时推出了光明集成优选小程序，让客户们可以更直观、更便捷地了解来自光明的优质产品。也针对多场景消费模式，推出多种应对方案。比如，个性化的礼包选择（推荐优选礼包或者自定义礼包），灵活的配送方式（集中配送或一件配送到家），信息的严格保密（客户可自行在线上进行兑换）等。截至2021年5月底，通过线上小程序已实现10 719单交易。不仅有光明自有品牌产品的交易，还有大宗贸易商品的交易，尽可能把握市场主动权。

而平台旗舰店，则是集展示、体验、沟通、交易和数据信息分析为一体的专业toB场所，主要接待专业买手、经销商和境外高蛋白供应商，为上下游客户全天候开放，提供着种种便利和感动。于是，就有了本文开头的那一幕生动场景。

随着时间的推移，了解的深入，品质的可靠，服务的周全，平台所经销的高蛋白食品受到越来越多的客户的青睐，订单纷至沓来。

实时管控

把控两头，纵横驰骋，足以令人赞叹。但是更令我惊叹的，不是采购之巧妙，不是供应之精准，而是平台的实时监控和实时展示。

平台旗舰店展示大厅，那幅蓝色巨大屏幕上，显示销售总额的数据在不停地跳动。采访当天，我们见到的数据正好是 6 月 1 日下午 2 点 30 分，在经过一番跳跃之后，定格在一个令人振奋的数字上。

仲红松总经理告诉我们，这是平台的实时监控和展示，每成交一单，立即可以通过统计反映出来，精确度以秒来计算。

也就是每一分钟每一秒钟市场的变化，平台立即接受并加以反映，从而达到"了如指掌"的程度。

平台采用了适合自身销售模式的个性化 ERP 系统。这是 Enterrise Resource Planning（企业资源计划）的简称。这是指建立在信息技术基础上，集信息技术与先进管理思想于一身，以系统化的管理思想，为企业员工及决策层提供决策手段的管理平台。

前台大数据的展示是基于后台 ERP 数据的实时抓取。大数据可以准确分析展示平台的上游采购国家、产品品类的占比情况。

大数据可以准确分析和展示餐饮、工厂、批发、零售等各个渠道的成交额和占比。

大数据可以准确分析上海、江苏、浙江等每个地区的成交额和占比。

大数据可以准确分析和展示牛肉、猪肉、水产品等每个产品品类的销售额和占比。甚至可以细到一头猪的每个部位每块肉的成交情况，什么卖得好，而什么卖得不够好；什么货源较充沛，什么货源已告急了；什么货源已入库，而什么还在运输途中，等等。

与此同时，大数据也能准确分析和展示平台交易价格的波动和走势，并与市场行情进行对比，不仅反映现货交易盘，也反映期货交易盘。

所有的数据、统计和分析，都分门别类即时反映。或是通过大图和小图分别展示，或是通过屏面点击，深入到界面底下的又一个界面，细致剖析，最多可以深入到第四层。

而所有这一切数据都是真实的，都是来自第一线的交易实况。

据说，类似这样灵动而且周详细致的平台大数据，目前全国还没有第二家。

后台处理的精确到秒，为正确决策和适时调整提供了可靠又可信的依据。比如发货情况、热销情况、库存情况、在途情况等，都一目了然，可以让光明国贸及早作出准确对策与妥善安排。

不是结尾

平台并未停留在已有成就上面，新的蓝图又在眼前。在光明食品集团及光明国际的领导下，它们要“上控资源，下拓渠道”，进一步放大全球食品集成分销平台的作为和功效。2021 年，全球采购面将扩大到 21 个国家，国内主要的分销客户也将进一步扩展到 12 个省市，销售额也将比 2020 年有一个大幅度增长。

大有作为，大有希望，这就是光明全球食品集成分销平台。从百年历史建筑出发，再创百年新的辉煌，放眼全球，壮我中华！

光明分销平台：亮相进博会

2021 年 11 月 10 日，第四届中国国际进口博展会正式闭幕。光明食品集团携手旗下 The smart Chain 全球食品集成分销平台连续六天的参展也迎来完美落幕。该平台带来了全球超 400 种优质食品，覆盖了肉类、酒类、水产、乳制品、粮油、休闲食品、蔬果等品类，汇聚品质食材、创意烹饪、全球口味，打造了一条“进博会”独一无二的“国际美食街”。

谁持彩练当空舞

记上海新工联（集团）有限公司转型发展

按照中国人的习惯，于1992年创立的上海新工联（集团）有限公司（以下简称"新工联"），今年走进第30个年头。

"30而立"。30年间，新工联华丽转身，实现了三大转变。一是人员，从机关干部转变为企业经营管理者；二是机制，从管理机关转变为企业集团；三是产业，从传统制造业转变为多元化的现代服务业，从而跟上了时代前进的节拍。

而立之年的新工联，将会交出一份怎样的成绩单，又该向何处进发呢？

人们欣喜地见到，"十三五"期间新工联创新转型成果丰硕，取得了令人欣喜的成绩；同时，又以更加宽广的视野和更加聚焦的目光，力求在"十四五"期间形成更具竞争力的核心产业，全力打造成为一个以现代服务业为特色、投资与经营并举的综合型企业集团。

如果把多元化经营的现代服务业比作是炫丽彩虹，那么，新工联就好比是踩着时代节拍、舞动七色彩虹的出色舞者，给人们带来一台又一台曼妙舞剧。

酒店业：转型发展第一步

存量物业，是新工联的潜能所在，也是新工联创新转型的用武之地。转型发展第一步就是从部分存量物业改造成为酒店业起始的。

通过与中国最大酒店集团——锦江集团的合作，新工联对旗下的部分物业进行了再规划、再改造。根据物业的不同特点和不同地段，分别改造成为“锦江之星”经济型酒店，或是“锦江都城”精品酒店，并且严格按照锦江标准进行规范化经营管理。目前，已经开设的5家酒店分布在上海、珠海和青岛三地，分别取得了各有特色的进展。整个酒店板块连续多年创造良好的业绩，成为新工联转型发展的一个亮点。

地处上海云南南路的“锦江之星”，原是新工联旗下的一个办公场所，经过腾挪改造后，成为经济型酒店。因为善于捕捉契机做好经营，所以业绩出色，营业收入屡创新高，在上海同类酒店中多年保持前列。地处珠海九州大道的“锦江之星”，是由员工宿舍改建而成，虽略嫌小巧，却也精致整洁，环境宜人。在不断拓展客源的同时，抓住了节日和展会收益点，取得了较好成绩。地处青岛的酒店因旅游城市特点，淡旺季明显，但通过与旅行社和会展公司的合作，补充酒店客源，也取得不小进步。

地处南京东路外滩地段的“锦江都城外滩经典酒店”，原是集团机关办公楼，经过整体规划和重新设计改造后，巧妙地将外滩风貌特色与中华文化精粹相结合，具有鲜明的海派文化特色；外立面设计与附近的外滩建筑群相协调，浑然一体；在经营服务方面也形成自己的风格，因而受到中外商务嘉宾和中高端客人的欢迎。疫情之前，客房入住率平均在90%以上。开办几年来各项指标一直位居“锦江都城”酒店品牌之首。

“十三五”期间，酒店公司在连年荣获区级“平安旅馆”的基础上，又获得“上海市平安示范单位”称号，实现了经济效益和社会效益的双进步。

园区业：转型发展又一步

改造存量物业，建设增量房产，开发建设新颖而有特色的创意园区，是新工联转型发展的又一步。而挑起这一重担的，有新工联旗下的上海鼎隆置业有限公司等单位。

“上海新联地带”大型园区，是“十三五”期间新工联的一个重点发展项目。园区地处杨浦区临青路，是原上海医药行业下面的一座工厂，占地面积 16 341 平方米。经过规划和改造之后，成为以大健康产业研发为主题的创意园区，具有环境优美、设施齐全、网络发达、布局现代简约等特色，总建筑面积达到 4 万余平方米。2019 年 8 月 15 日完成了园区工程验收备案，继尔开展了整体招商。虽然受到新冠肺炎疫情影响，但入住率仍然达到 75%以上，其中有新华医院儿科基因方面的实验室等。园区成为杨浦区的一个新地标。

与此同时，积极推进创意园区的管理。新工联旗下的庆隆物业公司经过调整转型，从一般民用物业管理转型到主持创意园区管理。通过市场化遴选，聘用优秀的专业人才上岗就职。同时切实为客户提供必要而周全的服务，诸如相关的交接事宜、二次装修的配合和管理、办公和生活服务的配套和完善等，得到了进驻各方的肯定。

天潼路商墅联合办公住宿项目，是另一种新的模式和业态。这是新工联旗下酒店公司的一项杰作。项目由一幢 3 层小楼改建而成，每间居室采用标配，含有互联网宽频和卫浴等设施，既可长租，也可短借。公司正通过市场化运作，取得经验。之后，还会将这种复合型物业模式加以复制和推广。

发展相关物业，不仅在于建，在于管，更在于收。紧紧把握资金回笼这一环，才能够长袖善舞，持续发展。近几年，上海鼎隆置业有限公司通过全力推进湖南长沙“锦天”项目，把握机会成功转让江苏镇江“尚海明苑”项目，以及与浙江湖州南浔达成土地储备补偿协议等一系列举措，分别实现资金回笼到账，为后续发展提供了必要的资金保障。

准金融业：卓有成效再一步

新工联的准金融业曾经涉足典当、资产经营、金融租赁、股权投资等诸多方面。经过反复实践，该上的上，该下的下，大浪淘沙，留下精华。现在，比较突出的有上海新工联资产经营有限公司和上海新工联融资租赁有限公司等几家。

资产经营公司在产权交易市场上相当活跃，既参与资产挂牌竞价项目，也参与国企改制项目，在产权交易、资产重组、体制改革等方面取得出色业绩。“十三五”期间，先后承接了上海市委宣传部属下企业的5个改制项目，参与了中央和地方国资企业的混合所有制改制项目，促成近10个项目通过交易所平台完成改制，既助力企业改革，又实现国有资产保值增值。在资产运作中，公司还提高了自身的经营能力和盈利水平。其中2016年成功完成一家证券有限公司66.67%股权的竞价项目，创下了开业以来的最高收益纪录。因为业绩出色，资产经营公司连续多年获得上海联合产权交易所“十佳优秀会员”称号。2018年一举囊获上海联合产权交易所“服务增资业务能力”第一名等五项荣誉。公司还先后荣获上海市执业经纪人协会颁发的"诚信经纪创建企业""诚信经纪企业"等荣誉，并被评为两星级企业。即使在疫情严峻的2020年，这家公司仍自我加压，不减指标，完成了年初预定的各项任务。

融资租赁公司是一家新型的公司。公司加强与各类所有制企业的合作，探索和完善融资租赁服务工作模式，形成"多对一，一对多"等金融服务样式和"八大闭环式服务流程"，既有力地支持实体经济发展，实现不同类型租赁业务的突破，又保证融资租赁工作的合理和安全。与此同时，不断拓展融资渠道，积极争取股份制银行和城商银行的理解和支持，取得大额授信额度，增强对实体经济融资租赁的实力。2020年，共接洽融资租赁项目42宗，经过科学规范的审核，正式立项16宗，正式放款3宗。这些业务的有序展开，也为今后更健康地展开融资租赁服务积累了宝贵经验。

会展业：崭露头角新一步

现代会展业，是上海作为国际大都市的必备产业。新工联当然不会放过这一展示交流、互动体验、结交友谊、促进发展、合作共赢的平台产业。于是，上海轻工国际展览公司应运而生，并一直活跃在会展舞台上。

"十三五"期间，这家公司先后成功承办了"中国国际（上海）红木文化博览会""中国国际（上海）木文化交流博览会""2018亚太国际珠宝钟表博览会"等重大展会。还利用首届中国国际进口博览会在上海举办的契机，建立"一带一路红木产业国际交流促进平台"，并获得上海市文创基金的肯定和支持。2020年，这家公司又结合"上海新联地带"创意园区的建设，与上海盛盼企业管理公司合作，搭建了“中国工艺美术产业协同融合平台”，该项目也获得了上海市文创办的资金扶持，还被列为上海工艺美术协会三年重点项目之一，并于开建当年成功举办了“CAIP 跨界/艺术/科幻主题展——未来已来”展会，引来了广泛关注。

新工联旗下的惠罗公司，虽是一家商业企业，却也用心增设会展功能。最出名的是以羽绒服装为特色的“羽博会”，至今已经举办了 38 届，成为上海服饰展销的一张名片。“十三五”期间惠罗公司又引进“绣娘丝绸投资（苏州）有限公司”，全方面陈列展示经销苏式丝绸精品和新品，既推广了名牌产品，又提升了自身形象。今后还计划引入其他富有历史底蕴和文化内涵的品牌，将公司打造成为特色鲜明的上海商旅地标。

智能服务业：苗头十足闯一步

从传统服务业走向高新技术的先进服务业，是必然趋势，必经之路。于是，新工联又成了投身科网的弄潮儿。

近年来，新工联相继组建了智慧城市科技有限公司等一批以互联网和物联网为特色的科技服务企业。其中由新工联与中健物联网科技（上海）有限公司共同投资成立的“上海新工联智慧医疗科技有限公司”，注册资金为 1 000 万元。从 2019 年 7 月成立以来，已经先后与中山医院、龙华医院和杨浦区平凉街道医院等多家医院达成并实施了多个有关线上药品采购和配送等内容的合作项目，做到了当年开业当年盈利。投资海通科创深圳有限公司，在港口新能源设备制造方面又前进了一步。

与此同时，传统商贸业等也有了一定发展。即使在贸易战烽烟与疫情冲击的 2020 年，也没有停止前进的脚步。旗下的宝隆公司作为新工联商贸板块的主力军，自实行经营承包后，经营人员的积极性高涨，千方百计拓展业务。一是形成对市场快速反应机制；二是不断扩大业务范围；三是调整业务结构，探索发展毛利高、需求大、要求严的项目。2020 年多次取得防疫物资贸易订单，获得英国政府的长袍采购清单，中标多家酒店宾馆订购项目，新增波士顿龙虾销售项目，并成为今后的长期项目。经过种种努力，宝隆公司全年销售额超原计划 8.57%。

回顾新工联这些年转型发展的全过程，始终离不开党组织的坚强领导，离不开现代企业制度的规范运作，离不开企业文化的着力建设，离不开全体员工的集体奋斗。所有的进步和成就，来自劳动和资本的联合，来自创造性思维和进取性开拓。

然而，一切过往，皆是序章。新工联新一届领导班子十分清醒地看到，相比历史长河的滔滔不绝，对标上海国际大都市的发展定位和发展战略，一切只是起步；展望未来，还有更艰巨的任务在等待着。

新工联的"十四五"规划，集思广益，几经修改，已初步成稿，一幅更加绚丽多彩的蓝图呈现在人们眼前。新工联将通过"补短板，促升级，增后劲，增福祉"，进一步聚焦核心主业，形成核心优势，与上海城市发展定位相匹配，实现可持续的健康发展。具体发展内容将包括四个方面：延伸产业链，优化商业模式；压缩集中度，塑造核心产业；加快传统产业转型升级；布局新产业，培育新经济增量。从而使主业更加鲜明，焦点更加集中。近年来集团已小试牛刀，新投入的新能源产业取得了喜人业绩。

新工联正迈出更坚定、更扎实、更有创造性的步伐，向着新的目标前进。

新工联：捐赠物资支援抗疫

2022年4月上海新工联集团公司党委书记、总裁吴文获知黄浦区各街道急缺防疫物资，当即决定将集团下属宝隆公司库存的1 000套防护服全部捐出，以解燃眉之急。由于封控期间物流受限，吴文又协同黄浦区政协联系各方资源，终于将这批物资送达黄浦区半淞园路街道等地。

志在水清、天蓝、土净、人健

记上海轻工业研究所的科技精英团队

时下，生态环境的安全，已经成为社会的一个焦点、热点。

雾霾、血铅、毒大米、废水……日渐严重地威胁着人们的日常生活。

IT、汽车、芯片、新能源……，这些现代制造业，一方面改善着我们的产业结构，改善着我们的生活形态，使我们快步迈入小康社会；另一方面，却也产生大量的重金属废水排放。如果缺乏必要的科学有效的治理，让这些废水无节制地流入江河，就会成为"毒水"；渗入土壤累积得多了，就会成为"毒土"；在空气中任意排放，就会成为"毒气"。这些都可能危害环境，危害农作物，也危害人们的健康。癌症村、毒大米、儿童血铅……，元凶都是重金属污染。

在经济持续较快发展的同时，如何实现重金属废水的有效治理，如何实现环境的持续改善。

党和政府高度关注，人民群众高度关注，科技人员高度关注。

国家在《十二五规划》中，特别提出了重金属污染专项治理的规划；各地也相继修订了工业废水的排放标准，重金属含量必须控制在百万分之一、甚至千万分之一以下；2013 年 6 月国家最高"两院"颁布有关严重污染环境罪的司法解释，如果废水中重金属含量为排放标准的三倍，亦即百万分之三或千万分之三，即可治罪。

治理重金属废水，任务十分紧迫；同时，技术难度也极高。一般的治理方法根本无法达到国家规定的指标要求。

神方在哪里？对策在何处？

各地企业纷纷感受到前所未有的压力，迫切希望找到治理废水的可行方案。

挺身而出，建立工程中心

积几十年之研究开发成果、基础设施、精英团队，借助长期与科研院校与企业的良好合作，以及在行业中的影响力，2011 年 11 月，上海轻工业研究所有限公司（以下简称“轻工所”）挺身而出，发起成立“上海重金属污染控制与资源化工程技术研究中心”（以下简称“工程中心”）。此举得到了上海市科委的肯定。就此，拉开了向重金属污水、废气、污泥大规模开战的序幕！

“工程中心”以轻工所为依托单位，共建单位有同济大学、华东理工大学、上海市环境监测中心。“工程中心”实行理事会领导下的主任负责制，理事会由 7 人组成，理事长兼主任由轻工所总经理屠斌杰先生担任。理事会还下设技术委员会，由大学、研究和设计院所、大型企业的业内技术专家组成。

“工程中心”实施一条龙式的治理方案的研发、分析测试、工程设计、工程实施服务。通过前瞻性的技术研究和工程化应用研究，为社会提供关键、共性及集成的技术和服务，为上海市、长三角乃至全国的环境保护、资源节约服务。

“工程中心”的研发方向是三个相关、相交，又相辅相成的方面：

一是重金属废水处理及资源化技术，这是治水。包括：镀镍废水资源化技术、从含镍废水中提炼镍盐产品的节能环保技术、对含铅强酸废水处理及回收技术和工艺深度开发、对含铬废水回用技术及工艺、对含铜废水处理与资源化等。

二是重金属污染监测及检测技术，既治水，又治气。包括：建立铅等重金属污染预警监测公共技术服务平台、为涉重企业提供水和大气中重金属浓度的检测服务，并通过城市重金属污染监测预警，逐步扩展到城市重金属来源追溯和重金属迁移分布的研究。

三是重金属污泥处理及资源化技术，这是治土。包括：开展工业重金属污泥及废弃物的无害化、减量化、资源化的研究，防治重金属对环境的影响，并从污泥及废弃物中提取有价金属资源，实现资源再利用。

这已经不是一场普通的平面战争，而是涉及水、土、气在内的立体战争！

以轻工所为主体的"工程中心"，调度了各种设施与手段，集聚了一支60余人的科研开发、检测监控、工程实施队伍，开展了一场新的战争。

实干巧干，完成一批成果

"工程中心"从2011年11月至今，在这场向重金属污染开战的立体战争中，已经取得了丰硕的战果。

主要有：镀镍废水资源化技术被国家环保部评为"2012年国家鼓励发展的环境保护技术"；取得了"高效含铬废水污染控制及资源化技术"等6项新技术新工艺的研究成果，分别建立了样板点或进入工程应用；建立了20个工程示范样板；新申请专利13项（其中发明专利6项），已授权专利15项（其中发明专利11项）；参加1项国家标准的制订，完成2项企业标准，有11篇论文发表。

技术成果在一批企业得到应用，并且取得显著的环境效益、经济效益和综合效益。

上海西恩迪蓄电池有限公司，是具有100多年历史的美国C&D公司控股的世界著名蓄电池生产企业。蓄电池被广泛应用于汽车、电瓶车、助动车等各个方面。但是，在蓄电池生产过程中会产生强酸性的含铅废水，而且废水中还含有强络合剂，很不容易处理。过去按常规的化学沉淀法处理铅离子，难以达到排放标准。现在，在"工程中心"的帮助下，应用了络合物破解专利技术，并结合在线自控和计算机控制技术，实现了废水的达标排放和废水的回收利用，节约用水70%左右。

上海正泰电器股份有限公司是一家生产低压电器的大型企业，产品被广泛应用于各行各业。可是，在生产过程中，会产生大量含有铜、镍、铬的废水，产生令人头痛的环境污染问题。几年前，正泰公司曾经委托某环保公司为其设计并承建了化学法废水处理系统。可是，随着国家环保标准的提高，其废水处理难以达标。2012年，轻工所向正泰公司提供了一套自动化终端重金属捕集设备，使用后，效果明显，经处理后的废水稳定达到新的排放标准，解决了该企业的环保难题。同时，操作简便，准确无误，还可降低劳务成本。

重庆江森自控电池有限公司是美国江森自控国际有限公司在中国建造的第三座汽车蓄电池生产厂家，总投1.18亿美元，年产600万套高容量全密封免维护铅酸蓄电池。产品是先进的，可是，无情排放的废水却是一个难题。由轻工所设计和承建了该公司的废水处理和资源化工程。废水处理规模达到240 m^3/d，废水经过处理后经过二级反渗透脱盐后制成纯水，回用于蓄电池生产；排放外流的废水也实现了总铅浓度小于百万之一的达标目标。并且全过程均融入了先进的在线检测、自动加药、液位连动互锁、程序控制、自动切换、故障报警、严重故障停机、实时数据记录、历史记录查阅、控制参数设定修改等功能，操作更方便，管理更科学。

开放交流，多极深化治理

"工程中心"建立了对外开放交流机制，实行产学研合作模式，组建及参与技术（创新）联盟，向环境治理的深度与广度进军。

针对重金属处理及资源化的难题，研究行业共性技术，"工程中心"经过技术委员会专家的研究与筛选，共推出了 7 个开放课题。

有铅预警项目，由轻工所与上海市环境检测中心合作，进行大气中铅监测预警技术的研究，进行监测方法的实验室比对工作。

有固废处置利用项目，由轻工所、同济大学、东华大学合作，就污泥与催化剂废弃物中的重金属处理和资源化开展合作研究。

有络合物处理项目，由轻工所、华东理工大学、交通大学合作，开展对废水中各种重金属络合物处理技术的研究。

这标志着"工程中心"的目标，已经不仅仅是治水，而是以治水为契机，同时向两端延伸：向上，治理废气；向下，治理毒土，从而实现综合治理、立体治理。

如今这 7 个开放课题，不仅分别取得了工艺突破，而且部分技术已经实现了工程应用。

不但研究项目开放，研究设施也对外开放。"工程中心"的建设已融入上海研发公共服务平台，除了 ICP、原子吸收等三个大型分析仪器加入上海市公共服务平台外，还通过轻工所专有的“工业废水处理和资源化移动专家系统”和具有国际、国内法定资质的“水检测实验室”等研发设施和检测试验平台，更好地服务社会。

为了适应新的要求，轻工所对“移动专家系统”进行了两次改造，扩大了试验功能与应用范围。第一次改造，将原先单纯的纯水处理功能扩大到重金属废水达标处理以及资源化利用。第二次改造，从废水处理延伸到空气中重金属的检测，可以在移动车内实现对重金属污染源气体的快速监测。

在普及环保知识与治理技术培训方面，也面向社会开放。围绕太湖流域、淀山湖地区的废水治理，轻工所先后与常熟环保局、青浦环保局合作，联合举办主题为“重金属污染排放控制”的技术培训，不仅普及知识，而且企业纷纷表示了合作治污的意愿。“工程中心”先后举办了 4 次共性技术培训与研讨，受益者达 200 余人。

在这两年“工程中心”建设期间，轻工所的分析测试中心先后接受了 51 家企业 315 批的检测委托，提供了 552 个重金属废水样品的分析检测服务，为进一步有效治理提供了必要可靠的依据。为 79 家企业提供了重金属废水处理及资源化工艺试验及现场扩大试验服务。

上海堂福电子有限公司成立于 1988 年 9 月，主要生产高品质的半导体器件，产品以外销为主。生产过程中化学镀镍工序产生高浓度的化学镀镍废液，重金属废水无法达标，严重污染环境。受这家客户委托，轻工所采用“高效的预处理 + 离子交换树脂”等水处理组合工艺，对废水进行处理，取得达标的效果。在小试成功后，又将"移动专家系统"开到企业现场，进行现场的中试实验。当企业见到一端进去的是黝黑的废水，另一端出来的是清澈的净水时，对轻工所、对解决方案的信任，油然而生。同时，也下决心尽快上马新的污水处理工程，解决长期困扰企业的难题。

变废为宝，重在资源回收

在整个治理污染过程中，"工程中心"始终将资源化技术放在重要位置。减少污染、减少排放，重在疏理，重在转化，重在变废为宝，化害为利，实现绿色循环，这才是治理废水、废气、废渣的更高境界。

由轻工所研发成功的先进的水处理工艺结合自动化控制，不但能使重金属废水达标排放，还能将其处理成中水或纯水并回用于生产，同时，提取回收水中有价值的重金属，实现资源循环利用。

轻工所研发的"镀镍废水资源化"技术获得国家科技创新基金支持，被国家科技部评为高科技"火炬计划"项目，被国家环保部评为重金属污染防治领域的"国家鼓励发展的环境保护技术"。这项先进技术可以从镀镍废水中回收90%以上的镍，回收70%以上的水，还可利用传感和信息技术，通过GPRS网络监控现场设备的运行状况，保证回用水质、提高镍的回收率。至今，已在上海和长三角地区180余家有电镀工艺的企业广泛应用，每年可节水250万立方米，回收100吨镍，价值约2 000万元，同时，减少污泥550余吨，取得了良好的社会环境效益和经济效益。这一先进技术如果在全国推广，每年将可为电镀企业节水6 500万立方米，回收镍

3 250吨，价值可高达10亿元。

轻工所研发的“重金属终端捕集”“重金属络合物破解”等关键技术和设备，既能有效解决环保标准提高之后各地、各企业的技术难题，又能解决资源化问题，以至长三角、珠三角、中原等地区的企业纷至沓来，寻求帮助。

2012年新研发的“含铜废水资源化”新技术和设备，同样具有治理污染与回收利用资源的多重功能，目前也已开始进入市场。

重中之重，建设人才队伍

环境污染，积重既久，治理也非一日之功。这既是一场攻坚战，又是一场持久战。轻工所的领导班子深深明白这一点。于是，他们在“工程中心”的建设过程中，始终把人才培养和队伍建设放在突出位置，作为重中之重。倾尽全力，打造一支理论功底深厚、实践经验丰富、知识结构合理的高素质专业工程研发队伍。既要争取阶段性成果，又要赢得长久的胜利。

“工程中心”出台了一系列科学、有效的人才培养与激励机制。2011年底，针对员工的能力素质特点，为他们“量身定制”不同的职业发展通道，明确其职业发展方向，制订了人才培养计划。“工程中心”创造各种技术培训和学术交流的机会，经常性地组织技术人员参加行业内的专业技术交流、讲座培训、展览观摩，以至出国考察。要求研发人员每季度对国内外新技术及发展趋势进行跟踪分析，并提出新的研发设想。2012年“工程中心”制订了《工程及研发人员考核管理办法》，鼓励工程及研发人员全面发展，高效工作，同时也搭建职业进步的阶梯。

“工程中心”坚持“任人唯贤”“优胜劣汰”的用人原则，培养和选拔一些德才兼备、专业水平突出的人才到重要岗位进行培养。"工程中心"建立后，把原先从轻工所离职到世界 500 强企业担任团队主管的青年人重新引回，担任工程中心电子信息团队主管，在许多工程项目中发挥了很好的作用；提拔硕士毕业，又有多年工作经验的高级工程师担任研发中心副主任；任命有三十多年工作经验的教授级高工担任总工程师和副总工程师。此外，还针对性地选用一批拔尖人才进行重点培养，把他们培养成为在专业学科上能起带头作用的学科领头人，同时也影响和带动其他技术人员一起进步。

"工程中心"的队伍建设，致力于形成合理的人才结构。对于工作经验丰富的老专家，在完成本岗位工作之外，还赋予他们一项特别的使命，"传、帮、带"年轻人。将学科带头人的经验与年轻人的创造性思维有机结合，并辅以能力素质的培训与开发，促进现有人员的素质与能力的提高。目前，无论是研发中心，还是工程技术部，都分别形成了由"学科带头人（教授级高工）——研发骨干（高级工程师）——工程设计与研发人员（工程师）——工程设计与研发助理（助理工程师）"构成的团队结构，有利于将合力发挥到最佳水平。

这些年来，轻工所为重金属污染的治理与资源化作出了可喜可贺的成绩。但是，在与屠斌杰总经理的交谈中，我更深切感受到的，是轻工所精英团队的高度责任感和使命感。他们迫切希望在资本市场上能够有所作为，实力更强，底子更厚，能够在环境治理与资源利用上有更大的作为！不仅让上海、让长三角，而且让整个祖国大地上，水更清、天更蓝、土更净、人更健！让人与自然更和谐相处，让经济与社会更协调发展！

一江清水寄丹心

上海轻工业研究所有限公司推广节能环保技术的故事

水，覆盖了地球表面三分之二的面积。尽管如此，水依然是地球上最值得珍惜、保护的最珍贵资源。是水，变幻出云雾雨雪霜雹无数壮丽的自然景观。是水，滋养了地球上动物、植物、微生物各种各类的万千生灵。是水，赋予我们生命，给予我们动能，寄予我们康健。水的安全，已经成为当今社会能否和谐可持续发展的重大保障。

上海就有这样一个研究所，这样一批人，数十年如一日，专心致志于水质的治理、水质的清洁、水质的安全、水的循环处理再利用。他们是一批“丹心付清水，赤胆寄深情”的斗士。

这就是上海轻工业研究所有限公司（以下简称“轻工所”），拥有8位教授级高级工程师、28位高级工程师和一大批工程师，组成了一支特别能战斗的团队，创建了一个响亮的自主品牌——“永洁”（Everclean），建成了由183项专利构筑的水资源环保事业。而他们的带头人就是总经理、教授级高工屠斌杰先生。

水质的治理，很技术，很专业，也很枯燥。还是先从常见常用的一元钱硬币说起吧。

一元钱背后的故事

一元钱硬币是生活中最常用，也是国家发行量最大的一种硬币。可是，有多少人知道，一元硬币的表层是镀了镍的，因而才会那样银光闪闪。在制造过程中，镀镍后的硬币需要用水漂洗。漂洗过的硬币清洁了，可是水中却含有了微量元素镍。仅上海造币厂每年产生这种含镍废水上万立方米。

这种含镍的水不能随意排放，否则会污染环境。于是，由轻工所自主创新的镀镍废水处理技术就发挥作用了。它可以从镀镍废水中回收90%以上的镍，回用70%以上的水，还可以利用传感和信息技术，通过GPRS网络，监控现场设备的运行状况，提高镍的回收率，保证回收再用的水质。

这项成果包含了25项专利，得到了国家科技部创新基金的支持，被列入国家高科技火炬计划，也被国家环保部列入年度国家鼓励发展的环境保护技术。

这项成果受到了企业界的广泛欢迎和应用，已经在上海和长三角地区的300多家电镀企业安装了500多套镀镍废水回收设备，据估算，每年可回收镍100吨，回用节水250万立方米，还可以减少污泥550吨，创造价值2 000余万元。

我们可以设想，如果这项成果进一步在全国推广，每年将可以为电镀企业节约用水6 500万立方米，回收镍3 250吨，创造价值近10亿元。

不要钱的环保设施

如何才能加快推广这一工业废水的资源化新技术，实现镍回收、水回用，向废水要效益呢？屠斌杰率领团队创造了一种全新的商业模式。而这个模式的核心内容就是：免费安装，得益共享，实现多赢。

也就是说，安装在电镀企业的治理废水设备，由轻工所免费提供，并不需要使用单位支付分文，这样就可以扫除环保技术在推广使用中的经济障碍。

而这种治理设备使用起来很方便，从源头吸附镍后，企业可以很容易就达到废水排放标准。通过这套设备，可以实现工业废水资源化，因而可以大量节约用水、减少排水、减少废水处理费用，企业就可以得到实实在在的好处。

轻工所这一头，有所付出，也有所收益，那就是与用户企业达成协议：废水资源化之后，含镍载体由轻工所回收，而轻工所专门在上海郊区金山设立了一家处理厂，从载体中提取金属镍，最后变成新的工业原料——硫酸镍，通过市场供销渠道供应给用户使用。一年下来，镍回收的价值也很可观。这样，不仅免费提供的治理废水设备的投资可以全部收回，而且还会有一些盈余。

一件好事，多方得益。轻工所推出的这一商业模式，改变了企业搞环保“只投钱、不赚钱”而缺乏积极性的状况，取得了企业经济效益和环境效益的统一。

绿色世博的忠实帮手

2010年在上海举办的世博会，是一届成功精彩、举世瞩目的盛会。轻工所也为这届盛会的成功作出了一份贡献。这次，它们献上的是另一项高新技术——智能化环保型循环冷却水处理。

大型设施、场馆、写字楼所使用的中央空调，一般都会采用循环冷却水。这种循环冷却水如果不及时进行处理，就会积成水垢，增加能耗。如果水垢达到1毫米，能耗就会增加40%。其次这种未经处理的冷却水，还会对设备造成腐蚀。最后，还可能滋生菌类、藻类，造成对环境的污染和卫生安全隐患。

过去，对这种循环冷却水的处理，通常采用的是化学药物，这类药物大多含有磷。这类处理方法有利也有弊。人们都知道，前些年导致太湖蓝藻爆发的元凶就是含磷污水。

而轻工所推出的这项新技术采用臭氧杀菌及除垢技术，并且采用电子计算机控制，克服了人手操作可能发生的错漏误差，实现了循环冷却水处理的节能、节水、减排、保障公共卫生等综合效益。经上海市科技情报所检索查新，被专家认定为“达到国际先进水平”。

这一新技术在世博主题馆得到了应用，在整个世博会期间稳定运行。上海世博集团对此给予高度评价：“在彻底杀灭军团菌，保障世博公共卫生的同时，节能、节水、杜绝化学物排放；其对环境友好、节约资源的特点，高度契合主题馆展示的‘城市，让生活更美好’的世博主题，为‘科技世博，生态世博’增添了亮点。”

接着，这一新技术又在上海地铁5个车站试点应用，经过三年严苛的试验性应用，终于得到上海申通地铁公司的首肯，首先将在新建的地铁12号线全线应用，并有望在上海地铁数百个车站全线推广，也可望在外省市的轨道交道站点应用。

在工业企业，这一技术也得到应用。上海索广映像有限公司将这一技术用于空气压缩机循环冷却水系统，消垢效果很好，因此而节约能耗达到29%。名列世界500强的京瓷电子、中国石化等高端用户也相继使用，也分别取得良好效果。

此外，轻工所也为中国第一高楼“上海中心”提供了采用这一新技术的设计方案。

京瓷电子的源源纯水

轻工所还有一项自主创新技术，就是工业废水处理及回收系列技术。这可不是一门单项技术，而是“十八般武器，样样俱全”的一个组合，“水来土掩，兵来将挡”，足以对付多种多样的工业环境和工业废水，尽可能适应不同用户的特殊要求。

位于金桥出口加工区的上海京瓷电子有限公司二期扩建后，由于无法获得企业用水指标，因而扩建项目迟迟无法上马。2006年底，轻工所为这家厂的一期项目完成了反渗透浓水回用系统，全年可节约新水将近10万立方米，价值72万元，一年不到就收回了全部设备投资。更重要的是，因为一手实现了一期的水回用，水就多出来了，另一手就满足了二期的用水需求，不用再去申请新增用水指标。一举两得。久拖不决的二期项目因此而顺利上马，京瓷电子有限公司多日愁眉不解的难题，由此顺理成章、迎刃而解。

上海西恩迪蓄电池有限公司在生产过程中会产生大量含铅强酸废水。2007年轻工所为该企业开发应用了一套铅酸蓄电池废水资源化的组合技术及设备，不但将废水处理到排放标准，而且还将其处理成纯水直接回用于蓄电池生产工艺。通过废水回用，每年可节约工业用水8.8万立方米，同时也减少了等量的废水排放，每年可为企业节省38万元用水成本。

上海金杨金属表面处理有限公司是我国规模和技术均领先的电池钢壳制造企业，2010年8月起，使用了轻工所为他们专门设计制造的废水回用系统，每小时可回收废水10吨，回收水质达到初级纯水的标准，再直接回用于电镀生产。从设备启用到当年年底的四个月内，共回用废水9 000多吨。如果在满负荷运行的情况下，预计这家公司每年可回收废水 7 万吨，经济效益和环境效益均十分显著。

服务上门的移动专家

轻工所还有一个"法宝"——工业废水资源化移动专家系统，可以为企业量身定制"化废为宝"方案。

这个移动专家系统，其实是由一辆卡车改装的中试设施，是车载试验室与专家软件系统的结合。在方方正正的后车厢内，由三个部分组成了一个专家会诊系统。这三部分就是水质检测、工艺试验、计算机控制和分析。

这个移动专家系统的特点，是可以开到企事业单位和其他用户单位的现场，去"看门诊""挂急诊""望、闻、问、切"，搭准脉搏，找准病症，对症下药。

可以在现场，把用户单位发生的工业废水通过管道直接连到这辆移动专家系统上。系统内，有10 多个工艺模块，在计算机控制下，可以任意组合，直到寻找出最佳、最经济的废水处理方案。计算机会计算出治理废水的经济成本、运行成本，计算出投入产出比。"耳听为虚，眼见为实"，当用户单位看到废水在转眼之间变成了清水，不由得心服口服。

这个移动专家系统已经先后为分布在本市各区的几十家企业提供了现场服务。用户中有世界500 强之列的"江森自控"，以及"雷盛塑料""得益化工""弘夏电镀"等。

这个移动专家系统，既是一种技术手段，又是一种宣传工具，她为普及推广轻工所的各项工业废水处理和资源化的高新技术，发挥了重要作用。

全系统的创新服务平台

随着轻工所各项高新技术的日趋成熟、硕果累累，市发改委专门立项，在轻工所设立“工业废水处理和资源化检测、试验及工程技术服务平台”，并且给予资助。

屠斌杰总经理告诉我们，这个平台的创新特点就在于，“检测＋试验＋工程技术”服务。这是一条龙的服务，是全系统的服务，是各种有效资源整合起来的服务。今后，这种服务还要进一步扩展到环保设施运营领域，成为一个完整的公共服务平台。

目前，轻工所在检测方面，已有水检测实验室，通过了国家级的国家实验室认可（CNAS）和计量认证资质认定（CMA）。利用完善的分析检测手段，可以及时、准确地得到废水处理的效果，为废水处理工艺的修正和优化提供依据。

在试验方面，通过实验室的小试和移动专家系统的现场试验，充分验证水处理工艺的可行性，为客户废水处理工程项目的上马提供决策依据。

在工程技术服务方面，也有一支专门的团队，能够针对工业企业客户单位所产生的废水、废液、废渣等，在试验的基础上，提供达标排放和资源回收的工程服务。

屠斌杰和他的团队清醒地看到，治水、管水，还水以清白，一水而多用，道路还漫长、任务正繁重、事业仍艰辛。他们还得继续加倍努力，并且要充分发挥自身“上海重金属污染控制与资源化工程技术研究中心”的优势，与更多的院、校、所，更多的有志之士联手，让祖国大地的水更清、天更蓝、人与自然更和谐！

神奇的能源管家

访天纳能源科技（上海）有限公司

上海有一家神奇的公司，她能够帮助用电企业"抓节能于无形，控电流于瞬间，显运行于毫秒，造福祉于长远"。特别是在最近几年，取得了一系列丰硕成果，帮助一大批用电大户实现了显著的节能增效，因而被人们亲切地称为"能源管家""绿网天使"。这家神奇的公司就是"天纳能源科技（上海）有限公司"。（以下简称"天纳公司"）

带着好奇和求索，我们特地采访了天纳公司。这是一家注册资金人民币 5 000 万元，专业而又专注的智慧能源技术服务提供商。公司成立于 2005 年，经过多年积累，从 2015 年起取得了跨越式发展。2018 年取得了国家高新技术企业证书；2019 年进入上海市工业互联网平台和专业服务商目录；先后获得高新成果转化、工业互联网平台创新应用案例、制造业"双创"平台试点示范等多项荣誉。其中更有建设项目获得国家电力需求侧管理全国示范项目 AAA 级这一最高荣誉。

总经理赵阳女士在热情洋溢的接待中，如数家珍般，逐一介绍了天纳公司的方方面面。

神奇的案例

首先吸引我们关注的是一个精彩的案例：上海申美饮料食品有

限公司电力需求侧管理项目。申美公司是中美合资企业，是可口可乐公司在亚太地区最大的汽水罐装厂，汽水年产量达到数十万吨，是数得上的能源耗用大户。

这家公司在生产经营中主要消耗电、天然气、蒸汽、汽油、柴油、液化石油气等多种能源以及自来水资源。主要用能设备有暖瓶机、洗瓶机、冲瓶机和灌装机等；生产辅助用能设备有冷冻机、空气机、水处理设备、糖浆配料设备等。不仅设备数量庞大，而且用能总量也相当可观。电力总装机容量达到 21 800 KVA，设有 8 个配电室。在实施需求侧管理之前，企业没有一个综合能效管理系统，各种用能设备和配电室犹如一个个“信息孤岛”，互相之间没有联网。对于企业哪些地方用能不够合理、还有哪些耗能的漏洞、进一步改革挖潜的方向是什么，既无法全面把握，也不甚清晰明了。

赵总告诉我们，天纳公司应申美公司的委托，针对企业耗能现状设立了电力需求侧管理项目。这个项目的要点是：采用先进的传感技术、微电子技术和通信技术，通过互联网、物联网等信息化管控技术，建立集电能运行状态实时监控、参数采集、传输、评估、分析为一体的“综合能源智慧管理系统”。

通过这个系统，首先完成了企业用电、污水、冷冻机组的集中统一管理，参数采集自动化，把企业用能的“最后一公里”盲点统统纳入监控范围，实现对全公司的变电站运行状态、用电负荷、电能质量、电能损耗、设备工况等参数的 24 小时不间断动态监视。

与此同时，依靠系统平台进行大数据分析，诊断找出用能不合理的地方，系统化进行节能改造。通过技术和管理“双管齐下”，实现“安全、有序、高效、低耗”的能效管理目标，促进企业以较低的能源消耗创造更多的工业产值，实现工业生产过程的资源节约。经过历时一年的改革和改造，取得了喜人的成效。

经国家工信部指定的专业机构综合测算，评价期内，节约电量331.96万kWh，节电率为9%；节约电力负荷1 336 kW，节约电力负荷占前三年度最大电力负荷的比率为13.18%。

这个项目因此而获得全国示范项目最高殊荣一AAA级。赵总告诉我们，这也是上海地区迄今为止唯一获此殊荣的项目。国家工信部负责领导还特地亲自率队到现场，向全国同行进行了案例宣传和推广。

神奇的管控

耳听为虚，眼见为实。为了让我们信服天纳公司电力需求侧管理项目的扎实功底和实际效能，赵总带领着我们走到了一幅满墙的大屏幕前。

随着遥控器的按动，一幅幅画面展示在我们眼前。只见各种数据在不停地闪烁跳动，各种色彩曲线在不时地起伏变化，各种图形和图表在频频地变动数据：这里是华峰铝业股份有限公司综合能源智慧管理中心。

我们不由好奇：华峰铝业的能源管理中心怎么会到了天纳公司的办公室呢？赵总笑着告诉我们：这就是天纳公司自己建立的数据中心“天纳云”平台的神奇功能。它可以实时反映、监控、调度这家用能大户的各种能源的使用情况，以及各种供能设施和变电设施的运行情况。哪怕企业远在百里千里之外，天纳公司照样能够通过天纳云平台，让这家大型企业的用能情况在分秒之间得到即时准确的反映。

我们仔细观察墙上的屏幕画面，果真见到了用气（汽）状况表，包括天然气、氢气、氧气等不同类型，本日和本月的累计耗用情况；用水状况表，包括本日、本月、本年的总用量；甚至还有一张碳排放表，分别有本月和本年的累计排放量。至于用电情况的反映，更是及时完整，不仅有本日、本月、本年总用电量的图形展示，还有一张L型图表，即时反映用电实时曲线，可以细分到几时几分几秒。

赵总告诉我们，正是通过天纳的软件系统和服务平台，对华峰铝业这样的大型用户企业进行实时的电能智慧管控。在这里，能够即时采集数百个类别项目的数百万项数据，能够实时反映每1秒钟之内的用电状况及相关设备、设施的运行和变化情况，并能够对所收集到的异常情况即时发出调度或维护的指令，不仅保证整个企业能源系统平稳安全地高效运行，而且还能帮助企业找到运行中的不合理环节，从而及时采取对策加以改进。

神奇之处不仅如此，这个管理中心还能通过大数据库，即时动态地提供报表服务和决策分析。政府和企业自身所需要的各种报表都能在这里规范而清晰准确地制作完成，诸如用能健康报告、能源审计报告、水平衡报告、电平衡报告、节能分析报告等等，替代了原本相当繁杂且耗时费工的人工抄表和人工作业，让复杂劳动变得简便易行。而为决策所提供的分析包括了负荷控制分析、需量调整分析、节能效果监测分析、节能减排结果分析等等，这一切将为企业提供进一步降本增效的方向和对策。

我们不禁感慨：天纳公司依托自主先进技术而提供的神奇服务，真是既贴身又贴心，周全而又细致！

神奇的产品

是的，神奇的节能管理实效，来自于一系列先进的智能技术和产品。而这正是天纳公司历经十多年的创新研发的智慧结晶，是始终不渝的成果转化的推广应用。

赵总告诉我们，天纳有一支包括博士、硕士在内的行业一流专业团队，具有强大的研发创新能力，公司所有的软硬件产品均属自主开发，迄今已经拥有 40 多项专利。公司拥有的四大核心板块保证了产品实施的统一性，拥有从前端方案咨询到后端能源管理大数据系统在内的完整化的产品运营体系。

天纳产品包括三大方面。首先是硬件。主要是"电力能效监测终端"和"电力能效信息集中与交互终端"。赵总告诉我们："电力能效监测终端"产生于 2016 年。当时国内有好几家企业同步研发，而天纳公司是最早完成的那一批，并且最早通过国家鉴定，于 2017 年列入工信部目录。这个监测终端有别于智能电表，具有全方位的诸多功能。与智能电表比较，具有三大优势。一是采集数据多，达到 300 多项，而智能电表只有 30 多项。二是精度高，可以达到 0.5S级以上。三是采集频率快，采用秒级采集，也就是可以在 1 秒钟内同时反映 300 多项指标，比普通的智能电表提高效能 60 倍以上。

"电力能效信息集中与交互终端"也可称之为"智能网关"。这是一个其貌不扬的长方形物件，上面有着整齐排列的数十个接口。小小物件，会有多大的功能呢？原来它可以将所有协议放在一个硬件数据库里，预设好很多芯件，配成一个小系统。关口就好比是一个数据格式的翻译器，任何协议都可以接上去，比如可以接不同厂家的电表、水表，然后翻译成同一种语言，组成底层平台，进行实时监控。它的意义就在于，企业再也不用碰到一个仪表就开发一次相应的软件，而是可以互接通用，从而大大减少软件开发的工作量，降低开发成本。听到这里，我们不由赞叹：这个“智能网关”还真是个总揽全局、通吃各种仪器仪表的“小百搭”!

不仅有硬件，更有软件。天纳拥有自主研发成功的电力需求侧管理系统、公共机构能源管理系统、用户需求侧智慧节能系统、配电网节能分析系统、综合能源智慧管理系统等等，拥有多项软件著作权。

与软件相比，天纳公司研发的云平台，其规模和容量更大，这种由众多软件服务器组成的云平台被称为“天纳云”。赵总介绍说“天纳云”下面现有 9 个平台。诸如电力需求侧管理平台、综合能源智慧管理平台、配售电一体化平台、智慧园区能源互联网平台、智慧家居安全用能平台，等等。

硬件、软件、平台，三项齐备，构成完整的产品体系。正是通过这些先进的创新产品，天纳公司才能够底气十足，引导用户改变用电方式，完善节能管控，优化调度，挖掘潜力，合理节能，提高能效，改善企业生产环境和工作环境的舒适度，提高企业人文程度。

神奇的服务

赵总说：这些年来，天纳公司运用自主研发的一系列先进技术和产品，为大批企业提供电力需求侧管理的优质服务，实际上就是帮助企业实现能源的智能化管理。归纳起来大致有六个方面。

第一步是实现能源运行数据的自动采集。过去都是人工抄表，人工编表，然后上报，费工费时，还可能贻误时机。现在精细化管理，智能采集，智能制表，可以管到水、电、气（汽）各种能源，计算出单位 GDP 的能耗，各种报表自动出来，并且直接输送到管理部门办公室。像华峰铝业这样的大企业，一个车间就占地 700 亩，多少设备，多少线路，多少能耗，运行状况清清楚楚。我们所提供的智能系统就好比是"管理者的眼睛""看不见的巡视员"。

第二步通过实现对用电、用水、用气、环境及相关其他能耗介质的自动监测，发现各种设备设施及管理上的漏洞和执行不够的地方，从而有针对性地加以改进，实施对各种能源系统的优化调度和管理。对能源使用过程中的异常状态予以告警和处理，有效加强用能的安全性和可靠性，减少能源"跑冒滴漏"等现象。一般来说，可以直接节约能源 3%～8%。

与此同时，还可以实现对工厂内重点能耗设备的能效诊断、运行效率分析、故障分析，给设备及生产管理人员以决策支持，实现企业内部的精益管理，提高生产效率。这样又可以节能 3%～6%。

第三步是通过对工厂内部生产过程的动态监测，通过大数据分析，发现结构上、工艺上、流程上的问题，有针对性地予以解决。比如减少"大马拉小车"和设备空载等现象，完美配备生产线设备功率，减少待机、错乱等生产现象，直接提高生产线用能效率，为企业带来直接的经济效益和节能效益。

第四步是实施"能源的智能运维"。这是在大数据采集和分析的基础上，对各种用能设备进行预测性维护，对各种可能发生的故障征兆提前告知，提前排除。比如南通印染厂一年消耗能源总成本 1.2 亿元人民币，其中天然气成本 4 000 万元。天纳公司进去后，为企业把脉，通过对能耗指标评估、能源消耗结构分析及能源消耗成本分摊，发现大有降耗空间。采用能源托管运行后，实施结果，不仅有效降低企业的能源消耗与运营成本，同时天纳公司也实现了自身价值的提升。

第五步就是为企业转型成“数字化工厂”和“绿色工厂”打下基础。其中一项就是积极推广“清洁能源”，以各种绿色环保可再生能源去取代传统能源，推进清洁能源的建设。比如光伏或电能替代、三联组余热余压利用，以及储能装置等。天纳公司在华峰铝业就推广应用了“光储充一体化”清洁能源装置。在停车场棚顶配置了光伏发电装置，然后将光伏电能通过储能装置储存起来，再接上冲电桩，就可以实现对各种电动车辆的充电。

第六步在国家供电体制改革、实现市场化配售电的大背景下，帮助企业积极参与电力市场化交易。通过智能管理和大数据分析，为企业提供准确的用电量预测，为配售电提供准确依据，避免不必要的过量购电和额外的成本开支。

正是通过天纳公司系统化智能服务，有效推进企业实现在用能方面的清晰化、数字化、网络化、可视化、可预测化，以及绿色化。

神奇的明天

提到为企业参与电力市场化交易提供准确的电量预测，和配售电服务，赵总的话匣子又打开了。

从 2015 年开始，国家实行电力改革，电力变成商品，供需双方可以议价买卖交易。上海市是从 2017 年开始实行这项改革的。用电单位需要预报下一年度的用电量，然后提出购电清单。报多了会浪费，报少了又不够用。这就需要实行精细化管理，把用电量计算精准，弄得清清楚楚，把正负误差控制在 2%之内。这正好给天纳公司提供了新的用武之地。

天纳公司凭借先进的智能管理平台、专业的技术，以及优质的服务能力，率先取得了供电工商资质，是工商注册的第1号。

天纳公司现在服务的企业用电量已达到数十亿度，可代企业直接向发电厂以及电力交易中心集合问价，既可为企业争得必要的利益，又可为自身取得一定的服务收益，还使得供电企业增强了计划性，真可谓是合作共赢，三方得益。

国家在2022年还将推出电力金融衍生品，将涉及负荷交易、远期合约、近期合约等丰富内容，更科学更广泛更灵活地解决需求响应、局部紧张等问题。天纳公司将积极参与其中，以新的本领更好地服务企业。

天纳公司自身也需要深化改革，将转制成一家股份制有限公司，以吸引人才、凝聚人才，增强公司的可持续发展能力和核心竞争力。

至于像申美饮料、华峰铝业这样的经典案例，也要像滚雪球一样，进一步推广提升，遍地开花结果。今后几年，天纳公司将赋能企业，携手企业一起科学节能，降本增效，合理用能，帮助企业实现能源管理智能化，让一个申美变成几十个乃至几百个申美，让一个华峰变成几十个乃至几百个华峰。

神奇的取名

"天纳"二字是个网红词。为了保护知识产权，围绕"天纳"二字公司特地注册了50多个商标，予以全方位保护。

我们有点好奇：公司怎么会取了"天纳"这个有点冷僻的名字？赵总说，这里还有一个小插曲。当初为了公司取名，可是费了不少心思。先后选了 100 多个名字，一查询都重名了。好名字都让人家用完了。正在一筹莫展之时，忽然女儿打电话过来。女儿的英文名字是 TINA，灵光一闪，干脆就叫谐音的天纳吧。凭直觉，估计很少会有人用。天纳，太另类了，没想到居然一下子通过了。

天纳这个名字看似偶然得之，却是偶然之中有必然，无意之中有寓意。天纳，天纳，不就是天量的容纳吗？再大的电流，再大的容量，再大的规模，都能容纳得下，都能调控于股掌之中，这该是多大的胸襟啊！

赵总说，为了表达对天的敬畏和对祖国的热爱，将天纳两字选用红色。在中国红的照耀下，天纳公司装点了众多企业，也装点了自己，为国家壮美河山添了一份又一份绿色和亮丽。我们衷心祝愿，走进新时代的天纳公司，事业更旺盛，宏图再大展。

天纳：荣获“领军先锋”提名奖

2022 年 1 月，在上海市总工会、上海市经信委召开的有关表彰大会上，天纳（上海）有限公司总经理赵阳女士荣获“2021 上海城市数字化转型‘领军先锋’提名奖”。

货架奇观

访上海摩太展示用品设计制作有限公司

朋友，见多识广的您，肯定见识过多种多样的货架，比如超市货架、专卖店货架、购物中心货架，等等。可是，您是否见过太阳能蓄电供电的货架？是否见过全息立体动态展示商品故事的货架？是否见过自动计数、自动计价、自动扣款的货架？如果没有，不妨跟着我去参观一下上海摩太展示用品设计制作有限公司（以下简称"摩太展示"）。

当初，我也是怀着半信半疑的心情去的。在公司运营总监顾磊小姐热情引领下，来到了"摩太展示"，却好像走进了一座别样的大观园。在这里，原本平常不过的货架，居然也变得高大时尚起来。"摩太展示"的货架大量采用了高新技术，实现了智能化、生态化、人性化。既能动态展示，又能与人互动，还会放视频、讲故事，品类繁多，功能各异，造型多变，巨细兼有。真是出乎意料，大开眼界！

先声夺人的无人售货亭

"摩太展示"地处青浦工业区，刚进厂区大门，右手边就是一座鲜橙色镶嵌黑色边框的亮丽小屋，造型时尚，吸引目光。这是什么呀？门卫室？不！这是无人售货亭！

小屋一侧有扇玻璃门，紧闭着，怎么才能进去看一看呢?

说时迟，那时快，顾磊总监已快步走到门前，对着门禁处将整只手掌按了上去。只听得轻轻的“咔嚓”一声，玻璃门便自动开启了。原来进门是靠手掌识别的。只要在会员登记时录下手掌，无人售货亭就会记下您的相关信息，开始为您提供全方位的服务啦!

小亭内设置了几排货架以及冰柜，陈列着食品、饮料、冷饮等各种小商品，可以任意选购。出门前，只需按照提示，把货品一件一件平铺放在一块黑色大玻璃板上，按一下按钮，电脑系统就会为您自动计数、计价、结账，并且依据您手掌里所蕴含的账号信息，在您相关银行账户上自动扣款。整个交易在瞬间就完成了。

这才是地地道道的无人售货啊! 我不由得赞叹不已。

顾磊总监告诉我:这个无人售货亭是“摩太展示”第一个人性化智能售卖商店，使用手掌扫描输入和付款，同时也是一个模块化构造，可以灵活自如地组合，改变造型。屋顶还有太阳能系统，具有储电功能，并且可以在夜间供电。所以这个小店是可以 24 小时昼夜服务的。眼前这个小屋放置在厂区内，是专为公司员工服务的。工间小歇时，员工可以到这里来选购中意的小点心、小饮料，为自己加加油。无人售卖商店受到了很多机构和商场的欢迎，现在分布在国内一些城市的这种无人售卖商店已经有 140 多间，呈现了稳步上升的发展势头。

无人售卖是件新鲜事，当然要尝试一下。在顾磊总监的鼓动下，我选了一小包饼干和一瓶纯净水。至于结账么，那当然得靠顾磊总监的手掌啦!

目不暇接的货架展示厅

在公司总经理顾浩先生作了精彩的PPT介绍之后，我们一行跟随顾总来到公司展示厅。厅内陈列的货架真是多，林林总总，高低起伏，集群展示，目不暇接。有的是排列式，有的是地堆式；有的像立体小屋，有的又是相互照应的组合；既有中华传统风格的，也有欧美童话样式的。

外形奇特还只是表面文章，各怀奇能，各有妙用，才是它们的独到之处。

有一种"自动售卖计数陈列架"，上半截是大幅面显示屏幕，下半截是开放式商品货架，具有多项基本功能：既有传统的POSM货架展示，又有生动演绎的屏幕，可以从远处就吸引住顾客的关注；红外感应系统可以敏感发现顾客走近，随即触发相关的购买信息，及时进行播放宣传；在顾客选择产品时，显示屏会及时输出相关产品的详情，让顾客有深入的了解；当顾客拿取商品后，通过光感颗粒计数，信息又会即时传到后台，通过网络管控系统，即时统计产品销售情况，并自动填写报表；对消费者的各种终端数据也会采集、整理，为企业修正经营策略提供必要依据。

另有一种"太阳能推车"，其实是带有轮子的户外陈列货架。它的正面和侧面是灯箱，可以作为售卖产品的形象和信息宣传，而背面是储存售卖产品的货架，上端还有一层薄薄的"屋顶"，原来这是太阳能供电系统，具有供电照明的功能，特别适合在户外和夜间使用。这种"太阳能推车"现在有两种款式。一款是"屋顶小推车"，一次蓄电可以供电24小时，除了照明外，内部灯箱也可以点亮。另一款是"Paul B型推车"，一次蓄电可以供电18小时，还可以满足内置小冰箱的用电。有了这种太阳能推车，用户再也不愁户外展示寻找移动电源的问题，少了到处找电拉电的烦恼。

还有一种“超长尺寸规格显示屏”，是经过特殊工艺集成后形成的超长、超窄边的液晶显示屏。可以置放在普通货架的上方，也可用于商场环境的布置和使用。莫小看这条又长又窄的显示屏，居然有六项基本功能：一是可以循环播放视频；二是可以打出数字价格标签；三是当多屏组合播放时可以显示完整画面；四是后台网络可以实施多屏批量管控；五是可以增加触摸感应功能；六是可以采集消费者终端数据。

货架也能如此智能，如此多用途，真令人意想不到！

创新迭代的货架发展史

顾浩总经理告诉我们，“摩太展示”专注于商品展示的研发制作，经过20余年发展，取得了很大进步。一开始，是由国际名牌提供设计、定制加工；到如今，已经实现来样定制和自主研发并举，以自主研发为主。既能批量生产，也能个性定制。相关的货架产品也从1.0、2.0、3.0，进入到4.0时代。

货架居然也能划分时代，顿时引起了我的浓厚兴趣。

顾总解释说：1.0就是最最简单的将某一排货架简单装饰，表示“我”占了位置；2.0就是从外观到功能都做了些改进；3.0就是从产品品类区分，到视觉形象美化，到与消费者互动，都有了极大改变；4.0就是实现视觉变化，增加互动体验，还能智能反应、智能表达和智能管控。

看得出来，“摩太展示”正是在积极努力地追赶着时代的脚步！

4.0该是什么样呢，我猜测着。恐怕“无人售卖小屋”可以算一个，"自动售卖计数陈列架"也可以算一个。言语间，顾总带领我们来到了一台透明的"怪物"前："瞧瞧，发现了什么？"只见"怪物"里面有一个虚幻而又真实的产品在360°慢慢地转动，让我们多角度领略了产品全貌。

这是全息！是的，是全息展示！

"摩太展示"已经将全息技术多方面地引入货架展示，实现视觉变化，增添了更多的趣味性、喜剧性和体验感。

有一种"全息光学展示系统"，能够在一个有限的空间内，利用光线折射原理集成立体展示，呈现出多维展示的立体效果，其立体感接近于真实效果。如果摆放真实的货物产品与全息叠加展示，更可以做出虚实结合的特效。这个全息展示系统不仅可以生动逼真地叙述产品故事、演示产品功能，还可以增加触摸感应功能，增进消费者的实际体验，当然也可以收集采集消费者终端数据，为改进营销服务。

还有一种"全息风扇"，能通过旋转光影原理而产生全息效果，是一种新型的全息影像设备。它的亮度较高，即使在高亮环境和室外场所，也不影响造物成像的清晰逼真效果，不影响立体视频播放。同时，也具备收集采集消费者终端数据的功能。

另有一种"投影 mapping 系统"，能通过投影机和特殊设备实现视觉特效。它打破了原有显示屏长方形和平面的陈规旧例，可以构成任何弯曲的或者不规则的画面，外形也可以做成真实产品的造型或者虚拟人物的造型，比如可以是一个灯笼，或是一个巨型易拉罐，照样可以在它的圆柱面上实现立体视频播放，效果也因此而更加生动形象。

这样立体而又动态的展示，真可以称作"出神入化"！

配套齐全的智能制造厂

货架高科技，制造周期却不长。比如“自动计数售卖陈列架”，最小批量为500台，从接订单到交货，只需一个月时间。有些定型的货架品类甚至只需要七八天就可交货。为什么会有高效高能的产出？是什么技术造就了奇迹？

带着疑问，我们跟随顾浩总经理，走进了工厂区。这里的生产车间一个个都写着醒目的大标牌，仓储重地则是分门别类，堆垛得整整齐齐。

原来，“摩太展示”的货架用料是多种多样的，不光有纸质的，也有注塑的、木制的，还有亚克力的，更有金属的，以及喷涂材质的。只有这样，才能根据多种多样货架的不同要求，来配用合适的材质，打造出理想完美的货架产品。

加工设备和技术装备则是大量采用了高新技术。在金属材质加工方面，就有激光雕刻机、数控转塔冲床、数控折弯机、氩弧焊机、键槽刨床等；在亚克力材质加工中，除了激光雕刻机，还有三维雕刻机、数控雕刻机、数控铣床、数控切割机等一系列数控设备；在注塑材质加工方面，除了常见的注塑机群之外，还见到了CNC模具加工中心、机械臂给料机、模具温度控制机等；在喷涂工艺方面，拥有写真机、喷绘画机、冷裱压机、覆膜机等。这些设备不仅技术先进，而且配套齐全，可以高质量、高精度地完成各种加工制造任务。

至于员工团队更是精英荟萃。尤其是每当一个项目确定之后，公司立即组成相应的项目执行团队，负责审核设计图和效果图，编制和汇总进度表，并且全程负责项目生产的执行、监控和监管，审核最后完成情况和安装就位的实际效果，以及处理投诉和建议，予以合适的整改：一气呵成，一条龙执行到位。

好材料、好装备、好团队，三好俱全，难怪会赢得三高：高品质、高效率、高信誉！

服务周全的方案总承商

“摩太展示”是1995年在上海成立的。创立伊始，就与世界最大的食品企业雀巢公司开展了合作。经过20多年发展，公司已从初创时的代工制造，到如今能够提供综合性全方位服务。高质量、高信誉的全套服务，赢得了更多的社会信任，也收获了更多的合作伙伴。

顾浩总经理让我们看了一份名牌合作时间表：

自1995年以来与雀巢公司合作；自1998年以来与玛氏企业合作；自2002年以来与强生公司合作；自2008年以来与哈曼公司合作；等等。

积20余年的经验，“摩太展示”伴随国际名牌一起成长，取得了令人瞩目的发展成就。

“摩太展示”曾经在一年之内，在全国各地安装完成8 000家零售商店，创造了惊人的业绩。不仅动作快、质量高、展示环境注目、展示效果显著，而且还做到破损率低、性价比高、反馈整改快，因而受到客户的广泛好评。

“摩太展示”专门为玛氏企业而设计、开发、制作的“巧克力小镇”，是一种大容量、宽列阵、高密度展示品牌产品的集群式货架。这种密集的展示阵容，形成了强烈的视觉冲击，彰显了品牌的无比魅力；同时又提供了全系列产品，让顾客有了更多样的选择空间。这种“巧克力小镇”深受玛氏企业的喜爱，竟一口气制作供应和安装布置了 3 000 家之多。

“摩太展示”为强生品牌度身打造的各种专柜货架，又体现了自己与众不同的设计能力。这些专柜货架，有的配有广告灯箱，有的带有巨幅视屏，有的附有视力和皮肤检测仪，有的如同巨大的圆形拱门，有的带有科幻色彩，有的则相当简约实用。因品而宜，因地而宜，巧思妙想，自然得体，因而赢得强生企业的长期合作。

我们还见到了“摩太展示”与 Lays 乐事合作的各种商场货架、与 KFC 肯德基合作的各种售点 POP 货架、与 STAKLEY 史丹利合作的展会特装货架、与 Vype 合作的智能货架、与 KENT 健牌合作的售卖货架，等等。样式繁多，功能各异，个性鲜明，决不雷同，体现了“摩太展示”对于各个不同品牌的深入理解和准确把握。

顾浩总经理深有感触地说：我们在与国际品牌的长期合作中，实际上也学到了许多先进经验，开阔了眼界，拓展了思路，提升了自己。反过来，又能够更优质更高效地为客户提供服务。这真是一种相辅相成、携手并进的成长历程。

遍布海内外的服务体系

今日“摩太展示”，已经成规模、成气候，是展示用品行业的一个“小巨人”。总部在上海，是整个公司的首脑机构和研发中心。生产基地有 4 处，分别在上海青浦、安徽芜湖、山东济南和浙江黄岩；国内办事处有 4 个，从北到南依次是北京、济南、上海、广州。在全国还有 33 个执行服务网点，覆盖了 320 个大中城市，确保就近服务，高效工作，灵活运营，执行到位。与此同时，在海外也设有 5 个国际服务点，分别在日本东京、马来西亚吉隆坡、瑞士洛桑、英国伦敦、加拿大多伦多。

“摩太展示”的这一网络布局，体现了思维的科学性和合理性，便于低成本、高效率、优质量的运营，提升执行力、服务力、综合竞争力。

现今的“摩太展示”，早已不只是一个供货商和制作商，而是一个从策划、设计、制作、安装就位，以及反馈整改、统揽全程的集成商和服务商，能够为客户提供全面的综合的展示服务。

在策划方面，“摩太展示”能够提供总体解决方案，完成策略和创意设计。包括从市场和客户调研开始，逐项完成战略设计、市场和顾客策略、现场勘察和分析、CAD 图纸和图像绘制、描画 3D 透视图和动画虚拟画面和位置等。而提供上述解决方案的场所很广泛，包括企业、机关、医院、餐厅、零售店等等。

在制造方面，“摩太展示”能够承担综合性的集中采购和各种材质与功能的生产制作。包括木结构、金属结构、纸质结构、亚克力结构和 3D 数控等；完成动态、光线、投影和声乐的完美集成；将货品的陈列售卖与后台管控应对和谐结合，从而实现展示用品的高智能化。

在执行方面，“摩太展示”实施全球网络服务，跟进每一个环节过程，行动迅速，高质量完成，并且具有耐用性和可持续性。专业全职的安装团队，具有特殊职业操作认证，可以实现全国同步项目的安装及管理。

在物流方面，“摩太展示”能够胜任分拣、包装及物流等一系列工作。包括特殊包装和成套包装、专业分拣、数据库及库存管理、条形码跟踪、可靠的物流和接收衔接，以及信息反馈和信息整合。

啊，这已经不像是一家制造企业，俨然成了一支能征善战的科技劲旅！

货架，本是寻常物，只是产品、服务和品牌的一种展示工具。货架，又颇为重要，是不可缺少的一种市场终端。因为它完成着商品与用户相联结的“最后一步路”。而要把货架做得立体、生动、智能、互动，这又得花费多少心思、心血和心力。“摩太展示”正是在这样努力着、实践着、创造着，让原本没有生命和感应的货架变得鲜活起来。它告诉我们，产品再小，只要用心，照样可以创造出不同寻常的辉煌。我们这个时代真的需要更多更多的“摩太展示”！

延伸阅读

摩太展示：专业服务一流品牌

上海摩太展示用品设计制作有限公司是一家有着27年历史的专业从事设计制作展示用品的企业。拥有近6 000平方米厂房、精良的设施、先进的装备、雄厚的技术力量和完善的售后服务。下辖有机、木工、金工、写真、雕刻五大车间。主要客户群有美国玛氏食品、妮维雅、诺基亚、强生、飞利浦电器、惠普公司等。

甜蜜的流淌

中道糖业首创液体白砂糖纪实

白砂糖，一粒粒透明可爱的小晶体，是生活必需、厨房必备、寻常普通、家喻户晓。

可是，您是否知道，世间竟然还有一种会流淌的白砂糖？

2017 年 10 月，中国上海，就爆出这样一条新闻：国内首创的液体白砂糖诞生了。顿时，在业界引起了轰动。

液体白砂糖？与颗粒白砂糖有什么不同？为什么要制造这种液体白砂糖？其意义何在？行业为啥轰动？是谁慧眼独具，在国内率先开发成功这种液体白砂糖？

带着一连串问题，我们走进了中道糖业有限公司，见到了这种液体白砂糖。这是一种纯净的糖液，盛放在透明的玻璃瓶内，显得格外晶莹光亮。除了原味的之外，液体白砂糖竟然还有 17 种不同的风味。

液体白砂糖也是白砂糖，但又不是原先人们常见的那种白砂糖。这是一种特别的白砂糖，它无添加剂、无重金属、无杂质、无细菌，甚至连细菌的尸体也被清理出去，因而称得上高度纯净。虽然在国际上早已有了这种液体糖，但是在中国却一直是个空白。

而在中国率先填补空白、首创液体白砂糖的，既不是某位科学家，也不是某家制造商，而是砂糖贸易商——中道糖业的周庆余先生。

商人跨界进入科研和制造领域，并取得成功，这件事引起了我们的浓厚兴趣。

痛点

已从事白砂糖贸易 25 年的周庆余先生深知白砂糖的可贵。各行各业，千家万户，缺之不得。无论是饮料、糕点、糖果，以至酒楼饭店、家庭厨房，都离不开白花花的白砂糖。

他也深知白砂糖取之不易，每年甘蔗产季，从海南到广西，得抓紧榨季的两个月时间，争分夺秒，抢收抢榨，将成熟新鲜的甘蔗经过压榨、熬制，变成宝贵的白砂糖。

尤其是他还深知国内白砂糖产销过程存在着一连串痛点。

首先是生产不合理。传统的制糖工业属于高耗能、高污染行业。其中蔗汁澄清是主要工序之一，长期以来主要采取石灰法、碳酸法和亚硫酸法。这不仅二氧化碳排放大，而且滤泥量大，每生产 1 000 吨砂糖，就会产生 4 吨石灰渣，污染环境。

其次是包装仓储不合理。白砂糖成品一直沿用编织袋和内衬薄塑料膜的简易包装，很容易破损，更不能阻隔外界的污染。由于产季集中，为了均衡供应，储存期拉得很长，流通环节很多，平均流通时间长达 8 个月以上。而在这个过程中，每一个节点都可能是一个污染源。白砂糖的品质和卫生实在难以得到可靠的保证。

再次是流程不合理。一方面糖厂将甘蔗榨汁浓缩结晶造粒，耗费大量能源；另一方面用户在投放生产时，又得先溶解糖变成糖液，才方便使用。这又须耗费大量能源，并且不能保证每批品质保持一致，直接影响产品质量的稳定。这种两头高耗能的情况实在是太不合理了。

据统计，2017年全国耗用白砂糖1 500万吨，其中有70%是溶解成液体之后再投入使用的。

而国际上制糖业普遍采取两步法。即产蔗区只出产粗糖，然后再由专业工厂根据用户需要分别加工成颗粒糖或者液体糖。这样就可以做到全年12个月均衡生产、均衡供应，品质和卫生也能得到充分保证。

在与可口可乐等一些国际知名品牌公司的长期合作中，用户都对周庆余先生提出了液体糖和均衡供应的迫切要求。而国内制糖业因为体制和机制的局限，发展液体糖缺乏必要的动力，白砂糖产销的弊病也就长期不能解决。

制糖本来属于糖厂分内之事，可是，那么多年、那么多人，对制糖业的痛点或者无暇顾及，或者束手无策。而强烈的社会责任感让周庆余先生站了出来。他要运用国际通行的两步法开发液体糖，除弊兴利，让甜蜜事业变得安全、健康、绿色、环保。

攻克

让白砂糖从颗粒变成液体，并不是糖加水那么简单。

这是一项具有企业自主知识产权的科技创新。周庆余先生率领的科研团队首先在实验室取得了成功，拿到了纯净晶莹的液体糖。

为了将样品变成商品、投入大生产，周先生找到自己多年的合作伙伴：浙江天益食品添加剂有限公司董事长皇立新先生。

这家公司原以产销柠檬酸及其系列产品为主，发展快，盈利好。可是，近年来也遇到了发展中的"瓶颈"，公司正在思考企业转型和创新发展。

两位老友一见面，互诉衷肠，一拍即合。决定合资建厂、发展液体糖。合资的新公司取什么名呢？周庆余先生说咱们两个志同道合，公司就取名“同道”吧。

在这家新公司里，先后投资近亿元，用了近两年时间进行设计、规划和建设。2017 年 10 月，国内第一条全自动的液体糖生产线建成了。

这条生产线占地上万平方米，拥有一系列先进装备，通过全封闭的不锈钢管道和阀门联连起来，整个生产流程全长 200 多米。在漫长的管道中，白砂糖原糖首先与纯净水得到充分的接触和溶解，然后采用磷浮法去除各种杂质，再用两次活性炭吸附脱色，又经过板框过滤以及凝胶树脂纯化，进一步除去杂质、有机盐、无机盐、重金属和色素。在微生物控制方面，采用巴氏杀菌和膜过滤除菌相结合的工艺，不但有效全面除菌，还清除了已经灭活的细菌尸体。在此之后，再将稀释的糖液浓缩，让糖液甜度达到 68 度。

可别小看这个 68 度。因为糖液低于 68 度，即易滋生细菌；而高于 68 度，又会产生结晶。而精确地达到 68 度，才能保证液体糖达到晶莹光亮纯净的品质。

目前，这条生产线每小时可以生产液体糖 7～8 吨，年产能力达到 7 万吨。全线还拥有公司所持有的制糖工艺 15 项专利。其中 5 项是发明专利，10 项是实用新型专利。出品的液体糖品质达到了瓶装饮用水的标准，达到了国际一流水准。

经过近万次测试表明：液体糖的各项理化指标、卫生指标都高于国家标准，有几项甚至高于欧盟标准。其中每立升液体糖内的菌落数，国家标准是 150 个，欧盟标准是 30 个，而同道糖业仅 5 个。

效能

与颗粒白砂糖相比，液体糖的好处真是太多啦。

首先是节能。有了液体糖，用户企业从此不再需要溶糖工序。过去一家一户小规模溶糖，劳动生产率低、单位能耗相对较高。而同道糖业大规模生产液体糖之后，单位能耗一下子降低30%左右。如果液体糖的生产流程再进一步向前延伸，从榨糖开始直接生产液体糖，更可以改变目前糖厂和用户两头耗用大量能源的局面，成倍节省能源。

其次是环保。传统的制糖脱色工艺会产生大量石灰渣，每生产1 000吨糖就会产生4吨石灰渣。日积月累，数量惊人；且只能采取就地填埋的方法，严重污染环境。而同道糖业研发的新工艺与传统方法完全不同。每生产1 000吨糖，不仅没有石灰渣，还会产生4吨糖渣，完全可以作为有机肥，对改良土壤大有裨益。

再次是方便。过去用户企业使用颗粒糖，先要升高拆包，然后倒入溶糖罐，加温溶糖，再经过脱色、除杂、冷却等工序，流程繁琐，耗时耗力。而使用液体糖之后，再也无需上述繁杂的流程，可以直接进入生产线，为很多已经基本实现自动化生产的用户厂解决了自动化的最后一步路，生产效率显著提高。

由于可以做到一年12个月均衡供应，中道液体糖的仓储和物流环节大大减少。从公司成品储罐到各地客户的仓库储罐，从接到订单到出厂运输、发货到客户手上，最多不超过3天。从而有效防范了节点太多可能对品质的伤害，并且保证了产品的新鲜度。

尤其是公司采用特制的槽罐车，运用北斗导航，对运输全程进行有效监控，可靠地保证了运输环节的安全。

公司根据用户的需要，对液体糖包装采用了大大小小多种规格，有桶装、袋装、盒装、壶装、瓶装等，并且在这些包装上都采用了防伪二维码。

液体糖的诞生和普遍推广，不仅有着显著的经济效益，更可贵的是带来广泛的社会效益。这不仅是制糖工艺的一项重要改进，更是整个产业链的一次巨大进步，还带来了生活方式的更新和生活品质的提升。

试用

为了细分市场、提供更加细致精到的服务，早在几年前，周庆余先生就把自己的砂糖客户分成七个板块，分别是烘焙、牛奶、果浆、饮料、医药、餐饮和馅料。

如今，液体糖的出场，正好在七个板块各选若干个单位进行试用，分别取得了可喜进展。液体糖果然不同凡响。

可口可乐公司相当关注周庆余先生的液体糖研发工作，进行全过程跟踪。液体糖研发成功之后，它们又立即启动试用程序。经过实验室的小试和中试，现正在一些小品种上扩大试用，效果理想。

面包制作，原先的主要原料是面粉、白砂糖、油脂和鸡蛋。其中面粉是主体，取其麦香；鸡蛋是作为柔软剂和膨松剂，让面包显得松软可口；油脂让面包爽滑；糖的主要功能仅是调味。而改用液体糖之后，居然可以同时兼备调味、柔软、膨松、爽滑多种功能，鸡蛋和油脂都可以省掉。虽然液体糖比白砂糖贵了少许，但是面包总成本反而下降，还更加有益健康。

对蛋糕也做了对比试验。以颗粒白砂糖为甜味剂的，存放五天之后蛋糕就会变硬，这是因为糖结晶了；而以液体糖为辅料的蛋糕存放5天后依然柔软、有弹性。

奶油的主要成分是牛奶、奶脂、油脂、水。原先辅料是颗粒白砂糖，先得溶化，加入奶油后，不容易渗透融合；而采用液体糖不仅渗透性好，而且奶油的保湿性好，光泽度好。

继可口可乐（大中华地区）之后，奈雪、蜂酿等数十家企业也纷纷进行了试用，效果都不错。

近日，甚至有经销商提出包销液体糖的请求。液体糖的前景看好。

可期

液体糖现有年生产能力是7万吨。周庆余先生告诉我们，这仅仅是一期工程的规划目标。目前，液体糖主要还是工业用品，今后要成为家庭用品。各种风味液体糖的研发，不仅是为了千家万户工业化生产的需要，也是为了千家万户家庭厨房的需要。

下一步的发展目标是，二期工程达到年产50万吨规模。虽是现在的7倍。即使这样，也只是占到国内全年用糖量的三十分之一。

公司将注重顶层设计，以全力响应上海市政府打造上海“四张名片”为契机，不断增强企业总体实力，推进产品由“上海制造”向“上海创造”大步迈进。

中道糖业正选择新址，占地370亩，大体是现有工厂的4倍。新厂将成为一个现代化的可观光的工厂，将接受成批人群的参观和体验。还将建设液体糖博物馆，让更多的人认识、理解、采用这种安全卫生的新砂糖。公司还将组织股票上市，将液体糖的发展驶入快车道。

目前公司已经制定并正在执行高于行业标准的企业标准。下一步还将牵头并联合有关大专院校、科研机构和生产企业申报并参与制订液体白砂糖国家标准，以及筹建国内首家产学研一体化的“液体糖联合应用技术中心”。

公司还将继续液体白砂糖的衍生发展和生态发展。不久将有一系列新产品问世。其中有：鸡尾酒专用液体白砂糖、18 味系列果味液体糖浆、出口阿拉伯世界的特种液体白砂糖等，以及可以有效阻断青少年过度肥胖和防治中老年糖尿病的新型健康糖源。

迈入小康社会的今日中国，消费升级已是一个不可阻挡的大趋势。液体白砂糖的诞生，正是顺应了这个大趋势。

有志者，事必成。液体糖，甜蜜的流淌。流淌出甜蜜的今天，也将流淌出甜蜜的未来：更节能、更环保、更安全、更便捷的甜蜜世界。让我们拥抱甜蜜，拥抱未来！

延伸阅读

中道糖业：广受关注，名牌选用

据《中国食品安全报》2019 年 5 月 8 日报道，国内首款液体蔗糖自中道糖业 2018 年问世上海后，受到国内外客商和广大消费者关注，经可口可乐等大型食品企业严格小试、中试，已基本达成相关合作意向。在 5 月举行的第 22 届中国国际焙烤展览会上，中道糖业液体蔗糖吸引众多参展者。

特别学校　工匠摇篮

上海市区西南角有一所特别的学校。

教师，有双证：教师证、技师证。

学生，有双证：毕业证、职业证。

教学设施，有双份：课堂、实训中心。

实训中心是一整幢大楼，足有五六层高，每层广达数以千计平方米。

宽敞明亮的车间里，整齐排列着一排排现代化的先进技术装备，从注塑机、金加工机床、数控机床，一直到3D打印机，应有尽有。师生们正在各种机床前忙碌地操作。

很多来访者会怀疑自己走错了地方：这是学校，还是工厂？

这所特别的学校，就是创办于1963年的上海市工业技术学校（以下简称"工技校"）。

这所学校注重理论和实践相结合，注重知识和技能的并重，实现开放性、自主性、互动性、高效性和拓展性的良好运行，实现技能训练与师资队伍建设结合，学历教育与职业资格衔接，职前教育与职后培训及产教结合。

带着好奇和探究之心，我们兴致勃勃拜访了现任校长王立刚。这是一位中年人，精干谦虚。千头万绪还是从最早的专业说起吧！

创办最久的专业

工技校拥有上海市中等职业学校的三大精品特色专业：模具制造技术专业、数控技术应用专业和产品质量监督检验专业。其中的模具制造技术专业是创办最久的专业，也是最强的专业，在上海乃至全国都颇有名声。

王立刚本人是从工技校毕业的，毕业后曾在华生电扇总厂工作过九年。1991 年到校任职，至今已有 25 年。他对学校有深厚的感情。回忆起当年到校任职，正逢中日两国政府间合作项目“上海现代模具培训中心”成立，学校委派他带领 7 位老师去日本进修，以进一步提高模具专业的培训水平。培训中心的成立，让这个创办于 1963 年建校之初的专业更上了一层台阶。

2007 年，工技校的模具实训中心，被上海市教委作为上海市模具开放实训中心，再次立项建设，进一步得到发展。

而今，模具开放实训中心拥有建设面积 2 300 平方米、设有 339 个工位，配备了进口五轴、四轴联动加工中心与慢走丝线切等先进设备以及 CAD/CAM/CAE 软件和机房，与建校之初相比，不可同日而语啦！

长期以来，工技校一直是全国模具专业 CAD/CAM/CAE 的牵头学校，是全国模具专业指导委员会的主任单位。轻工业部撤销后，又成为全国机械工业教育发展中心模具专业指导委员会的主任单位。不仅是模具行业职业技能培训的领头单位，也是国家教育部模具制造技术专业教学标准的制订单位，还是模具制造职业工种国家职业技能鉴定站。

模具实训中心不仅对本校师生培训，也开展对全国模具专业教师的培训，对中等职业学校的模具教师培训。王立刚说，差不多全国各地中职校模具专业都有老师来这里培训过。

2005年，时任教育部长的周济来校考察时，夸奖学校拥有这么好的专业，不仅为上海也为全国服务，体现了"立足上海，服务全国"的办校宗旨，发挥了老母鸡的作用。

五星级和开放式

只听说过酒店业和餐饮业评星级的，有见过学校评星级的么？

有！

这就是创办于20世纪九十年代初的工技校的数控开放实训中心。经过二十多年的发展，这个实训中心的雄厚实力得到了广泛的认可，现在成了上海市唯一的五星级开放式实训中心。

五星可不是徒有虚名。这个数控实训中心，论硬件，拥有进口加工中心、数控铣床、数控车床、仿真软件、CAD/CAM/CAE软件和计算机房等设施设备，总价值达4 300万元；论软件，拥有一大批能文能武的资深精英。数控开放实训中心的培训范围，从本校师生发展到全市具有数控专业的院校师生，进而拓展到全国中专院校师生。

其实，在工技校，这样高水准的实训中心何止一个！

注重师生专业技能的培养，历来是学校的一大特色。根据专业技能实际需求，学校十大专业配有数量不等的实训室：模具制造技术10个，数控技术应用7个，机电技术应用4个，产品质量监督检验4个，制冷和空调设备运行与维修5个，眼视光和配镜3个，国际商务2个，电子信息技术8个，数字传媒技术应用3个，钟表维修1个。

各实训室设备齐全先进，管理完善，不仅满足本校师生教学和培训所需，还能承担上海市乃至全国的中等职业学校、高等院校及企业相关专业人员的技能培训。

急补市场的短板

工技校的专业设置，不仅有高大上的，也有补市场短板的。比如钟表维修专业和眼视光与配镜专业。

王立刚说，这是急市场之急，急社会之急。

多年前，上海轻工行业有两所技校并入工技校。一所是摩士达钟表技校，另一所是玻璃技校。

这两所技校存量资产不多，在职和退休的员工倒不少，因此，曾有人将此视作包袱。

可是，王立刚不这么看。他认为收纳这两所技校既丰富了学校的教学内涵，也是对改革的一个贡献。同时，他还慧眼独具，看到了这两所学校的潜能。

钟表维修可是当前市场的一个短板，很多人买了进口名牌表，不知何处可以维护保养；即使有维修，市面上也只有寥寥几个点。听说瑞士驻沪领事的一块表让店家保养一下，居然要 3 个月时间，这让他很不理解。实在是因为上海钟表维修技师太少了。而摩士达钟表技校正好拥有经市劳动局颁发的上海市唯一的钟表维修技能考核站资质，可以在这方面开展专业的培训和考核。

王立刚当机立断赶紧把钟表维修专业办起来。

首先，是把这个资质证书转到工技校的名下。然后，试水为一批残疾人士再就业作培训。一下子就培训了近 200 人。既做了社会公益，又补了市场的短板，受到各方面的欢迎。

2015 年，工技校应市场要求，正式恢复了钟表维修专业的招生。市场一下子就起来了。不仅上海欢迎，而且全国各大中城市也闻讯前来报名。

为了进一步推进职业技能培训，工技校还与上海钟表行业协会、中国钟表协会维修分会合作办了一个钟表维修技能大赛，这个赛事既是上海的，又是全国性的，收到了很好的效果。

王立刚说，我们办教育不能功利性太强，职业教育应当从小开始，要让青少年对职业有认识，对专业有认识，文化渗透比技能培训更重要。文化需要积淀，相比之下，技能是第二位的。

经过好几年的酝酿，工技校物色了中山南二路一处校址，3 个楼面共 1 200 平方米，计划建设一座钟表文化科普馆，通过科普教育文化渗透，让孩子们从小就对钟表和钟表文化有认识，逐步培养对职业的热爱和选择。

创新互动的平台

是的，这些年来，工技校经常从另一个角度来考虑职业技能的培训，把职业教育当作一个平台，有文化渗透，有科普教育，有技能培训，也有沙龙交流，还有技能比赛，形成学校、行业与社会之间的互动，把职业教育升华成为一种广泛的社会行为。

模具沙龙。这是模具新技术、新工艺展示的平台，模具专利技术推广的讲台，技术交流与思维碰撞的平台。沙龙设有专家讲座交流区、技术讨论区、产品展示区、模具结构互动区等多功能区域，拥有先进的设计软件与模具演示视频。沙龙经常邀请一流专家讲授最新模具技术与设计理念，通过校企互动、师生联动、寓教于乐的形式，激发学生兴趣，挖掘学生潜力，让学生在探索中感知模具世界的无穷乐趣与奥秘。

体验中心。这是构建现代制造业的氛围和真实情境，开拓性建设的数字化工厂体验中心。利用先进信息技术，实现教学资源的整合与共享，模拟企业生产过程，以制造业生命周期的逻辑过程为主线，向学生全面、真实地展示企业各种真实场景及各个工作岗位内容。同时借助网络的及时传递，记录学生实训过程与表现，为学生过程评价提供有效的参考信息。

技能比赛。结合本校电加工和模具专业的特长，2015 年 11 月工技校承办了全国首届电切削工技能大赛。这在全国可是第一次，属于国家级二类大赛。

双证融通。2012 年开始，工技校成为首批双证融通的试点学校即毕业证书和职业证书融通。在上海市教委和人社局的合作和支持下，毕业证书由学校颁发，而职业证书由人社局考核后颁发。并且由工技校牵头，制订了数控专业双证融通的技能、职业素养考核标准。

与名牌企业合作

工技校的又一大亮点是，与国际知名品牌企业合作。

学校先后与日本三菱电机、日本沙迪克、瑞士 GF 公司等世界著名公司签约，实行校企合作，共建实训室，共设实训课程，共育技能型人才。现在与学校合作的知名企业已多达 30 余家。

许多知名企业把自己最先进的技术装备放进了学校的实训中心。在这里，我们见到了机器人制造商发那科、三菱电机、瑞士电加工知名企业 GF 公司和沙迪克电器等众多公司提供的一大批先进技术装备。

王立刚说，教育必须与时俱进，传人以最新的技术和技能。而许多企业的前沿技术，我们坐在办公室里是不知道的。只有把企业请进学校，很多前沿技术才可能进来，学生学到的东西才不会过时。

同时，企业也很想用好学校这个平台。一是可以展示企业的形象，二是可以拿到企业想要的人才。所以这是一种双赢多赢。

工技校的实训中心实际上是校企合作的共同体。

企业的一种新的技术装备进来后，老师跟它学，学生也跟它学，实训中心的企业化建设可以培养出大批高素质的技能人才。

比如，三菱电机把最好的设备放进来，总价值达400余万元。磊立模具的先进设备，每台价值数十万元。沙迪克的电加工设备价值也达200余万元。而且这些设备还一直在更新，老的换掉，更新的进来，始终保持先进的水平。

企业的技术专家还到学校帮着开讲座，培训教师，培训技术骨干。双边人员不仅交流了技能，也实现了情感交流，合作也更为融洽。

王立刚说：企业与学校合作是一种无形的广告，大家看到我在用这些设备，而且用得得心应手，于是也会跟着学。我用什么设备，他也用什么设备，起到了推广示范的作用。

不在黑板上开机床

育人先育己，王立刚强调一支高素质的教师队伍是职教事业成功的保证。

正是在这种思想指导下，而今的工技校的教师队伍，拥有一大批高级技能职业资格证书即技师及以上。专任教师均具有本科或研究生学历，85%的教师拥有中高级职称。全校专业教师中，拥有双师证的占教师总数的75%以上。其中模具和数控专业拥有双师证的占教师总数90%以上。很多技术难活，教师都会做。

教师们追随着时代进步和社会变迁，不断更新知识，掌握新本领。

3D打印作为一项先进技术，工技校很早就引进，敢于领先。没有教材自己编写。现在3D打印已颇具规模，并且还向社会开放，为社会提供服务，与企业合作共同开发产品。

在采访中我们见到了由3D打印完成的带有浮雕的塑料透光灯罩和造型复杂的金属手表立体模型，以及其他复杂的产品零部件，让我们大开眼界。

为了进一步推广3D培训，市教委专门设立了面向全市教育界的3D打印职业技能体验日，工技校每年有4天向全市学校师生开放。后来又进一步扩展社会开放面，徐汇区的中小学定期可以来，将3D打印的普及面扩大到极致。

从德国进口的五轴联动加工设备，是另一项国际先进的高端加工设备，它可以里外同时从不同角度加工极其复杂的造型的金属机件，瑞士来的技师只是示范了一下，而教师们经过刻苦钻研，现在已经能够运用自如，达到了较高的技术水准。

学生们赞誉说，我们的老师不是在黑板上开机床，纸头上开车床，而是能文能武，技能过硬，为我们作出了表率。

挑大梁的毕业生

这些年来，学校精心培育向各行各业输送了一批又一批能文能武的学生，把她称之为工匠的摇篮，毫不过分。

这些毕业生中的很多人成了业务骨干，有些还在企业挑起了大梁。

毕业于1974年的沈建芳，现任上海海立集团股份有限公司董事长、党委书记，获得"全国劳动模范"称号，是"第四届全国优秀企业家"，享受国务院特殊津贴。他所领导的海立集团已经是全球第三大的空调压缩机生产企业和全球最大的电机生产企业，并且实施国际化战略，在全球布点，取得了出色的业绩。

学校92届毕业生孔啸，专业从事模具研发和制造，如今是国家模具CAD工程研究中心副主任、江苏申模数字化制造技术有限公司总经理、中国模具工业协会副会长、教授级高工。先后荣获"第六届上海十大科技英才""江苏省高层次创新创业人才"等荣誉称号。

近几年毕业的学生中也不乏年轻才俊。2003年毕业于模具设计和制造专业的毛晨佳，于2010年创办上海测源数码科技有限公司，任副总经理、技术总监。除负责公司主营业务外，还担当培养公司技术团队和对技术的创新性应用工作，由他领衔创立的一项先进技术已成功应用于古建筑考古、传统建筑流程、重工业、能源行业等数十个行业领域。2012年毕业的任培强，成为90后技师，现就职于上海航天精密机械研究所，2014年参加上海市职业技能竞赛，在高手如林的比赛中获得第一名，并荣获"上海市五一劳动奖章"。

坚忍不拔再攀登

"职业教育今天的辉煌来之不易，发展路上是有起伏的。"王立刚如是说。

20世纪九十年代一度出现高考热、高中热，工技校连招生都成了问题。当时的质检专业一年只招到7名学生。

如今，职业教育正迎来又一个春天。国家编制了《中国制造2025》，中央领导一再提倡弘扬工匠精神。工技校恰逢盛世，正在迎来新一轮大发展。

王立刚说，工技校虽然不会再做大规模扩张，但是，我们会把工作重心，放在素质提高，放在开放实训，放在示范推广，让全社会的职能教育上规模、上水平。

王立刚十分感慨地说：爬山快到山顶，这是一种什么感觉？有人可能想歇一歇，而我想重新回到山脚下，再次出发，再次攀登。我们要把职业教育的本质看得更清楚，把职业教育的基础打得更扎实，打造一个精品的特色学校，不是规模的而是内涵的再发展。实现文化优良、结构优化、教学优质，为国家培养一批又一批高质量的德艺双馨、文武双全的人才。

（原载《上海轻工业》2016 年第 3 期）

延伸阅读

上海市工业技术学校：开设“学劳模班”

2021 年 11 月 30 日，21 位来自各行各业的全国劳模、市级劳模走进上海市工业技术学校 17 个班级，与学生“零距离”对话。从当年上半年起，每周五都有这样的“学劳模班”，全校学生不分专业都可自愿报名参加。通过讲座、参观、结对等不同形式，让学生切身感受和学习“劳模精神”，让劳模育人文化融入校园文化，让“劳动光荣、劳动幸福”的种子在学生心里扎根，助力高素质技能型人才的培养。

赤诚爱心育奇葩

记周卓和他的"派菲特"

有一朵艳丽的奇葩，绽放在当今中国的文具装备行业。这就是周卓和他的派菲特自动化科技有限公司（以下简称"派菲特"）。

派菲特以"平稳、创新、坚韧、友善"为指导方针，集设计、制造、销售为一体，为制笔文具以及其他行业研发并提供着一批又一批专业的非标自动化集成设备。迄今累计已达数千台之多。

几乎无一例外，中国文具行业诸强企业，都用上了派菲特的先进装备。其中有晨光、得力、爱好、真彩、文正、贝发，等等。

实用、优质、集成、高效，再加上精细的量身定制，周全的售后服务，热诚的技术培训，形成了派菲特的独特风格，博得了诸强企业的一致好评。产品不仅国内热门，而且还远销世界许多国家。今日派菲特，已是顶尖的非标自动化集成设备制造商。

人们盛赞派菲特：为中国制笔文具行业的整体进步，插上了腾飞的翅膀。

启航：从学业到创业

周卓投身设备制造业，并非偶然，直接与家学渊源相关。

周卓亲自编导的一部视频，生动演绎了父辈乐于助人、热诚解困的一幕幕动人故事：一个电话打来，哪怕刮风下雨，哪怕深更半夜，邻居家的一段线路坏了，一个收音机不响了，……父亲就立即赶往现场，手到病除，解除难题。在年幼的小周卓眼里，父亲简直就是神一样的存在。

从小耳濡目染，让周卓明白，什么是社会责任，什么是重于泰山。

考进南京工程学院，周卓主攻的是机电一体化专业，他的志向就是要造出世界上先进的好设备。

毕业之后，他不满足于已经就业的高薪职位。不久之后，怀揣理想，投入了充满风险和挑战的创业洪流。

2004 年 8 月，派菲特的前身苏州新维自动化科技有限公司成立。开始为明基、罗技、绿点等电子企业生产初级装配及检测工具，积累了一定的实战经验。2007 年 5 月，周卓又率队毅然进入了文具行业自动化专机领域。

周卓不甘心文具制造装备长期依赖进口的现状：为什么非得向德国、日本乃至韩国进口，而不能自主制造。他立志改变这种局面。

这就有了向客户主动求战的动人一幕。为了取代每台 70 万元从韩国进口的笔芯机，周卓向客户表示：没有合同，没有付款，先做起来再说。结果是令人振奋的。试制的首机完全达到了国外同类产品的先进水平。诚意和实绩，让挑剔的客户也不得不为之感动和信服。2008 年，周卓有了第一份文具装备的制造合同，总价达到 680 万元。

局面一旦打开，生意接踵而来。志向高远的航船，就此启程。

屠龙：从单机到集成

小有成就，只是一个开端。小试牛刀，为的是屠龙。

周卓并不满足于过往业绩。自动化单机虽然不错，可是仍然有太多的不如意：一人一机一工序，还是跳不出“人海战术”。比如笔帽装配有5道工序，就需要5台单机5位工人去操作。相比国际大牌，劳动生产率仍然有较大差距。周卓率领派菲特团队专攻集成化改造，笔帽装配的5台单机变成了1台整机，5个人操作变成1个人操作，劳动生产率大幅提高。

设备集成的关键，是同步协调；而同步协调的关键，又是中心轴。又长又丑的中心轴，隐藏在机身肚子里，周身有着各种凹进凸出的凸轮，操纵着不同工位的运转。依靠扎实的学业和细致的运算，再加上精准的加工，技术难度很高的中心轴在周卓和他的团队手里如意完成。中心轴，是主心骨，又是指挥棒，巧妙调度着各个工位，演奏出和谐美妙的协奏曲。

设备集成，是爱心雕龙，雕出的是一条条精美实用的龙。派菲特的龙，没有过于庞大粗犷的身躯，而是小巧玲珑，占地不大，操作简便，高效惊人。派菲特的龙，不孤独，这是一个日益兴旺的偌大家族。仅仅为制笔文具行业提供的龙，就有全自动中性笔笔芯装配机、全自动大容量中性笔笔芯装配机、全自动中性笔笔夹装配机、全自动马克笔超声波成品装配机、全自动中性笔装配机、全自动多色笔芯划线检测机、全自动笔芯划线检测笔头清洗垂直点蜡一体机、全自动灌装机、全自动成品笔装盒机、全自动半自动转印机、全自动的各类贴标签机，一直到最新的直液式“巨能写”成品笔装配机，以及对于机器人的集成应用，等等。这些小龙可以独立完成5个、10个，甚至20多个工序的工作，真可谓“一气呵成”。

设备集成，并不是样样从头开始，在派菲特，各种部件和工位，已普遍实施了标准化、系列化、模块化，从而实现了设备集成制造的高效率。从客户下订单到设备交货，全过程只需要 3 个月。而实际工期更要短得多。

合作：从制造到参与

周卓说：“如果说，5 年前我们还只是设备制造商，那么，今天我们已经能参与笔厂的新品开发，提供生产制造的整体方案解决。”

这是一种新型的合作关系。设备制造商不再是被动，而是主动；不再是单纯买卖，而是积极参与；不再是掌控于事后，而是运行于事前。这样的合作，使得派菲特为用户所提供的各类全自动、半自动生产线，不但先进，而且适用，对接完美，得心应手。

在许多文具制造企业里，做产品设计的人，几乎不懂机械，于是，产品往往好看不好装；做机械设计的人，又不太懂得如何以最低成本去最大限度满足用户要求。而周卓和他的团队正好由复合型人才组成，既懂产品，又懂机械，还懂各种材质的匹配。比如，小小一支笔，不同部位的耐腐蚀程度不同，选用材质也就有所不同；不同部位的耐磨性能有不同要求，工艺加工也就有所不同。

因为知根知底，客户充分信任派菲特。无论晨光，还是得力，每当这些大牌公司有一支新笔研发出来，就会邀请派菲特参与其中，不为别的，就为共同探讨新笔如何投入大生产。机器应该如何设计，材质应该如何选用，模具应该如何安排，以取得工艺、技术、材质和设备的合理匹配，为成批量、高质量、顺当运行，打下坚实的基础。

随着数字化技术的普及，作为书写和记录工具的笔，正在趋于简单化。中性笔取代了自来水笔，直液式笔又正在取代中性笔。要么是简单书写，要么是功能性笔，结构很复杂的笔在市场上快速萎缩，除非为了收藏之用。在这快速变化的年代，更加需要设备制造商与文具制造商的密切配合。

周卓说：今天我们为用户量身打造，实现装配工艺的集成化、机台的标准化和模块化，今后还要积极推进制笔加工体系的柔性化，从而为行业的快速发展提供更加完美的服务。

维稳：从设备到人才

在周卓眼里，提供先进制造解决方案，仍然只是"行百里者半九十"。维护健康运行，高出勤，低故障，全负荷，才是更高目标。

近年来，派菲特热诚为用户提供技术培训，为设备的日常运行、维护保养和故障排除，提供必要的人力资源保障。周卓是站在高处思考这个问题的。他常常说："技术平民化，行业才稳定。"他要把一整套检修技术交给用户，交给更多的人。

的确如此，以往在一些企业，关键设备的维修技术往往掌握在少数几个技术骨干手里，还常常捉襟见肘，青黄不接。这就暗藏了不小的隐患。一是维修不及时，影响平稳运行；二是个别人挟一技之长，要价甚高；三是稍不满意，就走人，造成生产的被动。

在中国制笔协会的重视和指导下，派菲特正在积极思考和安排有计划地为用户单位培训检修技术人才。

周卓笑着说，如果每个用户单位都能自己承担起必要的日常维修和保障，派菲特就可以腾出手来更加注重于趋势的研究和创新的研发。

整个培训将由浅入深，由局部到整体，理论结合实际，重在实干，为学员今后的精细化检修夯实基础。培训决不泛泛而过，而是扎实有用。培训周期结束，必须接受考评。合格者才能获得培训证书，以兹证明。

深爱：从前台到后台

如果说，工匠精神是一种爱心雕琢的过程，那么，悉心于售后服务则是为了让爱心永恒。

作为方案解决提供商，完善又完美的售后服务，是必不可少的。周卓说“每一台设备出厂，都是派菲特质量管控体系的延伸。”派菲特不做一次性买卖，不做拍拍屁股就走人的甩手掌柜，而是尽心尽职尽责，为用户负责到底。

派菲特在杭州、宁波等地设立售后服务中心，江浙沪地区 24 小时到达现场；其他地区 48 小时制订方案，实行全天候的维修服务。同时，又甄选优质客户，以售后服务年度打包合同的形式，推出六大售后支持。包括：常驻客户当地；报障即时响应；定期维护保养；免费出勤维修；机修团队培训；24 小时待命。始终以高效服务为客户保驾护航。

周卓告诉我们，售后服务还将进一步完善。派菲特计划在不久的将来，只要设备出了厂，上了岗，相关的无线后台监测就开始运行工作。

后台监测，不仅监测设备的一般运行情况与保养情况，催促用户单位定期清洁与上油，而且还要监测生产线上每一个工位每一台单机的出工出力情况，分析其中的差异和失衡。凡是故障率较高的部位将得到优先的考察和改进，从而保证设备整体的协调性、完好性和高效性。

这哪里还是通常意义上的售后服务，简直是服务到家、休戚与共的命运共同体。

周卓和派菲特的故事并没有到此为止。在继续忠诚服务于制笔文具行业的同时，抓住国内产业升级和两个循环并举、重点发展内循环的战略机遇，与汽车、电子、医药等新领域的新合作也在全面展开，派菲特正在努力创造更加辉煌的明天。

周卓深情地说："所有的自动化设备，生前都只是一堆金属。唯有用心把自己的想法表达出来，它们才有了韵律和生命。"

是的，正是赤诚爱心，浇灌成就了派菲特这支自动化集成装备的奇葩，而且越来越鲜艳夺目！

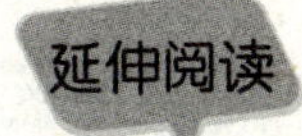

派菲特：专业集成制造商

苏州派菲特自动化科技有限公司是专业的非标自动化设备集成制造商，也是全球顶尖的机器人制造商发那科的全球合作伙伴。拥有 16 年行业经验，主要致力于自动化集成设备的研发、生产和销售，能够基于客户要求提供一站式自动化集成技术方案。主要服务领域有文具设备，以及汽车、医疗健康、半导体等行业。

陶士铸史诗　激情筑丰碑

记中国陶瓷艺术设计大师蒋国兴

提起陶瓷艺术，人们往往首先会想到宜兴的紫砂茶壶、景德镇的青花粉彩。的确，长期以来，人们以为陶瓷就是茶壶、花瓶，茶壶、花瓶就是陶瓷。陶瓷艺术似乎只是一种供人品茶、摆设、欣赏、把玩、收藏的私人物品，是一种小众用品。

如今时代不同了！在“互联网+”的新时代，陶瓷艺术正在发生巨大的变革：从小众用品走向大众用品，从私密空间走向共享空间，从花鸟虫草走向海阔天空。小陶瓷变成了大陶艺。

大陶艺，大在何处？

大就大在上海东方艺术中心满墙、满墙的巨大艺术壁挂；

大就大在中国第一高楼“上海中心”底层大堂的巨大屏风；

大就大在世博村一号建筑世博洲际大酒店“京剧交响”的陶瓷艺术壁挂和“万象缤纷·生、末、净、旦、丑”的陶瓷艺术壁画；

大就大在地铁11号线龙华寺站的“龙华钟鼓”陶艺装置；

大就大在上海音乐厅、马勒别墅、外滩源等等众多优秀文物建筑的陶艺修复……

而引领陶瓷艺术进入公共空间、创制大陶艺的杰出人物，就是全国五一劳动奖章获得者、中国工艺美术大师、国家一级美术师、研究员级高级工艺美术师蒋国兴。他是大陶艺的带头人，大陶瓷的践行者。

如此神奇的杰出人物，自然引起了笔者的浓厚兴趣。

先声夺人

前往蒋国兴大师工作室的路很顺畅。沿着杨高路，一路北上，到东靖路右转，找到新行路340号，就是了。这里是高行镇文化活动中心。二楼左侧就是蒋国兴大师工作室。这是由上海文化创意产业基金和高行镇政府合力兴办的。于2012年9月开张。

推开古朴典雅又有点沉重的中式大门，迎面就是一座巨幅彩色壁挂，夺人眼球。仔细端详，恰似五彩的京剧脸谱抽象画。

整套工作室的布置，真有点中国古典园林的设计风格，曲径，隔断，却又不封闭。一步一景，移步换景。

这边厢，是各种陶瓷壁挂、屏风、陶瓷装置的设计图、示意图，那边厢又是各种精巧的陶艺摆设实样展示，陈列架占据了整堵墙面。

又进入一个小间，是整齐排列的8座玻璃立柜，分别展示多种陶瓷艺术品，在灯光烘托下，格外立体动人。隔邻一间，是多位公共艺术陶瓷的设计大师作品，显示了包容、交流与博采众长。再进入一个小间，是一座硕大古鼎陪衬下的四幅京剧人物画，估计也是供陶瓷设计所用，不久将会成为巨幅陶瓷壁挂作品。

转过这些小间之后，是一大空间，分列好几排原木凳和工作台，墙上的红色条幅提示我们：这里是课堂，既是大师设计创作之地，也是培育新人、传授技艺所在。

啊！大师工作室，竟是如此丰富多彩，简直像一座环境陶瓷艺术的博物馆。

此情此景，逗得笔者兴致高起，拿起手机，咔嚓咔嚓，一路拍摄过去。未见大师，已是收获颇丰。

远处传来了蒋大师的声音："是唐老师吗？"我连声答应："是！是！"

应声而去，转进大会议室，蒋大师早已在那里等候，亲手为我沏上一杯故乡宜兴当地出产的阳羡雪芽，顿觉一阵清香沁人肺腑。

"上海中心"

蒋大师刚被评为"上海市十大劳模年度人物"，"五一"前夕又被评为全国劳动模范，我想话题就从这里开始吧，不料，大师却连连摆手：过誉了，过誉了。

话锋一转，蒋大师说：不过，2014 年和 2015 年确实是我们的创作丰收年。

何以见得？就从中国第一高楼"上海中心"说起吧。

这座举世瞩目的高楼，当然要有一流的环境艺术相衬托。这些日子，由蒋大师领衔的团队正日夜赶工，要在 6 月底之前完成布置在高楼底层大堂的大型陶瓷艺术装置"鱼乐图"。

鱼乐图？同名的画作太多了，从古至今，众多画家喜爱这个主题。

蒋大师看出了我的疑惑：这次不同，可以说前无古人！虽然作品面积不大，只有 120 平方米，但包含的内容、表现的手法，却是"海纳百川"。

我们把上海比作大海，各种人才汇聚其间，寻找遨游的机会。上海的城市精神，能让很多身怀创业梦想的人有广阔的发展空间。上海因水而生，因水而兴。水是包容的、多元的、柔和的、灵性的。"鱼乐图"就是要表现这样一个主题。

为了体现这个主题，蒋大师领衔，携同阴佳、郭爱和两位主创，带领设计团队，从2013年8月开始设计，几易其稿，到2014年12月底定稿。最后的设计方案得到业主、有关专家以及"上海中心"建筑总设计师、美籍人士司马朔认可，成为指挥部采纳项目。

为了更精彩地体现这个主题，蒋大师打破门户之见，集中了全国各大名窑窑口的精湛技艺。有河南汝窑、钧窑，河北磁州窑，洛阳三彩艺术，景德镇青花艺术，浙江龙泉窑，宜兴紫砂等，运用了综合表现手法。同时，组织了18位国家级陶瓷艺术大师来共同打造制作，把大师们的激情和才学技艺融会在一件作品上，奉献给上海这座城市。这真是史无前例！

由于主题的立意高远宽广，制作技艺又博采众长，使得"鱼乐图"有了思想，有了灵魂，有了生命，变成了一幅史诗般的陶瓷作品。

我迫不及待想一睹"鱼乐图"的风采。在蒋大师引领下，我在展示厅，见到了设计图和效果图，果然不同凡响。

那"鱼乐图"全画面展开，足有几十米长，整体造型犹如盘旋的花瓣，动态自然柔和。整幅作品由宽度20 cm、30 cm、40 cm、50 cm宽度不等的陶瓷板组成，合计127排，代表着"上海中心"127层的层高。陶瓷板组合的正反两面，共遨游着632条鱼，代表着"上海中心"632米的高度；同时，单面由众多鱼泡和游鱼组成一条龙的形状，又象征着迎风搏浪、鱼可化龙。而龙头位置正好处于接待台中心。

整个背景采取大泼墨式的晕染效果处理，雍容华贵却又现代时尚。那一条条亮黄色游动的鱼儿，与背景形成鲜明对比，由于采用现代平面构成的法则切割而成，更显得活力十足。那海平面的波浪翻腾，给人以奋斗不息的启迪。

我不禁赞叹，这幅巨大的“鱼乐图”，不正是鱼翔大海、搏击成龙的生动写照吗？在上海这片大海，凡是有梦、有志、有智、有为者，必能成就一番事业！

宜兴新造

蒋大师是宜兴人，20 世纪 90 年代中期开始就来到上海打拼，并于 2002 年作为优秀人才引进上海。上海的事业发展了，家乡的巨变，他也记挂在心。

近年，中国陶都宜兴市投资 20 多亿元，兴建了规模宏大的宜兴文化中心，包括博物馆、科技馆、大剧院、图书馆四大建筑。为了体现陶都的特色，这四大建筑都需要有大幅的艺术陶瓷作品相配饰。

蒋大师接受重托，为其中的三大建筑设计创作装置作品。

为大剧院设计的“梁祝情”，源于宜兴是国家认定的梁祝传奇故事发生地之一。如何用陶瓷艺术重现这一家喻户晓的爱情故事？蒋大师专程去拜访小提琴协奏曲的作曲者之一陈钢教授。在此之前，蒋大师与陈教授已经有十多年的亦师亦友的渊源。小提琴协奏曲那委婉动人而又高屋建瓴的创作风格，根在宜兴这块沃土，产生了无穷的艺术魅力。

蒋大师取出画稿，让陈教授过目。陈钢深情地回忆说：当年创作小提琴协奏曲，是天马行空、无边无际。你这个作品怎么做，从构思到画面，一定要记住，体现梁祝精神，追求自由、追求爱情，而不是一个具体画面。

蒋大师说，陈钢教授的创作理念直接影响了我。"梁祝情"从主题、思想、构图、表现形式，都体现了奔放而又委婉的自由与爱情。几易其稿，终于得到政府与专家的认可。

为大剧院设计的另一幅作品是"氿光曲"。氿，是宜兴特有的一个文字。在当地，氿就是小湖泊，或者就是小溪。蒋大师说，贝多芬有"月光曲"，任光有"渔光曲"，都十分感人。那么，当代装置艺术"氿光曲"如何构思？创作时，我重温了宜兴历史上杰出的戏剧音乐方面的艺术名家，最后决定把最有造诣的三位宜兴名人的艺术形象作为代表，集中体现在这一作品中。

一位是明朝的吴炳，曾做过礼部尚书兼东阁大学士，最大的成就是戏剧创作，其中《西园记》为昆剧传统剧目之一，《绿牡丹》名列《中国十大古典喜剧》。另一位是话剧"夜上海"的作者，著名剧作家、导演、演员于伶。还有一位是当代的二胡演奏家闵惠芬。

这三个人，合起来就是一个"众"，足以代表宜兴在中国音乐、戏剧领域中的地位。同时，配以宜兴的非物质文化遗产宜兴丝弦、盾牌舞等画面，使整个装置熠熠生辉。

蒋大师为宜兴科技馆设计的艺术装置，别具一格，是一座高大雄伟的立柱，取名"圆梦柱·生命"。这是一座五彩的柱，气势恢弘。立柱上大下小，是有变化的，并且呈不规则圆。表现的是志存高远、圆梦海天。仰望立柱，谁不会为之激励、放飞理想？

而为博物馆里宜兴美术馆中庭创作的"山水禅"，是另一幅巨型陶艺装置。此幅作品足有十四米高、十米宽，由近四千片不同花纹的陶瓷挂片合成，表现的是山水禅意。虽然基本元素只有青灰和白两色，但是通过深浅变化，灵动组合，生动地体现了山水的变化起伏、禅意的无穷无尽。其深远、平和的意境，让人们久久回味。

育人培苗

蒋大师是中国陶瓷艺术一代巨匠王寅春的再传弟子，王大师长子王石耕就是他的师父，几乎是手把手的悉心指导，让他从一名普通的堆缸工，成为一名出色的紫砂匠人，进而触类旁通，独树一帜，成为陶艺大师，成为上海工艺美术在陶艺方面的一面旗帜。

他的艺术观念和创作意境也发生质的转变：艺术气质，从个性到共性；服务对象，从小众到公众；思想落脚点，从造物到造境，成为空间陶瓷艺术创作设计的领衔人和践行者。

他深感师恩，同时也深知陶艺事业须代代相传，培育新人、建设团队，是责无旁贷的历史重任。

在大师工作室的一侧墙面上，笔者留意到一幅别开生面的《劳模工作室带徒规划》。上面写道："为弘扬中华陶瓷文化，延续中国陶艺界师授徒承传统习俗，坚守'以德为先'古训，努力造就德艺双馨陶艺人才，促进环境陶艺和海派紫砂文化的有序传承和不断发展，更好地服务于现代经济社会建设，本工作室特制定如下带徒规划。"

带徒规划的内容实在、具体，就如同蒋大师其人，朴实、淡然。

主要内容有四条。一是继续带好一批在学徒弟，倾心相授，关心他们的思想进步、品德修炼和技艺长进，达到独立完成陶艺创作的基本思路和技艺水平；对学有所成的徒弟建立经常性联系和交流，邀请他们参与重大项目的创作，共同为办好工作室出谋献策。

二是以三年为一周期，在精心挑选苗子的基础上，秉承优胜劣汰和双方自愿的原则，带五六名徒弟。

三是依托同济大学建筑和规划学院等高校的优质教学空间与设备资源以"陶艺设计"课程为切入点，合作建立校内校外、理论与实践互动的长效教学模式，持续培养视野开阔兼具陶瓷艺术修养、陶瓷制作技艺、创作设计才能和市场开拓能力的复合型环境陶瓷后续高端人才。

四是与上海工会管理职业学院、上海工艺美术学院、上海视觉艺术学院等院校相关专业合作，精心传授陶艺知识和传统技能，提供完备的实践机会，把本工作室打造成有特色的陶艺专业"劳模育人实践基地"，努力为社会培养大批兼具文化知识、陶业技能的高素质创新型人才，并且从每年毕业生中挑选精英人才加入本工作室创作团，予以重点持续培训。

这个"带徒规划"，展示在我们眼前的，是一座人才培育的"金字塔"。最高端是能独当一面的复合型高端人才，中间是一批持续培训的爱徒，基层的是大批的陶艺创新型人才。这样才能保证中华陶艺源远流长。蒋大师真可谓深思熟虑、高瞻远瞩。

蒋大师在荣获上海市"十大劳模年度人物"时感言：艺术的出路惟在创新，我愿意守护中国文化这一片美丽的天空，更推崇从传统中冲出来，冲向一个新世界。

我们衷心期望大师有更多的新作问世，让城市公共空间更加美丽壮观。我们也期望着大师有更多的爱徒成才，把环境空间装点得更加多姿多彩！

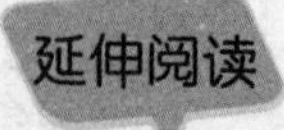

蒋国兴：作品累累，荣誉等身

蒋国兴先后荣膺上海市劳动模范、上海市领军人才、全国劳动模范、全国技术能手、全国五一劳动奖章，是中国工艺美术大师、教授级高级工艺美术师、国务院特殊津贴专家，拥有设计、实用新型等专利46项，获得大世界吉尼斯纪录4项。代表作品有：上海东方艺术中心陶瓷壁挂、上海世博园《京剧交响》《万象缤纷·生末旦净丑》、上海中心《鱼乐图》、上海国家会展中心地铁站《诸光开物》、上海地铁11号线龙华寺站《龙华钟鼓》，等等。

用第三只眼睛看世界

记设计大师孟国良

孟国良，今年50出头，入行30余年，佳作迭出，事业有成。可是，人们却很难把握他的确切身份：广告人？实业家？画家？诗人？设计师？策划师……

孟国良不喜欢别人称他"孟总"，更喜欢"孟老师"这个称呼。他说，我追求艺术创作、追求创意设计，一辈子，不厌倦，与时俱进，我就是个艺术追求者和创意策划师吧。

细细想来，此话倒也实在。

如果说，当年孟国良为全国最大照相机厂的"海鸥"牌照相机度身打造广告"用第三只眼睛看世界"，描述精准，立意高远，荣获大奖，因而一举成名，那么，此后三十年来，他的一系列精品佳作，包括为2010中国上海世博会策划设计制作的成套成套宣传品和纪念品，为上海著名的F1大奖赛、大师杯网球赛等四大赛事而设计制作的成套成套宣传品和纪念品，等等，无一不闪烁着创意的火花、艺术的光芒，博得了广泛的好评、踊跃的收纳。

"用第三只眼睛看世界"，其实，也正是孟国良本人的真实写照。你看他，不正是用"第三只眼睛"——艺术和创意之眼，为我们策划和展现了一幅又一幅美好的意境。

当年，中国广告界泰斗徐百益老先生曾经为孟国良题词相赠：

“风华正茂。”如今的他，依然青春常驻，意气风发。

天性聪颖　以画养画

天性聪颖的他，从小就喜欢艺术，喜欢画画。可是，在那个年代，除了温饱，不可能再有零花钱，颜料、画纸，都成了奢侈品。与其渴求，不如自己动手。灵机一动，孟国良制作了一些小幅油画，约上同学打掩护，偷偷地在学校对面的襄阳公园门口、淮海路的梧桐树下去出售，由于这些油画具有装饰性，居然有不少人赏识，愿以 5 元钱一幅买去。孟国良由此“富裕”起来，不仅足以支付买画材的钱，还买了一块“钻石”牌半钢手表，足足花掉了当时称得上“天文数字”的 85 元钱。后来因为学校规定中学生不准戴手表，被老师发现并没收，交还给家长。此时，孟国良的父亲也惊呆了，因为他手腕上戴的还只是从旧货店淘来的二手货“上海牌”。

创意出众　耳目一新

1979 年，改革开放，恢复了广告业。其后，1982 年孟国良入行从事广告工作，有幸成为新中国新一代广告人。1987 年，他为上海照机总厂“海鸥”牌照相机创作的平面广告“用第三只眼睛看世界”，在上海市首届优秀广告展评赛上，紧随中国广告第一人徐百益老先生的作品，荣获大奖。徐百益老先生的大奖证书是 001，孟国良是 002。通过文字创意抒发广告内涵，令行业内外耳目一新。徐老也为之欣喜，在孟国良 30 岁生日那天，送来一幅墨宝“风华正茂”。在徐老的赞赏和点拨下，孟国良从此对广告痴迷至今。

回馈社会 创制巨壶

1994年4月上海第一届国际茶文化节开幕，闸北公园门口竖起了一把巨大的铜壶，高2.5米、重1.5吨。当时任中共上海市委副书记的陈至立女士，亲手按下电钮，那巨壶口便缓缓流出"茶水"。顿时，人声鼎沸，叫好不绝，彩旗飘扬，全场欢腾。

这把名为"竹节柿形提梁壶"的巨壶，就是由孟国良精心设计、制作，并且捐赠的。他投资25万元，历时40余天才完工。壶身由书法家赵冷月题写"壶王迎客"。这把当时全中国最大的铜壶，入选了大世界吉尼斯"中华之最"。后来也成为上海的一个标志性景观，一直至今，还为人们所津津乐道。

这是孟国良用自己的创意所得，第一次用这种方式回馈社会。他在赞助茶文化节的善举中，用特殊方式弘扬了中国的茶文化。

世博亮相 精彩纷呈

让孟国良大显身手的是2010年中国上海世博会。

这是已有百年历史的世博会首次在中国举办，举世瞩目。这届世博会的主题是"城市，让生活更美好"。在接受了世博会的一系列宣传设计制作任务之后，孟国良想得更多的是：上百个国家和地区的不同文化、展馆和精品汇聚一堂，更需要理解和沟通。

于是，由他设计的世博主题宣传画由此而生，遍布申城大街小巷。画面中，由一只海宝领衔，几十个孩子手拉手，站在中国馆前，肤色不同，笑容相似。蓝天白云间，写的正是八个隽秀的毛笔字："理解、沟通、欢聚、合作。"

孟国良为这一届世博会精心设计和制作的还有"全景世博"

DVD 集册、世博官方电影、世博论坛集册等。时任国家领导人赠送各国首脑的纪念章，也是由孟国良设计的。

每一件作品，他都动了一番巧妙心思。比如“全景世博”的精装封面设计成了一只照相机镜头，寓意通过镜头观赏精彩世博。官方电影，他设计了普及版和贵宾版两个版本，在贵宾版上大胆采用了“逆向光油”的新工艺，在纸面上形成磨砂的感觉，相当高雅贵重，人见人爱。

至于世博论坛包括主题论坛、青年论坛、高峰论坛，也由孟国良设计制作完成一套光碟，和一套纸质书，并且汇集成册。他说论坛描述了今后 10 年、20 年城市发展的方向和趋势，是“世博会真正留下来的财富”!

各国海报　风情万种

世博会一百多个国家馆的宣传海报设计，是孟国良的又一杰作。他把这项任务看成是学习各国文化的绝佳机会，他花了大量时间，对参展各国的历史概况、文化渊源、文化特色作了全面了解，从中提取个性特点，用他独特的艺术语言，将一百多个世博国家馆的建筑特色、主题理念、国别文化等元素加以演绎，以小见大，以微概全，表现出不同的风情特色。

这其中有：微风吹拂下仿佛会移动又分别代表古代、现代和未来的三个沙丘的阿联酋馆；悬浮于花园之中又掩映在枣椰树荫下破浪前行的丝路宝船的沙特馆；由简单朴素的民族图案构筑的小路来构筑“崇尚简单，知足常乐”的泰国馆；欢乐的袋鼠与排队的观众逗趣，外墙上流动着宛如绵延起伏的红土的澳大利亚馆；用樱花的色彩和字母形成的笑脸来传递“连接”这一核心信息的日本馆；通过制作"太极扇"这一手工体验活动宣传国别文化的韩国馆等。而对于中国馆海报，孟国良更是下了一番工夫，他采用喜庆的中国红和传统剪纸的视觉效果，烘托出中国馆已经声名远扬的"天下粮仓，富庶百姓"的"中华之冠"。

这一百余张海报不仅得到各参展国家馆的首肯，也为7 000万名参观者作了准确的导引，受到了一致好评。

孟国良说：2010年开放的中国终于得以一圆百年世博梦。上海世博会是一次千载难逢的机遇，将一个崭新的，甚至是"不可思议"的上海城市形象展现给全世界，不仅具有极强的经济意义，更有深刻的政治意义。是一个国家走向世界的文化名片。感谢上海世博局让我与上海众多优秀的设计师们为呈现一场精彩的世博会而一起努力，从海报设计、书法挥豪、影视、书刊、徽章……我非常荣幸能够参与其中，让我一展身手完成了这项光荣而艰巨的任务。

有鉴于孟国良对世博会的积极贡献，他收到了组委会负责人亲笔签署的荣誉纪念证书。

点线灵魂　钢笔成画

孟国良的艺术灵感不仅在他的广告创意中，也在他的许多画作中。他酷爱油画，创作了一系列色彩鲜明、构图别致的精美作品。

然而，近几年，孟国良又别出心裁，醉心于钢笔画的创作。这些作品的题材和灵感，全来自他过去美好生活的回忆。

在这一系列组画中，有他难忘的青少年时光的"东湖路小学""沪光中学"，有他曾经居住过的法式小洋楼及周边的梧桐树掩映下的许多经典的巴洛克风格和哥特式的建筑，还有他难忘的新乐路上的东正教大教堂和三角花园中的田汉座像，等等。

钢笔画起源于欧洲，孟国良从小就很喜欢，无奈钢笔画受到工具的限制，只能绘制出点和线这两种形式，表现力远不及别的画种。但勇于探索、创新的孟国良，不仅从题材的标新立异上狠下工夫，还从素描、木刻及版画等姊妹艺术中，吸取养料，终于发现：用钢笔排线和布点的疏密，可形成不同层次和明暗效果，能产生强烈的黑白对比。

这个发现让孟国良欣喜不已。他开始用这样的点和线为灵魂，以铺陈作品为法则，创作出大量新的钢笔画。在这些新作中，既有取舍、详略和虚实的对比，又有衬托、夸张、韵律及节奏的变化，而铺陈、堆砌和叠加三种新钢笔画技法，又取自国画的泼墨和油画的涂抹。

于是，他的画作，匠心独具，风格迥异，浑然天成，有了无限的遐想空间。

心灵感悟　美的世界

“墙角的花，你孤芳自赏时，天地便小了”。这是冰心的一篇短诗。孤芳自赏未尝不可，更何况这是需要极强大的自我去发现自身的美。1985 年，孟国良画了一幅画叫《井底》，他把自己喻作井底之蛙，甘于井底欣赏小小的天空闪过的云朵，珍惜着这份难得。墙角的花也好，井底的蛙也好，都有异于常人的“第三只眼睛”，只要心足够大，足矣。

孟国良创作了许许多多不同类型的艺术作品，作品中大都诠释着对人生、对生活、对社会；对艺术、对人文、对哲学的一些感受与领悟。孟国良觉得：一个人的一生就该像是一幅油画，层次分明，色彩纷呈。生命之花总会在勤勉与谦逊的心境中绚烂绽放。他认为，人所谓的"第三只眼睛"便是人的"心灵"，唯有美的心灵才能看到美的世界。

艺术之路无止境。孟国良对于艺术和创意的追求，也无止境。

孟国良：梧桐树下的情怀

自幼就随名家学习西画的孟国良，四十多年来，在油画、装帧、设计等诸多艺术领域里硕果累累。在2010年上海世博会期间，孟国良几乎访遍了所有参展国场馆，学习研究各国经济文化背景，创作了一批题材新颖、样式独特、引人入胜的世博场馆海报，广受好评，为世博会的成功举办作出了贡献。

越平凡越非凡的博物馆

访上海玻璃博物馆

早就听说上海有家可数“中国第一”的玻璃博物馆，仰慕已久。近日，终于得闲一睹，果然不同一般。

博物馆地处上海北郊长江西路 685 号。坐上地铁 1 号线，在通河新村站下车，换乘公交 728 路巴士，坐 7 站，在三转炉站下车，往后走一二百步，便可见到马路对面有一座方方正正的黑色建筑物，这便是上海玻璃博物馆了。

馆门前是一个大广场，右手边是停车场，可供远道驾车而来的客人们停车。走进落地玻璃大门，迎面是宽敞明亮的接待门厅，客人们可在这里买票，领取资料。大厅左边是个玻璃工艺品商店。

门厅背后便是临时展厅，这里每三个月换一批展品。那天，我刚好遇上题名为“随心造化”的中国美院玻璃艺术展。师生们经过巧妙构思、精心制作，竟然让普通玻璃变成了一件件富含文化底蕴的艺术品。

过了临时展厅，又见一个过道厅。这原是两座建筑物之间的一块空地，因为上方用玻璃天棚连接，两端用玻璃落地门窗封闭，于是又成了一个展厅，全是自然采光，十分明亮。厅内展出两组玻璃展品。一组是由彩色玻璃组成的“竹林”，另一组是由玻璃造型构成的“仙人掌群”。虽说有点变形，但仍能让人领悟。这是一位名叫盛珊珊的艺术家的作品。

走过这两间厅，前方才是常设展厅。客人们先得穿过一道两边都由菱形玻璃曲折构成的时空走廊，主人把她戏称为“万花筒”。因为随着光线的变化，就会变成各种光怪陆离的图案。时空走廊终端，迎面是一排 6 幅互相连接的 3D 宽大屏幕，展示的是一幕幕“玻璃与生活”的动态画面。诸如，人在玻璃上行走、大闸蟹在玻璃上爬行、演员在玻璃上舞蹈，等等。

当人们惊讶赞叹不已之时，主人笑着告诉我，这一切还只是序幕，精彩的还在后面。谈笑间已来到展览正馆，一共由四个单元组成。

第一单元的主题是：“什么是玻璃?”展览以多媒体动画的形式，向我们展示了“从沙子变成玻璃”的过程。告诉观众：如果把玻璃比作一个有生命的主体，那么，她就有一个从孕育到诞生的过程，以及与生俱来的各种特质。观众可以通过互动的小屏幕，任意点击，加入不同的矿物，玻璃就会变成各种不同的颜色、不同的性质、不同的用途。展览还用立体的离子和原子结构，让人们明白，如何让混乱变成有序，因而造就了玻璃。观众还可以操作互动的潜望镜，站在低处而看到高处的景观。

第二单元的主题是：“技术和工艺的发展”。让观众透过玻璃看历史。玻璃起源于西方，迄今已有四千五百多年历史。有趣的是，这个单元以时间为轴，采用左右两侧中西对比的方式，展现几千年来玻璃从襁褓初期到袅娜玉成的成长历史。

左边一侧通过光影和实物展示了西方玻璃发展史，从公元前 2500 年两河流域（今伊拉克一带）起步，又经历古波斯（今伊朗一带）的发展，之后又有古埃及神秘的容器、波西米亚精细的饰品、威尼斯的艺术器皿、中世纪的华丽彩绘、英国的各式酒杯，以及在二次大战中被炸碎又被珍藏起来由德国博物馆赠送的教堂彩绘玻璃碎片，一一展示，件件都很珍贵。

右边一侧是中国玻璃发展史，最早的从三千多年前的西周开始，初时曾将玻璃当作玉器，制成圆形的玉佩状，挂在腰间。尔后，又有春秋战国的蜻蜓眼、汉代的各色耳铛、唐代的器皿、宋代的发簪、清代的花瓶等，也是相当珍贵。鼻烟壶，我一直误以为是中国首创，不料却是从西方传来。

尤其可贵的是，展览大厅展示了100年来上海玻璃工业的发展史。有高达10来米的8条LED光管组成的光带，不时地走动变换，逐一介绍百年来的每一件重大史实。还有一幅高达丈余的显示屏，黑底白字，密密麻麻写满了上海玻璃工业百年重要史实。另有触摸式互动的显示屏，只要手指轻点，就会显示一件件重要史实。我不禁感慨：真是有心啊！

此外，这个单元的附属展区，还特地展示了玻璃冷加工和热加工的各种技术和工具。

第三单元的主题是："从日常生活到科技前沿"。以实物、画面和互动的方式，生动讲述了玻璃在方方面面的应用。最醒目的是满壁由著名的瑞士插画工作室 Jacques & Brigite 所创作的巨大城市绘画墙，描绘了现代城市生活的方方面面都离不开各种各样的玻璃及玻璃制品。而这些介绍又通过一个一个问题来激起人们的好奇与兴趣。诸如：玻璃能有多坚固？玻璃能有多敏锐？玻璃怎样发电？玻璃能变得有多细？玻璃能治病吗？玻璃能有多亮？玻璃能有多安全？玻璃如何在黑暗中帮助我们看东西？玻璃如何改变光的方向？……而观众如果不知道正确的答案，便可以打开问号下方的暗门。原来这里面暗藏机关，通过实物或者触摸屏，便可以一目了然玻璃的各种性能与用途。一直包括“神舟五号”上的各种器具、元件、太阳能伞等。

第四单元的主题是：“艺术创造力的证明”。得从底层展厅走向二楼展厅。首先展现在眼前的，是一座全用玻璃搭建的中式山脊的小屋，里面陈列着意大利艺术家的作品“Venini 圆柱”，这是一株奇形怪状的柱子，由各种颜色、大小不等的圆球串接起来，不像柱子，倒像是一串项链，耸立在屋子正中。据说这是特地为纪念 Venini 成立九十周年而特别设计的，上面的每一个球代表了一段历史，承载着“奉献、辛劳、美感”的主题。走过小屋，再登上一个展览平台，陈列的全是中外艺术家们创作的各种玻璃艺术品。在光怪陆离之中，享受了一次光影中的艺术盛宴。

当我们尚且沉醉在艺术世界中，恍恍惚惚走出展厅，有服务员迎上前来，告诉我们，参观还没结束。走出落地玻璃大门往左拐进一条小街，右边墙上是一抹黑色，满壁是密密麻麻大大小小的白色词句，反映的是博物馆陈列品以及玻璃原料、工艺名称，有中、英、法、德、日五种文字。信息量如此集中，不由得给人一种心灵的震撼。

再往前，一片静静小草坪前，落地竖立一座玻璃牌。牌上“上海玻璃博物馆”七个镏金大字，由前上海市市长徐匡迪题写。

草坪旁有一排小屋，这里是 DIY 玻璃创意工坊。这是专供个人创作的工房。人们可以在这里发挥想象力，绘制自己独有的玻璃制品、制作玻璃饰品。同时，还有儿童天地，供小朋友们边制作边玩乐。DIY 工房同时还开设生日、小型聚会的包场服务。

再往前走几步，便是博物馆的又一个亮点——热玻璃表演。那天正巧是周五，下午2点半表演。表演厅很大。操作台上有好几座电加热小型熔炉。据说都是从国外进口的。操作台对面是三四排参观者座位，不一会儿就坐满了前来参观的学生及其他客人。在表演前还做了一些有关玻璃小常识的智力测验，凡答对者即可得到小奖品——一本图文并茂的《小朋友》画刊，现场气氛顿时活跃了起来。随后，由技工用空心长铁杆从熔炉中取出红得发白的玻璃料，又经过加入彩色原料，三五下，就成了玻璃热带鱼的模样，然后放进退火炉退火，不久，再取出，就变成五彩美丽的神仙鱼了。

博物馆董事局主席、执行总裁张琳先生陪我看完全程，最后又告诉我一个秘密：如此神奇、互动、有趣的上海玻璃博物馆，前身居然是一家玻璃仪器厂。主展览馆原址竟是一座玻璃熔炉车间。为了留下上海玻璃工业的百年发展史迹，一批有志者，在上海轻工玻璃有限公司发起并资助下，将一座火与热交融的厂区，演变成了传播文明和文化的殿堂，让平凡走向非凡。

（原载《上海轻工业》2011年第6期）

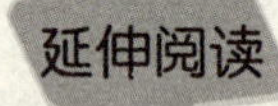

上海玻璃博物馆：迎来开馆10周年

上海玻璃博物馆开馆10周年之际，于2021年5月18日（国际博物馆日），正式开放全新升级后的儿童玻璃博物馆。该馆在材料、空间、体验设计上大胆突破，兼具心意及新意。充满好奇心的酷孩子们及他们的家长，可以在此透过变化多端的玻璃，探秘未来的大千世界。

后　记

由我执笔的品牌系列三部曲，在《品牌透视》和《品牌智慧》相继问世之后，《品牌英雄》出场了。

这三本书其实是有内在因果关系的。第一本是对品牌的生命历程进行自我解剖，第二本是讲品牌的文化渊源及其对当代的启示，第三本是介绍一批品牌的实战案例。

从逻辑上分析，《品牌英雄》才是正主。正是因为有了那么多的实战积累和思考，才会进而找寻规律和根基，才会上升到理论和结构。实战案例是入门向导。

因为是案例描述，很可能会干涩难读，所以，在写作时尽量多采用一些文学笔法，尽可能让文字简练一点，活泼一点。但又不能过分追求修饰，以至华丽堆砌、轻飘空洞，让人不得要领。我尽量在真实与生动之间求得平衡。

这本集子收集了 48 篇品牌案例，分成 4 辑，每辑 12 篇。其实经我采访并撰写过的远远不止这些。很多案例作品曾经也获得过好评，为什么没能收录进来？原因各异。或者因为人事变更主线更替，或者因为遭遇挫折无以为继，或者因为业绩下滑不再出色，或者因为篇幅有限择优选之，因而未予纳入。而被收录的篇章，则力求能够多角度、多侧面、如实地反映上海轻工行业品牌建设的全貌。

这本集子所收录的品牌案例，以上海地区为主，但也少量涉及与上海有千丝万缕联系的江浙地区品牌。这本身体现了长三角地区在经济、文化和历史渊源上的血脉联系。

这些品牌案例因为采写时间有早晚，因而有了一定的时间差。为了尊重历史，并没有根据近况而去做较大修改，而只是在个别文字上做了校正。为了尽可能弥补这一不足，特意在每篇正文后面附了延伸阅读，以求多一点知晓品牌的新近情况，或者从较多侧面了解某个品牌。

即使册子再厚，收录的品牌案例总是有限的，比起“遍地英雄下夕烟”的新时代，那也只是沧海一粟。向英雄们求学、求教、求述，是没有止境的。

热诚期望这本品牌案例汇集能对当前的品牌建设，对品牌企业、院校教育和社会公众，有所借鉴，有所启迪。如此，我就感之不尽了。

有人对我说，你曾经做过上海梅林、上海申美、上海皇冠，以及香港天厨的“当家人”，实战经验不少，何不也去回顾总结一下。细细想来，其中确有一些趣事、痛事、快事。于是刚刚搁下笔，又在构思第四本了。《品牌实战》值得期待。

我在香港的住所，窗外是碧海蓝天。某天对窗赏景，有感而发，吟小诗一首：

“远处大海近处池，水水相连皆为诗，
访遍天下英雄事，乐为豪杰唱青史。”

这也算是我的心声吧。

最后，我要衷心感谢上海市轻工业协会和上海市退（离）休高级专家协会及轻工专委各位领导一直以来的关心、支持和爱护，感谢上海许多品牌企业的热情关注和真诚帮助，感谢上海远东出版社的不离不弃和热忱相助，使本书得以顺利出版。

2022 年 5 月 18 日